司法部“司法行政干部业务培训优秀教材”

北京高等教育精品教材
BEIJING GAODENG JIAOYU JINGPIN JIAOCAI

21世纪中国高校法学系列教材

法律职业行为法
（第二版）

王进喜　著

中国人民大学出版社
·北京·

图书在版编目（CIP）数据

法律职业行为法/王进喜著．2版．北京：中国人民大学出版社，2014.6
21世纪中国高校法学系列教材
ISBN 978-7-300-19295-6

Ⅰ.①法… Ⅱ.①王… Ⅲ.①法律工作者-职业道德-法规-中国-高等学校-教材 Ⅳ.①D926.17

中国版本图书馆CIP数据核字（2014）第094869号

司法部“司法行政干部业务培训优秀教材”
北京高等教育精品教材
21世纪中国高校法学系列教材
法律职业行为法（第二版）
王进喜　著
Falü Zhiye Xingweifa

出版发行	中国人民大学出版社		
社　　址	北京中关村大街31号	**邮政编码**	100080
电　　话	010－62511242（总编室）		010－62511770（质管部）
	010－82501766（邮购部）		010－62514148（门市部）
	010－62515195（发行公司）		010－62515275（盗版举报）
网　　址	http://www.crup.com.cn		
	http://www.ttrnet.com(人大教研网)		
经　　销	新华书店		
印　　刷	北京东方圣雅印刷有限公司	**版　　次**	2012年9月第1版
规　　格	185mm×260mm　16开本		2014年10月第2版
印　　张	16.25 插页1	**印　　次**	2014年10月第1次印刷
字　　数	361 000	**定　　价**	29.80元

作者简介

王进喜，男，1970 年生。中国政法大学证据科学研究院教授，律师学研究中心主任，法学博士，博士研究生导师，《证据科学》杂志副主编。2008 年度教育部新世纪人才支持计划入选者；2010 年教育部长江学者和创新团队发展计划“证据科学研究与应用”创新团队负责人；澳大利亚新南威尔士大学 2009—2012 年度客座研究人员；2002—2003 年度美国西北大学法学院美国富布莱特项目研修学者；2010 年 9 月～2011 年 6 月美国加州大学戴维斯分校法学院高级访问学者。主要著作有：《法律伦理的 50 堂课》（五南图书出版股份有限公司 2008 年版）、《美国律师职业行为规则理论与实践》（中国人民公安大学出版社 2005 年版）、《美国〈联邦证据规则〉（2011 年重塑版）条解》（中国法制出版社 2012 年版）、《刑事证人证言论》（中国人民公安大学出版社 2002 年版）等。主要译作有：《论律师的流动管理》（中国人民公安大学出版社 2005 年版）、《美国律师协会职业行为示范规则（2004）》（中国人民公安大学 2005 年版）、《证据法——文本、问题和案例》（高等教育出版社 2006 年版）、《英国证据法实务指南》（中国法制出版社 2012 年版）、《美国法庭科学的加强之路》（中国人民大学出版社 2013 年版）、《律师的职业责任与规制（第二版）》（中国人民大学出版社 2013 年版）等。

第二版编写说明

2013 年 11 月 12 日中国共产党第十八届中央委员会第三次全体会议通过的《中共中央关于全面深化改革若干重大问题的决定》明确指出："建设法治中国，必须坚持依法治国、依法执政、依法行政共同推进，坚持法治国家、法治政府、法治社会一体建设。深化司法体制改革，加快建设公正高效权威的社会主义司法制度，维护人民权益，让人民群众在每一个司法案件中都感受到公平正义。"该决定提出了一系列与法律职业行为法有关的改革目标，如："普遍建立法律顾问制度"；"建立符合职业特点的司法人员管理制度，健全法官、检察官、人民警察统一招录、有序交流、逐级遴选机制，完善司法人员分类管理制度，健全法官、检察官、人民警察职业保障制度"；"完善律师执业权利保障机制和违法违规执业惩戒制度，加强职业道德建设，发挥律师在依法维护公民和法人合法权益方面的重要作用"。该决定对法律职业及其行为法建设的关注是前所未有的。因此，进一步加强法律职业行为法的学科建设和教育培训，对于促进法治国家、法治政府、法治社会一体建设至关重要。

《法律职业行为法》第一版于 2012 年 12 月被司法部评选为"司法行政干部业务培训优秀教材"，并于 2013 年 10 月被评为北京市 2013 年高等教育精品教材。第二版根据最新修改的《刑事诉讼法》、《民事诉讼法》等法律及相关解释性文件，以及最新学术成果进行了修订，旨在为教学、科研提供最新的信息。

本书系国家"2011 计划"司法文明协同创新中心研究成果。

王进喜

2014 年 2 月

编写说明

法律职业行为法是伴随我国法律职业的成长而形成的一个新的部门法。法律职业行为法以律师、检察官、法官和公证员和/或其所属机构实施的、与其职业身份有关的行为为规范对象，是加强法律职业队伍建设的重要保证。因此，加强法律职业行为法的教学、研究，具有重要的意义。本书以服务于这一目的为出发点，在建构我国法律职业行为法基本体系的同时，力求反映我国法律职业行为法的最新发展状态，反映理论与实践的结合。在介绍法律职业行为法基本知识的同时，力求从根本上培养学生的法律职业精神，确立法律职业行为方式。本书可以作为普通高等院校本科生、法学硕士研究生、法律硕士研究生的教材，也可以作为广大法律实务工作者的参考资料。

我国法律职业行为法还处于发展之中，而教材的编写又不能完全脱离实证法。因此，本书在介绍我国法律职业行为法的基本知识的同时，就法律职业行为法建设中存在的一些问题为学生适度提供了一些启发性的材料，以培养学生的探索与求真精神。

本书的编写得到了教育部2008年度“新世纪人才支持计划”的支持，特此鸣谢。

王进喜

2012年2月

凡　例

简称	全称
2012年《刑事诉讼法》	《中华人民共和国刑事诉讼法》（1979年7月1日第五届全国人民代表大会第二次会议通过；根据1996年3月17日第八届全国人民代表大会第四次会议《关于修改〈中华人民共和国刑事诉讼法〉的决定》第一次修正；根据2012年3月14日第十一届全国人民代表大会第五次会议《关于修改〈中华人民共和国刑事诉讼法〉的决定》第二次修正）
1996年《刑事诉讼法》	《中华人民共和国刑事诉讼法》（1979年7月1日第五届全国人民代表大会第二次会议通过；根据1996年3月17日第八届全国人民代表大会第四次会议《关于修改〈中华人民共和国刑事诉讼法〉的决定》第一次修正）
六机关2012年《刑事诉讼规定》	最高人民法院、最高人民检察院、公安部、国家安全部、司法部、全国人大常委会法制工作委员会《关于实施刑事诉讼法若干问题的规定》（2012年12月26日）
六机关1998年《刑事诉讼规定》	最高人民法院、最高人民检察院、公安部、国家安全部、司法部、全国人大常委会法制工作委员会《关于刑事诉讼法实施中若干问题的规定》（1998年1月19日）
最高人民法院2012年《刑事诉讼解释》	《最高人民法院关于适用〈中华人民共和国刑事诉讼法〉的解释》《2012年11月5日由最高人民法院审判委员会第1559次会议通过》（法释〔2012〕21号）
最高人民检察院2012年《刑事诉讼规则》	《人民检察院刑事诉讼规则（试行）》（2012年10月16日由最高人民检察院第十一届检察委员会第八十次会议通过）
公安部2012年《刑事案件程序规定》	《公安机关办理刑事案件程序规定》（2012年12月3日公安部部长办公会议通过）
2012年《律师法》	《中华人民共和国律师法》（1996年5月15日第八届全国人民代表大会常务委员会第十九次会议通过；根据2001年12月29日第九届全国人民代表大会常务委员会第二十五次会议《关于修改〈中华人民共和国律师法〉的决定》修正；2007年10月28日第十届全国人民代表大会常务委员会第三十次会议修订；2012年10月26日第十一届全国人民代表大会常务委员会第二十九次会议第三次修正）
2007年《律师法》	《中华人民共和国律师法》（1996年5月15日第八届全国人民代表大会常务委员会第十九次会议通过；根据2001年12月29日第九届全国人民代表大会常务委员会第二十五次会议《关于修改〈中华人民共和国律师法〉的决定》修正；2007年10月28日第十届全国人民代表大会常务委员会第三十次会议修订）
2001年《律师法》	《中华人民共和国律师法》（1996年5月15日第八届全国人民代表大会常务委员会第十九次会议通过；根据2001年12月29日第九届全国人民代表大会常务委员会第二十五次会议《关于修改〈中华人民共和国律师法〉的决定》修正）

续前表

简称	全称
1996年《律师法》	《中华人民共和国律师法》（1996年5月15日第八届全国人民代表大会常务委员会第十九次会议通过）
1980年《律师暂行条例》	《中华人民共和国律师暂行条例》（1980年8月26日第五届全国人民代表大会常务委员会第十五次会议通过）
2001年《法官法》	《中华人民共和国法官法》（1995年2月28日第八届全国人民代表大会常务委员会第十二次会议通过；根据2001年6月30日第九届全国人民代表大会常务委员会第二十二次会议《关于修改〈中华人民共和国法官法〉的决定》修正）
2001年《检察官法》	《中华人民共和国检察官法》（1995年2月28日第八届全国人民代表大会常务委员会第十二次会议通过；根据2001年6月30日第九届全国人民代表大会常务委员会第二十二次会议《关于修改〈中华人民共和国检察官法〉的决定》修正）
2005年《关于司法鉴定管理问题的决定》	《全国人民代表大会常务委员会关于司法鉴定管理问题的决定》（2005年2月28日第十届全国人民代表大会常务委员会第十四次会议通过）
2005年《公务员法》	《中华人民共和国公务员法》（2005年4月27日第十届全国人民代表大会常务委员会第十五次会议通过）
2010年《保守国家秘密法》	《中华人民共和国保守国家秘密法》（1988年9月5日第七届全国人民代表大会常务委员会第三次会议通过；2010年4月29日第十一届全国人民代表大会常务委员会第十四次会议修订）
2005年《公证法》	《中华人民共和国公证法》（2005年8月28日第十届全国人民代表大会常务委员会第十七次会议通过）
国务院2003年《法律援助条例》	《法律援助条例》（2003年7月16日国务院第15次常务会议通过）
司法部2012年《办理法律援助案件程序规定》	《办理法律援助案件程序规定》（2012年2月21日司法部部务会议审议通过）
司法部2012年《律师事务所管理办法》	《律师事务所管理办法》（2008年7月18日司法部令第111号发布，根据2012年11月30日司法部令第125号修正）
司法部2010年《律师和律师事务所违法行为处罚办法》	《律师和律师事务所违法行为处罚办法》（2010年4月7日司法部部务会议审议通过）
司法部2008年《律师执业管理办法》	《律师执业管理办法》（2008年5月28日司法部部务会议审议通过）
司法部1993年《律师职业道德和执业纪律规范》	《律师职业道德和执业纪律规范》（1993年12月27日司法部颁布）
最高人民法院2012年《关于人民法院落实廉政准则防止利益冲突的若干规定》	最高人民法院《关于人民法院落实廉政准则防止利益冲突的若干规定》（法发［2012］6号）
最高人民法院2010年《法官职业道德基本准则》	《中华人民共和国法官职业道德基本准则》（最高人民法院2001年10月18日发布，2010年12月6日修订后重新发布）
最高人民法院2010年《关于规范上下级人民法院审判业务关系的若干意见》	《关于规范上下级人民法院审判业务关系的若干意见》（法发［2010］61号）（最高人民法院审判委员会第1493次会议通过）

续前表

简称	全称
最高人民检察院2009年《检察官职业道德基本准则（试行）》	《中华人民共和国检察官职业道德基本准则（试行）》（2009年9月3日最高人民检察院第十一届检察委员会第十八次会议通过）
最高人民检察院2003年《关于人民检察院保障律师在刑事诉讼中依法执业的规定》	《关于人民检察院保障律师在刑事诉讼中依法执业的规定》（2003年12月30日最高人民检察院第十届检察委员会第十六次会议通过）
最高人民检察院2010年《检察官职业行为基本规范（试行）》	《检察官职业行为基本规范（试行）》（2010年9月3日最高人民检察院第十一届检察委员会第四十二次会议通过）
公安部1980年《刑事技术鉴定规则》	《中华人民共和国公安部刑事技术鉴定规则》（公安部1980年5月1日颁布）
中华全国律师协会2001年《律师职业道德和执业纪律规范》	《律师职业道德和执业纪律规范》（2001年11月26日中华全国律师协会修订）
中华全国律师协会1996年《律师职业道德和执业纪律规范》	《律师职业道德和执业纪律规范》（1996年10月6日中华全国律师协会常务理事会第五次会议通过）
中华全国律师协会2011年《律师执业行为规范》	《律师执业行为规范》（2004年3月20日五届中华全国律师协会第九次常务理事会审议通过试行；2009年12月27日七届二次理事会修订）
中华全国律师协会2004年《律师执业行为规范（试行）》	《律师执业行为规范（试行）》（2004年3月20日第五届中华全国律师协会第九次常务理事会审议通过）
中华全国律师协会2004年《律师协会会员违规行为处分规则（试行）》	《律师协会会员违规行为处分规则（试行）》（1999年12月18日四届全国律协第五次常务理事会通过，2004年3月20日五届全国律协第九次常务理事会修订）
中国公证员协会2011年《公证员职业道德基本准则》	《公证员职业道德基本准则》（2002年2月28日中国公证员协会三届三次理事会通过，2010年12月28日中国公证员协会六届二次理事会会议修订）
联合国《关于司法机关独立的基本原则》	《关于司法机关独立的基本原则》（1985年第七届联合国预防犯罪和罪犯待遇大会通过）
联合国《关于律师作用的基本原则》	《关于律师作用的基本原则》（1990年第八届联合国预防犯罪和罪犯待遇大会通过）
联合国《关于检察官作用的准则》	《关于检察官作用的准则》（1990年第八届联合国预防犯罪和罪犯待遇大会通过）

目　录

第一章　法律职业 …… 1
　第一节　法律职业概述 …… 1
　第二节　我国的法律职业 …… 6
第二章　法律职业行为法概述 …… 20
　第一节　法律职业行为法的概念和渊源 …… 20
　第二节　法律职业行为法的学科发展 …… 25
　第三节　法律职业行为法的学习方法 …… 27
第三章　委托人—律师关系 …… 29
　第一节　委托人—律师关系概述 …… 29
　第二节　委托人—律师关系的建立、维持与保护 …… 34
　第三节　委托人—律师关系的终止 …… 42
第四章　律师保密 …… 49
　第一节　律师保密概述 …… 49
　第二节　律师—委托人特免权 …… 50
　第三节　律师保密义务 …… 54
第五章　律师利益冲突 …… 59
　第一节　利益冲突概述 …… 59
　第二节　同时性利益冲突 …… 65
　第三节　连续性利益冲突 …… 71
第六章　律师服务收费与财物保管 …… 75
　第一节　律师服务收费制度概述 …… 75
　第二节　律师服务收费的标准和方式 …… 77
　第三节　律师服务收费行为规则 …… 79
　第四节　律师财物保管规则 …… 86

第七章　律师争讼性业务规则 …… 88
第一节　律师争讼性业务规则概述 …… 89
第二节　庭审仪表与言论 …… 90
第三节　律师回避 …… 93
第四节　会见、阅卷与调查取证 …… 96
第五节　对案件承办机关的坦诚性 …… 102
第六节　庭外宣传 …… 105
第七节　维护争讼程序的其他正当性 …… 107

第八章　律师非争讼性业务规则 …… 112
第一节　律师非争讼性业务概述 …… 112
第二节　律师出具法律意见书的要求 …… 113
第三节　律师作为中间人的要求 …… 115

第九章　律师事务所内部关系及律师事务所职业行为 …… 117
第一节　律师事务所概述 …… 117
第二节　律师事务所内部关系 …… 125
第三节　律师事务所职业行为规则 …… 131

第十章　律师和律师事务所与司法行政机关和律师协会的关系 …… 136
第一节　我国的律师管理体制 …… 136
第二节　律师和律师事务所与司法行政机关的关系 …… 141
第三节　律师和律师事务所与律师协会的关系 …… 145

第十一章　律师服务信息传播 …… 148
第一节　律师服务信息传播概述 …… 148
第二节　律师广告行为规则 …… 151

第十二章　公司律师和公职律师的职业行为法 …… 156
第一节　公司律师和公职律师制度概述 …… 156
第二节　公司律师职业行为法 …… 158
第三节　公职律师职业行为法 …… 160

第十三章　律师对法律职业的职责 …… 162
第一节　律师对法律职业的职责概述 …… 162
第二节　互相尊重、平等竞争 …… 163
第三节　维护法律职业的适正性 …… 165
第四节　不得帮助无执业权的人执业 …… 166

第五节　按照国家规定履行法律援助义务 …… 167
第六节　维护业外活动的适当性 …… 168

第十四章　律师职业责任 …… 169

第一节　律师的行政责任 …… 169
第二节　律师的行业处分 …… 176
第三节　律师的民事责任 …… 179

第十五章　法官职业行为法 …… 181

第一节　法官职业行为法概述 …… 181
第二节　法官职业行为法的主要内容 …… 183
第三节　法官的纪律责任 …… 192

第十六章　检察官职业行为法 …… 201

第一节　检察官职业行为法概述 …… 201
第二节　检察官职业行为法的主要内容 …… 205
第三节　检察官的纪律责任 …… 211

第十七章　公证员职业行为法 …… 220

第一节　公证员职业行为法概述 …… 220
第二节　公证员职业行为法 …… 221
第三节　公证职业责任 …… 226

第十八章　司法鉴定职业行为法 …… 228

第一节　司法鉴定职业行为法概述 …… 228
第二节　司法鉴定职业行为法 …… 233
第三节　司法鉴定职业责任 …… 242

主要参考文献 …… 244

第一章

法律职业

第一节　法律职业概述

一、关于法律职业的学说

二、本书关于法律职业的界定

第二节　我国的法律职业

一、律师

二、检察官

三、法官

四、公证员

五、司法鉴定人员

第一节　法律职业概述

一、关于法律职业的学说

学习法律职业行为法，首先要解决的问题就是什么是法律职业，法律职业有哪些特点，法律职业包括哪些人员。

在我国，法律职业在不同的语境下又被称为法律共同体、法律职业共同体、法律人、法律工作者。[①] 在理论上，法律职业有广义和狭义之说。据广义之说，法律职业可以泛指一切从事法律工作的人员，包括侦查员、检察员、审判员、执行员、仲裁员、公证员、律师、基层法律服务工作者以及司法辅助人员，等等，甚至可以包括立法工作者、企业法律顾问。[②] 据狭义之说，法律职业主要是指法官、检察官、律师和法学学

① 参见张文显等主编：《法律职业共同体研究》，168、189页，北京，法律出版社，2003；沈宗灵：《比较法》，573页，北京，北京大学出版社，1998。

② 另请参见霍宪丹、王红：《建立统一的国家司法考试制度与法律教育的改革》，载《法学》，2001（10）：“一般来说，法律职业主要是由法官、律师和检察官等法律人、法律家构成的。从广义上讲法律职业人才还包括从事法律教育和法学研究的法学家及法律职业的辅助者。法律职业辅助者主要指的是法律家的助手以及法律技术和法律执行人员，就我国的情况来看，一般分为四类：法律辅助事务类（如培养书记官、法律助理、法律文秘等），法律执行类（监狱和劳教管理人员、矫正教育人员和安全防范人员等），基层法律实务类和法律技术类（司法信息人员、司法鉴定技术人员等）。”

者，这是因为“这四类人基本上主持着法律的运作和循环，并且是法治理念和法律精神的主要载体”[①]。一般而言，我国学者关于法律职业的界定是围绕“以法律活动为专业”或者“法律教育背景”这样的命题展开的。[②]

尽管在中国漫长的历史发展过程中，必然存在行使审判权的人员，也不乏讼师这样的提供法律服务的人员，但是从法律的比较与移植角度来看，“当代中国语境和知识谱系中的法律职业、法律人以及律师的概念不仅是现代的，也是外来的”[③]。因此，有必要了解西方关于法律职业的认识。西方关于法律职业的认识，以英美法系为典型。[④]英美法系关于法律职业的界分，主要是围绕“职业”的含义展开的。从英美法的历史来看，对法律职业的描述，始终是通过与商业的对照来进行的，强调该职业的利他性。“职业（profession）”来自拉丁语“*professionem*”，意思是进行公开的声明。这一词语演变为描述这样的职业，即要求新成员进行宣誓，声明他们要致力于与一个博学的职业相关的理想和业务活动。[⑤] 现代的职业概念已经成了一个具有特定内涵的概念。美国法学家 Roscoe Pound 将职业界定为“作为共同职业以公共服务的精神追求博学艺术（pursuing a learned art as a common calling in the spirit of public service…）”的群体，这一界定被认为抓住了职业的本质。据此，美国律师协会在一个著名报告中，将职业律师界定为“一个作为促进公正和公共福祉的共同职业（calling）的一分子，在为委托人服务和为公共服务的精神中，追求博学艺术的法律专家”[⑥]。根据美国学者 Charles W. Wolfram 教授的观点，职业具有以下特征：（1）博学，即在从事其职业活动之前，要经过漫长的教育、训练或者学徒期间；（2）要经过测试，达到作为职业人员的最低称职标准；（3）拥有很高的社会声望；（4）高收入；（5）作为群体拥有相当程度的自治权，即职业上的独立性；（6）职业群体通过道德守则等形式对其成员进行严格的控制；（7）其服务对于人们的需要至关重要，而这些需要对于许多人而言，是具有普遍性的，它们涉及人的健康、自由、精神、经济福祉，等等；（8）职业人员同其所服务的人有着紧密的个人联系；（9）职业和公共服务密切联系在一起。[⑦] 因此，法律职业的核心特点是公共服务，公正和公共福祉则是公共服务的目标，是职业的理想。从外延来看，一般认为，法律职业包括法官、检察官、律师和法学学者。例如，已故美国联邦最高法院

---

① 张文显等主编：《法律职业共同体研究》，193 页，北京，法律出版社，2003。另请参见沈宗灵：《比较法》，728 页，北京，北京大学出版社，1998：在中国，“法律职业”一词可以指所有从事法律工作的人。但一般仅指以下四者：法官、检察官、律师、法律教员与研究人员。

② 黄文艺、卢学英：《法律职业的特征解析》，载《法制与社会发展》，2003（3）。“何谓法律职业，无疑是法律职业研究中的核心问题。正是在这一问题上，法学界对法律职业存在着一种极为宽泛的解释，即认为法律职业就是以法律为营生的人所构成的行业。”

③ 李学尧：《法律职业主义》，3 页，北京，中国政法大学出版社，2007。

④ 参见李学尧：《法律职业主义》，4 页，北京，中国政法大学出版社，2007。“许多西方学者认为，（法律）职业主义主要是英美国家的一种理念和实践，如德国此类大陆法系国家根本不存在职业（Profession）。不过，不管现实中是否存在所谓的职业结构，但还是有很多证据能够证明，法律职业主义，不仅起源于欧陆，而且还构成了欧陆国家（甚至包括前苏联）构建法律职业制度的主流理念。”（脚注已略）

⑤ See Deborah L. Rhode and Geoffrey C. Hazard，Jr.，*Professional Responsibility and Regulation*，1（second edition，2007）.

⑥ ABA Professionalism Committee，*Teaching and Learning Professionalism* 6（1996）.

⑦ See Charles W. Wolfram，*Modern Legal Ethics* 15-16（1986）.

首席大法官 William H. Rehnquist 认为，法律职业是由执业律师界、司法界、法律学术界和政府律师界构成的。[①]

二、本书关于法律职业的界定

（一）本书关于法律职业的界定

本书认为，从中国的实际情况来看，法律职业，是指依法取得法律职业资格证书，从事律师、检察官、法官和公证员职业活动的人员。

首先，这一界定强调的是具有操作意义的标准，具有规范基础。最高人民法院、最高人民检察院、司法部 2008 年《国家司法考试实施办法》第 2 条规定："国家司法考试是国家统一组织的从事特定法律职业的资格考试。""初任法官、初任检察官，申请律师执业和担任公证员必须通过国家司法考试，取得法律职业资格。法律、行政法规另有规定的除外。"司法部 2002 年《法律职业资格证书管理办法》第 2 条规定："法律职业资格证书是证书持有人通过国家司法考试，具有申请从事法律职业的资格凭证。"因此，根据"特定法律职业"一语，可以得出的结论是：法律认为法律职业的范围实际上并不限于律师、检察官、法官和公证员；"特定的法律职业"可以理解为法律认可的狭义的法律职业，即律师、检察官、法官和公证员，从事这些职业以依法取得法律职业资格证书为前提。这种资格要求，保证了法律职业在教育背景方面的同质性，也为形成共同的职业意识、思维方式、话语系统、相互衔接的行为标准等职业特点创造了前提条件。

其次，这一界定也与英美法系关于职业的描述基本契合。这四类法律职业与英美法系关于职业的描述具有很多共同之处。例如，根据法律规定从事这四类职业都需要首先具备一定的学历条件并通过资格考试；这四类职业都具有职业上的独立性要求；这四类职业都有着各种形式的行为守则。因此，这一界定尽管与其他国家关于法律职业的理解存在一定差异，但是从基本内涵上看是并行不悖的。

最后，这四类职业都具有公共性。这四类职业都与公共利益和公共秩序有着密切的联系。作为法官、检察官，要通过职业活动维护法律的正确实施；作为律师，在维护当事人合法权益的同时，同样要"维护法律正确实施，维护社会公平和正义"[②]；作为公证员，在办理公证时，也应当遵守法律，坚持客观、公正的原则。[③] 换言之，这四类职业应当有意识地维护法律秩序。这是由法律秩序本身所具有的脆弱性所决定的。正是在这个意义上看，法律职业具有共生关系。因此，明确的公共性要求，是这四类职业共同的的根本性特征。"社会主义法律工作者"的提法是对这种公共性的另一种表达。

按照上述界分，我国法律职业的界定，既有可操作的形式上的要求，例如资格准入制度、行为守则，也有理论上的要求，例如专门化的知识结构、与公共利益的密切

---

① See William H. Rehnquist, "The Legal Profession Today: Dedicatory Address", 62 *Ind. L. J.* 151, 155 (1987).

② 2012 年《律师法》第 2 条第 2 款。

③ 参见 2005 年《公证法》第 3 条。

联系。特别是就准入制度而言，2001 年《法官法》、2001 年《检察官法》、2001 年《律师法》以及 2005 年《公证法》，使得这四类与法律相关的职业具有同样的准入要求。这种共同的准入要求，增加了法律职业的同质性，无疑是我国法律职业开始形成的标志。当然，由于历史条件的限制，虽然这种准入制度得到了确立，但是还没有完全形成法律职业群体的共同精神，职业之间的流动也没有形成常态，职业人员之间的冲突也时有发生，依据职业守则对法律职业进行治理的机制还没有完全形成。从这个意义上讲，我国的法律职业还处于一个动态的成长过程中。

（二）法律职业资格证书与律师资格证书的关系

资格考试是职业化的重要标志之一，是保证职业成员具有称职性的重要措施之一。应当承认，资格考试测试的仅仅是职业活动所需要的技能的一部分，并不能完美地测试所有技能。但是资格考试是平等的，可以无视参加考试者的身份，在参加考试人员之间创造平等竞争的机会。因此，资格考试是打破身份界限、从身份走向能力的必要制度，是平等观念的必要体现。

我国法律职业资格取得制度的演变，经历了从考核到考试、从内部考试到公开考试、从律师资格考试到国家司法考试的发展过程，在保证法律职业新进人员质量、提高法律职业队伍整体素质方面发挥了重要的作用。

律师工作恢复初期，受历史条件的限制，我国采取了考核授予律师资格的制度。1980 年《律师暂行条例》明确规定了考核授予律师制度。① 这种制度在参加考核的条件和程序等方面并不严格②，因而在实践中弊端颇多。1984 年江西省举办了全省律师资格统一考试，1985 年北京等地也举行了律师资格考试。1986 年，司法部在借鉴国外相关做法和总结国内各地经验的基础上，举行了第一次全国律师资格统一考试。这次考试是一次内部考试，参考人员仅限于正在申请律师资格的专职或者兼职律师工作人员，以及法学研究教学人员当中符合做律师工作的人员。第二次全国律师资格考试于 1988 年 9 月举行，报考人员的范围则不受限制。这是从内部考试到公开考试的重要变革，意味着从强调报考者的身份到强调报考者的专业能力的转型，为法治时代追求体现自身人生价值的人搭建了平等竞争的舞台；意味着律师资格考试储备法律人才的作用开始发挥。1996 年《律师法》正式以法律的形式确认了律师资格考试制度。③

1979 年《人民法院组织法》第 34 条规定："有选举权和被选举权的年满二十三岁的公民，可以被选举为人民法院院长，或者被任命为副院长、庭长、副庭长、审判员和助理审判员，但是被剥夺过政治权利的人除外。"这一规定对于法官的专业知识并没有作出要求。直到 1983 年 9 月第六届全国人民代表大会常务委员会第二次会议对该条

① 参见 1980 年《律师暂行条例》第 8 条、第 9 条。

② 1980 年《律师暂行条例》第 9 条规定："取得律师资格，须经省、自治区、直辖市司法厅（局）考核批准，发给律师证书，并报中华人民共和国司法部备案。司法部发现审批不当的，应当通知司法厅（局）重新审查。"

③ 参见 1996 年《律师法》第 6 条。需要指出的是，1980 年《律师暂行条例》所称"律师资格"，是指充任律师的全部条件，而 1996 年《律师法》以后所称的"律师资格"或者"法律职业资格"仅仅代表的是法律专业水平。二者所对应的管理要求也是不一样的。

进行修订，才增加了第 2 款，规定“人民法院的审判人员必须具有法律专业知识”。1979 年《人民检察院组织法》和 1983 年《人民检察院组织法》对于与此类似的要求也没有规定。这在实践中造成了法官、检察官队伍来源复杂，专业素质偏下。① 随着律师职业面向社会通过考试形式来取得资格的方式越来越受到社会的肯定，人民法院系统和人民检察院系统也开始积极探索以考试形式任命法官、检察官。1995 年《法官法》、《检察官法》通过并实施。根据两法的规定，人民法院、人民检察院开始建立初任法官、初任检察官考试制度，即初任审判员、助理审判员、检察员、助理检察员，要采用公开考试、严格考核的办法，按照德才兼备的标准，从具备法官、检察官条件的人员中择优提出人选。自 1995 年起，最高人民法院于 1995 年、1997 年、1999 年组织了 3 次“初任法官资格考试”，最高人民检察院也先后组织了 4 次“初任检察官资格考试”。

1982 年《公证暂行条例》确立的公证员、助理公证员的任命制度，并没有明确规定考试要求。② 实践中，一些地区举办了省级的公证员资格统一考试。为了提高公证人员的业务素质，1992 年司法部发出《关于举行一九九二年全国公证员资格统一考试的通知》（司公通字［1991］083 号），规定从 1992 年起举行首次全国公证员资格统一考试，今后这种考试原则上每两年举行一次，省、自治区、直辖市司法厅（局）不再举行统一考试。

总之，在 2001 年前，我国的律师、检察官、法官和公证员在职业准入问题上，分别确立了相应的资格考试制度。这些考试在报考资格要求、考试内容、难度等方面都存在一些差别。这些法律职业准入门径的不同，造成了中国法律职业的碎片化，进一步恶化了“法律职业群体内部的矛盾、冲突及离散现象”，③ 这必然会影响中国法治建设的进程。

2001 年，《法官法》、《检察官法》和《律师法》相继修订，确立了国家统一的司法考试制度。2002 年，国家统一司法考试开始举办，它将“律师资格考试”、“初任法官资格考试”和“初任检察官资格考试”这三种考试合而为一。2001 年 11 月，司法部下发了《司法部关于从通过国家司法考试人员中录用公证员的通知》（司发通〔2001〕114 号），决定今后不再举行全国公证员统一考试，今后公证处选用公证员将从通过国家司法考试的人员中录用。2005 年《公证法》第 18 条又明确规定，担任公证员的前提条件之一是通过国家司法考试。因此，按照目前的法律规定，无论是从事法官、检察官职业，还是从事律师、公证员职业，都必须通过国家司法考试这种职业资格考试。这为建立具有共同知识背景、共同认同价值、共同追求目标的法律职业共同体，创造了必要的制度条件。但是，2001 年修订的《法官法》、《检察官法》和《律师法》在通过律师资格考试取得的律师资格凭证和通过国家统一司法考试取得的法律职业资格证书二者的关系上，没有进行很好的衔接，过去取得的律师资格凭证在效力上

① 参见杨海坤、黄竹胜：《法律职业的反思与重建》，载《江苏社会科学》，2003（3）：“法官队伍的人员来源复杂，且没有统一的准入资格限制，各类人员的准入条件实际上只有政治素质标准而无其他硬性的衡量尺度，这使得法官队伍素质参差不齐、良莠难分。”

② 参见 1982 年《公证暂行条例》第 8 条、第 9 条。

③ 杨海坤、黄竹胜：《法律职业的反思与重建》，载《江苏社会科学》，2003（3）。

不能等同于法律职业资格证书。这为从律师中选任法官、检察官制造了障碍。如果取得律师资格凭证的律师要转任法官、检察官，要再次参加国家司法考试。这无疑是叠床架屋之举，徒费人力。

令人欣慰的是，2007 年《律师法》第 5 条第 2 款明确规定：实行国家统一司法考试前取得的律师资格凭证，在申请律师执业时，与国家统一司法考试合格证书具有同等效力。这在两个资格考试取得的合格证书的效力同一问题上，迈出了可喜的一步。2009 年，最高人民法院、最高人民检察院在《关于将取得律师资格人员列入法官、检察官遴选范围问题的通知》（高检会字［2009］4 号）中规定："为了广泛吸收优秀人才进入法官、检察官的遴选范围，经研究并报经全国人大常委会法制工作委员会同意，今后在遴选法官、检察官时，对具备法官、检察官任职条件并已通过律师考试取得律师资格的执业律师和其他从事法律工作的人员，可以视为已通过国家统一司法考试，列入法官、检察官的遴选范围，不必再通过国家统一司法考试。"这一规定破除了上述制度障碍，为法官、检察官、律师等法律职业之间的双向流动创造了重要的制度前提，对于形成具有共同理念、共同精神并互相尊重的法律职业具有重要的意义。

第二节　我国的法律职业

一、律师

律师是指依法取得执业证书，提供法律服务的执业人员。从我国目前的实际情况来看，律师包括社会律师、公职律师、公司律师和军队律师。

（一）社会律师

社会律师是指"依法取得律师执业证书，接受委托或者指定，为当事人提供法律服务的执业人员"①。律师事务所是社会律师的执业机构。根据 2012 年《律师法》第 28 条的规定，社会律师可以从事下列业务：（1）接受自然人、法人或者其他组织的委托，担任法律顾问；（2）接受民事案件、行政案件当事人的委托，担任代理人，参加诉讼；（3）接受刑事案件犯罪嫌疑人、被告人的委托或者依法接受法律援助机构的指派，担任辩护人，接受自诉案件自诉人、公诉案件被害人或者其近亲属的委托，担任代理人，参加诉讼；（4）接受委托，代理各类诉讼案件的申诉；（5）接受委托，参加调解、仲裁活动；（6）接受委托，提供非诉讼法律服务；（7）解答有关法律的询问、代写诉讼文书和有关法律事务的其他文书。

就社会律师而言，我国实行的是一般执业许可和特别执业许可相结合的执业许可制度。

就一般执业许可而言，申请律师执业，应当具备下列条件：（1）拥护中华人民共

① 参见 2012 年《律师法》第 2 条。

和国宪法；（2）通过国家统一司法考试；（3）在律师事务所实习满1年；（4）品行良好。①

实行国家统一司法考试前取得的律师资格凭证，在申请律师执业时，与国家统一司法考试合格证书具有同等效力。②

申请人有下列情形之一的，不予颁发律师执业证书：（1）无民事行为能力或者限制民事行为能力的；（2）受过刑事处罚的，但过失犯罪的除外；（3）被开除公职或者被吊销律师执业证书的。③

1996年《律师法》中对于律师的执业年龄没有明确规定，司法部在1999年《关于律师执业年龄问题的批复》（司复［1999］4号）中规定："一、国资律师事务所占编律师的退休年龄，按照国家劳动用工制度的规定执行。国资律师事务所的占编律师办理退休手续后，作为该所聘用律师的，适用第二条中'年满70岁不再注册'的规定。二、合作律师事务所、合伙律师事务所的律师以及国资律师事务所的聘用律师，年满70岁不再注册。如果律师事务所确实需要，本人身体健康并愿意继续在律师事务所工作的，可被聘为顾问，不再从事执业活动。三、为保证合伙律师事务所的稳定，促进其向高层次、规模化发展，设立合伙所时，年满64岁的人员不得作为发起人。"司法部2003年在《关于进一步加强律师执业管理若干问题的通知》（司法通［2003］51号）中又规定："律师年满70周岁，身体健康，符合执业条件的，可允许继续执业。以往的有关规定与此不符的，按本通知规定办理。"因此，目前我国对于律师的执业年龄没有上限规定。

申请律师执业，应当向设区的市级或者直辖市的区人民政府司法行政部门提出申请，并提交下列材料：（1）国家统一司法考试合格证书；（2）律师协会出具的申请人实习考核合格的材料；（3）申请人的身份证明；（4）律师事务所出具的同意接收申请人的证明。申请兼职律师执业的，还应当提交所在单位同意申请人兼职从事律师职业的证明。

受理申请的部门应当自受理之日起20日内予以审查，并将审查意见和全部申请材料报送省、自治区、直辖市人民政府司法行政部门。省、自治区、直辖市人民政府司法行政部门应当自收到报送材料之日起10日内予以审核，作出是否准予执业的决定。准予执业的，向申请人颁发律师执业证书；不准予执业的，向申请人书面说明理由。④

特别许可执业制度是指在律师的一般执业许可程序之外，由主管机关根据一定的条件和程序授予一些人以律师执业证书的制度。通过特别许可执业制度取得执业证书的律师与一般律师最大的区别在于，他们无须经过律师的一般执业许可程序（包括通过国家统一司法考试、进行一定时间的实习等）的严格考核，而只需要通过主管机关

---

① 根据司法部2002年《关于公安机关辞退人员能否申请律师执业问题的批复》，对于因违法违纪被公安机关辞退的人员，应认定其丧失了"良好的品行"的条件，因此，对于因违法违纪被公安机关辞退后申请律师执业的人员，应认定其不符合"品行良好"的条件，不能申请领取律师执业证书。

② 参见2012年《律师法》第5条第2款。

③ 参见2012年《律师法》第7条。

④ 参见2012年《律师法》第6条。

按照一定的条件进行的审核即可获得律师执业证书。2012 年《律师法》第 8 条规定："具有高等院校本科以上学历，在法律服务人员紧缺领域从事专业工作满十五年，具有高级职称或者同等专业水平并具有相应的专业法律知识的人员，申请专职律师执业的，经国务院司法行政部门考核合格，准予执业。具体办法由国务院规定。"特别执业许可制度是考虑到我国法律服务人员的现状与法律服务需求之间的矛盾而设立的特别制度。截至目前，国务院尚未出台关于特别许可律师执业的规定。

2012 年《律师法》第 9 条规定，对于申请人以欺诈、贿赂等不正当手段取得律师执业证书的，以及对于不符合该法规定条件的申请人准予执业的，由省、自治区、直辖市人民政府司法行政部门撤销准予执业的决定，并注销被准予执业人员的律师执业证书。

律师只能在一个律师事务所执业。律师变更执业机构的，应当申请换发律师执业证书。

律师执业不受地域限制。[①]

我国实行专职律师与兼职律师相结合的制度。2012 年《律师法》第 12 条规定，高等院校、科研机构中从事法学教育、研究工作的人员，符合该法第 5 条规定条件的，经所在单位同意，依照该法第 6 条规定的程序，可以申请兼职律师执业。此外，2012 年《律师法》第 11 条还特别规定：公务员不得兼任执业律师。律师担任各级人民代表大会常务委员会组成人员的，任职期间不得从事诉讼代理或者辩护业务。

在 2000 年以前，我国没有建立律师宣誓制度。"申请人在从事律师职业前宣誓，对其以后在履行律师职责时会产生一定的心理上的约束，利于其尽职尽责，努力工作，以实现所担负的律师的使命。同时，实行律师宣誓的做法，也表明律师职业的崇高和神圣。"[②] 为加强对新律师的教育和管理，使其自始即建立律师职业的社会责任感、使命感，严格依法开展律师工作，增强遵守律师职业道德和执业纪律的自觉性，加强集体主义观念和敬业精神，成为真正符合《律师法》及《律师协会章程》要求的社会主义律师，中华全国律师协会于 2000 年决定实行律师执业宣誓制度。[③] 律师执业宣誓和入会宣誓一并举行。宣誓仪式由省以上律师协会组织，律师协会会长或副会长领誓，秘书长主持，可聘请司法行政机关有关人员监督。宣誓会场应悬挂中华人民共和国国旗和中华全国律师协会会徽。新律师应在宣誓后取得执业证书。当时的律师宣誓誓词如下："我志愿加入律师队伍，成为中华人民共和国律师和中华全国律师协会会员，严格执行《律师法》，遵守《律师协会章程》，履行律师义务，恪守律师职业道德，勤勉敬业，为维护法律的正确实施，捍卫法律的尊严而努力奋斗。"

为了引导广大律师牢固树立做中国特色社会主义法律工作者的信念，自觉践行

① 根据司法部 1999 年《关于律师异地执业有关问题的批复》（司复［1999］9 号），"律师执业不受地域限制"是指律师承办业务不受地域限制；律师接受当事人委托，可以到其律师事务所所在地市、县以外的地区履行职责；不应理解为注册地不受限制。

② 陶髦等：《律师制度比较研究》，63 页，北京，中国政法大学出版社，1995。

③ 参见中华全国律师协会 2000 年《关于实行律师执业宣誓制度的决定》（中华全国律师协会四届七次常务理事会会议通过）。

“忠诚、为民、公正、廉洁”的核心价值观，切实提高律师队伍思想政治素质、职业道德素质和业务素质，不断增强律师的职业使命感、荣誉感和社会责任感，培育和形成中国特色社会主义律师执业精神，2012年2月，司法部作出《关于建立律师宣誓制度的决定》，决定在全国建立律师宣誓制度。根据该决定，经司法行政机关许可，首次取得或者重新申请取得律师执业证书的人员，应当参加律师宣誓。律师宣誓，应当在律师获得执业许可之日起3个月内，采取分批集中的方式进行。律师宣誓仪式，由设区的市级或者直辖市司法行政机关会同律师协会组织进行。律师进行宣誓时，宣誓会场悬挂中华人民共和国国旗。宣誓仪式由司法行政机关负责人主持，领誓人由律师协会会长或者副会长担任；宣誓仪式设监誓人，由司法行政机关和律师协会各派一名工作人员担任。宣誓人宣誓时，应着律师职业装（或律师袍），免冠，佩戴中华全国律师协会会徽，成立正姿势，面向国旗，右手握拳上举过肩，随领誓人宣誓。宣读誓词应当发音清晰、准确，语音铿锵有力。律师宣誓时，宣誓人面向国旗列队站立，唱国歌；领誓人逐句领读誓词，宣誓人跟读，领誓人领读完誓词、读毕“宣誓人”后，宣誓人自报姓名；宣誓人在誓词上签署姓名、宣誓日期。经宣誓律师签署姓名的誓词一式两份，一份由宣誓律师收执，一份存入该律师执业档案。

律师宣誓誓词为：“我志愿成为一名中华人民共和国执业律师，我保证忠实履行中国特色社会主义法律工作者的神圣使命，忠于祖国，忠于人民，拥护中国共产党的领导，拥护社会主义制度，维护宪法和法律尊严，执业为民，勤勉敬业，诚信廉洁，维护当事人合法权益，维护法律正确实施，维护社会公平正义，为中国特色社会主义事业努力奋斗！”

（二）公职律师

公职律师是指依法取得律师执业证书，供职于政府职能部门或行使政府职能的部门，或经招聘到上述部门专职从事法律事务的执业人员。建立公职律师制度，是我国加入世界贸易组织后社会、经济生活发展的客观需要，也是推进依法治国，实施依法行政，进一步完善我国律师结构的需要。2002年司法部制定了《关于开展公职律师试点工作的意见》，为进一步推动开展并规范公职律师试点工作作了明确规定。

根据该意见，公职律师任职需具备以下条件：（1）具有中华人民共和国律师资格或司法部颁发的法律职业资格；（2）供职于政府职能部门或行使政府职能的部门，或经招聘到上述部门专职从事法律事务的人员。

公职律师的职责范围是：（1）为本级政府或部门行政决策提供法律咨询意见和法律建议；（2）按照政府的要求，参与本级政府或部门规范性文件的起草、审议和修改工作；（3）受本级政府或部门委托调查和处理具体的法律事务；（4）代理本级政府或部门参加诉讼、仲裁活动；（5）为受援人提供法律援助；（6）本级政府或部门的其他应由公职律师承担的工作。

公职律师由所在单位管理，司法行政机关负责其资质管理和业务指导。公职律师执业应取得公职律师执业证。试点期间，公职律师执业证（试行）由司法部统一印制，由省、自治区、直辖市司法厅（局）颁发。申请公职律师执业证，由符合上述任职条件的人员提出申请，经工作单位批准后，报经所在地司法行政机关审核，再由审核同意的司法行政机关报省、自治区、直辖市司法厅（局）审批，司法厅（局）应在15日内作出批准或不批准的决定。公职律师应参加律师年检注册，办理年检注册时，应提交年度工作总结、所在单位出具的证明其专职从事法律工作的材料，并详细写明办理公职律师事务的情况等。公职律师应加入所在地律师协会，参加律师协会组织的培训和执业纪律教育活动。①

（三）公司律师

公司律师是指依法取得律师执业证书，在企业内部专职从事法律事务工作的执业人员。建立公司律师制度，是为了应对加入世界贸易组织后我国企业界和律师业面临的严峻挑战，提高企业和律师的国际竞争力，完善我国企业法律制度和律师制度。2002年司法部制定了《关于开展公司律师试点工作的意见》。

根据该意见，公司律师任职需要具备以下条件：（1）具有中华人民共和国律师资格或司法部颁发的法律职业资格；（2）在企业内部专职从事法律事务工作；（3）所在企业同意其担任公司律师。

公司律师的主要职责是：（1）对企业的生产经营决策提出法律意见；（2）参与本企业法律文书的起草和修改工作，审核企业规章制度；（3）审查和管理企业合同；（4）对企业违反法律、法规的行为提出纠正的建议，并在企业内部开展法制宣传教育工作；（5）参与企业的谈判，代理本企业的诉讼、仲裁活动；（6）其他应由公司律师承办的法律事务。

公司律师属于企业内部人员，在企业的领导下开展业务活动，人事关系、工资待遇等由所在企业管理，司法行政机关负责公司律师的资质管理和业务指导。试点期间，公司律师执业证由司法部统一制作，由各省、自治区、直辖市司法厅（局）颁发。申请公司律师执业证书，由符合任职条件的人员提出申请，经所在企业批准后报经所在地司法行政机关审核，再由审核同意的司法行政机关报省、自治区、直辖市司法厅（局）审批，司法厅（局）应在15日内作出批准或不批准的决定。公司律师应参加律师年检注册。办理年检注册时，公司律师应提交年度工作总结、所在单位出具的证明其专职从事法律事务工作的材料等。公司律师应加入所在地律师协会，参加律师协会组织的培训和执业纪律教育活动。②

（四）军队律师

军队律师是指依法取得军队律师工作证，为军队提供法律服务的现役军人。③ 军队律师在军队法律顾问处执业。军队律师执业应取得军队律师工作证。

我国军队律师制度建立较晚。1985年2月，我军在海军司令机关试点设立了第一个法律顾问处，随后几年内各军区、各军兵种、各总部等军队大单位也纷纷设立，这一时期是我国创建军队律师制度的探索阶段。1992年9月中央军委批准设立总政治部司法局，领导全军司法行政工作，从而使军队律师、法律顾问、法律咨询等工作归口政治机关统一领导和管理。1993年3月总政治部与司法部联合发布了《关于军队法律服务工作有关问题的通知》，标志着国家认可在军队建立律师序列，并把军队律师初步

① 参见司法部2002年《关于开展公职律师试点工作的意见》。

② 参见司法部2002年《关于开展公司律师试点工作的意见》。

③ 参见2012年《律师法》第57条。

纳入国家律师体制。1996 年 5 月通过的《律师法》第 50 条明确规定：“为军队提供法律服务的军队律师，其律师资格的取得和权利、义务及行为准则，适用本法规定。”这标志着国家军队律师制度在立法中正式得以确立。根据现有规定，军队律师的职责范围严格限定在军队内部以及军队与地方互涉的法律服务中。1993 年 3 月 17 日，司法部和总政治部在联合颁布的《关于军队法律服务工作有关问题的通知》中明确规定，军队律师是国家律师队伍的组成部分，在执行职务时，依法享有国家法律规定的律师权利，承担相应的义务，并受国家法律保护。中央军委批准总政治部设立的司法局是总政治部管理全军司法行政工作的职能部门，在司法部的指导下负责全军法律服务工作的业务指导；部队军以上单位的法律顾问处是军队律师执行职务的工作机构，其主要任务是：领导律师开展业务工作，依法为首长、机关决策和管理提供法律咨询；接受军队单位和军办企业的委托处理军队内部或者军、地互涉的法律事务；为军内单位和人员提供法律服务；协助有关部门对部队进行经常性的法制教育。

为促进律师队伍建设，加强对律师人员的培养、考核和合理使用，鼓励律师努力学习，提高政治和业务素质，发挥积极性、创造性，促进律师事业的繁荣和发展，更好地为社会主义经济建设服务，为发展社会主义民主和健全社会主义法制服务，司法部于 1987 年制定了《律师职务试行条例》。根据该条例，律师职务是根据律师工作的性质及实际工作需要而设置的工作岗位。律师职务设：一级律师、二级律师、三级律师、四级律师、律师助理。一级律师、二级律师为高级职务，三级律师为中级职务，四级律师和律师助理为初级职务。

二、检察官

检察官是依法行使国家检察权的检察人员，包括最高人民检察院、地方各级人民检察院和军事检察院等专门人民检察院的检察长、副检察长、检察委员会委员、检察员和助理检察员。[①]

2001 年《检察官法》第 13 条规定：“初任检察官采用严格考核的办法，按照德才兼备的标准，从通过国家统一司法考试取得资格，并且具备检察官条件的人员中择优提出人选。”“人民检察院的检察长、副检察长应当从检察官或者其他具备检察官条件的人员中择优提出人选。”

检察官的条件分为积极条件和消极条件两个方面。2001 年《检察官法》第 10 条规定，担任检察官必须具备下列积极条件：（1）具有中华人民共和国国籍；（2）年满 23 岁；（3）拥护中华人民共和国宪法；（4）有良好的政治、业务素质和良好的品行；（5）身体健康；（6）高等院校法律专业本科毕业或者高等院校非法律专业本科毕业具有法律专业知识，从事法律工作满 2 年，其中担任省、自治区、直辖市人民检察院、最高人民检察院检察官，应当从事法律工作满 3 年；获得法律专业硕士学位、博士学位或者非法律专业硕士学位、博士学位具有法律专业知识，从事法律工作满 1 年，其中担任省、自治区、直辖市人民检察院、最高人民检察院检察官，应当从事法律工作

① 参见 2001 年《检察官法》第 2 条。

满2年。①

在《检察官法》施行前的检察人员不具备上述第6项规定的条件的，应当接受培训，具体办法由最高人民检察院制定。适用该第6项规定的学历条件确有困难的地方，经最高人民检察院审核确定，在一定期限内，可以将担任检察官的学历条件放宽为高等院校法律专业专科毕业。

2001年《检察官法》第11条规定了检察官的消极条件，即下列人员不得担任检察官：(1) 曾因犯罪受过刑事处罚的；(2) 曾被开除公职的。

公开选拔是初任法官、检察官任职人选的选拔方式之一。2008年8月，中共中央组织部、最高人民法院、最高人民检察院印发了《公开选拔初任法官、检察官任职人选暂行办法》（中组发［2008］25号），就面向社会，从具有任职条件和资格的人员中选拔初任法官、检察官任职人选的条件与资格、考试、考察、任用等事项进行了规定。

检察官职务的任免，依照宪法和法律规定的任免权限和程序办理。根据我国现行规定，检察官职务的任命采用的是选举制与任命制相结合的方式。

最高人民检察院检察长由全国人民代表大会选举和罢免，副检察长、检察委员会委员和检察员由最高人民检察院检察长提请全国人民代表大会常务委员会任免。

地方各级人民检察院检察长由地方各级人民代表大会选举和罢免，副检察长、检察委员会委员和检察员由本院检察长提请本级人民代表大会常务委员会任免。

地方各级人民检察院检察长的任免，须报上一级人民检察院检察长提请该级人民代表大会常务委员会批准。

在省、自治区内按地区设立的和在直辖市内设立的人民检察院分院检察长、副检察长、检察委员会委员和检察员由省、自治区、直辖市人民检察院检察长提请本级人民代表大会常务委员会任免。

人民检察院的助理检察员由本院检察长任免。

军事检察院等专门人民检察院检察长、副检察长、检察委员会委员和检察员的任免办法，由全国人民代表大会常务委员会另行规定。②

在任法官调入人民检察院担任检察官或者在任检察官调入人民法院担任法官的，不需要再通过国家统一司法考试。上述人员经调入方考核合格者，即可由人民法院或者人民检察院依照法定程序任命或者提请任命相应的法官、检察官职务；对于在任的于2001年12月31日以前担任法官、检察官职务，但不具备高等院校本科毕业学历条

---

① 这里所讲的"从事法律工作"，主要包括从事国家或地方的立法工作，审判、检察工作，公安、国家安全、监狱管理、劳动教养管理工作，律师，法律教学和研究工作，党的政法委员会以及政府部门中的法制工作等。其中"从事检察工作"，应以从事检察机关的检察业务工作为宜。［参见《全国人大法制工作委员会关于〈中华人民共和国法官法〉、〈中华人民共和国检察官法〉中"从事法律工作"的含义的答复》（2006年2月24日）、《全国人大法制工作委员会关于如何理解〈中华人民共和国检察官法〉规定的"从事法律工作"和"具有法律专业知识"的答复》（2006年8月14日）。］这里所讲的"具有法律专业知识"，根据《检察官法》的规定，对于高等院校非法律专业本科以上毕业的人员，具有法律专业知识与从事法律工作满一定年限，是担任检察官应当同时具备的两个条件。实践中有些非法律专业本科以上毕业的同志，较长时间从事法律工作，在工作中学习和掌握了法律专业知识，认为其"具有法律专业知识"是可以的，但是，《检察官法》第10条第1款第6项规定的从事法律工作的有关年限还应当另行计算。参见《全国人大法制工作委员会关于如何理解〈中华人民共和国检察官法〉规定的"从事法律工作"和"具有法律专业知识"的答复》（2006年8月14日）。

② 参见2001年《检察官法》第12条。

件的，依法接受培训后，可以相互交流任职。[①]

对于曾任法官、检察官职务，不是现任法官、检察官的人员，再调入法院、检察院担任法官、检察官的问题，《法官法》、《检察官法》没有具体规定。全国人大常委会法制工作委员会认为："鉴于《中华人民共和国法官法》、《中华人民共和国检察官法》已经规定了国家统一司法考试制度，建议对这部分人员再任法官、检察官时，严格掌握进入标准。原则上应经过国家统一司法考试，对属于干部交流或经组织批准调到党委政法委、人大和政府的法制部门从事与法律相关工作的人员，或者从事公安等工作的人员，再任法官、检察官时，符合在任法官、检察官依法接受培训后的学历条件的，可以不经过国家统一司法考试。"[②]

检察官的级别分为12级。最高人民检察院检察长为首席大检察官，2级至12级检察官分为大检察官、高级检察官、检察官。检察官的等级的确定，以检察官所任职务、德才表现、业务水平、检察工作实绩和工作年限为依据。[③]

检察官实行任职回避制度。2001年《检察官法》第19条规定："检察官之间有夫妻关系、直系血亲关系、三代以内旁系血亲以及近姻亲关系的，不得同时担任下列职务：（一）同一人民检察院的检察长、副检察长、检察委员会委员；（二）同一人民检察院的检察长、副检察长和检察员、助理检察员；（三）同一业务部门的检察员、助理检察员；（四）上下相邻两级人民检察院的检察长、副检察长。"

为加强检察官队伍建设，增强检察官的职业使命感、职业责任感和职业荣誉感，2010年最高人民检察院制定了《中华人民共和国检察官宣誓规定（试行）》。根据该规定，初次担任检察官职务、检察官晋升等次，应当以公开宣告誓词的方式，郑重承诺对国家的忠诚、对人民的热爱、对法律的尊崇和对职责的坚守，自觉接受监督；宣誓分为集体宣誓和个人宣誓；宣誓开始时奏《中华人民共和国国歌》，宣誓人着检察制服，面向国旗，立正站姿，举起右拳，宣读誓词；集体宣誓由领誓人领读誓词；领誓人一般由检察长、副检察长或者政工部门负责人担任。

检察官誓词如下："我是中华人民共和国检察官，我宣誓：忠于国家、忠于人民、忠于宪法和法律，忠实履行法律监督职责，恪守检察职业道德，维护公平正义，维护法制统一。宣誓人：×××。"

三、法官

法官是依法行使国家审判权的审判人员，包括最高人民法院、地方各级人民法院和军事法院等专门人民法院的院长、副院长、审判委员会委员、庭长、副庭长、审判员和助理审判员。[④] 尽管与律师、检察官等同属法律职业，法院在权力的性质与来源、

① 参见《全国人大常委会法制工作委员会关于法官、检察官相互交流任职是否还需要通过国家统一司法考试的答复》（2004年10月8日）。

② 《全国人大常委会法制工作委员会关于法官、检察官相互交流任职是否还需要通过国家统一司法考试的答复》（2004年10月8日）。

③ 参见2001年《检察官法》第21、22条，《检察官等级暂行规定》（1997年12月），《评定检察官等级实施办法》（1998年11月）。

④ 参见2001年《法官法》第2条。

立场、业务范围、工作目的、准入标准与程序等方面，有着自己的独特性。①

2001年《法官法》第12条规定："初任法官采用严格考核的办法，按照德才兼备的标准，从通过国家统一司法考试取得资格，并且具备法官条件的人员中择优提出人选。""人民法院的院长、副院长应当从法官或者其他具备法官条件的人员中择优提出人选。"

法官的条件分为积极条件和消极条件两个方面。2001年《法官法》第9条规定，担任法官必须具备下列积极条件：（1）具有中华人民共和国国籍；（2）年满23岁；（3）拥护中华人民共和国宪法；（4）有良好的政治、业务素质和良好的品行；（5）身体健康；（6）高等院校法律专业本科毕业或者高等院校非法律专业本科毕业具有法律专业知识，从事法律工作满2年，其中担任高级人民法院、最高人民法院法官，应当从事法律工作满3年；获得法律专业硕士学位、博士学位或者非法律专业硕士学位、博士学位具有法律专业知识，从事法律工作满1年，其中担任高级人民法院、最高人民法院法官，应当从事法律工作满2年。

《法官法》施行前的审判人员不具备上述第6项规定的条件的，应当接受培训，具体办法由最高人民法院制定。适用上述第6项规定的学历条件确有困难的地方，经最高人民法院审核确定，在一定期限内，可以将担任法官的学历条件放宽为高等院校法律专业专科毕业。

2001年《法官法》第10条规定了法官的消极条件，即下列人员不得担任法官：（1）曾因犯罪受过刑事处罚的；（2）曾被开除公职的。

公开选拔是初任法官、检察官任职人选的选拔方式之一。2008年8月，中共中央组织部、最高人民法院、最高人民检察院印发了《公开选拔初任法官、检察官任职人选暂行办法》（中组发［2008］25号），就面向社会，从具有任职条件和资格的人员中选拔初任法官、检察官任职人选的条件与资格、考试、考察、任用等事项进行了规定。

法官职务的任免，依照宪法和法律规定的任免权限和程序办理。根据我国现行规定，法官职务的任命采用的是选举制与任命制相结合的方式。

最高人民法院院长由全国人民代表大会选举和罢免，副院长、审判委员会委员、庭长、副庭长和审判员由最高人民法院院长提请全国人民代表大会常务委员会任免。

地方各级人民法院院长由地方各级人民代表大会选举和罢免，副院长、审判委员会委员、庭长、副庭长和审判员由本院院长提请本级人民代表大会常务委员会任免。

在省、自治区内按地区设立的和在直辖市内设立的中级人民法院院长，由省、自治区、直辖市人民代表大会常务委员会根据主任会议的提名决定任免，副院长、审判委员会委员、庭长、副庭长和审判员由高级人民法院院长提请省、自治区、直辖市的人民代表大会常务委员会任免。

在民族自治地方设立的地方各级人民法院院长，由民族自治地方各级人民代表大会选举和罢免，副院长、审判委员会委员、庭长、副庭长和审判员由本院院长提请本级人民代表大会常务委员会任免。

人民法院的助理审判员由本院院长任免。

---

① 参见王晨光：《法官职业化和法官职业道德建设》，载《江苏社会科学》，2007（1）。

军事法院等专门人民法院院长、副院长、审判委员会委员、庭长、副庭长和审判员的任免办法，由全国人民代表大会常务委员会另行规定。①

根据《宪法》、《人民法院组织法》的规定，各级人民法院院长的任期同各级人民代表大会每届任期相同。对于副院长、庭长、副庭长、审判员、审判委员会委员，其任职期限不受人民代表大会的任期的限制，因此，不需要各级人大换届后重新任命。②

法官的级别分为12级。最高人民法院院长为首席大法官，2级至12级法官分为大法官、高级法官、法官。法官的等级的确定，以法官所任职务、德才表现、业务水平、审判工作实绩和工作年限为依据。③

法官实行任职回避制度。2001年《法官法》第16条规定："法官之间有夫妻关系、直系血亲关系、三代以内旁系血亲以及近姻亲关系的，不得同时担任下列职务：（一）同一人民法院的院长、副院长、审判委员会委员、庭长、副庭长；（二）同一人民法院的院长、副院长和审判员、助理审判员；（三）同一审判庭的庭长、副庭长、审判员、助理审判员；（四）上下相邻两级人民法院的院长、副院长。"

2010年，最高人民法院在《关于进一步加强人民法院文化建设的意见》（法发[2010] 31号）中提出：要根据公正、廉洁、为民的司法核心价值观，建立并推广实施法官宣誓制度。法官应当以公开宣告誓词的方式，郑重承诺对党和国家的忠诚、对人民的热爱、对法律的尊崇和对职责的坚守。2012年12月，最高人民法院印发《中华人民共和国法官宣誓规定（试行）》，规定初次担任或重新担任法官职务的人员，应当以公开宣告誓词的方式，对于忠实执行宪法和法律，全心全意为人民服务，公正廉洁司法，自觉接受监督，作出郑重承诺。法官宣誓由本级或上级人民法院组织实施。

法官宣誓誓词为："我是中华人民共和国法官，我宣誓：忠于祖国，忠于人民，忠于宪法和法律，忠实履行法官职责，恪守法官职业道德，遵守法官行为规范，公正司法，廉洁司法，为民司法，为维护社会公平正义而奋斗！"宣誓场地须悬挂国旗。领誓人、宣誓人统一着法袍或其他法官制式服装。领誓人由各级人民法院院长或其委托的资深法官担任。宣誓开始时奏（唱）《中华人民共和国国歌》；宣誓人面向国旗，立正站姿，举起右手，握拳过肩；领誓人持相同站姿位于宣誓人前方，逐句领读誓词，宣誓人齐声复诵；誓词宣读完毕，在领誓人读出"宣誓人"后，报出自己姓名。各级人民法院在举行重要活动时组织的重温誓词活动，参照该规定执行。

四、公证员

公证员是符合2005年《公证法》规定的条件，经法定任职程序，取得公证员执业证书，在公证机构从事公证业务的执业人员。公证员的配备数量，根据公证机构的设置情况和公证业务的需要确定。公证员配备方案，由省、自治区、直辖市司法行政机

---

① 参见2001年《法官法》第11条。

② 参见《全国人大常委会法制工作委员会关于人民法院院长以外的法官任职期限是否受人民代表大会任期的限制的答复》（2003年7月14日）。

③ 参见2001年《法官法》第18、19条，《法官等级暂行规定》（1997年12月），《评定法官等级实施办法》（1998年11月）。

关编制和核定，报司法部备案。

担任公证员，应当具备下列积极条件：（1）具有中华人民共和国国籍；（2）年龄25周岁以上、65周岁以下；（3）公道正派，遵纪守法，品行良好；（4）通过国家司法考试；（5）在公证机构实习2年以上或者具有3年以上其他法律职业经历并在公证机构实习1年以上，经考核合格。

符合上述第1项、第2项、第3项的规定，并具备下列条件之一，已经离开原工作岗位的，经考核合格，可以担任公证员：（1）从事法学教学、研究工作，具有高级职称的人员；（2）具有本科以上学历，从事审判、检察、法制工作、法律服务满10年的公务员、律师。

有下列情形之一的，不得担任公证员：（1）无民事行为能力或者限制民事行为能力的；（2）因故意犯罪或者职务过失犯罪受过刑事处罚的；（3）被开除公职的；（4）被吊销执业证书的。

担任公证员，应当由符合公证员条件的人员提出申请，经公证机构推荐，由所在地的司法行政部门报省、自治区、直辖市人民政府司法行政部门审核同意后，报请国务院司法行政部门任命，并由省、自治区、直辖市人民政府司法行政部门颁发公证员执业证书。公证员有下列情形之一的，由所在地的司法行政部门报省、自治区、直辖市人民政府司法行政部门提请国务院司法行政部门予以免职：（1）丧失中华人民共和国国籍的；（2）年满65周岁或者因健康原因不能继续履行职务的；（3）自愿辞去公证员职务的；（4）被吊销公证员执业证书的。

1988年中央职称改革工作领导小组印发的《公证员职务试行条例》规定，公证员职务是根据公证工作的性质和公证业务工作的实际需要而设置的专业工作岗位。公证员职务名称为：公证员助理、四级公证员、三级公证员、二级公证员和一级公证员。公证员助理和四级公证员为初级职务，三级公证员为中级职务，二级公证员和一级公证员为高级职务。公证处应定编定员，公证员职务应有合理的结构比例并实行限额聘任或任命制度。

五、司法鉴定人员

司法鉴定活动与法律职业活动有着密切联系[①]，法律职业人员需要了解司法鉴定人员的职业行为法。因此，尽管司法鉴定人员不是法律职业人员，笔者仍将司法鉴定人员职业行为规则作为本书的一部分内容加以介绍。

司法鉴定是指在诉讼活动中鉴定人运用科学技术或者专门知识对于诉讼涉及的专门性问题进行鉴别和判断并提供鉴定意见的活动。[②] 因此，司法鉴定人是指运用科学技术或者专门知识对于诉讼涉及的专门性问题进行鉴别和判断并提出鉴定意见的人员。[③] 严格地讲，使用司法鉴定人员所提供的意见的领域，并不完全局限于诉讼。证明活动是人类生产、生活的方式、方法之一，因此，作为证明活动依据之一的鉴定意见，也

---

① 例如，《刑事诉讼法》、《民事诉讼法》、《行政诉讼法》都规定鉴定结论（意见）是证据种类之一。

② 参见全国人大常委会2005年《关于司法鉴定管理问题的决定》第1条。

③ 参见司法部2005年《司法鉴定人登记管理办法》第3条。

不会完全限于诉讼活动。例如，就非正常死亡的鉴定意见进行流行病学调查取得的结果，对于国家安全具有重要的意义。从这个意义上讲，将司法鉴定科学称为“法证科学”，将司法鉴定人员称为“法证科学工作者”更为适当。

司法鉴定人员显然不属于法律职业人员，因为法律职业人员应当具有相同的准入资格，各个法律职业之间存在相互流动的机制。司法鉴定人员显然不具有法律职业人员这样的共同特点，但是司法鉴定人员显然应当属于职业的一种。如前所述，一个行业作为一种职业而存在，需要具备几个条件：第一，该行业所提供的服务具有专业性，通常为其他人所难以理解和控制。第二，该行业具有独立性或者客观性。第三，该行业具有公共性，其适当服务为社会所必需。在传统上，法律、医学和宗教被视为三大职业。然而，司法鉴定活动也具有职业的根本特征：首先，司法鉴定活动涉及诸多科学问题，一般而言，这些问题对于司法鉴定服务的需求者而言，是完全陌生的领域；对于法律职业人员而言，这也往往并非其背景知识的一部分。司法鉴定活动通过科学活动，为司法活动提供了有用的相关信息。其次，司法鉴定活动以科学为重要的指导原则，强调司法鉴定活动的不偏不倚、科学求实。最后，现代诉讼涉及的科学问题越来越多，可以说，如果没有司法鉴定活动，就不能保证准确认定案件事实，做到案结事了。[①] 因此，司法鉴定活动具有职业的根本特征，这些特征又派生出诸多对司法鉴定活动的要求。例如，司法鉴定活动的专业性，使得缺乏相关知识的人无法对这些专业活动进行有效监督，因而产生了自我治理的必要性；司法鉴定活动的独立性，也要求通过一定的自我治理形式，保证司法鉴定工作不受干扰。在建立这种自我治理机制的过程中，司法鉴定职业行为法（职业道德）发挥着重要作用。“制定有职业道德守则，这是将一个行业界定为职业的根本属性。除了适当的专业化教育要求、通过职业所制定的程序展示称职性之外，界定职业活动中适当行为的职业道德守则的存在，是职业的一个标识。”[②]

全国人大常委会 2005 年《关于司法鉴定管理问题的决定》第 2 条规定，国家对从事下列司法鉴定业务的鉴定人和鉴定机构实行登记管理制度：（1）法医类鉴定；（2）物证类鉴定；（3）声像资料鉴定；（4）根据诉讼需要由国务院司法行政部门商最高人民法院、最高人民检察院确定的其他应当对鉴定人和鉴定机构实行登记管理的鉴定事项。

法律对上述规定事项的鉴定人和鉴定机构的管理另有规定的，从其规定。[③]

全国人大常委会 2005 年《关于司法鉴定管理问题的决定》第 4 条规定，具备下列条件之一的人员，可以申请登记从事司法鉴定业务：（1）具有与所申请从事的司法鉴定业务相关的高级专业技术职称；（2）具有与所申请从事的司法鉴定业务相关的专业

---

① 例如，美国兰德公司在 20 世纪末的一项调查发现，86%的审判使用了专家作证，每件案件平均使用了 3.3 名专家证人。See Samuel R. Cross，“Expert Evidence”，1991 *Wisconsin Law Review* 1113，1119.

② Peter D. Barnett，*Ethics in Forensic Science：Professional Standards for Practice of Criminalistics*，6 (CRC Press，2001).

③ 法医类鉴定，包括法医病理鉴定、法医临床鉴定、法医精神病鉴定、法医物证鉴定和法医毒物鉴定；物证类鉴定，包括文书鉴定、痕迹鉴定和微量鉴定；声像资料鉴定，包括对录音带、录像带、磁盘、光盘、图片等载体上记录的声音、图像信息的真实性、完整性及其所反映的情况过程进行的鉴定和对记录的声音、图像中的语言、人体、物体作出种类或者同一认定。参见全国人大常委会 2005 年《关于司法鉴定管理问题的决定》第 17 条。

执业资格或者高等院校相关专业本科以上学历，从事相关工作5年以上；（3）具有与所申请从事的司法鉴定业务相关工作10年以上经历，具有较强的专业技能。

因故意犯罪或者职务过失犯罪受过刑事处罚的、受过开除公职处分的，以及被撤销鉴定人登记的人员，不得从事司法鉴定业务。

尽管全国人大常委会2005年《关于司法鉴定管理问题的决定》旨在建立统一的司法鉴定管理体制[①]，但是出于各种原因，这一目的并没有实现。司法部于2005年9月30日公布了《司法鉴定人登记管理办法》和《司法鉴定机构登记管理办法》，公安部于2005年12月29日发布了《公安机关鉴定人登记管理办法》和《公安机关鉴定机构登记管理办法》，最高人民检察院于2006年11月30日公布了《人民检察院鉴定人登记管理办法》、《人民检察院鉴定机构登记管理办法》和《人民检察院鉴定规则（试行）》，这些法律、法规和部门规章等构成了我国新的司法鉴定体制的法律渊源。

司法部2005年《司法鉴定人登记管理办法》适用于在侦查机关设立的司法鉴定机构之外的司法鉴定机构执业的司法鉴定人。[②] 该办法对全国人大常委会2005年《关于司法鉴定管理问题的决定》第4条规定的条件作了进一步细化，分为积极条件和消极条件两个方面。

所谓积极条件，即从正面对申请从事司法鉴定业务的人员提出的要求。该办法第12条规定，个人申请从事司法鉴定业务，应当具备下列条件：（1）拥护中华人民共和国宪法，遵守法律、法规和社会公德，品行良好的公民；（2）具有相关的高级专业技术职称；或者具有相关的行业执业资格或者高等院校相关专业本科以上学历，从事相关工作5年以上；（3）申请从事经验鉴定型或者技能鉴定型司法鉴定业务的，应当具备相关专业工作10年以上经历和较强的专业技能；（4）所申请从事的司法鉴定业务，行业有特殊规定的，应当符合行业规定；（5）拟执业机构已经取得或者正在申请《司法鉴定许可证》；（6）身体健康，能够适应司法鉴定工作需要。

所谓消极条件，即从反面对申请从事司法鉴定业务的人员提出的要求。该办法第13条规定，有下列情形之一的，不得申请从事司法鉴定业务：（1）因故意犯罪或者职务过失犯罪受过刑事处罚的；（2）受过开除公职处分的；（3）被司法行政机关撤销司法鉴定人登记的；（4）所在的司法鉴定机构受到停业处罚，处罚期未满的；（5）无民事行为能力或者限制行为能力的；（6）法律、法规和规章规定的其他情形。

此外，个人兼职从事司法鉴定业务的，除应当符合法律、法规的规定外，还应当提供所在单位同意其兼职从事司法鉴定业务的书面意见。

经审核符合条件的，省级司法行政机关应当作出准予执业的决定，颁发《司法鉴定人执业证》；不符合条件的，作出不予登记的决定，书面通知其所在司法鉴定机构并说明理由。《司法鉴定人执业证》由司法部统一监制，是司法鉴定人的执业凭证。

公安部2005年《公安机关鉴定人登记管理办法》第9条规定，个人申请鉴定人资格，应当具备下列条件：（1）在职或者离退休的具有专门技术知识和技能的人民警察；

---

① 该决定第3条规定："国务院司法行政部门主管全国鉴定人和鉴定机构的登记管理工作。省级人民政府司法行政部门依照本决定的规定，负责对鉴定人和鉴定机构的登记、名册编制和公告。"

② 该办法第34条规定："本办法所称司法鉴定人不含《全国人民代表大会常务委员会关于司法鉴定管理问题的决定》第七条规定的鉴定机构中从事鉴定工作的鉴定人。"

（2）遵守国家法律、法规，具有人民警察职业道德；（3）具有与所申请从事鉴定业务相关的高级专业技术职务资格；或者具有与所申请从事鉴定业务相关的法医官、鉴定官专业技术职务执业资格或者高等院校相关专业本科以上学历，从事相关工作5年以上；或者具有与所申请从事鉴定业务相关工作10年以上经历和较强的专业技能；（4）所在机构已经取得或者正在申请《鉴定机构资格证书》；（5）身体状况良好，适应鉴定工作需要。

登记管理部门对符合登记条件的，应当作出授予鉴定资格的决定，在10日内颁发《鉴定人资格证书》；对不符合登记条件的，应当作出不授予鉴定资格的决定。

最高人民检察院2006年《人民检察院鉴定人登记管理办法》第8条规定，遵守国家法律、法规和检察人员职业道德，身体状况良好，适应鉴定工作需要的检察技术人员具备下列条件之一的，可以申请鉴定人资格：（1）具有与所申请从事的鉴定业务相关的高级专业技术职称；（2）具有与所申请从事的鉴定业务相关的专业执业资格或者高等院校相关专业本科以上学历，从事相关工作5年以上；（3）具有与所申请从事的鉴定业务相关工作10年以上经历和较强的专业技能。

登记管理部门收到登记申请材料后，应当及时进行审查，并在20日以内作出决定。对准予登记的，经检察长批准，颁发《人民检察院鉴定人资格证书》。对不予登记的，书面通知申请单位。

本章思考题

1. 什么是法律职业？我国的法律职业包括哪些人员？

2. 申请取得律师执业证书，应当具备哪些条件？

3. 担任法官、检察官应当具备哪些条件？

4. 担任公证员应当具备哪些条件？

5. 根据司法部2005年《司法鉴定人登记管理办法》，担任司法鉴定人应当具备哪些条件？

第二章

法律职业行为法概述

第一节 法律职业行为法的概念和渊源

一、法律职业行为法的概念与特征

二、法律职业行为法与法律职业道德/伦理

三、法律职业行为法与业务操作规范

四、法律职业行为法的作用

五、我国现行法律职业行为法的渊源

第二节 法律职业行为法的学科发展

第三节 法律职业行为法的学习方法

第一节 法律职业行为法的概念和渊源

一、法律职业行为法的概念与特征

法律职业行为法，是指律师、检察官、法官、公证员等法律职业人员、其辅助人员以及其他相关人员和/或所属机构，在与其职业身份有关的活动中应当遵守的行为规范的总称。法律职业行为法具有以下特征：

第一，法律职业行为法的适用对象，是法律职业人员、其辅助人员以及其他相关人员和/或所属机构。法律职业人员的辅助人员的行为，往往是法律职业人员的职业活动的重要支撑和组成部分。因此，其行为也受到法律职业行为法的调整。例如，关于法官的职业行为法，不仅调整法官的职业行为，而且调整人民法院其他工作人员的职业行为。[1] 法律职业人员的所属机构，在法律职业人员的职业活动中往往发挥着组织、领导、管理的重要作用，其内部管理上的上下级关系和平等地位关系往往对法律职业人员的职业活动有着至关重要的影响。因此，法律职业人员的所属机构往往也是法律

① 例如，2010 年《法官职业道德基本准则》第 27 条规定："人民陪审员依法履行审判职责期间，应当遵守本准则。人民法院其他工作人员参照执行本准则。"2004 年最高人民法院、司法部《关于规范法官和律师相互关系维护司法公正的若干规定》第 15 条第 2 款规定："对人民法院其他工作人员和律师辅助人员的纪律约束，参照本规定的有关内容执行。"

职业行为法的适用对象。例如，律师职业行为法的适用对象，既包括律师，也包括律师事务所。[①]

第二，法律职业行为法调整的是法律职业人员、其辅助人员以及其他相关人员和/或所属机构在与其职业身份有关的活动中的行为。并非上述人员及其所属机构的所有行为都受到法律职业行为法的调整，只有与上述人员及其所属机构的职业身份有关的活动才受到法律职业行为法的调整。换言之，法律职业行为法所关注的核心问题是上述人员及其所属机构的行为对其职业能力、职业形象的影响，以确保这些人员和机构的行为符合职业的要求。

第三，法律职业行为法所调整的与法律职业人员、其辅助人员以及其他相关人员的职业身份有关的活动包括业内活动和业外活动两个方面。[②] 法律职业人员的业内活动与法律职业人员的职业身份有着直接关系，毫无疑问，它是法律职业行为法所调整的主要内容。但是，法律职业人员的业外活动与其业内活动是不能截然分开的，他们的业外活动同样可能使得人们对其履行职务的能力和品格产生怀疑，会造成其难以履行职务的情况，因此，有必要对法律职业人员的业外活动加以调整，以维护法律职业的形象，保障法律职务的适当履行。例如，2001 年《法官法》第 15 条规定："法官不得兼任人民代表大会常务委员会的组成人员，不得兼任行政机关、检察机关以及企业、事业单位的职务，不得兼任律师。"如果有法官兼任企事业单位的职务，兼任律师等业外活动，毫无疑问会造成诉讼中的回避、其他法官的职业独立性和裁决的稳定性受到影响等问题。

第四，并不存在什么统一的法律职业行为法或者法律职业行为法典。法律职业行为法是调整不同法律职业的行为的法律。每个法律职业的运作背景都有所不同，不考虑具体背景而适用这些规则几乎是不可能的。由于不同背景下所涉及的角色、关系不同，各个法律职业的职业行为法需要进行区别，它们在内容和含量上都存在显著差别。以法官和律师的职业行为法为例，法官职业活动的主要特点是中立性与被动性，所涉及的社会关系较少，因此，其职业行为法在总体含量上较少；律师职业活动的特点则是当事人性与主动性，所涉及的社会关系较多，因此，其职业行为法在总体含量上较多。此外，就每个具体法律职业而言，从我国的实际情况来看，也不存在统一的职业行为法，职业行为法有着法律、法规、司法解释、行业规范等诸多渊源，因此，就同一行为，在法律、法规或者行业规范中可能均会找到相应的规范。

第五，违反法律职业行为法应当承担一定的后果。从应然角度来看，法律职业行为法本质上是法律，只有是法律，才能够超越各个法律职业本身的狭隘性而得到广泛的适用；只有具备法律这样的品质，才能够在实践中与法律背景相适应。因此，法律职业行为法不同于一般的道德，违反了这些法律，应当承担一定的后果，否则，法律职业行为法就会因为缺乏执行机制而被束之高阁。从我国现行的规范来看，违反法律职业行为法，具有刑事、民事、行政和行业纪律上的后果。

---

① 例如，中华全国律师协会 2011 年《律师执业行为规范》第 4 条规定："本规范适用于作为中华全国律师协会会员的律师和律师事务所，律师事务所其他从业人员参照本规范执行。"

② 例如，2010 年《法官职业道德基本准则》第 3 条规定："法官应当自觉遵守法官职业道德，在本职工作和业外活动中严格要求自己，维护人民法院形象和司法公信力。"

二、法律职业行为法与法律职业道德/伦理

在我国，法律职业行为法又往往被称为法律职业道德或者法律职业伦理。把法律职业行为法称为法律职业道德或者法律职业伦理，忽视了法律职业行为法和道德或者伦理的本质差别。毫无疑问，所有的法律都有一定的道德基础。但是，法律职业行为法的绝大多数内容，是对法律职业人员及其所属机构的具体职业活动加以指导的规范，因此，法律职业行为法的主体内容从性质上讲，应当是一种程序法。而就道德而言，道德是具有实体性要求的规范，实体性要求的实现和体现，在很大程度上要依赖于程序的保障。因此，法律职业行为法不同于道德，法律职业行为法是法律，是一种程序法。将法律职业行为法冠以道德之名，则忽视或者低估了法律职业行为法的程序性。

从一定意义上讲，我们在探讨法律职业行为法和法律职业道德之间的区别时，可以以其表现形式和效力作为主要的参考标准。在对法律职业行为的规制问题上，如果相应规则是法律所规定的，我们就称其为法律职业行为法；如果相应的规则不具有这样的法律效力，而是由相应的规制机构（如律师协会、公证员协会）所制定的，我们就称其为法律职业道德。然而，从实际情况来看，这种区分存在相当的难度，因为同样的行为既可能受到法律的规制，也可能受到职业道德的规制。例如，从实然的中国目前关于律师职业行为的规范渊源来看，一部分是以法律、部门规章等法律规范形式体现的，如 2012 年《律师法》、司法部 2010 年《律师和律师事务所违法行为处罚办法》；另一部分则是以律师协会所制定的行业规范的形式体现的，如中华全国律师协会 2011 年《律师执业行为规范》。许多职业行为规范，如利益冲突问题、保密问题，在这些规范中都有体现，我们很难说哪些职业行为受法律职业行为法调整，哪些受法律职业道德调整。同样，关于法官的职业行为（如回避）的规范，既有诉讼法、2001 年《法官法》、最高人民法院 2011 年《关于审判人员在诉讼活动中执行回避制度若干问题的规定》（法释［2011］12 号）这样的渊源，也有最高人民法院 2010 年《法官职业道德基本准则》这样的行业性渊源。从实然的角度来看，法律活动背景下的行为规范如果不具有法律的性质，则难以得到普遍的执行和有效的适用。例如，律师违反关于利益冲突的规定，可能会影响到审判的质量，面对不是法律的所谓律师职业道德，主持庭审的法官很难执行这样的职业道德。因此，从应然的角度来看，所谓的法律职业道德，都应当是具有强制力的法律，只有这样，才能保证法律职业行为法得到有效的实施。

三、法律职业行为法与业务操作规范

法律职业活动需要遵循特定的业务操作规范来进行，这些业务操作规范主要表现为程序法，例如《刑事诉讼法》、《民事诉讼法》等法律及相关司法解释。法律职业行为法也是一种程序法。从实证法的角度来看，这两种程序法存在一定程度的重合，例如关于法官、检察官的回避。但是，二者也存在着诸多区别：

第一，法律职业行为法除了对法律职业人员的业内活动进行规范外，还对法律职业人员的业外活动进行了约束；业务操作规范则不涉及法律职业人员的业外活动方面

的内容。

第二，法律职业行为法的程序性，主要是为了展现法律职业人员从事相关职业活动的适正性；业务操作规范的程序性，则主要是为了保证业务操作的秩序性、效率性。

第三，法律职业行为法的主线，是法律职业人员的行为；业务操作规范的主线，则是具体案件的运行程序，即具体案件的主体和事实所涉及的处理步骤和方法。

第四，法律职业行为法主要体现为法律职业的自我约束，或者是法律职业的行业意志与国家意志[①]；业务操作规范则主要是以法律或者司法解释形式表现出来的，直接体现的是国家的意志。

第五，法律职业行为法的调整范围是跨越各个具体部门法的，例如，法官的职业行为法在刑事诉讼、民事诉讼抑或行政诉讼中都应适用；而业务操作规范仅仅适用于某个领域，例如关于刑事诉讼的操作规范仅仅适用于刑事诉讼领域。

第六，在同一空间内，可以运行多个法律职业的职业行为法，例如，在法庭审理过程中，法官、检察官和律师要遵行各自的职业行为法；而在同一空间内，只能运行一种业务操作规范，例如在刑事法庭上，通常只能允许适用刑事诉讼法。

四、法律职业行为法的作用

法律职业行为法作为调整法律职业人员、其辅助人员以及其他相关人员和/或所属机构在与其职业身份有关的活动中应当遵守的行为规范，具有重要的作用。

首先，法律职业行为法对于法律职业行为具有重要的指导作用。法律职业行为法的主体内容是程序法，它规定的是法律职业的行为规则而不是业务规则：通过精心设计的行为规则来加强对法律职业活动的约束与指导，通过对违反法律职业行为法的行为加以处罚，指导法律职业如何处理好各种职业关系，使得法律职业活动能够以看得见的公正、看得见的称职、看得见的平等等方式进行，从而展现法律职业应有的尊严和专业性，促进法律事务的有效解决。

其次，法律职业行为法是维护法律职业理想、塑造法律职业精神的重要机制。法律职业之所以成为职业，在于其职业活动的公共性或者利他性。法律职业在服务于他人利益、服务于公共利益时，必须能够超越法律职业自身的利益。律师、检察官、法官等职业在职业活动中都涉及其私人利益与公共利益、他人利益的冲突，尽管表现形式不同，回避规则、利益冲突规则就是对这种冲突加以调整的规则的集中体现。以律师职业为例，律师职业的个人利益表现为律师职业活动的商业化。律师职业活动的商业化固然能够改善服务的质量、扩大委托人的选择机会，但是在法律服务市场中，信息是不对称的，总的来看，委托人群体难以通过市场机制来对律师的服务进行有效淘汰。律师职业活动商业化的绝对性，必然会导致其在商业性竞争活动中丧失其职业性。因此，如何在二者之间寻找适当的平衡点，使得律师对经济利益的追求和对公共利益的伸张之间保持一种适度的平衡，是一个重要的理论和实践问题。这种冲突与平衡是律师职业行为法的中心问题。一个以利益权衡为基本出发点，强调律师职业性因素的

---

① 例如，联合国《关于律师作用的基本原则》第 26 条规定：“应由法律界通过其有关机构或经由立法，按照本国法律和习惯以及公认的国际标准和准则，制定律师职业行为守则。”

律师职业行为法，能为律师的职业活动提供有效指南。总之，法律职业有责任保证其制订的有关规则是基于公共利益而不是为了促进法律职业自身的狭隘利益，否则就会损害法律职业的独立性及所服务的公共利益，损害法律职业的职业理想。

最后，法律职业行为规则具有保护法律职业人员的作用。规范、科学的职业行为法，将实现职业行为后果的可预测性，将成为保护法律职业的一道屏障。在规范、科学的职业行为法指导下的法律职业行为，应当受到保护。法律职业因其职业活动在当代社会中的重要作用而具有相对的独立性，这种独立性同时产生了自治的特殊职责。法律职业行为法的很多内容是法律职业本身所制定的，很多内容是对法律职业本身的自我约束和限制[①]，因此，法律职业行为法在相当程度上体现了法律职业的独立性与自治性。例如，联合国《关于律师作用的基本原则》规定，“律师在任何时候都应根据法律和公认的准则以及律师的职业道德，自由和勤奋地采取行动”，各国政府应确保律师“不会由于其按照公认的专业职责、准则和道德规范所采取的任何行动而受到或者被威胁会受到起诉或行政、经济或其他制裁”，“律师如因履行其职责而其安全受到威胁时，应当得到当局给予的充分保障”。该法律文件要求各成员国应在其本国立法和习惯做法范围内考虑和尊重这些原则，并提请律师以及其他人员例如法官、检察官、行政和立法机关成员以及一般公众予以注意，以“促进和确保律师发挥正当作用”。因此，法律职业行为法是一块界碑，法律职业活动只要符合“公认的专业职责、准则和道德规范”，任何制裁均不可越入。因此，法律职业行为法是保护法律职业不受不公正限制和侵权的武器之一。

五、我国现行法律职业行为法的渊源

法律职业因其在国家政治、经济生活中占据重要的地位而受到严格的规范，并非一个“自由职业”。从我国的情况来看，经过三十多年的建设，我国调整法律职业行为的规范形成了一个多层次的规范体系。调整法律职业行为的规范，既包括立法层面的规范，也包括职业协会的规范；既有法典模式的综合性职业行为法，也有对个别问题的单行性规定。因此，其渊源非常复杂。我国现行的法律职业行为法主要由以下几部分组成：

（一）法律

关于法律职业行为的法律文件主要是《宪法》、《刑事诉讼法》、《民事诉讼法》、《行政诉讼法》、《刑法》等基本法律，以及《法官法》、《检察官法》、《律师法》、《公证法》中有关法律职业行为的法律规范。这些是法律职业行为法的最高层次的法律规范，法律效力最高。

（二）司法解释类

例如，最高人民法院2011年《关于审判人员在诉讼活动中执行回避制度若干问题的规定》（法释［2011］12号）。

---

① 例如，中华全国律师协会2011年《律师执业行为规范》第2条规定：“本规范是律师规范执业行为的指引，是评判律师执业行为的行业标准，是律师自我约束的行为准则。”

（三）行政法规和部门规章类

如国务院2003年《法律援助条例》，司法部2010年《律师和律师事务所违法行为处罚办法》，司法部2008年《律师执业管理办法》，司法部2012年《律师事务所管理办法》等。

（四）国务院部委有关规范性文件

这类规范性文件主要体现为司法部发布的有关律师工作的通知、办法、批复、答复、函等，如司法部2001年《对关于律师从事经营性活动的批复》（司复［2001］2号），司法部1999年《关于律师事务所不得在两个以上办公场所开展业务的批复》（司复［1999］8号）等。这类规范性文件往往只涉及具体的部门和具体的事务。

（五）行业性规范

例如最高人民法院2010年《法官职业道德基本准则》（法发［2010］53号），最高人民检察院2010年《检察官职业行为基本规范（试行）》，中华全国律师协会2011年《律师执业行为规范》，最高人民法院2011年《关于对配偶子女从事律师职业的法院领导干部和审判执行岗位法官实行任职回避的规定（试行）》（法发［2011］5号），最高人民法院、司法部2004年《关于规范法官和律师相互关系维护司法公正的若干规定》（法发［2004］9号）。从实然的角度来看，这些规定虽然不属于法律规范，但是对本行业的法律职业人员具有约束力。

（六）地方性规范性文件

这类规范比较复杂，有的体现为地方性法规，如2011年《海南经济特区律师执业条例》、2004年《深圳经济特区律师执业条例》；有的是地方行业性组织制定的规范。[①]这类规范性文件的效力往往只及于当地和本行业，具有地域性和行业限制。

总体上，我国已经初步形成了法律职业行为法的基本体系框架，但是从这些法律法规和规范性文件的内容来考察，也会发现其中存在许多重复、重叠甚至冲突的地方，并且在基本体系上还相当不成熟，因此，对法律职业的指导作用和保护作用都明显不足，特别是对于诉讼活动中的一些敏感性的问题缺乏明确的规定。在这种情况下，法律职业活动难免出现盲目性，从而容易造成当事人、律师、检察官和法官之间的冲突，造成法律职业管理上的空白。因此，加强对法律职业行为法的研究，为中国特色法律工作者提供最基本的职业行为规范，具有重要意义。

第二节 法律职业行为法的学科发展

法律职业行为法是律师、检察官、法官、公证员等法律职业人员、其辅助人员和/或所属机构开展职业活动的重要指南，其规制伴随法律职业人员的职业生涯，是司法质量和法律服务质量的重要保障措施。“徒法不足以自行”。只有通过人来执行，纸面上的抽象、枯燥的法律才能变成生活中的生动、鲜活的法律。而执行法律的人如非

① 例如，中华全国律师协会2011年《律师执业行为规范》第106条规定：“地方律师协会可以依据本规范，结合本地区情况制定实施细则。该实施细则与本规范不得冲突，并报全国律师协会备案后实施。”

良人，则同样不能实现法律所要维护的公序良俗。因此，加强法律职业行为法的研究、教学和立法，对于法治建设，对于法律职业人员的发展，都具有重要意义。

长期以来，我国理论界和实务界对法律职业行为法的建设并不重视，往往把法律职业行为法简单地视为一种修养性的职业道德，认为其仅仅具有一种道德教化作用，而不具有可操作性，并且在理论分析上往往套用一般性的道德理论，同实践的要求还有相当的差距。近年来，司法部、中华全国律师协会和一些地方律师协会在律师职业行为规范的完善上做了大量工作，各级人民法院和人民检察院也制定了一些加强法官和检察官职业行为规范建设的规定。例如中华全国律师协会 2004 年 3 月 20 日发布的《律师执业行为规范（试行）》，作为律师的职业行为规范有条文 190 条，包括律师在执业机构中的纪律，律师在诉讼、仲裁活动中的纪律，律师与委托人、对方当事人的纪律，律师与同行之间的纪律等内容。① 与司法部和中华全国律师协会以前发布的关于律师职业道德的规定相比，该规范在律师职业行为规则的系统化方面已经有了重大突破，并大大增强了律师职业活动中的技术性因素，改变了人们将律师职业行为法视为修养性道德的传统认识。最高人民法院在 2001 年制定的《法官职业道德基本准则》，初步体现了法官职业行为法的体系。这些制定规制法律职业行为的规范性文件的活动，表明加强法律职业行为法的建设已经成为一种明确的实践诉求。因此，加强理论研究和教学，尽快完善律师、检察官、法官和公证员的职业行为法，以保证法律职业活动的有序化，已经成为当务之急。我们应当将其纳入司法改革的大视野中，作为加强法官、检察官的司法能力及律师、公证员的服务能力建设的重要组成部分。

尽管 20 世纪初开始的中国大学法律教育在始建阶段，法律职业行为法已经受到重视，如 1933 年东吴大学法学院的课程编制计划中，“法律伦理学”是第二学年的 2 学分选修课，此后还被定为必修课，但是法律职业行为法在改革开放后的法学教育和研究中都没有得到应有的重视。② 从 20 世纪 90 年代开始，一些法律院校陆续以“律师学”、“律师实务”、“司法职业伦理”等课程形式开展了这方面的教学和研究，但是由于我国缺乏法律职业行为法的制度建设，这些课程往往限于对相关法律制度的介绍，或者是没有法律技术含量的一般性宣教，而没有从法律职业行为法的角度建立应有的学科体系，没有形成自己的学科语言，没有形成自己的学科技术点。1999 年 6 月 14 日全国法律硕士专业学位教育指导委员会秘书处制定的《法律硕士专业学位研究生指导性培养方案》中，法律硕士课程包括必修课、推荐选修课和自选课三类，其中“司法伦理学（法律职业道德与执业规则）”属于 2 学分的推荐选修课。但是，从实际情况来看，法律职业行为法受到忽视的状况并没有得到根本改变，其中的一个重要原因就是这门学科所立足的规范建设依然薄弱，在不具有技术含量的规范基础上的教学，很容

① 为了贯彻落实 2007 年《律师法》对律师职业行为的要求，中华全国律师协会在 2009 年对《律师执业行为规范（试行）》进行了修改，形成了新的《律师执业行为规范》，并于 2011 年 11 月颁布施行。修改后的《律师执业行为规范》也有条文 108 条。

② 造成这种状况的一个重要原因是，计划经济体制下的学科设置造成学科格局多年不变，新的学科内容无法融入，使得该学科的研究缺乏应有的资源和人才梯队；另外，这种状况造成的学术研究的荒芜，反过来又影响着法律职业行为法的制定，造成了一大批低质量的规范性文件，无法形成看得见的学术体系，从而又影响了这一学科的教学。

易沦为空洞的说教、对现行制度的简单注解或者是对其他部门法相关内容的重复性介绍，缺乏应有的理论体系。

随着调整法律职业行为的规范不断增加，法律职业行为法问题日益引起理论界与实务界的重视，一些关注法律职业行为法的著作和教材开始出现。[①] 此外，国家统一司法考试制度中，法律职业道德已经成为必考科目这一事实，也促使人们开始加强对这一问题的教学和研究。如中国政法大学法学院 2002 年在原先“律师学”课程的基础上，为本科生开设了 2 学分的“法律职业行为规则”课程，主要内容是“通过对利益冲突、保密、广告与劝诱、单方交流、诉讼宣传、回避等法律职业行为规则的教学，帮助学生正确掌握职业活动中的具体程序，认识职业行为规则的重要性，增强学生的公正理念和规则意识，塑造合格的律师、检察官、法官等法律职业者，促进公正司法和公正执法”。中国政法大学法学院还在“律师学”硕士研究方向的基础上，设置了“法律职业行为法”研究方向。中国人民大学法学院近几年也给本科生开设了“法律伦理”选修课，从 2007 年开始，该课程成为 2005 级本科生的必修课。吉林大学法学院 2008 年以后开始为法学专业本科生设立法律职业伦理选修课程，从 2010 年开始，按照《法学专业指导性教学计划及其进程表（2009 版）》，法律职业伦理课程调整为专业教育课程模块中的必选课，从 2010 年开始为法律硕士设立法律职业伦理选修课程。

总之，法律职业行为法正在逐渐成为一个具有相当影响力的、日益复杂的体系，其内容不能为当前任何一个法学二级学科所涵盖。在实务领域，其重要性日益凸显，识别法律职业行为法问题被许多国家视为律师的基本技能之一，甚至在一些国家出现了以律师职业行为法（职业责任）为专业的律师。[②] 然而，我国目前的法律职业行为法教育仍然不能与《律师法》、《检察官法》、《法官法》和《公证法》等法律关于法律职业准入的品行良好要求相呼应，不能根据各个法律职业的特质深入阐发其行为要求和价值逻辑，存在学科地位不明确、学科界限不清晰、学科语言不纯粹、学科体系不周延、师资力量薄弱、教材建设相对贫乏等诸多问题。这些问题严重影响着法律职业人员的培养，严重影响着社会正义的实现。因此，法律职业行为法的建设及其教育应当引起业内外足够的重视。在整个法学教育的学科体系规划中，这门课程应当独立成为专门的学科。我们希望这门课程在法学教育中能够引起人们足够的重视，这门课程应当成为所有接受法学教育的人的必修课程。

第三节 法律职业行为法的学习方法

就法律职业行为法的学习而言，有两个重要的学习方法。

---

① 例如，王进喜等主编：《律师职业行为规则概论》，北京，国家行政学院出版社，2002；曹建明主编：《法官职业道德教程》，北京，法律出版社，2003；马宏俊：《法律人的职业行为规则》，北京，中国法制出版社，2003；王进喜：《美国律师职业行为规则理论与实践》，北京，中国人民公安大学出版社，2005。

② 例如，王进喜：《法律伦理的 50 堂课：美国律师职业行为规范与实务》，50 页，台北，五南图书出版股份有限公司，2008；Geoffrey C. Hazard, Jr.，“‘Lawyer for Lawyers’: The Emerging Role of Law Firm Legal Counsel”，53 *U. KAN. L. REV.* 795 (2005)。

一是理论联系实际的学习方法。这是学习法律职业行为法的根本方法。法律职业行为法必须与丰富的法律实践相结合，因为只有在法律实践中才能于人与人之间的关系中表现职业行为，在改造客观世界的同时改造主观世界。在丰富的法律实践中，正面经验与反面教训，无不表明社会评价。特别是在我国法律职业行为法的发展过程中，对各种法律职业行为的规范还存在许多空白，还存在许多争论。只有理论联系实际，才能不断认识法律职业行为法的重要作用，才能不断强化依据法律职业行为法行事的自觉性。

二是比较研究的方法。诺瓦里斯云："一切认识、知识均可溯源于比较。"① 各国法律职业的发展与其政治、历史、文化渊源密切而五彩缤纷，各国的法律职业行为法也因此异彩纷呈。通过法律之间的比较，不仅可以了解外国的法律，加深对本国法律的认识，还可以就如何改进和发展本国的法律获得灵感。联合国关于律师、检察官、法官行为的国际法律文件表明，在法律职业行为法方面，各国法律职业行为法存在诸多的共通之处。在一个全球化的时代，比较研究既是一种学术研究方法，也是学术视野和学术胸怀的体现。近些年来随着对法律职业行为法的关注，关于法律职业行为法的译介也有了长足的进步。② 这些译介既涉及具体的职业行为法，也涉及职业行为法背后的基础理论和历史背景，为法律职业行为法的比较研究提供了初步基础。

本章思考题

1. 什么是法律职业行为法？法律职业行为法具有哪些特征？
2. 法律职业行为法与业务操作规范有哪些区别？
3. 法律职业行为法有哪些作用？
4. 我国的法律职业行为法有哪些渊源？

---

① 转引自［德］K. 茨威格特等：《比较法总论》，潘汉典等译，德文第二版序，北京，法律出版社，2003。

② 近些年来，关于法律职业行为法的主要译介成果有：美国律师协会：《美国律师协会职业行为示范规则(2004)》，王进喜译，北京，中国人民公安大学出版社，2005；［美］罗伯特·W·希尔曼：《论律师的流动管理：合伙人退伙和律师事务所解散的法律及道德问题》，王进喜等译，北京，中国人民公安大学出版社，2005；［美］Mary Ann Altman、Bobert I. Weil：《律师事务所管理》，冯蕊等译，北京，社会科学文献出版社，2006；［美］蒙罗·H·弗里德曼、阿贝·史密斯：《律师职业道德的底线》3版，王卫东译，北京，北京大学出版社，2009；［美］理查德·埃贝尔：《美国律师》，张元元、张国峰译，北京，中国政法大学出版社，2009；［日］森际康友编：《司法伦理》，丁晓棋、沈军译，北京，商务印书馆，2010；［美］安索尼·T·克罗曼：《迷失的律师：法律职业理想的衰落》，田凤常译，北京，法律出版社，2010；北京市律师协会组编：《境外律师行业规范汇编》，北京，中国政法大学出版社，2011；［美］德博拉·L·罗德等：《律师的职业责任与规制》，2版，王进喜等译，北京，中国人民大学出版社，2013，等等。

第三章
委托人—律师关系

第一节　委托人—律师关系概述

一、委托人—律师关系的性质

二、委托人—律师关系的类型

第二节　委托人—律师关系的建立、维持与保护

一、委托人—律师关系建立的前提

二、委托范围与委托人—律师权限划分

三、转委托

四、委托人—律师关系的维持

五、对委托人—律师关系的保护

第三节　委托人—律师关系的终止

一、委托人—律师关系终止概述

二、委托人—律师关系的强制性终止

三、委托人—律师关系的任选性终止

四、委托人—律师关系终止的程序

第一节　委托人—律师关系概述

一、委托人—律师关系的性质

委托人—律师关系，是指委托人与律师之间的权利、义务关系。委托人—律师关系涉及律师职业活动的始终，调整律师职业活动的方方面面，因此，在委托人—律师关系建立、维持和终止时需要特别注意相关事项。如果没有委托人—律师关系，也就没有律师的职责问题。委托人—律师关系是法律职业行为法所要调整的最重要的关系之一。

委托人—律师关系是一种复合性关系，既受到合同法的调整，也受到法律职业行为法的调整。只有将这些法律结合在一起考察，我们才能得出关于委托人—律师关系的完整结论。任何单视角的考察方法，都可能造成对委托人—律师关系的曲解。

（一）委托人—律师关系与合同法

2012年《律师法》第25条规定："律师承办业务，由律师事务所统一接受委托，与委托人签订书面委托合同，按照国家规定统一收取费用并如实入账。”因此，律师—委托人关系，首先是一种合同关系。律师—委托人关系的建立，首先来自于委托人的委托，律师—委托人关系的建立过程实际上是二者的洽商过程，二者是平等的民事主体，委托关系的双方主体分别是律师事务所和委托人。

1. 律师事务所

2012年《律师法》第14条规定：“律师事务所是律师的执业机构。”由律师事务所接受委托人的委托，是律师事务所对律师和律师业务进行有效管理的重要手段。通过这项制度，可以有效地监督、促使律师在职业活动中严格遵纪守法，尽职尽责地履行义务，从而防止违法乱纪现象、不公平竞争现象，维护法律服务市场的健康、有序，维护委托人的合法权益。此外，现代律师事务所具有通过规模化、管理制度化来加强法律服务职能、提高法律服务的数量和质量的作用。由律师事务所来对委托人进行统一管理，有利于处理好利益冲突、保密等各种问题，保证法律服务的质量，进一步促进委托人—律师关系。因此，律师办理业务，在收案时应当以律师事务所的名义接受委托。律师事务所在收案后应当指派律师提供法律服务。①

我国目前律师事务所有三种组织形式：（1）合伙律师事务所。合伙律师事务所可以采用普通合伙或者特殊的普通合伙形式设立。合伙律师事务所的合伙人按照合伙形式对该律师事务所的债务依法承担责任。（2）个人律师事务所。个人律师事务所的设立人对律师事务所的债务承担无限责任。（3）国家出资设立的律师事务所。国家出资设立的律师事务所以该律师事务所的全部资产对其债务承担责任。②

2. 委托人

根据2012年《律师法》第28条，律师可以接受自然人、法人和其他组织的委托，从事诉讼或者非诉讼法律服务。因此，作为委托关系一方的委托人，在范围上包括自然人、法人和其他组织。

随着我国政治体制改革和经济体制改革的不断深化，律师接受包括政府机构在内的法人和其他组织的聘请从事法律服务的业务量越来越大。所谓法人，是指民法赋予权利能力的基于成员或者财产所形成的团体。法人包括企业法人与政府法人。③ 法人机关由意思机关、执行机关、代表机关和监察机关构成，法人的行为，由组成这些机关的自然人予以实现。作为委托人的其他组织与此类似。与此同时，法人和其他组织内部也存在各种各样的关系。因此，律师在代理法人和其他组织时，应当就委托人进行识别，以明确代理关系的范围，避免产生利益冲突等问题。例如，司法部2002年《关于开展公职律师试点工作的意见》规定，公职律师只能为本级政府或部门提供法律服

① 例如，中华全国律师协会2000年《律师法律顾问工作规则》（中华全国律师协会四届六次常务理事会通过）第4条明确规定：“受律师事务所指派担任法律顾问的律师必须是依《律师法》及有关规定取得了律师执业证并在律师事务所执业的执业律师。”“未经律师事务所指派，律师个人不得以任何形式或名义担任法律顾问。”“律师助理人员不得独立担任法律顾问，但可以协助律师完成法律顾问工作。”

② 参见2012年《律师法》第15条、第16条、第20条。

③ 例如，司法部2000年《关于〈关于律师为政府担任法律顾问的法律依据问题的请示〉的批复》指出：根据《中华人民共和国律师法》第25条规定，律师可以接受公民、法人和其他组织的问题担任法律顾问；根据《中华人民共和国民法通则》第50条规定，各级政府机关具有法人资格，因此，律师可以受聘担任各级政府机关的法律顾问。

务，不得以律师身份办理本级政府或部门以外的诉讼与非诉讼案件。

（二）委托人—律师关系与法律职业行为法

委托人—律师关系也受到法律职业行为法的调整。委托人—律师关系之所以要受到法律职业行为法的调整，是因为在委托人与律师之间，因为能力、处境等原因，存在事实上的不平等。换言之，委托人—律师关系中一些方面是受到合同法的调整，在这一点上和其他服务合同没有什么区别，但是这种关系中其他一些方面则受到法律职业行为法的调整，律师和委托人都不能对此任意加以改变。这是因为：

首先，委托人与律师在能力方面存在事实上的不平等。委托人往往缺乏法律知识，律师则受过专业法律训练，甚至被称为在“说服的艺术”方面受过专门训练的人，这导致委托人往往对法律服务的质量等问题难以作出判断。

其次，委托人与律师在处境问题上存在事实上的不平等。委托人往往深陷法律困境，而律师则相对超然。这种不平等往往造成委托人与律师在判断能力上的差异。

最后，委托人—律师关系除涉及委托人的合法权益外，还涉及诉讼等程序的效率，涉及社会公平与正义等重大社会政策，因而需要法律职业行为法的介入，而不能仅仅将其视为商业性的合同关系。

虑及这些情况，法律职业行为法对委托人—律师关系又设定了众多规则，以实现对委托人的保护、对其他利益相关者的保护。例如，2012 年《律师法》第 32 条规定：“委托人可以拒绝已委托的律师为其继续辩护或者代理，同时可以另行委托律师担任辩护人或者代理人。”“律师接受委托后，无正当理由的，不得拒绝辩护或者代理。但是，委托事项违法、委托人利用律师提供的服务从事违法活动或者委托人故意隐瞒与案件有关的重要事实的，律师有权拒绝辩护或者代理。”考虑到律师任意退出代理，必将加剧委托人的法律困境，因此，对律师拒绝辩护或者代理的权利进行了必要的限制。法律职业行为法中关于律师利益冲突的规则，也体现了对委托人利益的保护。

2012 年《律师法》上述规定仅仅规定了律师—委托人关系建立以后的拒绝辩护与代理问题，而没有规定律师—委托人关系建立之前的拒绝辩护与代理问题。换言之，我国法律中没有英格兰与威尔士巴律师（Barrister）那样的“出租车待雇规则”[①]，对于当事人的委托，律师没有一般性的接受辩护或者代理义务。但是，2012 年《律师法》第 42 条规定：“律师、律师事务所应当按照国家规定履行法律援助义务，为受援人提供符合标准的法律服务，维护受援人的合法权益。”2003 年《法律援助条例》第 6 条规定：“律师应当依照律师法和本条例的规定履行法律援助义务，为受援人提供符合标准的法律服务，依法维护受援人的合法权益，接受律师协会和司法行政部门的监督。”第 27 条规定：“律师事务所拒绝法律援助机构的指派，不安排本所律师办理法律援助案件的，由司法行政部门给予警告、责令改正；情节严重的，给予 1 个月以上 3 个月以下停业整顿的处罚。”第 28 条规定：“律师有下列情形之一的，由司法行政部门给予警

① 《英格兰与威尔士巴律师行为守则》602 规定，一般情况下，自营巴律师必须遵守“出租车待雇规则”，他必须在其宣示执业的任何领域，就与其经验、资历相适应的工作，无论其委托人是私人付费还是公共资助：（a）就其宣示执业的法院接受任何出庭委托；（b）接受任何委托；（c）代表委托他的任何人采取行动。在这么做时，无论对他进行委托的当事人、案件的性质如何，以及他就该人的品性、声望、案由、行为、有罪或是无罪可能形成任何信念或者意见。

告、责令改正；情节严重的，给予1个月以上3个月以下停止执业的处罚：（一）无正当理由拒绝接受、擅自终止法律援助案件的；（二）办理法律援助案件收取财物的。”这是委托人—律师关系得以建立的另一种形式，这种情况下，律师履行法律援助的义务，关涉社会公平与正义。因此，律师—委托人关系的建立不是一个平等洽商的过程，而是一种行政性的管理方式，体现了法律援助的国家管理属性。

一般而言，法律职业行为法中关于委托人—律师关系的规定，是以委托人为未受过法律训练的自然人为假设前提的，在这种情况下，以委托人为这种关系的保护重点。但是在实践中，也存在对律师加以保护的需要，这主要涉及委托人处于强势的情形，例如，公司律师情况下的公司委托人往往处于强势地位。司法部2002年《关于开展公司律师试点工作的意见》规定，“公司律师属于企业内部人员，在企业的领导下开展业务活动，人事关系、工资待遇等由所在企业管理”。对于这种情况，需要在法律职业行为法中加强对律师独立性的保护。

我国法律对于律师与潜在委托人之间的关系并没有明确规定。司法部在1994年《关于对海南省司法厅以政治部名义对吴清滚律师停职检查处理问题的批复》（司发函[1994] 015号）称：“根据我部《律师惩戒规则》和刚刚颁布的《律师职业道德和执业纪律规范》，律师为当事人提供法律咨询意见的行为，无论发生在委托代理关系成立之前，还是成立之后，都属于律师职业行为，如确有违反律师职业道德和执业纪律的，都应适用《律师惩戒规则》给予惩戒。”因此，即使是为潜在委托人提供法律咨询意见的行为，也受到法律职业行为法的调整。

（三）委托人—律师关系：律师事务所与委托人的角度

综上所述，就委托人—律师关系而言，一方面从律师事务所的管理角度来看，可以将其视为律师事务所、律师和委托人就委托人事务的具体处理所确立的管理关系；另一方面，从委托人的角度来看，作为委托关系之基础的委托人的信任可以有三种情况：第一种是委托人对律师事务所的信任，因而要与律师事务所建立委托关系，并由律师事务所为其指派律师来提供法律服务；第二种是委托人对律师的信任，委托人基于这种信任才和律师所在的律师事务所建立委托关系；第三种则是委托人基于对律师事务所和律师事务所全部或者部分律师的混合信任，才与律师事务所建立委托关系。①与此同时，委托人的信任在委托人—律师关系存续期间是处于动态的。因此，律师事务所作为律师的执业机构，在委托人—律师关系的构建上，可能仅仅起到沟通桥梁的作用。因此，从律师事务所的管理角度来看，对委托人—律师关系进行有效管理，是律师事务所管理的重要方面。这决定了在律师变更执业机构时，未办结业务的委托人如何行使其选择权来选择律师事务所和律师的重要问题。

二、委托人—律师关系的类型

委托人—律师关系的类型，是指根据不同标准对委托人—律师关系进行的划分，

① 例如，有论者指出，非诉讼业务主要是团队运作，委托人主要是跟从律师事务所而不是跟从律师个人，而诉讼业务主要依靠律师个人运作，委托人主要跟从律师个人而不是跟从律师事务所。参见赵小鲁：《律师事务所规模化的几个问题》，载《中国律师》，2003（2）。

以揭示不同样态下委托人—律师关系的特点。委托人—律师关系可以分为以下类型：

（一）自然人委托人—律师关系与组织性委托人—律师关系

这是以委托人的自然条件为标准进行的划分。自然人包括在我国领域内的外国人、无国籍人。组织性委托人包括法人和其他组织。

在自然人委托人—律师关系中，在委托人—律师关系存续期间，同律师进行交流并根据律师的法律意见作出决策的，一般情况下都是同一人。而在组织性委托人—律师关系中，组织的行为要通过组成该组织的自然人加以实现，这些自然人与所属组织是不同的法律关系主体，因此，律师与组织性委托人的关系和律师与该委托人的组成机构和人员的关系，在法律性质上是有所区别的。律师在接受组织性委托人的委托时，应当注意委托人与其组成机构和组成人员之间的区别，明确自己的委托人是谁。

（二）潜在委托人—律师关系、现行委托人—律师关系、前委托人—律师关系

这是根据委托人—律师关系的形成、持续与终止时间而进行的划分。

潜在委托人，是指就某委托事项同律师探讨形成委托人—律师关系的可能性，并可能依据律师的建议采取法律行动的人。因此，如果不存在就某委托事项同律师探讨形成委托人—律师关系的可能性的意图，则并不是潜在委托人。由于潜在委托人与律师进行了这种包含各种信息的探讨，并且可能依据律师的法律意见采取法律行动，律师在处理与潜在委托人的关系上也承担一定的责任，例如就获悉的有关信息保密，就提供的法律意见尽到合理注意。因为获悉有关信息，律师还有可能受到利益冲突规则的限制。因此，对于律师而言，委托人—律师关系没有建立并不等于不存在丝毫的义务。如前所述，司法部 1994 年《关于对海南省司法厅以政治部名义对吴清滚律师停职检查处理问题的批复》称："根据我部《律师惩戒规则》和刚刚颁布的《律师职业道德和执业纪律规范》，律师为当事人提供法律咨询意见的行为，无论发生在委托代理关系成立之前，还是成立之后，都属于律师职业行为，如确有违反律师职业道德和执业纪律的，都应适用《律师惩戒规则》给予惩戒。"对此，我们应当理解为，法律职业行为法的部分保护，是及于潜在委托人的。①

现行委托人—律师关系，是指委托人与律师已经建立了委托人—律师合同关系的委托人—律师关系样态。现行委托人—律师关系是潜在委托人—律师关系进一步发展的结果。现行委托人—律师关系是法律职业行为法的关注重点，与潜在委托人和前委托人相比，现行的实在委托人得到了更为充分的保护。

前委托人—律师关系，是指委托人—律师关系终止后的委托人—律师关系样态。委托人—律师关系的终止并不意味着律师的职责和义务的终止。在委托人—律师关系终止后，律师还受到关于保密、利益冲突问题的法律职业行为法的约束。委托人—律师委托关系终止后律师仍然要承担这些职责和义务，恰恰是为了促进进行中的委托人—律师关系。如果没有这样的规则，在委托人—律师关系存续的时候，律师就有可能因为某种原因（如为了获取更高的律师费）终止这种关系而代理其他委托人，律师在该代理活动中所获得的秘密信息可能会增加其对于其他委托人的价值。在这种情况下，该委托人就有可能担心律师的背叛而不敢、不愿向律师敞开心扉，倾诉秘密。这无疑

① 需要指出的是，除了该批复外，我国现行法律职业行为法关于对潜在委托人的保护并没有明确的规定。

将会严重影响委托人—律师关系和代理活动的质量。但是，与现行委托人—律师关系相比，这种对前委托人—律师关系的保护也是有限的，例如关于前委托人利益冲突规则的保护范围要小于现行委托人—律师关系的保护范围。这既是为了保护律师的利益，也是为了保护所有委托人的利益。

（三）单数委托人—律师关系与复数委托人—律师关系

这是以委托人的内部关系和为其提供服务的律师内部关系为标准对委托人—律师关系进行的划分。

单数委托人—律师关系，就是指委托人与律师事务所接受委托后指派的直接承办该事务的律师都是单数的样态。这是最为简单的委托人—律师关系样态。

复数委托人—律师关系，是指委托人和/或者直接承办该事务的律师是复数的样态。如果委托人是复数，则律师在处理委托人—律师关系时，会受到关于利益冲突的职业行为法的限制。① 如果律师是复数，即多个律师参与服务，则涉及律师之间的合作与分工等关系。②

（四）外部委托人—律师关系与内部委托人—律师关系

外部委托人—律师关系与内部委托人—律师关系的区分标准，是律师的执业背景。

社会律师与委托人所建立的关系，属于外部委托人—律师关系；公司律师和公职律师所建立的委托人—律师关系，属于内部委托人—律师关系。

进行这种区分的意义在于区分律师对委托人的相对独立性。社会律师的委托人是外部委托人，对社会律师的控制相对较少，律师相对具有更多的独立性和执业自由；内部律师的委托人是内部委托人，对公司律师和公职律师的控制相对较多，律师相对有着更少的独立性和执业自由。

第二节　委托人—律师关系的建立、维持与保护

一、委托人—律师关系建立的前提

如前所述，从律师事务所内部的管理关系上看，委托人—律师关系实际是委托人—律师事务所关系；从法律服务的具体操作来看，委托人—律师关系才是委托人与承办案件的律师之间的关系。因此，委托人—律师关系建立的前提，既涉及律师个体，

① 例如，司法部1991年《关于一个律师可否为同一案件两个以上被告人辩护等问题的批复》（司发函[1991] 052号）指出：我国刑事诉讼法规定："辩护人的责任是根据事实和法律，提出证明被告人无罪、罪轻或者减轻、免除其刑事责任的材料和意见，维护被告人的合法权益。"在同一案件中，几个被告人在案件中所处的地位和所起的作用不同，他们之间的利害关系既有相互一致的方面，又有相互冲突的一面，同一案件中，一个律师同时为几个被告人进行辩护，就可能使辩护人处于自相矛盾的境地，难以同时维护几个被告人的合法权益。因此，一个律师不能同时为同一案件中的两个或两个以上的被告人担任辩护人。

② 例如，中华全国律师协会2000年《律师办理民事诉讼案件规范》第13条规定：收案后，如发现委托人已经委托了一名其他代理人时，应当与该代理人交换意见。如果意见基本一致，可以共同代理；如果意见不一致，应当向委托人讲明情况，由委托人选任一名代理人，或者两个代理人就不同的事项接受委托，分别接受不同的代理权限。

也涉及律师事务所对律师的管理。一般而言，律师在建立委托人—律师关系时，应当符合下列前提条件：

（一）具备必要的法律知识和技能

律师服务的价值，在于其具有为他人所需要的具有市场价值的法律知识和技能。称职的律师应当能够就法律向委托人提供足够的信息，以便有效解决法律问题。如果缺少处理某事务的法律知识和技能，则律师不得接受该法律事务的委托。我国关于律师法律知识和技能的管理是通过两种方式进行的：

1. 执业许可前审查

2012 年《律师法》第 5 条规定，申请律师执业，应当通过国家统一司法考试，并在律师事务所实习满 1 年。国家司法考试主要测试应试人员所应具备的法律专业知识和从事法律职业的能力。国家司法考试的内容包括：理论法学、应用法学、现行法律规定、法律实务和法律职业道德。[①] 一般认为，所取得的律师执业证书是律师所具有的法律知识和技能的外在化表现。只要取得了律师执业证书，即应认为该律师已经具备了向社会提供法律服务的最低法律知识与技能。

为了规范申请律师执业人员的实习活动，完善律师执业准入制度，确保为律师队伍培养、输送合格人才，2007 年 6 月，中华全国律师协会颁布了《申请律师执业人员实习管理规则（试行）》。2010 年 6 月，中华全国律师协会颁布了修订后的《申请律师执业人员实习管理规则》，自 2010 年 8 月 1 日起施行。该规则规定：申请律师执业人员的实习期为 1 年。实习人员在实习期间应当参加律师协会组织的集中培训和律师事务所安排的实务训练，遵守实习管理规定，实习期满接受律师协会的考核。实习人员的集中培训，由省、自治区、直辖市律师协会或者设区的市级律师协会组织进行。每期集中培训的时间不得少于 1 个月。集中培训包括下列内容：中国特色社会主义基本理论和社会主义法治理念；律师制度和律师的定位及职业使命；律师执业管理规定；律师职业道德和执业纪律；律师实务知识和执业技能。组织集中培训的律师协会可以根据本地实际情况增加有关的培训内容。实习人员的实务训练，由接收其实习的律师事务所负责组织实施。律师事务所应当按照中华全国律师协会制定的实务训练指南，指派符合条件的律师指导实习人员进行实务训练，并为实习人员进行实务训练提供必要的条件和保障。律师协会组织对实习人员进行考核。律师协会出具的考核合格意见，是实习人员符合申请律师执业条件的有效证明文件。经律师协会考核合格的人员，应当自收到考核合格通知之日起 1 年内向司法行政机关申请律师执业，超过 1 年申请律师执业的，应当由律师协会重新对其进行考核。[②]

2. 执业许可后继续教育

随着社会政治、经济情况的不断变化，法律也在不断地发展。为了保持必需的法律知识和技能，律师应当与法律和法律服务的变化并进，参加继续学习和教育，并遵守律师应当遵循的关于继续法律教育的所有要求。

---

① 参见 2008 年《国家司法考试实施办法》第 8 条。

② 司法部 1998 年《关于对律师停止执业后申请重新执业如何办理执业证的批复》（司发函［1998］100 号）规定：因患病、上学、出国等其他原因停业又申请重新执业的，律管部门应审核其执业条件是否符合法定要求，如无法定不发证的情形，可发证注册。对申请重新执业的人员不再要求实习。

为加强和规范对执业律师的继续教育，提高执业律师的职业道德水准和业务水平，努力为社会提供优质法律服务，1996年中华全国律师协会制定了《执业律师继续教育试行办法》，建立了律师强制继续教育制度。根据该办法，凡在中国注册的执业律师均有权利，也有义务定期接受继续教育。中华全国律师协会和各省级律师协会应当成立律师继续教育委员会，具体指导继续教育工作。继续教育委员会由司法行政部门、律师协会、教育部门的有关人员和执业律师组成。中华全国律师协会和各省级律师协会应当组建培训机构，具体负责继续教育工作的组织实施。中华全国律师协会每年发布执业律师继续教育培训要点，各省级律师协会应当根据此要点编制年度培训计划，并报全国律师协会备案。执业律师的继续教育应当结合执业律师的特点，采取举办脱产或业余的短期培训班、讲习班、讲座等多种形式进行。执业律师继续教育的内容包括：律师职业道德和执业纪律教育；专门法律实务培训；新颁布法律、法规培训；律师执业技能培训；律师管理法规培训以及涉外进修、学历教育、专业资格教育等。鼓励执业律师参加各种在职学历教育学习。凡读法律专业的本科、研究生、双学位课程者，在读期间可以不参加其他继续教育培训。执业律师每年应当参加全国律师协会或省级律师协会培训机构举办的不少于30课时的继续教育学习。没有完成规定课时学习，律师管理部门不予年度注册。

（二）具有适当的工作条件

所谓适当的工作条件，是指律师在接受委托事务后，能够有充分的时间和便利的条件来准备该事务。如果由于其他职业事项不能或者缺乏足够的时间来为该事务的处理进行准备工作，则律师不得接受委托办理该事务。在律师没有充分时间和条件来就案件进行准备的情况下，法律服务的质量很难得到保障。因此，律师在办理案件时，应当根据具体情况来保持适当的工作流量，这是律师事务所管理的重要方面。① 2012年《律师法》第27条规定：“律师事务所不得从事法律服务以外的经营活动。”这也是保证律师具有适当的工作条件的重要措施。

（三）在律师事务所执业

在律师事务所执业，是说律师在提供法律服务时，应当在律师执业证书所列律师事务所执业，并遵守律师事务所的相应管理制度。这是律师向社会提供法律服务的基本要求之一。2012年《律师法》第14条规定：“律师事务所是律师的执业机构。”律师的执业活动必须接受律师事务所的管理、监督。律师在执业时应当接受律师事务所的管理，一方面是为了保证律师法律服务的称职性②，另一方面是为了保障委托人的基本权益。因此，处于律师事务所的有效管理中，也是律师的执业前提之一。③

律师在律师事务所执业，含义主要有：

---

① 例如，司法部1997年发布的《关于创建司法部部级文明律师事务所实施办法》就曾规定，律师事务所具有高度自律、科学规范的运行机制的标准之一，就是“建立统一接受委托、统一收取服务费用、合理分配案件制度，并严格执行”。

② 例如，中华全国律师协会2000年《律师法律顾问工作规则》第22条规定：顾问律师应将聘方交与承办的重大的、疑难的或事关聘方重大利益的法律事务提交律师事务所讨论，以保证工作质量。

③ 例如，中华全国律师协会2000年《律师法律顾问工作规则》第4条第1、2款规定：受律师事务所指派担任法律顾问的律师必须是依《律师法》及有关规定取得了律师执业证并在律师事务所执业的执业律师。未经律师事务所指派，律师个人不得以任何形式或名义担任法律顾问。

1. 律师只能在一个律师事务所执业

2012 年《律师法》第 10 条规定："律师只能在一个律师事务所执业。"中华全国律师协会 2011 年《律师执业行为规范》第 11 条第 2 款规定："律师只能在一个律师事务所执业。"司法部 2010 年《律师和律师事务所违法行为处罚办法》第 5 条规定："有下列情形之一的，属于《律师法》第四十七条第一项规定的律师'同时在两个以上律师事务所执业的'违法行为：（一）在律师事务所执业的同时又在其他律师事务所或者社会法律服务机构执业的；（二）在获准变更执业机构前以拟变更律师事务所律师的名义承办业务，或者在获准变更后仍以原所在律师事务所律师的名义承办业务的。"[①] 其他社会法律服务机构，主要是指公证处、基层法律服务所、提供法律服务的公司等。

律师不得在两个以上律师事务所执业，一方面，是为了促进律师事务所的有效管理，避免管理混乱，避免陷入利益冲突；另一方面，是为了保证律师具有办理案件的适当工作条件。[②]

2. 律师在执业期间不得以非律师身份从事法律服务

中华全国律师协会 2011 年《律师执业行为规范》第 11 条第 1 款规定："律师在执业期间不得以非律师身份从事法律服务。"中华全国律师协会 2004 年《律师协会会员违规行为处分规则（试行）》第 11 条规定，律师在执业期间不能以非律师身份从事有偿法律服务。禁止律师在执业期间以非律师身份提供法律服务，一方面，是为了避免律师事务所陷入利益冲突；另一方面，是为了维护律师事务所在案源方面的利益。

司法部 2002 年《关于律师以非律师身份参与诉讼并提供伪造证据是否适用〈律师法〉予以处罚的批复》（司复［2002］5 号）规定："律师以非律师身份参与诉讼并向法院提供伪造的证据，隐瞒事实真相，妨碍了人民法院诉讼程序，应适用《律师法》第四十五条第三款、《律师违法行为处罚办法》第七条第三款的规定，对其进行处罚。"司法部 2005 年《关于执业律师以公民身份接受当事人委托参与诉讼并在诉讼中牟取当事人争议的权益应当适用〈律师法〉有关规定给予处罚的批复》（司发函［2005］234 号）规定："律师无论以律师身份还是非律师身份接受委托承办案件，其行为均应当符合《律师法》的规定。对于有违反《律师法》规定的行为的，应当依法处理。因此，执业律师以公民身份接受当事人委托参与诉讼并在诉讼过程中谋取当事人争议的权益的，应当适用《律师法》第四十四条第（七）项规定给予处罚。"换言之，在律师以非律师身份提供法律服务的情况下，应适用关于律师的更为严格的处罚措施。

---

① 司法部 1997 年《关于北京市司法局〈关于"律师同时在一个律师事务所又在另一个法律服务所执业"是否适用"同时在两个以上律师事务所执业"问题的请示〉的答复》（司发函［1997］289 号）中规定："基层法律服务所与律师事务所在业务范围上基本相同，从法律的角度看，可视其为性质相同的法律服务机构。因此，律师同时在一个律师事务所又在另一个法律服务所执业，应当适用《律师法》第十二条关于'律师应当在一个律师事务所执业，不得同时在两个以上律师事务所执业'的规定。"

② 有观点认为：律师之所以只能在一个律师事务所执业，还因为在律师给当事人造成损失的情况下，当事人可以获得相应的赔偿。如果允许律师同时在两个以上律师事务所执业，可能造成律师事务所对赔偿责任的推诿，不利于律师赔偿制度的落实。（参见王胜明、赵大程主编：《中华人民共和国律师法释义》，29 页，北京，法律出版社，2007。）然而，根据 2012 年《律师法》的规定，律师承办业务，由律师事务所统一接受委托，与委托人签订书面委托合同。因此，当事人的赔偿只能由接受委托人委托、签订书面委托合同的律师事务所来承担，应当不存在多个律师事务所互相推诿的问题。

（四）不存在不可克服的利益冲突

2012年《律师法》第23条规定："律师事务所应当建立健全执业管理、利益冲突审查、收费与财务管理、投诉查处、年度考核、档案管理等制度，对律师在执业活动中遵守职业道德、执业纪律的情况进行监督。"第39条规定："律师不得在同一案件中为双方当事人担任代理人，不得代理与本人或者其近亲属有利益冲突的法律事务。"司法部2008年《律师执业管理办法》第26条规定："律师承办业务，应当由律师事务所统一接受委托，与委托人签订书面委托合同，并服从律师事务所对受理业务进行的利益冲突审查及其决定。"第27条规定："律师不得在同一案件中为双方当事人担任代理人，不得代理与本人及其近亲属有利益冲突的法律事务。"中华全国律师协会2011年《律师执业行为规范》第48条规定："律师事务所应当建立利益冲突审查制度。律师事务所在接受委托之前，应当进行利益冲突审查并作出是否接受委托决定。"第49条规定："办理委托事务的律师与委托人之间存在利害关系或利益冲突的，不得承办该业务并应当主动提出回避。"律师利益冲突规则是一种预防性的规则，在接受委托之前，律师及其所属律师事务所应当进行利益冲突查证。只有在与委托人之间没有不可克服的利益冲突的情况下才可以建立委托代理关系。①

（五）执业行为能力未受到限制

所谓执业行为能力未受到限制，是指律师没有受到停止执业处罚或者其执业范围没有依法受到限制，从而就特定法律事务享有执业权利的情形。律师执业能力受到限制，主要包括三种情况：

1. 律师担任各级人民代表大会常务委员会组成人员

全国人大常委会办公厅、司法部1989年《关于各级人大常委会组成人员不宜履行律师职务的通知》曾规定："各级人大常委会是同级国家权力机关的常设机关，有监督同级人民政府、人民法院、人民检察院的工作和依法任免人民法院审判人员、人民检察院检察人员的职责。各级人大常委会组成人员，如果担任律师并履行律师职务，将会产生诸多不便，体制上也不尽合适。因此，今后对各级人大常委会组成人员，司法机关一律不再批准其担任专职、兼职律师，履行律师职务；已取得律师资格的专职、兼职律师当选为各级人大常委会委员的，自当选之日起，停止履行律师职务，但可以保留律师资格。"2012年《律师法》第11条第2款规定："律师担任各级人民代表大会常务委员会组成人员的，任职期间不得从事诉讼代理或者辩护业务。"司法部2008年《律师执业管理办法》第27条第2款规定："律师担任各级人民代表大会常务委员会组成人员的，任职期间不得从事诉讼代理或者辩护业务。"中华全国律师协会2011年《律师执业行为规范》第13条也作了同样的规定。现行规定缩小了对于律师担任各级人民代表大会常务委员会组成人员期间在执业范围上的限制，更有利于促进律师参与国家政治生活。

这一限制主要基于以下三方面原因：（1）律师的业务之一是代理诉讼案件，而根据宪法的规定，承担办案职责的人民法院、人民检察院均要受人民代表大会及其常委会的监督。如果律师担任人民代表大会常务委员会组成人员期间从事诉讼代理或者辩

① 参见以下第五章"律师利益冲突"。

护业务，势必使办案单位有所顾虑。换言之，律师在担任各级人民代表大会常务委员会组成人员期间从事诉讼代理或者辩护业务将会因律师双重身份而带来冲突。(2) 从律师执业的公平角度来看，如果律师担任各级人民代表大会常务委员会组成人员期间继续执业，会导致律师之间的不公平竞争。如果允许具有常委身份的律师继续从事诉讼代理或者辩护业务，就难免会导致不同身份的律师之间的不公平竞争，也会破坏法律适用上的平等性与严肃性。(3) 由于人民代表大会常务委员会拥有审判人员、检察人员的任免权①，律师担任各级人民代表大会常务委员会组成人员期间继续从事诉讼代理与辩护业务，也不利于客观、公正地行使该国家权力。

2. 律师有应当回避之情形

2012 年《律师法》第 41 条和司法部 2008 年《律师执业管理办法》第 27 条第 3 款规定："曾经担任法官、检察官的律师，从人民法院、人民检察院离任后二年内，不得担任诉讼代理人或者辩护人。"司法部 2010 年《律师和律师事务所违法行为处罚办法》第 8 条规定："曾经担任法官、检察官的律师，从人民法院、人民检察院离任后二年内，担任诉讼代理人、辩护人或者以其他方式参与所在律师事务所承办的诉讼法律事务的，属于《律师法》第四十七条第四项规定的'从人民法院、人民检察院离任后二年内担任诉讼代理人或者辩护人的'违法行为。"2001 年《法官法》第 17 条规定："法官从人民法院离任后二年内，不得以律师身份担任诉讼代理人或者辩护人。""法官从人民法院离任后，不得担任原任职法院办理案件的诉讼代理人或者辩护人。""法官的配偶、子女不得担任该法官所任职法院办理案件的诉讼代理人或者辩护人。"2001 年《检察官法》第 20 条规定："检察官从人民检察院离任后二年内，不得以律师身份担任诉讼代理人或者辩护人。""检察官从人民检察院离任后，不得担任原任职检察院办理案件的诉讼代理人或者辩护人。""检察官的配偶、子女不得担任该检察官所任职检察院办理案件的诉讼代理人或者辩护人。"这些回避规定都对于委托人—律师关系的建立形成了不同程度的限制。按照司法部 2010 年《律师和律师事务所违法行为处罚办法》第 8 条规定的精神，所有这些应当回避的情形，不仅要求相关律师在相关期限内不得从事诉讼代理或辩护业务，也要求不得以其他方式参与所在律师事务所承办的诉讼法律事务。

3. 律师被暂停执业或者从事特定业务的资格受到限制

2012 年《律师法》第六章对各种律师违法相关情况，规定了停止执业的处罚措施。停止执业是允许律师继续保持其律师身份，但是在特定期限内其执业权被暂停的处罚。律师在受到停止执业处罚期间，不得执业，也就无法建立委托人—律师关系。司法部 2008 年《律师执业管理办法》第 41 条第 3 款规定："律师受到停止执业处罚的，应当自处罚决定生效后至处罚期限届满前，将律师执业证书缴存其执业机构所在地县级司法行政机关。"中华全国律师协会 2011 年《律师执业行为规范》第 11 条第 3 款规定："律师不得在受到停止执业处罚期间继续执业，或者在律师事务所被停业整顿期间、注销后继续以原所名义执业。"此外，中国证券监督管理委员会、司法部 2007 年《律师事务所从事证券法律业务管理办法》第 10 条规定："律师被吊销执业证书的，不得再

① 参见 2001 年《法官法》第 11 条、2001 年《检察官法》第 12 条。

从事证券法律业务。”“律师被中国证监会采取证券市场禁入措施或者被司法行政机关给予停止执业处罚的，在规定禁入或者停止执业的期间不得从事证券法律业务。”

总之，律师办理案件的称职性，既包括宏观的法律知识和技能以及律师事务所管理方面的要求，也包括个案中需要具体考虑的利益冲突等问题。因此，建立委托人—律师关系的前提条件是否符合，是一个具体事实问题。在确定律师是否应当接受某案件的委托时，应当进行多方面的考察。

二、委托范围与委托人—律师权限划分

委托范围和权限划分是确立律师—委托人关系时的重要内容。从一定意义上讲，每一个案件都是律师和委托人的共同事业，清晰的委托范围和明确的权限划分是营造好这一事业的前提条件。中华全国律师协会 2011 年《律师执业行为规范》第 34 条规定：“律师应当与委托人就委托事项范围、内容、权限、费用、期限等进行协商，经协商达成一致后，由律师事务所与委托人签署委托协议。”

1. 委托范围

委托范围就是律师接受委托提供服务的范围。一方面，在法律规定的范围内，委托人对于通过委托律师所要达到的目标有最终的决定权；另一方面，律师对委托有一定的限定权。2012 年《律师法》第 32 条第 2 款规定：“律师接受委托后，无正当理由的，不得拒绝辩护或者代理。但是，委托事项违法、委托人利用律师提供的服务从事违法活动或者委托人故意隐瞒与案件有关的重要事实的，律师有权拒绝辩护或者代理。”由是推之，对于违法的委托事项，律师不得接受委托。

因此，委托范围的确立是律师和委托人的协商过程。在该磋商过程中，律师应当坦诚说明有关事项，不得作虚假承诺。司法部 2008 年《律师执业管理办法》第 32 条第 1 款规定：“律师承办业务，应当告知委托人该委托事项办理可能出现的法律风险，不得用明示或者暗示方式对办理结果向委托人作出不当承诺。”中华全国律师协会 2011 年《律师执业行为规范》第 78 条第 6 项规定，“明示或者暗示可以帮助委托人达到不正当目的，或者以不正当的方式、手段达到委托人的目的”，是律师执业不正当竞争行为。在实现手段问题上也是如此。中华全国律师协会 2011 年《律师执业行为规范》第 36 条规定：“律师与所任职律师事务所有权根据法律规定、公平正义及律师执业道德标准，选择实现委托人或者当事人目的的方案。”委托人同样有权就实现代理目标所要使用的手段同律师进行协商。

2. 委托人—律师权限划分

委托权限的确定，主要存在于律师的代理活动中。2012 年《律师法》第 30 条规定：“律师担任诉讼法律事务代理人或者非诉讼法律事务代理人的，应当在受委托的权限内，维护委托人的合法权益。”中华全国律师协会 2011 年《律师执业行为规范》第 40 条规定：“律师接受委托后，应当在委托人委托的权限内开展执业活动，不得超越委托权限。”2012 年《民事诉讼法》第 59 条第 1、2 款规定：“委托他人代为诉讼，必须向人民法院提交由委托人签名或者盖章的授权委托书。”“授权委托书必须记明委托事项和权限。诉讼代理人代为承认、放弃、变更诉讼请求，进行和解，提起反诉或者上诉，必须有委托人的特别授权。”第 60 条规定：“诉讼代理人的权限如

果变更或者解除，当事人应当书面告知人民法院，并由人民法院通知对方当事人。”中华全国律师协会2000年《律师办理民事诉讼案件规范》第10条规定，“律师事务所与委托人签订委托代理合同及委托人签署授权委托书时，应当记明具体的委托事项和权限，委托权限应注明是一般授权还是特别授权。变更、放弃、承认诉讼请求和进行和解，提起反诉和上诉，转委托，签收法律文书，应当有委托人的特别授权”。因此，律师在进行代理活动时，应当通过委托合同和授权委托书，对自身的权限进行明确的界定。

三、转委托

转委托是指代理人为了被代理人的利益需要，将其享有的代理权的全部或一部分转委托给他人行使的行为。转委托是在律师事务所、律师丧失执业资格或者执业权利受到限制等紧急情况下为委托人的利益而进行的。转委托应事先取得委托人的同意或者事后追认。中华全国律师协会2011年《律师执业行为规范》第55条规定：“未经委托人同意，律师事务所不得将委托人委托的法律事务转委托其他律师事务所办理。但在紧急情况下，为维护委托人的利益可以转委托，但应当及时告知委托人。”第56条规定：“受委托律师遇有突患疾病、工作调动等紧急情况不能履行委托协议时，应当及时报告律师事务所，由律师事务所另行指定其他律师继续承办，并及时告知委托人。”第57条规定：“非经委托人的同意，不能因转委托而增加委托人的费用支出。”

四、委托人—律师关系的维持

律师—委托人关系确立以后的重要问题就是这种关系的有效维持。从实践情况来看，律师—委托人关系得不到有效的维持，将为律师和委托人之间的纠纷埋下伏笔。在律师—委托人关系存续期间，最重要的是律师与委托人之间的持续信息交流。

中华全国律师协会2011年《律师执业行为规范》第37条规定：“律师应当严格按照法律规定的期间、时效以及与委托人约定的时间办理委托事项。对委托人了解委托事项办理情况的要求，应当及时给予答复。”第42条规定：“律师在承办受托业务时，对已经出现的和可能出现的不可克服的困难、风险，应当及时通知委托人，并向律师事务所报告。”司法部2008年《律师执业管理办法》第32条第2款规定：“律师承办业务，应当及时向委托人通报委托事项办理进展情况；需要变更委托事项、权限的，应当征得委托人的同意和授权。”根据这些规定，委托人—律师关系存续期间的信息交流，应当满足两个要求：一是及时，即对于委托人有关信息的合理要求要在合理的时间限度内予以满足；二是充分，即这种交流的目的在于使委托人就有关事项作出合理的判断、明智的决定。

五、对委托人—律师关系的保护

法律职业行为法对委托人—律师关系的保护是全面的。除了在委托人—律师关系内部设定了各种保护措施，还在委托人—律师关系外部设定了保护措施，即为了防止委托人—律师关系受到干扰和破坏，对其他律师的行为进行了限制。[①] 进行这种限制的目的主要有三：（1）防止其他律师对委托人—律师关系进行干扰；（2）保护委托人不受其他律师的不当接触，避免委托人不当披露有关信息；（3）保护委托人—律师关系中的律师利益。

我国司法部 1995 年《关于反对律师行业不正当竞争行为的若干规定》第 4 条第 7 项规定，“故意在当事人与其代理律师之间制造纠纷”，是律师或律师事务所的不正当竞争行为。中华全国律师协会 2011 年《律师执业行为规范》第 78 条第 3 项规定，“故意在委托人与其代理律师之间制造纠纷”，是律师执业不正当竞争行为。从这些规定来看，我国对委托人—律师关系的保护似乎侧重于对律师的保护，而忽视了对这种关系进行不当介入给委托人带来的不利影响。

第三节　委托人—律师关系的终止

一、委托人—律师关系终止概述

委托人—律师关系的终止也是法律职业行为法特别关注的事项。之所以要对委托人—律师关系的终止进行规制，是因为委托人—律师关系的终止不仅涉及委托人与律师的利益，也可能影响到正在进行的诉讼程序的效率。

首先，委托人—律师关系的终止可能会对委托人的利益造成不利影响。律师任意终止委托人—律师关系，可能会使得委托人不能及时获得其他律师的帮助，从而使其法律困境更加窘迫，甚至可能会造成对委托人不利的推论，影响委托人对保密的合理期待，影响委托人的利益。[②]

其次，委托人—律师关系的终止可能会对律师和律师事务所的利益造成不利影响。律师任意终止委托人—律师关系，不仅会损害律师职业的声誉，也会影响律师和律师事务所的经济利益，律师和律师事务所甚至可能要承担民事赔偿责任。

最后，委托人—律师关系的终止可能会影响诉讼程序的效率。在委托人—律师关系终止的情况下，委托人另行委托律师进行辩护或者代理，无疑会造成诉讼等程序的迟滞，影响程序的效率，影响其他诉讼参与人的利益。委托人在临近审判时或者审判过程中解雇律师，有可能被认为是一种为了达到拖延诉讼目的而采取的间接行为。

对委托人—律师关系的终止，可以进行以下划分：

---

① 例如美国律师协会《职业行为示范规则》4.2 规定：“在代理某委托人时，律师不应就代理事项同律师知道在该事务中已由其他律师代理的人进行交流，除非该律师已征得该其他律师的同意，或者法律或者法庭命令授权律师可以这样做。”

② 2012 年《律师法》第 32 条第 2 款规定：“律师接受委托后，无正当理由的，不得拒绝辩护或者代理。但是，委托事项违法、委托人利用律师提供的服务从事违法活动或者委托人故意隐瞒与案件有关的重要事实的，律师有权拒绝辩护或者代理。”因此，在律师拒绝辩护或者代理的情况下，可能会导致事实认定者作出委托事项违法、委托人利用律师提供的服务从事违法活动或者委托人故意隐瞒与案件有关的重要事实的推论，从而有损于委托人的利益。

（一）自然终止与干预终止

这是根据委托人—律师关系终止的原因所进行的划分。所谓自然终止，即因委托事项办理完毕、委托期限届满、案件终止审理或者撤销等原因，委托人—律师关系宣告终结的情形。所谓干预终止，即在委托事项尚未办理完毕的情况下，基于法律规定等原因，人为终结委托人—律师关系的情形。干预终止是法律职业行为法关注的重点。

（二）委托人终止与律师终止

这是根据委托人—律师关系终止活动的启动权所进行的划分。委托人终止，即委托人行使拒绝辩护或者代理权终结委托人—律师关系的情形。2012 年《律师法》第 32 条第 1 款规定：“委托人可以拒绝已委托的律师为其继续辩护或者代理，同时可以另行委托律师担任辩护人或者代理人。”

律师终止，即律师行使拒绝辩护或者代理权终结委托人—律师关系的情形。2012 年《律师法》第 32 条第 2 款规定：“律师接受委托后，无正当理由的，不得拒绝辩护或者代理。但是，委托事项违法、委托人利用律师提供的服务从事违法活动或者委托人故意隐瞒与案件有关的重要事实的，律师有权拒绝辩护或者代理。”

（三）有因终止与无因终止

这是根据委托人—律师关系终止活动有无明确的原因所进行的划分。有因终止，即行使拒绝辩护或者代理权终结委托人—律师关系时需要有法律上的明确原因的情形。2012 年《律师法》第 32 条第 2 款规定的律师行使拒绝辩护或者代理权情形即属有因终止。有因终止限制了律师拒绝辩护或者代理的权利，目的在于保护委托人的合法权益和保障诉讼等程序的效率。司法部 2010 年《律师和律师事务所违法行为处罚办法》第 19 条第 4 项规定，无正当理由，当庭拒绝辩护或者代理的，是“扰乱法庭、仲裁庭秩序，干扰诉讼、仲裁活动的正常进行的”违法行为。

无因终止，即行使拒绝辩护或者代理权终结委托人—律师关系时不需要提出法律上的明确原因的情形。2012 年《律师法》第 32 条第 1 款规定的委托人拒绝辩护或者代理情形即属无因终止。无因终止确立了委托人选择权的绝对地位，有利于尊重委托人的选择权，为其他律师的进入留下了充分的空间。

（四）可分割终止与不可分割终止

这是根据委托事项在委托人—律师关系终止时是否可以分割进行的划分。可分割终止，即委托事项可以区分，部分委托事项可以终止的情形。不可分割的终止，是指委托事项不可分割，全部委托事项均告终止的情形。在可行情况下进行可分割终止，有利于最大限度地维护委托人的利益。

（五）强制性终止与任选性终止

这是根据律师有无终止委托人—律师关系的自由裁量权进行的划分。强制性终止即律师无终止委托人—律师关系的自由裁量权的情形。委托人拒绝律师继续辩护或者代理的情形即属强制性终止。任选性终止即律师有终止委托人—律师关系的自由裁量权的情形。在事先无法预见的前提下，律师向委托人提供法律服务将会给律师带来不合理的费用负担，或给律师造成难以承受的、不合理的困难的，即属于任选性终止情形。

二、委托人—律师关系的强制性终止

根据2012年《律师法》、中华全国律师协会2011年《律师执业行为规范》、国务院2003年《法律援助条例》、司法部2008年《律师事务所管理办法》、司法部2012年《办理法律援助案件程序规定》等的规定，委托人—律师关系的强制性终止分为以下情况：

（一）委托人提出终止委托人—律师关系

2012年《律师法》第32条第1款规定："委托人可以拒绝已委托的律师为其继续辩护或者代理，同时可以另行委托律师担任辩护人或者代理人。"中华全国律师协会2011年《律师执业行为规范》第58条第1项规定，"委托人提出终止委托协议的"，律师事务所应当终止委托关系。国务院2003年《法律援助条例》第23条第4项规定，"受援人要求终止法律援助的"，办理法律援助案件的人员应当向法律援助机构报告，法律援助机构经审查核实的，应当终止该项法律援助。如前所述，委托人提出终止委托人—律师关系的情况下，委托人—律师关系必须终止，以便为委托人选择其他律师或者律师事务所留下必要的空间。

（二）律师被吊销执业证书、停止执业或者律师事务所终止

中华全国律师协会2011年《律师执业行为规范》第58条第2项规定，"律师受到吊销执业证书或者停止执业处罚的，经过协商，委托人不同意更换律师的"，律师事务所应当终止委托关系。司法部2012年《律师事务所管理办法》第30条第1、2款规定："律师事务所在终止事由发生后，应当向社会公告，依照有关规定进行清算，依法处置资产分割、债务清偿等事务。因被吊销执业许可证终止的，由作出该处罚决定的司法行政机关向社会公告。因其他情形终止、律师事务所拒不公告的，由设区的市级或者直辖市的区（县）司法行政机关向社会公告。""律师事务所自终止事由发生后，不得受理新的业务。"此外，国家工商行政管理总局、司法部2012年《律师事务所从事商标代理业务管理办法》第18条规定："律师事务所在终止事由发生后，有未办结的商标代理业务的，应当及时与委托人协商终止委托代理关系，或者告知委托人办理变更委托代理手续；委托人为外国人或者外国企业的，应当协助其办理变更委托代理手续。""律师变更执业机构、终止执业或者受到停止执业处罚的，应当在律师事务所安排下，及时办妥其承办但尚未办结的商标代理业务的交接手续。"因此，律师被吊销执业证书、停止执业或者律师事务所因被吊销执业证书或者其他事由终止的情况下，委托人—律师关系应当强制终止。

我国现行法律对于律师事务所受到停业整顿期间的委托人—律师关系问题没有作出明确规定，从保护委托人利益的角度出发，对此应当理解为，停业整顿期间，律师事务所不应当接办新的业务，已经接办的业务应当继续执行。

（三）存在不可克服的利益冲突

中华全国律师协会2011年《律师执业行为规范》第58条第3项规定，"当发现有本规范第五十条规定的利益冲突情形的"，律师事务所应当终止委托关系。利益冲突可以分为可以克服的利益冲突和不可克服的利益冲突两种类型。可以克服的利益冲突是指尽管存在利益冲突，在受到影响的人作出明智同意的情况下，法律允许继续进行辩

护或者代理的情形。不可克服的利益冲突是指在存在利益冲突的情况下，法律不允许继续进行辩护或者代理，即使受到影响的当事人表示同意。中华全国律师协会 2011 年《律师执业行为规范》第 50 条所列利益冲突情况属于不可克服的利益冲突，在这种情况下进行辩护或者代理不仅可能影响当事人的利益，也可能影响纠纷解决程序的效率和纠纷解决结果的质量。

（四）律师的健康状况不适合继续履行委托协议

中华全国律师协会 2011 年《律师执业行为规范》第 58 条第 4 项规定，“受委托律师因健康状况不适合继续履行委托协议的，经过协商，委托人不同意更换律师的”，律师事务所应当终止委托关系。这一规定既满足、强化了对律师的称职性要求和对委托人的协作要求，也满足了法院与其他机构加快和提高工作效率的需要。

（五）继续履行委托协议将导致律师违规

2012 年《律师法》第 32 条第 2 款规定：“律师接受委托后，无正当理由的，不得拒绝辩护或者代理。但是，委托事项违法、委托人利用律师提供的服务从事违法活动或者委托人故意隐瞒与案件有关的重要事实的，律师有权拒绝辩护或者代理。”中华全国律师协会 2011 年《律师执业行为规范》第 58 条第 5 项规定，“继续履行委托协议违反法律、法规、规章或者本规范的”，律师事务所应当终止委托关系。律师作为法律职业人员，应当维护当事人合法权益，维护法律正确实施，维护社会公平和正义。2012 年《律师法》第 3 条第 1 款规定：“律师执业必须遵守宪法和法律，恪守律师职业道德和执业纪律。”因此，在继续履行委托协议将导致律师违规的情况下，继续履行委托协议将导致利益冲突的，应当终止委托人—律师关系。

（六）法律援助的受援条件不再存在

国务院 2003 年《法律援助条例》第 23 条规定：“办理法律援助案件的人员遇有下列情形之一的，应当向法律援助机构报告，法律援助机构经审查核实的，应当终止该项法律援助：（一）受援人的经济收入状况发生变化，不再符合法律援助条件的；（二）案件终止审理或者已被撤销的；（三）受援人又自行委托律师或者其他代理人的；（四）受援人要求终止法律援助的。”法律援助是为了保障经济困难或者特殊案件的当事人获得必要的法律服务而设立的法律救助制度。法律援助资金是一种稀缺资金，法律援助人员是稀缺资源，在受援人的经济收入状况发生变化、不符合法律援助的经济条件等情况下，为了保证其他社会成员能够获得法律援助，该项法律援助应当终止，其所涉及的委托人—律师关系也告消灭。

三、委托人—律师关系的任选性终止

委托人—律师关系的任选性终止，是指律师在终止委托人—律师关系时，有一定的自由裁量权。中华全国律师协会 2011 年《律师执业行为规范》第 59 条规定：“有下列情形之一，经提示委托人不纠正的，律师事务所可以解除委托协议：（一）委托人利用律师提供的法律服务从事违法犯罪活动的；（二）委托人要求律师完成无法实现或者不合理的目标的；（三）委托人没有履行委托合同义务的；（四）在事先无法预见的前提下，律师向委托人提供法律服务将会给律师带来不合理的费用负担，或给律师造成难以承受的、不合理的困难的；（五）其他合法的理由的。”所谓“律师事务所可以解除委托协议”，是指在这些情况下，律师事务所解除委托协议时，要根据具体情况判断，既可以立即解除委托协议，也可以暂时不解除委托协议。律师在考虑是否解除委托协议时，应当综合考虑所掌握的信息、委托人行为的性质与严重性、给委托人的利益造成的损害、给律师的利益造成的影响等因素。委托人—律师关系的任选性终止主要涉及以下四种情况：

（一）委托人利用律师提供的法律服务从事违法、犯罪活动

在这种情况下，律师提供法律服务本身不存在违反法律规定的问题，只是委托人利用了这种合法的法律服务从事违法、犯罪活动。在这种情况下，委托人滥用了律师的信任。委托人的违法、犯罪活动具有隐秘性，而律师可能并不完全知晓这种违法、犯罪活动。因此，中华全国律师协会2011年《律师执业行为规范》对这种情况没有规定强制性的终止。

（二）委托人要求律师完成无法实现或者不合理的目标

所谓无法实现或者不合理的目标，是指在律师看来，委托人所设定的目标无法实现或者可能会给委托人造成严重损害，律师与委托人的分歧如此严重，以至于大多数理性的律师不会继续进行代理。不能仅仅因为律师与委托人意见不一就轻易终止委托人—律师关系。

（三）委托人没有履行委托合同义务

这主要是指委托人没有履行支付律师费的义务，以及未能向律师提供必需的证据等情况。在这种情况下，律师有终止委托人—律师关系的自由裁量权。

（四）在事先无法预见的前提下，律师向委托人提供法律服务将会给律师带来不合理的费用负担，或给律师造成难以承受的、不合理的困难

这主要是指因为费用计算错误、预见不足等情况给律师的代理造成不合理的费用负担或者困难等情况。在这种情况下，律师有终止委托人—律师关系的自由裁量权。

总之，律师与委托人建立委托代理关系后，就应当尽职尽责地为委托人提供法律服务。一般情况下，律师应当自始至终地维护委托人的权益，不得随便拒绝辩护或者代理，否则，就会使委托人的利益得不到及时的维护。但在某些情况下，由于主、客观原因，律师和委托人之间的代理关系难以继续存在，如果律师继续代理，将损害委托人或者律师的利益，在这种情况下，律师应当做好对委托人的说服教育工作，在委托人拒不接受教育的情况下，律师可以拒绝辩护或代理。

四、委托人—律师关系终止的程序

（一）委托人—律师关系终止的程序要求

委托人—律师关系的终止涉及律师和委托人之间的权利、义务关系，涉及法院等有关机构的效率。因此，这种关系的终止同样应当遵循一定的程序要求。从我国的有关规定来看，主要有以下几点：

1. 查证和通知

中华全国律师协会2000年《律师办理民事案件规范》第18条规定：“委托人利用律师提供的服务从事违法活动或者隐瞒事实的，律师可以拒绝代理，经律师事务所收集证据，查明事实后，告知委托人，解除委托关系，记录在卷，并整理案卷归档。”律师事务

所在查证后，应当尽可能提前向委托人发出通知，以便为委托人委托其他律师留下尽可能多的时间，同时也有利于避免法院等有关机构因律师的退出而影响工作效率。

2. 批准

当律师被法律援助机构指定担任辩护人或者代理人时，退出辩护或者代理通常需要得到指定机构的批准。根据国务院 2003 年《法律援助条例》第 23 条，办理法律援助案件的人员遇有应当终止法律援助情形的，应当向法律援助机构报告，法律援助机构经审查核实的，应当终止该项法律援助。司法部 2004 年《律师和基层法律服务工作者开展法律援助工作暂行管理办法》第 12 条规定："律师和基层法律服务工作者在承办法律援助案件过程中，发现受援人有《法律援助条例》第二十三条规定列举的情形时，应当及时向法律援助机构报告，由法律援助机构负责审查核实，决定是否终止该项法律援助。"司法部 2012 年《办理法律援助案件程序规定》第 33 条也规定，在需要终止法律援助的情况下，法律援助人员应当向法律援助机构报告。法律援助机构经审查核实，决定终止法律援助的，应当制作终止法律援助决定书，并发送受援人，同时函告法律援助人员所属单位和有关机关、单位。法律援助人员所属单位应当与受援人解除委托代理协议。

因此，如果律师是被法律援助机构指定担任委托人的诉讼代理人或辩护人的，律师在退出代理或辩护时，应当得到有关机构的批准。

（二）委托人—律师关系终止后律师的义务

在委托人—律师关系终止时，律师需要采取适当的措施来保护委托人的权益。律师在依法拒绝辩护或代理而退出时，应当采取合理、可行的措施来维护委托人的合法权益，不应因此给委托人造成更大的损失。一般而言，律师在委托人—律师关系终止后负有以下义务：

1. 采取明确措施表明委托关系的终止，并处理好有关交接事宜

这种做法有利于避免不必要的误解。美国许多律师事务所在工作结束后，发出服务终止函（termination letter）来解释法律关系的终止。这是一种非常有益的做法。[①]

2. 退还当事人的材料

中华全国律师协会 2011 年《律师执业行为规范》第 61 条规定："律师事务所与委托人解除委托关系后，应当退还当事人提供的资料原件、物证原物、视听资料底版等证据，并可以保留复印件存档。"这一规定既肯定了当事人对证据材料的所有权，也肯定了律师事务所保留有关材料复制件的权利。律师事务所在委托人案卷上的权利应当得到基本的尊重。律师事务所要保留这些案卷有很多原因，如保留关于本案的信息，以便应对前委托人可能提出的有关不当执业赔偿的诉讼；为以后更好地提供法律服务提供研究的样本，

---

① 北京市律师协会 2008 年《律师事务所管理评价体系标准及评估指南》7.4.1"事务终结"规定："律师事务所应当有程序文件来保证在事务终结时，律师事务所：(a) 向委托人报告事务的结果，解释需要委托人为事务采取的进一步的措施，以及律师事务所将要采取的行动；(b) 与委托人结算任何未支付的费用；(c) 在委托人要求的情况下，返还属于委托人的原始文件和其他财产，根据协议由律师事务所保管的除外；(d) 在适当的情况下，就所保留的文件和其它物品的保管和收回制度向委托人提供咨询；(e) 就委托人将来是否需要评审其事务提出建议，如果需要进行该评审，要说明进行该评审的时间；(f) 对事务进行最终的风险评估，并依照程序文件毫不迟延地向风险管理人报告。"这一规定是关于律师及律师事务所应当如何终止委托人—律师关系的有益尝试。

等等。律师事务所保留有关材料复制件就可以满足这样的权利要求。

3. 返还尚未耗用的律师费

中华全国律师协会2011年《律师执业行为规范》第60规定："律师事务所依照本规范第五十八条、五十九条的规定终止代理或者解除委托的，委托人与律师事务所协商解除协议的，委托人单方终止委托代理协议的，律师事务所有权收取已提供服务部分的费用。"

4. 不接受与委托人有利害关系的对方当事人的委托，办理法律事务

律师的保密义务决定了律师不得在与委托人解除委托关系以后，再接受对方的委托，从而损害原委托人的利益。

5. 向有关方面进行报告

有些法律规定了在委托人—律师关系终止后，律师进行报告的义务。例如中国证券监督管理委员会、司法部2007年《律师事务所从事证券法律业务管理办法》第17条规定："律师在从事证券法律业务时，委托人应当向其提供真实、完整的有关材料，不得拒绝、隐匿、谎报。""律师发现委托人提供的材料有虚假记载、误导性陈述、重大遗漏，或者委托人有重大违法行为的，应当要求委托人纠正、补充；委托人拒不纠正、补充的，律师可以拒绝继续接受委托，同时应当按照规定向有关方面履行报告义务。"

本章思考题

1. 如何理解委托人—律师关系的性质？
2. 委托人—律师关系有哪些类型？
3. 委托人—律师关系建立的前提是什么？
4. 委托人—律师关系的终止有哪些类型？
5. 委托人—律师关系的强制性终止有哪些情形？
6. 委托人—律师关系终止时有哪些程序性要求？

第四章

律师保密

第一节　律师保密概述

第二节　律师—委托人特免权

一、律师—委托人特免权的一般理论

二、我国关于律师—委托人特免权的规定

第三节　律师保密义务

一、律师保密义务概述

二、律师应当保守的当事人秘密

三、律师应当保守的国家秘密及其他职业秘密

四、律师保密义务的例外

第一节　律师保密概述

律师的职业秘密问题是贯穿于整个律师职业活动的一个基本问题，对委托人和律师的权利、义务有着重要的影响。“委托人—律师关系的一个基本原则是，在没有委托人的明智同意的情况下，律师不得披露与代理有关的信息。这有利于促成作为委托人—律师关系的标志的信任。这样，才能鼓励委托人寻求法律帮助，并与律师进行充分、坦率的交流，即使是令人尴尬的或者在法律上不利的事项。为了对委托人进行有效的代理，并且在必要的情况下为了建议委托人不要从事错误行为，律师需要这一信息。几乎没有例外，委托人找到律师，是为了在法律和法规的迷宫中确定他们的权利是什么，以及什么被认为是合法的、正确的。根据经验，律师们知道，几乎所有的委托人都采纳了他们的建议，并且法律得到了维护。”[①] 律师在职业活动中有会见权、调查取证权、阅卷权等权利，因此，也应当承担相应的保密义务。与此同时，在诉讼活动背景下，律师的职业活动具有一定的对抗性，这种对抗性也要求对律师所获悉的委托人秘密进行特别的保护。

随着我国律师事业的迅猛发展，律师的职业秘密问题也越来越引起人们的重视，关于律师职业秘密问题的规定也在不断完善。根据我国当前的法律规定，律师的保密

① 美国律师协会：《职业行为示范规则》，规则 1.6，注释［2］。

职责可以划分为保守委托人秘密的职责和保守国家秘密与其他职业秘密的职责。

律师保守委托人保密的职责可以以委托人—律师关系为分界点，划分为律师—委托人特免权和律师的保密义务两个方面。律师—委托人特免权的主要功能是，排除外界力量的干预来保护律师—委托人关系，促进委托人与律师的坦率交流。律师保密义务的主要功能则是，强调律师对委托人的保密职责，促进委托人与律师的坦率交流。

无论是律师—委托人特免权，还是律师对委托人的保密义务，在适用上都具有一个共同特点，即“委托人”和“律师”在概念上都是主体群。律师一方包括律师和律师的代表，委托人一方包括委托人和委托人的代表。这是因为在委托人与律师的交流中，往往涉及其他辅助人员。将“委托人”和“律师”视为主体群，有利于最大限度地实现规定律师—委托人特免权和律师保密义务的宗旨。

律师的保密问题除了涉及下文所述的律师—委托人特免权和律师保密义务外，还涉及律师如何处理委托人的伪证、欺诈问题。对此我国现行律师职业行为法并没有作出明确规定。[①]

第二节　律师—委托人特免权

一、律师—委托人特免权的一般理论

律师—委托人特免权是证据法上的一项重要特免权，是指在诉讼活动中，律师就其因提供法律服务而从委托人那里知悉的委托人的秘密信息拒绝作证的权利。

证据法的主要功能之一是促进查明真相、促进案件事实的认定，从而解决纠纷。大多数证据规则都与这一功能有关。但是，促进发现真相和准确认定事实并不是证据法的唯一维度。除了促进发现真相和准确认定事实之外，证据法还有促进公平、公正，效率、效益，以及特定社会政策等价值目标。证据法中的特免权规则就是为了促进特定社会政策而进行的制度设计。“大多数证据规则旨在促进事实认定程序，但创设证据特免权的规则与此不同。从总体上看，它们排除具有相关性的证据，这是为了促进与准确事实认定无关的外部政策。它们的主要目的，是保护法庭世界之外的特定关系和利益，这些关系和利益被认为具有充分的重要性，值得司法程序以失去有用证据的方式来承担这些成本。”[②]

从历史来看，在特免权中，律师—委托人特免权是第一个得到认可的特免权。[③] 从英国的判例来看，该特免权最早可以追溯至 1577 年。在 Berd v. Lovelace[④]案件中，

① 对此问题有兴趣者，可参阅［美］德博拉·L·罗德等：《律师的职业责任与规制》，王进喜等译，55～56页，北京，中国人民大学出版社，2013。

② Ronald J. Allen，Richard B. Kuhns and Eleanor Swift，*Evidence：Text，Cases，and Problems*，923（3rd ed.，2002）.

③ United States v. Zolin，491 U. S. 554，562（1989）；Ford Motor Co. v. Leggat，904 S. W. 2d 643，647（Tex.，1995）；8 Wigmore，*Evidence* § 2290，at 542（McNaughton rev.，1961）.

④ 21 Eng. Rep. 33（1577）.

Thomas Hawtry 是本案的沙律师（solicitor），收到了传票，要求其就其所知的诉状与供词的不一致问题作证。Thomas Hawtry 宣誓说他曾是并且还是本案被告的沙律师。掌卷法官（Master of the Rolls）判定，就该同一事项，不得强迫 Thomas Hawtry 作证；就此他没有藐视法庭的危险。该案件被视为确立了最早的律师—委托人特免权。Wigmore 曾指出："特免权的历史可以追溯至伊丽莎白一世统治时期，这个时候的特免权似乎已经毋庸置疑。"[①] 在这个时期，律师—委托人特免权的理论基础被认为是圣贤之士的礼仪规范（Code of Gentleman）与律师的荣誉感。律师在进行职业宣誓时，要宣称保守秘密，因此，对于委托人的信赖，律师负有职业上的保密义务。未经委托人授权而披露委托人的秘密，是一种不道德的背叛行为。因此，传唤律师来公开其委托人的不名誉之事而使律师处于尴尬境地是不妥当的，需要为律师设立绝对的特免权。

随着产生这一规则的社会理念的衰微，该特免权的理论基础也发生了变化。到了18世纪，对律师尊严的强调逐渐减少，人们逐渐开始强调这一特免权对于发现事实之司法目的的服务作用。这一在今天仍然是支持该特免权的主要理由的观点认为：律师—委托人特免权是建立在三个假设基础上的。第一个假设是，由于法律的复杂性，为了保证社会成员能够遵守这些法律，解决他们之间的争端，他们需要获得专业人员的帮助，因此一个人获得律师的帮助是有益的。第二个假设是，律师的法律服务和帮助必须建立在委托人对有关事实充分公开的基础上。如果律师对委托人的状况没有尽可能充分地了解，律师就不可能有效履行这一职责。第三个假设是，如果不能向委托人保证律师不会被强迫在法庭上披露委托人的秘密，则委托人就不会向律师充分披露有关信息。为了保证委托人充分公开有关事实，律师必须向委托人保证其与律师的私下交流能够处于保密状态。根据这一理论，保证委托人能够向律师推心置腹的利益，超过了法庭能够获得所有相关证据的利益。"这一假定特免权能够引导委托人从事某种行为的明显功利的理由，在常识上普遍受到认同。委托人向律师倾吐其案情时会略去他认为会对其不利的部分，这一倾向每天都会看到。这使得一个审慎的律师有必要在询问其委托人时，找出可能不利的事实。在刑事案件中，从被告人那里获得信息全面的披露，其困难是众所周知的，因此如果被告人知道能够强迫律师重复所被告知的一切时，被告人对案情的披露当然会绝对不可能。"[②]

这些理由，从没有使所有的人信服。英国功利主义法学家边沁对此提出了尖锐的批评。边沁认为，由于律师—委托人特免权使得违法者抱了这样的希望，即向律师披露的不利信息不会在法庭上被用来反对他们，因而削弱了法律的阻却效果（deterrent effect）。边沁认为，这一特免权对无辜者是不必要的，对有罪者则不应当给其这样的帮助。[③] 对此，美国证据法学者 Wigmore 进行了辩驳。Wigmore 指出：这一观点错误地认为，一方当事人的所有事实和行为都是完全正确的和合法的，另一方的则完全是错误的和非法的。但是就大部分案件而言，每一方当事人都有所顾忌。如果没有特免权

① Wigmore, *Evidence* § 2290, at 542 n. 1 (McNaughton rev., 1961).

② John W. Strong, ed., *McCormick on Evidence*, 344 (5th ed., 1999).

③ See Ronald J. Allen, Richard B. Kuhns and Eleanor Swift, *Evidence: Text, Cases, and Problems*, 1044 (2nd ed., 1997).

的保护，案件部分对其有利的人常常会因为案件的不利部分或者可能不利的部分而不敢去寻求咨询。因此，Wigmore认为，为了促进委托人与法律建议者之间磋商的自由性，必须消除可以强迫法律建议者披露有关信息的顾虑，因此，法律必须禁止法律建议者披露有关信息，除非得到委托人的同意。[①]

尽管对该特免权的存在有多种理论，从实践来看，各国均确认律师职业秘密问题的公共利益理论基础。律师职业特免权问题的基本内核，实际上是利益权衡原则。换言之，保证任何人都能够自由地获得法律上的帮助和建议，并且无须担心上述信息会被公开，这一社会利益，超过了披露有关事实而获得的社会利益。

诉讼的最大目标就是发现案件真实，而律师作证特免权的直接目标——保证委托人告知的秘密信息不被泄露——的实现是以排除某些证据进入诉讼程序为代价的，实现律师作证特免权的直接目标意味着要贬抑诉讼发现案件真实的机能，从而与诉讼目标的实现存在着直接的对抗性。这种难以避免的对抗性迫使实践中对律师—委托人特免权进行了严格的限制性解释，以保证诉讼发现真实的机能不受到过分的压抑。这表现在以下几个方面：

第一，通常情况下，律师—委托人特免权所要保护的内容，被限定为委托人与律师所进行的秘密交流。委托人与律师进行交流时，应当存在保密的合理期待。

第二，该秘密交流是为获得法律帮助而进行的。非为获得法律帮助而进行的交流不受律师—委托人特免权的保护。例如，如果委托人是为了寻求业务或者经济咨询，或者因为会计问题而不是法律问题而找到律师，他们之间所进行的任何交流都不受特免权保护。

第三，在设立律师的作证特免权的一般规则同时，各国立法还往往设定相应的例外。[②]

在国际法律文件中，律师—委托人特免权往往受到特别的重视。例如，联合国1990年《关于律师作用的基本原则》明确规定："遭逮捕、拘留或监禁的所有的人应有充分机会、时间和便利条件，毫无迟延地，在不被窃听、不经检查和完全保密的情况下接受律师来访和与律师联系协商。这种协商可在执法人员能看得见但听不见的范围内进行。""各国政府应确认和尊重律师及其委托人之间在其专业关系内的所有联络和磋商均属保密。"这一原则确立了律师与委托人交流的秘密性。

---

① See Ronald J. Allen, Richard B. Kuhns and Eleanor Swift, *Evidence: Text, Cases, and Problems*, 1045-1046 (2nd ed., 1997).

② 例如，美国《联邦证据规则（建议稿）》503 规定：在下列情况下，不存在本规则所规定的特免权：(1) 促进犯罪或者欺诈。律师的服务被用于实施或者帮助任何人实施或者策划实施委托人知道或者应当合理知道的犯罪或者欺诈活动。(2) 通过同一已亡委托人提出主张者。某个与通过同一已亡委托人提出主张的当事人之间的争议相关的交流，无论该主张是遗嘱继承、非遗嘱继承还是生前行为。(3) 律师或者委托人违反职责。某个与律师违反其对委托人的职责或者委托人违反其对律师的职责的问题相关的交流；(4) 律师见证的文件。某个与律师作为见证人的见证文件的问题相关的交流。或者 (5) 共同委托人。就某个与两位或者以上的委托人之间的共同利益事项相关的交流而言，且该交流是其中任何人向其共同聘请或者咨询的律师所作出的，并在任何委托人之间的诉讼中被提出。澳大利亚《1995年证据法》第121条至第126条也就同意、共同委托人、不端行为等例外情况作了规定。参见《澳大利亚联邦证据法（中英对照）》，王进喜译，171～181页，北京，中国法制出版社，2013。

二、我国关于律师—委托人特免权的规定

2012 年我国对《刑事诉讼法》进行了修改，第一次确立了刑事诉讼中的律师—委托人特免权。该法第 46 条规定："辩护律师对在执业活动中知悉的委托人的有关情况和信息，有权予以保密。但是，辩护律师在执业活动中知悉委托人或者其他人，准备或者正在实施危害国家安全、公共安全以及严重危害他人人身安全的犯罪的，应当及时告知司法机关。"根据上述规定，我国律师—委托人特免权的特点是：

第一，我国目前仅仅确立了刑事诉讼中的律师—委托人特免权，《民事诉讼法》和《行政诉讼法》以及《律师法》中都没有规定律师—委托人特免权。

第二，我国律师—委托人特免权的保护范围，是辩护律师在执业活动中知悉的委托人的有关情况和信息。这一规定在界限上是不明确的：其一，对于"委托人的有关情况和信息"的来源规定不明确，这些"委托人的有关情况和信息"是不是必须来源于委托人并不清楚；其二，"有关情况和信息"是限于口头交流还是包括其他实物证据，规定得也不是很清楚。2012 年《刑事诉讼法》实施过程中，有关机关应当对这些问题作出明确解释。

第三，我国现行律师—委托人特免权的例外，包括委托人或者其他人，准备或者正在实施危害国家安全、公共安全以及严重危害他人人身安全的犯罪这三种情况。

律师—委托人特免权的重要功能之一，就是保护委托人与律师交流的秘密性。2007 年《律师法》第 33 条规定："犯罪嫌疑人被侦查机关第一次讯问或者采取强制措施之日起，受委托的律师凭律师执业证书、律师事务所证明和委托书或者法律援助公函，有权会见犯罪嫌疑人、被告人并了解有关案件情况。律师会见犯罪嫌疑人、被告人，不被监听。"2012 年《刑事诉讼法》第 37 条第 3 款再次重申了该规定。此后，2012 年《律师法》第 33 条相应修改为："律师担任辩护人的，有权持律师执业证书、律师事务所证明和委托书或者法律援助公函，依照刑事诉讼法的规定会见在押或者被监视居住的犯罪嫌疑人、被告人。辩护律师会见犯罪嫌疑人、被告人时不被监听。"

律师—委托人特免权的重要运行条件之一，是律师与委托人交流的秘密性。然而，对于律师会见"不被监听"的理解，凸显了部门的利益。侦查部门的声音是，"监听"仅仅指利用监控设备对律师与犯罪嫌疑人、被告人的谈话进行监督。[①] 换言之，受委托的律师会见在押的犯罪嫌疑人，向犯罪嫌疑人了解有关案件情况时，侦查机关根据案件情况和需要可以派员在场。然而，会见犯罪嫌疑人并了解有关情况，是律师在刑事

---

① 例如，上述观点，可参见陈学权：《"会见不被监听"对律师职业伦理的挑战及应对》，载《法学杂志》，2012（11）；邓楚开：《论新〈律师法〉实施中有关律师会见的两个争议问题》，载《法治研究》，2009（2）（"从新《律师法》实施以来的司法实践情况来看，多数地方采纳了将律师会见'不被监听'理解为不被技术监听的意见，在律师会见时根据具体情况决定是否派员在场。本书认为，这种做法并不违反新《律师法》的规定，新《律师法》第 33 条的规定与《刑事诉讼法》第 96 条中的'侦查机关根据案件情况和需要可以派员在场'并不矛盾，律师会见'不被监听'，指的是不被电子监听，侦查阶段律师会见时侦查机关可以派员在场。"）；刘子海：《关于〈律师会见犯罪嫌疑人不被监听〉的思考》，载 http://www.tj.jcy.gov.cn/ReadNews.asp? NewsID＝1232，访问时间：2009-07-15（"新《律师法》规定律师会见犯罪嫌疑人时不被监听，应是指不得利用技术手段、设备等进行监听，不包括侦查人员在场旁听，这与《刑事诉讼法》第 96 条规定的侦查人员可以在场并不矛盾"）。

诉讼中发挥其辩护职能的前提条件。会见只有在保密的条件下进行，才能促进律师与委托人之间的坦率交流而具有实质的意义。律师—委托人特免权得以存在的前提条件之一，就是这种交流是秘密进行的。因此，“不被监听”应当理解为不受任何形式的监听，而不仅仅是通过仪器设备进行的监听。

第三节　律师保密义务

一、律师保密义务概述

律师的保密义务是指律师应当保守在执业活动中得知的案情秘密的义务。这一义务是律师为委托人提供有效代理的前提，是各国法律对律师的普遍要求。律师在职业活动中，经常接触国家秘密、商业秘密、个人隐私，以及委托人的违法、犯罪的情况。如果律师不负有保密义务，则律师和委托人之间就不可能有坦率的交流，律师所参与的诉讼程序就可能受到不利影响。因此，律师的保密义务是律师取信于委托人的基本前提，是律师参与诉讼的前提。

我国关于律师的保密义务，是随着我国法制建设的不断完善而逐步发展的。1980年《律师暂行条例》第7条第3款规定：“律师对于在业务活动中接触的国家机密和个人阴私，有保守秘密的责任。”司法部1993年《律师职业道德和执业纪律规范》第14条第4项规定，律师“不得泄露在执行职务中得悉的委托人的隐私、秘密和委托人不愿公开的其他事实和材料”。随着我国经济的不断发展，1996年《律师法》对律师的保密义务的范围进行了拓展，该法第33条规定：“律师应当保守在执业活动中知悉的国家秘密和当事人的商业秘密，不得泄露当事人的隐私。”此后，中华全国律师协会2004年《律师执业行为规范（试行）》对律师的保密义务范围作了进一步拓展，该规范第56条规定：“律师事务所、律师及其辅助人员不得泄露委托人的商业秘密、隐私，以及通过办理委托人的法律事务所了解的委托人的其他信息。但是律师认为保密可能会导致无法及时阻止发生人身伤亡等严重犯罪及可能导致国家利益受到严重损害的除外。”此后，2007《律师法》第38条吸收了该规定的合理内容，作出规定：“律师应当保守在执业活动中知悉的国家秘密、商业秘密，不得泄露当事人的隐私。”“律师对在执业活动中知悉的委托人和其他人不愿泄露的情况和信息，应当予以保密。但是，委托人或者其他人准备或者正在实施的危害国家安全、公共安全以及其他严重危害他人人身、财产安全的犯罪事实和信息除外。”与1996年《律师法》的规定相比，2007年《律师法》的一个重大突破就是增加规定了律师保密义务的例外情形。其中重要的一点是免除了律师对已经发生的违法、犯罪活动的检举、揭发义务。这一点反映了我们对律师保密义务的性质在认识上的不断提升，也解决了有关法律的冲突问题。2012年，《律师法》第38条第2款修正为：“律师对在执业活动中知悉的委托人和其他人不愿泄露的有关情况和信息，应当予以保密。但是，委托人或者其他人准备或者正在实施危害国家安全、公共安全以及严重危害他人人身安全的犯罪事实和信息除外。”这样，该款规定“但书”部分与2012年《刑事诉讼法》第48条的规定实现了表述上的统一。

律师的保密义务贯穿于律师的职业活动，并且是许多其他规则的理论基础。例如，在利益冲突规则中，如果律师在对前一委托人的代理中所获得的秘密信息可能会被用来促进后一委托人的利益，则律师就可能不能代理该委托人。因此，律师的保密规则被一些学者称为律师职业行为的核心规则。律师的保密义务在律师事务所的日常管理中也具有主要影响，律师事务所在案卷管理、信函管理、信息传输、人事管理方面，都应当采取必要的措施，保证律师的职业秘密信息不被不当披露。例如，司法部1991年《律师业务档案管理办法》第14条规定："凡涉及国家机密或个人隐私的律师业务档案，以及当事人要求保密的档案，一般不得借阅和查阅。特殊情况必须查阅的，需报同级司法行政机关批准。"第15条规定："凡经批准允许查阅的档案，可以摘抄或复印所查阅的内容，但密级档案不在此列。"第17条规定："档案管理人员必须严格遵守保密制度，保守国家机密和当事人秘密。不得违反制度向任何人提供档案和扩大利用范围，不得向他人泄露档案的内容。"律师事务所在日常管理中应当切实贯彻这些要求。

律师保守职业秘密的义务可以分为保守当事人秘密的义务和保守国家秘密及其他职业秘密的义务。

二、律师应当保守的当事人秘密

2012《律师法》第38条规定："律师应当保守在执业活动中知悉的国家秘密、商业秘密，不得泄露当事人的隐私。""律师对在执业活动中知悉的委托人和其他人不愿泄露的情况和信息，应当予以保密。但是，委托人或者其他人准备或者正在实施的危害国家安全、公共安全以及其他严重危害他人人身安全的犯罪事实和信息除外。"司法部2010年《律师和律师事务所违法行为处罚办法》第13条规定："律师未经委托人或者其他当事人的授权或者同意，在承办案件的过程中或者结束后，擅自披露、散布在执业中知悉的委托人或者其他当事人的商业秘密、个人隐私或者其他不愿泄露的情况和信息的，属于《律师法》第四十八条第四项规定的'泄露商业秘密或者个人隐私的'违法行为。"

根据上述规定，律师应当保守的当事人秘密可以分为以下情况：

（一）商业秘密

根据1993年《反不正当竞争法》第10条，所谓商业秘密，是指"不为公众所知悉、能为权利人带来经济利益、具有实用性并经权利人采取保密措施的技术信息和经营信息"。根据该规定，商业秘密的构成，包括实体和程序两个方面的要求：

1. 实体要求。商业秘密应当不为公众所知悉，能为权利人带来经济利益，具有实用性。

2. 程序要求。商业秘密作为一种技术信息和经营信息，应当经权利人采取保密措施。

（二）个人隐私

所谓个人隐私，一般是指与公共无关、本人不愿意公开的个人生活事项。

（三）委托人不愿泄露的情况和信息

委托人不愿泄露的情况和信息，是指除商业秘密和个人隐私之外的委托人不愿泄露的所有情况和信息。但是这项内容主要针对的是委托人已经实施完毕但尚未受到有关机关追诉的违法、犯罪行为。根据《刑事诉讼法》的规定，凡是了解案件真实情况的人，都有作证的义务。而律师在与委托人的交流中，往往获悉一些不利于委托人的信息。如果律师就此作证或者举报，则会破坏委托人与律师之间的信赖关系。2012《律师法》第38条第2款规定："律师对在执业活动中知悉的委托人和其他人不愿泄露的情况和信息，应当予以保密。但是，委托人或者其他人准备或者正在实施的危害国家安全、公共安全以及其他严重危害他人人身安全的犯罪事实和信息除外。"因此，对于委托人已经实施完毕但尚未受到有关机关追诉的违法、犯罪行为，律师应当保密。当然，在这种情况下，律师首先应当依法劝说委托人向有关机关投案，如果委托人最终表示拒绝，律师仍然应当保密。

根据2012年《律师法》的上述规定，就委托人的商业秘密和个人隐私而言，无论委托人是否提出了保守秘密的明确要求，律师都应当保守有关秘密。我们可以将这一规定称为律师保密义务的"自动化"，这体现了律师作为代理人所应当具有的职业特点，有利于最大限度地保护委托人的秘密信息。但是对于委托人的其他情况和信息，立法采用了"不愿泄露"一语来修饰"情况和信息"，从字面意思来看，可能需要委托人作出明确的要求，律师才负有保密义务。但是本书认为，"商业秘密"和"个人隐私"都是具有复杂法律含义的术语，如果要求委托人就其他情况和信息提出明确的保密要求，实际上是要求委托人就商业秘密、个人隐私和其他情况与信息进行明确的区分，这对于一般不谙法律的委托人而言，要求似乎过高。因此，对于委托人的其他情况和信息，律师也应当负有保密义务，法律另有规定者除外。

需要指出的是，律师保守委托人秘密的义务具有推定性，并且是不可辩驳的推定，即只要建立了委托人—律师关系，就视为律师已经获悉了委托人的秘密信息。如果允许律师就这一点进行反驳，则前委托人不得不披露其旨在加以保守的信息。在这种情况下，如果该律师在先前代理中没有获得有关秘密信息的话，则在这一反驳过程中会知悉有关秘密信息。这对于公众对律师制度的信任无疑会产生不利影响。

三、律师应当保守的国家秘密及其他职业秘密

除了委托人的秘密信息外，律师还应当保守执业活动中知悉的国家秘密及其他职业秘密。

（一）国家秘密

所谓国家秘密，根据2010年《保守国家秘密法》第2条的规定，是指"关系国家安全和利益，依照法定程序确定，在一定时间内只限一定范围的人员知悉的事项"。国家秘密的密级分为"绝密"、"机密"和"秘密"三级。2010年《保守国家秘密法》第9条第6项规定"维护国家安全活动和追查刑事犯罪中的秘密事项"，泄露后可能损害国家在政治、经济、国防、外交等领域的安全和利益的，应当确定为国家秘密。根据2012年《刑事诉讼法》和2012年《律师法》的规定，律师有查阅案卷的权利，与之相适应，律师对于查阅案卷过程中知悉的案卷材料所包含的本案国家秘密，在开庭审理之前，有保守秘密的义务，不得向他人披露。

律师在会见在押犯罪嫌疑人、被告人时所获悉的案件信息，属于"追查犯罪中的

秘密事项”。司法部2007年《关于律师透露案情等行为是否适用〈律师和律师事务所违法行为处罚办法〉的批复》（司复［2007］13号）规定：“律师向被告人亲属透露其会见在押被告人时得知的案件信息，致使被告人亲属得以串通证人改变证言，造成了被告人亲属构成妨害作证罪的严重后果，干扰了诉讼活动的进行。根据《中华人民共和国律师法》第四十四条第十一项以及《律师和律师事务所违法行为处罚办法》第八条第二十一项的规定，应当给与相应的处罚。”

1997年《刑法》第398条规定：“国家机关工作人员违反保守国家秘密法的规定，故意或者过失泄露国家秘密，情节严重的，处三年以下有期徒刑或者拘役；情节特别严重的，处三年以上七年以下有期徒刑。”“非国家机关工作人员犯前款罪的，依照前款的规定酌情处罚。”这一规定也适用于律师泄露国家秘密的行为。

（二）其他职业秘密

2012年《律师法》第38条第2款规定：“律师对在执业活动中知悉的委托人和其他人不愿泄露的有关情况和信息，应当予以保密。”所谓其他人不愿意泄露的情况和信息，主要包括两种情况：（1）律师参与不公开审判时所知悉的其他人不愿泄露的情况和信息；（2）律师在调查取证中知悉的证人、被害人等其他诉讼参与人不愿泄露的情况和信息。

四、律师保密义务的例外

律师保密义务的主要目的之一，是促进律师与委托人之间的交流，这种交流被认为是发挥律师作用的前提之一。在这种情况下，保证委托人与律师坦率交流的利益超过了获取委托人信息以追溯犯罪的利益。但是，如果准备或者正在实施的严重违法、犯罪行为有可能危害国家安全、公共安全或者严重危害他人人身、财产安全，则可能会打破这一平衡。在这种情况下，律师保守执业活动中的秘密信息将会带来社会负价值。因此，2012年《律师法》第38条第2款规定：“律师对在执业活动中知悉的委托人和其他人不愿泄露的有关情况和信息，应当予以保密。但是，委托人或者其他人准备或者正在实施危害国家安全、公共安全以及严重危害他人人身安全的犯罪事实和信息除外。”我们可以将这一例外称为“防止未来严重犯罪”的例外。该例外有两个特点：

1. 危害的未来性

这一例外的适用条件是未来的严重危害。因此，对于已经实施完成的犯罪，律师不存在披露有关秘密信息的问题。在诉讼职能中，律师不承担侦查职能和审查起诉职能，律师对于有关已经实施完毕的违法、犯罪行为的信息的披露行为无助于防止未来的违法、犯罪活动，因此，不需要律师承担对此进行披露的义务。

2. 危害的严重性

这一规定注意到了犯罪活动的严重性与保密规则的社会价值之间的平衡问题，仅要求律师披露关于严重罪行的事实和信息，即委托人或者其他人准备或者正在实施危害国家安全、公共安全以及严重危害他人人身安全的犯罪事实和信息。对此需要注意的是，危害国家安全、公共安全的犯罪，无论情节严重，都属该例外的范围，但是危害他人人身犯罪，以情节“严重”为例外。对于危害他人财产安全的犯罪情形，上述立法没有进行规定。

中华全国律师协会 2004 年《律师执业行为规范（试行）》还曾规定了“委托人同意”的例外和“律师自我防护”的例外[①]，但是这些规定在中华全国律师协会 2011 年《律师执业行为规范》中已经被删除。本书认为，当前我国关于律师保密义务的例外规定还是不充分的，这不仅不利于保护他人的利益，也不利于保护律师本身的利益。

本章思考题

1. 律师—委托人特免权的理论根据是什么？
2. 律师保密义务的范围涉及哪些内容？
3. 律师保密义务有哪些例外？
4. 请结合我国的实际案例思考律师保密职责的重要性。

① 中华全国律师协会 2004 年《律师执业行为规范（试行）》第 57 条规定：“律师可以公开委托人授权同意披露的信息。”第 58 条规定：“律师在代理过程中可能无辜地被牵涉到委托人的犯罪行为时，律师可以为保护自己的合法权益而公开委托人的相关信息。”

第五章 律师利益冲突

第一节 利益冲突概述

一、利益冲突的概念

二、利益冲突规则的理论基础

三、利益冲突的理论分类

第二节 同时性利益冲突

一、现行委托人之间的利益冲突

二、律师—现行委托人利益冲突

第三节 连续性利益冲突

一、律师和律师事务所的业务引起的连续性利益冲突

二、前职业关系造成的连续性利益冲突

第一节 利益冲突概述

一、利益冲突的概念

利益冲突是律师在执业活动中面临的一个具有普遍意义的重大问题，处理利益冲突是律师生活的固有部分。这不仅仅是说律师的业务活动是为了帮助他人消除争端、解决争端或者预防争端，还意味着律师本身往往会卷入某种形式的利益冲突。律师与委托人的关系、律师事务所的管理结构、律师的流动、律师事务所的合并等事项，都可能产生利益冲突问题。[①] 律师和律师事务所的专业化，也带来了越来越多的利益冲突问题。[②] 利益冲突问题对律师执业活动而言，不仅无所不在，而且具体可见。无论是律师个人还

① 参见［美］罗伯特·W·希尔曼：《论律师的流动管理》，王进喜等译，北京，中国人民公安大学出版社，2005；司法部2012年《律师事务所管理办法》第28条（“律师事务所因分立、合并，需要对原律师事务所进行变更或者注销原律师事务所、设立新的律师事务所的，应当在自行依法处理好相关律师事务所的业务衔接、人员安排、资产处置、债务承担等事务后，提交分立协议或者合并协议等申请材料，按照本办法的相关规定办理。”）。律师事务所合并时处理业务衔接时的一个重要方面，就是避免产生利益冲突，或者是就利益冲突作出妥善处理。

② See Deborah L. Rhode and Geoffrey C. Hazard, Jr., *Professional Responsibility and Regulation*, 123 (second edition, 2007)（“与此类似，律师事务所内部以及律师事务所之间在法律服务上的日益专业化，也使得对相互冲突的利益进行同时性或者连续性代理的可能性也越来越大。”）。

是律师事务所，无论是规模较大的律师事务所还是规模较小的律师事务所，都面临着如何有效处理执业活动中的利益冲突这一棘手问题。利益冲突在各种业务活动中都可能出现，且形式多种多样。如果律师不能有效地处理利益冲突，不仅可能受到职业惩戒，还可能要退出对委托人的代理，导致发生不必要的费用，甚至可能受到民事追究。因此，调整利益冲突的规则是关于律师的职业行为法的重要组成部分。

在律师职业活动中，利益冲突问题很早就受到了规制，有文献称英国早在1280年即存在相应的规定。① 我国司法部在1993年《律师职业道德和执业纪律规范》中也对利益冲突问题作出了初步规定。② 如何有效地识别和处理利益冲突问题，也是律师事务所日常管理的重要事项，是风险管理的重要组成部分。例如，美国律师协会《职业行为示范规则》规定："律师应当采用与该律师事务所及其业务的规模和类型相适应的适当程序，来测定在诉讼和非诉讼事务中涉及哪些当事人和问题，来确定是否存在实际或潜在的利益冲突。"③ 利益冲突规则有着密集的技术点。从我国目前的情况来看，现行有关规定在处理纷繁复杂的利益冲突问题方面还显不足。因此，如何提高识别和处理利益冲突问题的能力必须引起广大律师的注意。

对于律师职业活动而言，所谓利益冲突，是指律师为委托人的辩护或者代理将因律师自身的利益，律师对其他现委托人、前委托人或者第三人的职责而受到重大不利影响的重大风险状态。律师的利益冲突规则具有以下特点：

第一，制订利益冲突规则的目的，在于保护律师为现行委托人提供的辩护与代理的质量。利益冲突能够破坏律师职业判断的独立性，会削弱律师提供辩护与代理时的热忱。为了保证律师职业判断的独立性，使得律师在为委托人提供服务时具有适当的热忱，应当通过利益冲突规则对律师的行为进行规制，否则，委托人得到有效辩护与代理的期待就会遇到挫折，有效的律师帮助就会落空。即使是为前委托人提供保护的连续性利益冲突的规则，在根本目的上，也是对当时进行中的委托人—律师关系提供保护，以保证辩护与代理的质量。

第二，利益冲突产生的根源，是律师有自身利益，律师对其他现委托人、前委托人或者第三人担负着职责，而这些利益与职责和对现行委托人的职责相悖或者不一致。"律师应当维护当事人合法权益，维护法律正确实施，维护社会公平和正义。"④ 律师在维护当事人合法权益的时候，应当超越自身的利益，并在委托人（包括前委托人）的利益之间、委托人与第三人的利益之间进行适当的平衡。正是因为如此，律师行业才被塑造为一个职业而不是商业。

第三，利益冲突规则是一种以预防为目的规则。不仅在对律师的辩护与代理存在实际影响的情况下存在利益冲突问题，而且在存在这种重大不利影响的重大风险的情况下，也视为存在利益冲突问题。以造成实际影响为标准来确立利益冲突规则，将严重降低律师的职业行为水准，严重影响法律服务的质量，大大增加律师事务所的风险。

---

① See H. Cohen, *History of the English Bar*, 233-34 (1929).

② 参见司法部1993年《律师职业道德和执业纪律规范》第12条、第14条。

③ 美国律师协会：《职业行为示范规则》，规则1.7，注释[1]。

④ 2012年《律师法》第2条第2款。

第四，“利益冲突”仅仅是一个随近逐便的表述。利益冲突规则在很大程度上是预防性规则，并不一定发生了实际可见的冲突，把这种规则叫作“利益冲突”规则是含混的、不准确的。[①] 利益冲突在存在样态上既可能是潜在的，也可能是实际存在的；在表现形式上既可能是针锋相对、相互冲突的，也可能是方向不一的。

第五，利益冲突的考察是一个个案的具体事实问题。利益冲突的概念难以有一个界限非常明确的界定，其存在的风险需要根据案件的具体情况，在考虑律师与委托人关系的性质、委托人的性质、相关委托人、前委托人等的态度等因素的基础上综合加以评估。

我国法律层面上关于律师利益冲突的规定相当简陋。2012 年《律师法》第 39 条规定：“律师不得在同一案件中为双方当事人担任代理人，不得代理与本人或者其近亲属有利益冲突的法律事务。”第 47 条对于违反该规定的行为规定了行政处罚措施。这样的规定显然不足以解决实践中的问题。司法部 2010 年《律师和律师事务所违法行为处罚办法》第 7 条规定：“有下列情形之一的，属于《律师法》第四十七条第三项规定的律师‘在同一案件中为双方当事人担任代理人，或者代理与本人及其近亲属有利益冲突的法律事务的’违法行为：（一）在同一民事诉讼、行政诉讼或者非诉讼法律事务中同时为有利益冲突的当事人担任代理人或者提供相关法律服务的；（二）在同一刑事案件中同时为被告人和被害人担任辩护人、代理人，或者同时为二名以上的犯罪嫌疑人、被告人担任辩护人的；（三）担任法律顾问期间，为与顾问单位有利益冲突的当事人提供法律服务的；（四）曾担任法官、检察官的律师，以代理人、辩护人的身份承办原任职法院、检察院办理过的案件的；（五）曾经担任仲裁员或者仍在担任仲裁员的律师，以代理人身份承办本人原任职或者现任职的仲裁机构办理的案件的。”显而易见，这一解释很显牵强、笨拙，进一步暴露了立法本身的局限性。此外，各地律师协会从实际需要出发，制定了一些地方性的利益冲突规则，但是总的来看，在规则原理、适用范围、效力及执行等方面仍然存在很多问题。[②]

二、利益冲突规则的理论基础

一般而言，利益冲突规则的理论基础主要有三个：

1. 律师保守职业秘密的职责

如前所述，律师保守职业秘密的职责是律师职业活动中最为重要的职责，体现在众多的方面。2012 年《律师法》第 38 条规定：“律师应当保守在执业活动中知悉的国家秘密、商业秘密，不得泄露当事人的隐私。”“律师对在执业活动中知悉的委托人和其他人不愿泄露的有关情况和信息，应当予以保密。但是，委托人或者其他人准备或

① 有学者提出利益冲突问题更为准确的表述应当是“其他利益（additional interests）”、“复合利益（compound interests）”或者“不一致利益（differing interests）”问题。See Charles W. Wolfram, *Modern Legal Ethics*, 313 (1986).

② 参见徐莹：《律师执业利益冲突探讨》，载《河南司法警官职业学院学报》，2008 (1)（“我国目前的律师执业利益冲突规范体系较为凌乱，发布主体众多，效力层次混乱，内容既有交叉又有矛盾。制定主体和效力层次的混乱、内容的不统一冲淡了利益冲突规范本身的严肃性和重要性，使得我国的利益冲突规范长期处于说有看似无，说无看似有的尴尬境地，从而无法真正起到指导和评价律师执业行为的作用。”）。

者正在实施危害国家安全、公共安全以及严重危害他人人身安全的犯罪事实和信息除外。”[1] 律师的保密义务具有延续性，即一般情况下不因委托事项的终结而消灭。[2] 在利益冲突规则中，该保守职业秘密的职责有许多具体的运用。例如：

> 如果律师同时代理委托人A和B，或者现在所代理的是委托人B，以前代理的是委托人A，则律师可能知道有关委托人A的秘密信息，且该信息对委托人B来讲具有一定的利益。如果律师在明知有关A的秘密信息的情况下不向B披露这些信息，则律师违反了真诚代理委托人B的职责；如果律师向委托人B透露了这些信息，则律师就会违反对A所承担的保守职业秘密的职责。

设定利益冲突规则，就是为了促进律师对委托人秘密的保守，减少律师向他人披露委托人秘密的机会和动机，减少律师利用该信息为自己的利益或者为他人的利益服务而滥用该信息的行为，从而促进委托人同律师开诚布公地进行交流，保证律师的辩护与代理服务建立在充分的信息基础上。

2. 律师忠诚于委托人的职责

2012年《律师法》第2条第2款规定：“律师应当维护当事人合法权益，维护法律正确实施，维护社会公平和正义。”中华全国律师协会2011年《律师执业行为规范》第6条规定：“律师应当诚实守信、勤勉尽责，依据事实和法律，维护当事人合法权益，维护法律正确实施，维护社会公平和正义。”根据这些规定，可以推论出律师负有忠诚于委托人的职责。律师忠诚于委托人的职责是一种不可分割的职责，是利益冲突产生的重要基础之一。前述案例中既涉及律师保守职业秘密的职责，也涉及律师忠诚于委托人的职责。但是，即使在不存在律师违反有关职业秘密的职责的情况下，律师也可能因违反忠诚于委托人的职责而导致利益冲突问题。例如：

> 在离婚案件中，律师代理妻子反对丈夫，同时律师又在另一案件中代理丈夫索取工伤赔偿。虽然这两个案件本身是不相关的，并不会产生在一个案件中使用在另一个案件中了解的秘密信息的问题，但是这种情况下存在律师对于忠诚于委托人职责的违反。在这种情况下，存在损害某个委托人利益的可能性。如果丈夫是律师的长期的、稳定的委托人，律师就有可能不能做到单独代理妻子那样热忱地维护她的利益。

再如，如果律师在刑事诉讼中为共同被告人进行辩护，律师可能会发现如果其要为其中一个进行减轻罪责的辩护，则其为另一个委托人所进行的辩护就可能会受到影响。

律师没有履行其持有不可分割的忠诚的职责，不仅会损害委托人的利益，还会损

① 中华全国律师协会2011年《律师执业行为规范》第8条作出了同样的规定。另请参见司法部1989年《关于律师担任政府法律顾问的若干规定》第9条（“担任政府法律顾问的律师，对其工作中接触、了解到的机密和不宜公开的情况，负有保守秘密的责任。”），司法部1992年《关于律师担任企业法律顾问的若干规定》第15条（“担任企业法律顾问的律师，对在工作中接触、了解到的有关企业生产、经营管理和对外联系活动中的业务秘密，负有保守秘密的责任。”）。

② 中华全国律师协会2004年《律师执业行为规范（试行）》第59条规定：“律师代理工作结束后，仍有保密义务。”遗憾的是，不知出于何种原因，中华全国律师协会2011年《律师执业行为规范》删除了这一规定。

害律师职业，会贬低律师职业在公众中的形象，进而会损害对与司法活动有关的行为的公共信任。

3. 司法制度的有效运作机制

利益冲突规则的目的之一是促进司法制度的有效运作。信息的充分披露和有力的诉辩，是保障司法制度有效运作的前提。在存在利益冲突的情况下，律师承担的保密职责和忠诚职责会削弱律师提出的信息的充分性和诉辩的力度，因而影响裁决的质量。例如，律师不能在诉讼中同时代理双方当事人，将有利于保证双方能够充分提出自己的意见，避免同一律师因同时代理双方当事人而削弱辩论的力度，从而有利于保证司法裁决活动的质量。“如果律师试图代理争端的双方，则就可能不能提供明智裁决所必需的有力诉辩。无论是事实还是看得见的正义都会遭受风险，公布的判例也是这么认识的。”① 事实上，随着现代诉讼程序的不断发展，对利益冲突的规制也成为法院维护诉讼程序正当性的一个方面。在实践中，法院对利益冲突的调整应当是一种预先工作而不是事后工作。在诉讼事务中，法院对利益冲突的规制，既可以依照当事方的申请来进行，也可以依照职权采取行动。

然而，利益冲突在律师的执业生活中是不可避免的，利益冲突的回避可能给委托人和律师带来很高的成本问题。因此，对利益冲突的禁止应当限制在具体情况所必需的范围内。为此，在利益冲突规则本体之外，还有例外的规定。例外规定的理论基础主要有：

（1）避免法律服务活动的高昂代价。利益冲突的回避可能会使得代理活动代价昂贵。在某些情况下，如果禁止一个律师对多个委托人进行同时代理，则一些委托人将不得不去寻求其他律师的帮助。在这种情况下，不仅可能带来更高的代理成本问题，而且使得后续律师的代理称职性可能得不到保障。

（2）实现委托人对律师的合理期待。利益冲突规则的规制，意味着减少了律师服务的可得性。绝对严格地执行利益冲突规则有可能挫伤委托人对律师的合理期待，因为过分严格地执行该规则将使得律师在很多情况下无法代理案件，这无疑将大大削弱委托人选择律师的自主权。

（3）降低对律师和律师事务所执业活动的消极影响。绝对严格执行利益冲突规则，会影响律师的流动和律师事务所吸纳人才的能力。例如，如果律师事务所的规模很大，人员众多，则会存在很多的利益冲突问题。当一个律师代理过很多当事人的时候，在他从一个律师事务所流动到另外一个律师事务所的时候，也会存在很多利益冲突问题。如果不设定适当的例外，这些律师流动的自由将会受到限制，律师流动所能带来的各种社会效益就无从谈及。设定适当的例外，有利于保证律师和律师事务所的发展。

三、利益冲突的理论分类

利益冲突在理论上可以分为以下类型：

① Deborah L. Rhode and Geoffrey C. Hazard, Jr., *Professional Responsibility and Regulation*, 127 (second edition, 2007).

（一）委托人和律师的利益冲突与委托人之间的利益冲突

这是根据利益冲突风险的来源所进行的划分。

委托人和律师的利益冲突，是指律师因为其自身的经济利益或者立场利益而可能影响其对委托人的辩护或者代理的情形。

委托人之间的利益冲突，是指现行委托人之间以及现行委托人与前委托人之间的利益冲突。现行委托人之间的利益冲突主要源于律师忠诚的分割，现行委托人与前委托人之间的利益冲突主要源于律师对前委托人秘密信息的保密义务。

（二）同时性利益冲突与连续性利益冲突

在职业行为法上，根据影响委托人利益的风险，可以把利益冲突分为同时性利益冲突和连续性利益冲突。虽然每种冲突都会对忠诚和保密问题造成影响，但是禁止同时性利益冲突规则的侧重点是保证忠诚原则不受影响，而禁止连续性利益冲突规则的侧重点是保密。

在存在同时性利益冲突的情形中，律师的忠诚可能要分割给不同的委托人。例如，在民事案件中担任共同被告的代理人或者在刑事案件中担任共同被告人的辩护人时，可能会发现他们彼此在推卸责任，这是委托人之间的同时性利益冲突。同时性利益冲突并不限于委托人之间的同时性冲突，律师也可能发现自己的利益同委托人的利益存在不一致。这些情形对律师的忠诚问题和保密问题产生了影响。

在连续性利益冲突中，问题的侧重点是律师的保密职责。假设律师在案件中代理A，以维护专利的合法性，律师的工作是成功的；此后，委托人B聘请律师起诉A来主张该专利的非法性。在代理B时，该律师对前委托人A承担什么样的义务？忠诚职责在代理关系结束后是否继续存在？无论忠诚问题如何，律师保守职务秘密的问题是难以回避的，律师在代理A时可能获知了有关秘密信息，律师不能利用该秘密信息为B服务。因此，在调整连续性利益冲突的规则中，与案件有关的秘密信息是保护的重点。

（三）个人性利益冲突与推断性利益冲突

所谓个人性利益冲突，是指利益冲突规则的规制影响仅及于应受该利益冲突规则规制的律师本人的情形。

推断性利益冲突，是指利益冲突规则的规制影响不仅及于应受该利益冲突规则规制的律师本人，还及于该律师所在律师事务所的其他律师的情形。这是考虑到同一律师事务所的律师不仅可能存在信息上的交流，还可能存在经济上的联系这一事实。中华全国律师协会2011年《律师执业行为规范》第50条第7项规定，“在委托关系终止后，同一律师事务所或同一律师在同一案件后续审理或者处理中又接受对方当事人委托的”，律师及律师事务所不得与当事人建立或维持委托关系。这一规定就涉及推断性利益冲突问题。[①]

---

① 中华全国律师协会2004年《律师执业行为规范（试行）》第83条规定：“委托人拟聘请律师处理的法律事务，是该律师从事律师职业之前曾以政府官员或司法人员、仲裁人员身份经办过的事务，律师和其律师事务所应当回避。”这一条涉及的就是推断性利益冲突问题。这一规定在中华全国律师协会2011年《律师执业行为规范》中已经被取消。

（四）可以克服的利益冲突与不能克服的利益冲突

所谓可以克服的利益冲突，是指因受影响的委托人或者前委托人就利益冲突的限制作出了明智同意，而可以继续进行辩护或者代理的情形。可以克服的利益冲突情形下，因受到影响的委托人或者前委托人的同意，利益冲突规则的执行成本被限制在了合理范围内。可以克服的利益冲突，也叫作可以容许的利益冲突。

所谓不可克服的利益冲突，是指即使受影响的委托人或者前委托人就利益冲突的限制作出了明智同意，因法律职业行为法的明确限制而不能继续进行辩护或者代理的情形。不可克服的利益冲突情形下，往往不仅涉及受影响的委托人或者前委托人的利益，还涉及他人利益以及司法质量等公共利益。不可克服的利益冲突，也叫作不可容许的利益冲突。

中华全国律师协会将委托人或者前委托人的“明智同意”的表现方式规定为“知情同意书”。中华全国律师协会 2011 年《律师执业行为规范》第 51 条第 2 款规定，律师和律师事务所发现存在可以克服的利益冲突情形的，“应当告知委托人利益冲突的事实和可能产生的后果，由委托人决定是否建立或维持委托关系。委托人决定建立或维持委托关系的，应当签署知情同意书，表明当事人已经知悉存在利益冲突的基本事实和可能产生的法律后果，以及当事人明确同意与律师事务所及律师建立或维持委托关系”。第 52 条规定，“委托人知情并签署知情同意书以示豁免的，承办律师在办理案件的过程中应对各自委托人的案件信息予以保密，不得将与案件有关的信息披露给相对人的承办律师”。

第二节　同时性利益冲突

一、现行委托人之间的利益冲突

现行委托人之间利益冲突的主要根据是，在对委托人进行同时性代理的情况下，律师的忠诚会遭到分割。根据我国现行规定，委托人—委托人利益冲突规则主要有三个，以下分别探讨。

（一）律师不得在同一案件中为双方当事人担任代理人

2012 年《律师法》第 39 条规定：“律师不得在同一案件中为双方当事人担任代理人，不得代理与本人或者其近亲属有利益冲突的法律事务。”中华全国律师协会 2011 年《律师执业行为规范》第 12 条作了同样的规定，该规范第 50 条第 1 项还规定，“律师在同一案件中为双方当事人担任代理人，或代理与本人或者其近亲属有利益冲突的法律事务的”，律师及律师事务所不得与当事人建立或维持委托关系。此外，六机关 2012 年《刑事诉讼规定》第 4 条第 2 款规定：“一名辩护人不得为两名以上的同案犯罪嫌疑人、被告人辩护，不得为两名以上的未同案处理但实施的犯罪存在关联的犯罪嫌疑人、被告人辩护。”最高人民法院 2012 年《刑事诉讼解释》第 38 条规定：“一名被告人可以委托一至二人作为辩护人。”“一名辩护人不得为两名以上的同案被告人，或者未同案处理但犯罪事实存在关联的被告人辩护。”最高人民检察院 2012 年《刑事诉讼规则》第 38 条第 2 款规定："一名辩护人不得为两名以上的同案犯罪嫌疑人辩护，不得为两名以上的未同案处理但实施的犯罪相互关联的犯罪嫌疑人辩护。"

这些规定就这些情况下现行委托人之间的利益冲突设定了不可克服的利益冲突规则。

这是我国目前关于现行委托人之间利益冲突的规定。这些规定的基本理由是：律师如果在同一案件中为双方当事人或有利害关系的第三人担任代理人，将会导致律师保守职业秘密的职责和忠诚于委托人的职责发生冲突。以律师在同一案件中为双方当事人担任代理人为例，如果律师同时为民事诉讼原告和被告担任代理人，则律师与原告存在秘密信息的交流，也同被告存在秘密信息的交流。按照忠诚于委托人的职责，律师应当利用从被告那里了解的秘密信息来为原告服务，但是这样将违反其对被告的保守职业秘密的职责，损害被告的利益，同时违反了忠诚于被告的职责。反之，按照忠诚于委托人的职责，律师应当利用从原告那里了解的秘密信息来为被告服务，但是这样将违反其对原告的保守职业秘密的职责，损害原告的利益，同时违反了忠诚于原告的职责。

上述规定对于解决律师在执业活动中的利益冲突起到了重要的作用，但是需要指出的是，上述规定仍然具有很大的局限性，即这些规定的适用范围狭窄。这主要表现在该规则没有规定非诉讼业务中的委托人—委托人利益冲突问题。律师经常在同一事务中代理两个或者两个以上的委托人。例如，几个委托人可能会要求同一律师来为他们创设一个实体，或者律师受委托负责起草一个涉及多个委托人的法律文件。再如，律师如果在商务谈判中代理一方的几个委托人，在这几个委托人之间也可能存在利益上的某些分歧。这种情况下律师能不能为多个委托人提供代理服务？在多数情况下，多个委托人雇请同一个律师办理某法律事务是具有积极意义的，这样的安排有利于减少律师费用的支出，能够减少交流渠道而节约时间和金钱。但是，这种操作也存在产生利益冲突的可能性。在这种情况下，律师需要进行仔细权衡，在多方利益能够共存的情况下才能进行代理活动。换言之，这种情况下并不是绝对禁止进行同时性代理。

律师在执业过程中，可能同时存在诸多并行性的代理关系，例如，同时担任若干企业的法律顾问。一般而言，这种非诉讼事务中的并行代理并不存在利益冲突，但是在律师的这些并行的委托人发生严重利益冲突的情况下，则可能不能进行这种并行性的代理。在并行性委托人发生争讼性事件情况下，律师不能对双方进行同时性代理。例如，司法部 1992 年《关于律师担任企业法律顾问的若干规定》第 13 条规定："担任企业法律顾问的律师，不得从事有损于聘请单位合法权益的活动，不得在民事、经济、行政诉讼或仲裁活动中担任对立一方当事人的代理人。"第 14 条规定："担任企业法律顾问的律师在其受聘的两个（或两个以上）的企业之间发生争议时，应当进行调解，但律师不得代理任何一方参加诉讼或仲裁。"

此外，司法部 2010 年《律师和律师事务所违法行为处罚办法》第 7 条规定，有下列情形之一的，属于《律师法》第 47 条第 3 项规定的律师"在同一案件中为双方当事人担任代理人，或者代理与本人及其近亲属有利益冲突的法律事务的"违法行为：(1) 在同一民事诉讼、行政诉讼或者非诉讼法律事务中同时为有利益冲突的当事人担任代理人或者提供相关法律服务的；(2) 在同一刑事案件中同时为被告人和被害人担任辩护人、代理人，或者同时为 2 名以上的犯罪嫌疑人、被告人担任辩护人的；(3) 担任法律顾问期间，为与顾问单位有利益冲突的当事人提供法律服务的；(4) 曾担任法官、检察官的律师，以代理人、辩护人的身份承办原任职法院、检察院办理过的案件的；(5) 曾经担任仲裁员或者仍在担任仲裁员的律师，以代理人身份承办本人原任职或者现任职的仲裁机构办理的案件的。显而易见，后两项内容属于本书以下所讨论的连续性利益冲突问题。因此，上述规定所讲的“同一案件”涉及同时性利益冲突和连续性利益冲突两种情况。

（二）同一律师事务所的律师不得担任有利益冲突的双方当事人的代理人

与律师为同一案件双方当事人担任代理人的问题实质相同的另一个问题是，同一律师事务所的律师是否可以为同一案件的双方当事人担任代理人的问题。同一律师事务所的律师为同一案件双方当事人担任代理人，主要涉及两个问题。首先，律师事务所在形式上是一个代理人。在与当事人签订委托协议时，均由同一律师事务所作为协议的一方主体。因此，如果同一律师事务所的不同律师为同一案件双方当事人担任代理人，则在形式上是双方当事人委托了同一个代理人，从而使得律师事务所对委托人忠诚的职责受到了挑战。其次，在律师事务所内部存在重大案件讨论制度，即对于重大、复杂的案件要由律师事务所的律师进行集体讨论。这种发挥律师事务所集体智慧的制度，被认为是律师优越于其他非律师代理人员的基本因素之一。但是在集体讨论中不可避免要存在信息的交流，在这种情况下，双方委托人披露给各自律师的信息的秘密性会遭到破坏，一方当事人的信息可能会被另一方获悉而用来损害对方。

司法部 1991 年《关于一个律师可否为同一案件两个以上被告人辩护等问题的批复》(司发函［1991］052 号) 曾规定：“关于同一律师事务所的两个律师可否分别担任同一经济、民事案件或非诉讼事件双方当事人的代理人和同一律师事务所可否为自诉案件中的自诉人、被告人分别指派律师担任代理人参加诉讼问题。我们亦基本同意你厅意见。鉴于我国大多数县目前一般只设有一个律师事务所的实际情况，我们认为，在地处偏远、交通不便，且只设一个律师事务所的县，在当事人分别聘请不同律师事务所的律师确有困难的情况下，如当事人一方已请律师作为代理人，而另一方亦请同一律师事务所的律师作为代理人时，该律师事务所应向当事人说明已指派律师为对方当事人担任代理人的情况，如当事人继续坚持要求，该律师事务所可以接受其委托，为其指派另一律师作代理人。在交通方便且设有两个以上律师事务所的县和大、中城市中，双方当事人分别聘请不同律师事务所的律师并无困难，且不会增加负担的情况下，如双方当事人欲同时聘请同一律师事务所两个律师作代理人时，该律师事务所则应建议另一方当事人聘请其他律师事务所律师作代理人。”上述规定的基本精神仍是正确的。但是需要指出的是，双方当事人均同意聘请同一律师事务所律师作为代理人的情况下，律师事务所应当采取必要的信息保密措施，避免双方秘密信息的内部沟通，如不应当再适用案件讨论制度。这实际上是当事人放弃了自己应得的一部分优势。为了避免因此发生争议，律师事务所应当同双方当事人分别制作书面文件，确认该事态的基本情况及委托人对该事态的明确认知和同意。

中华全国律师协会 2011 年《律师执业行为规范》第 50 条就上述问题的规定，涉及三个方面：

1. 刑事案件

根据该条规定，“同一律师事务所的不同律师同时担任同一刑事案件的被害人的代理人和犯罪嫌疑人、被告人的辩护人”，构成利益冲突，“但在该县区域内只有一家律师事务所且事先征得当事人同意的除外”。

2. 民事诉讼、行政诉讼、仲裁案件

根据该条规定，“在民事诉讼、行政诉讼、仲裁案件中，同一律师事务所的不同律师同时担任争议双方当事人的代理人，或者本所或其工作人员为一方当事人，本所其他律师担任对方当事人的代理人的”，构成利益冲突。

3. 非诉讼业务

根据该条规定，“在非诉讼业务中，除各方当事人共同委托外，同一律师事务所的律师同时担任彼此有利害关系的各方当事人的代理人的”，构成利益冲突。“各方当事人共同委托”，实际上就是要求各方当事人就共同代理所涉及的不利情况作出明智同意。

需要注意的是，中国证券监督管理委员会、司法部 2007 年《律师事务所从事证券法律业务管理办法》第 11 条规定：“同一律师事务所不得同时为同一证券发行的发行人和保荐人、承销的证券公司出具法律意见，不得同时为同一收购行为的收购人和被收购的上市公司出具法律意见，不得在其他同一证券业务活动中为具有利害关系的不同当事人出具法律意见。”这一规定是上述规定的例外，是不可克服的利益冲突。中国证券监督管理委员会 2007 年《〈律师事务所从事证券法律业务管理办法〉第十一条有关规定的适用意见》（证券期货法律适用意见［2007］第 2 号）规定，下列情形，属于同一律师事务所“同时为同一证券发行的发行人和保荐人、承销的证券公司出具法律意见”，应予禁止：（1）同一律师事务所以口头或书面等形式，有偿或无偿地同时接受同一证券发行的发行人和保荐人、承销的证券公司委托，为同一证券发行的发行人、保荐人、承销的证券公司出具法律意见的；（2）同一律师事务所虽未同时接受同一证券发行的发行人和保荐人、承销的证券公司委托，但在接受发行人委托为证券发行人出具法律意见的同时，另外向同一证券发行的保荐人、承销的证券公司出具作为保荐人、承销的证券公司履行自身法定职责依据的专项法律意见，或者出具作为保荐人、承销的证券公司用以证明自己勤勉尽责及减免法律责任目的的专项法律意见的；（3）同一律师事务所虽未同时接受同一证券发行的发行人和保荐人、承销的证券公司委托，但在接受发行人委托为证券发行人出具法律意见的同时，将该法律意见向同一证券发行的保荐人、承销的证券公司出具，供保荐人、承销的证券公司作为自己履行法定职责的依据，或者用以证明自己勤勉尽责及减免法律责任目的的。

（三）律师在未征得委托人同意的情况下，不得接受对方当事人办理其他法律事务的委托

中华全国律师协会 2011 年《律师执业行为规范》第 51 条第 3 项规定，“同一律师事务所接受正在代理的诉讼案件或者非诉讼业务当事人的对方当事人所委托的其他法律业务的”，律师应当告知委托人并主动提出回避，但委托人同意其代理或者继续承办的除外。

这个规定的理论基础是律师对委托人的忠诚职责。律师在未征得委托人同意的情况下，接受对方当事人办理其他法律事务的委托，将可能冲淡律师对委托人的忠诚，

甚至出卖其委托人的利益，因此有必要进行限制，即使两个事务之间没有任何联系。根据上述规定，在办结委托事项后，该律师可以接受对方当事人办理其他法律事务的委托。从该规定来看，该规范认为律师对委托人的忠诚职责在该事务办结后终止，不具有延续性。

中华全国律师协会2011年《律师执业行为规范》第51条第4项规定，“律师事务所与委托人存在法律服务关系，在某一诉讼或仲裁案件中该委托人未要求该律师事务所律师担任其代理人，而该律师事务所律师担任该委托人对方当事人的代理人的”，律师应当告知委托人并主动提出回避，但委托人同意其代理或者继续承办的除外。这一条是一项可以克服的利益冲突规则，实际上是上述第三项的例外。

二、律师—现行委托人利益冲突

律师与现行委托人之间的冲突是律师执业活动中最常见的类型之一。每个人在现实生活中都要扮演着多种角色，律师也一样，有其自身的利益。从这个角度来讲，律师并不是委托人的十全十美的利益维护者，他们的自身利益有时使得他们在代理委托人的利益时处于非常困难的境地。事实上，可以说委托人—律师关系的建立就是利益冲突的起点，每一个辩护与代理活动都开始于律师和委托人之间的冲突。例如，律师的经济利益促使律师在收费问题上存在追求最大化的倾向，而委托人的经济利益则促使委托人在付费问题上存在追求最小化的倾向。在这种情况下，对于律师—委托人之间的利益进行调整的必要性是显而易见的。

中华全国律师协会2011年《律师执业行为规范》第49条规定：“办理委托事务的律师与委托人之间存在利害关系或利益冲突的，不得承办该业务并应当主动提出回避。”律师—现行委托人利益冲突的根源包括律师的经济利益与立场利益。所谓经济利益，就是在一定社会经济形态中满足人们经济需要的生产成果。所谓立场利益，是指满足律师在诸如情感、个人关系、公共政策立场等方面需求的社会关系。以下分别探讨。

（一）因律师个人经济利益产生的律师—现行委托人利益冲突

中华全国律师协会2011年《律师执业行为规范》第45条规定：“律师和律师事务所不得利用提供法律服务的便利，牟取当事人争议的权益。”第46条规定：“律师和律师事务所不得违法与委托人就争议的权益产生经济上的联系，不得与委托人约定将争议标的物出售给自己；不得委托他人为自己或为自己的近亲属收购、租赁委托人与他人发生争议的标的物。”这些规则涉及两个方面：

1. 律师与现行委托人的直接经济利益冲突

律师和律师事务所不得利用提供法律服务的便利，牟取当事人争议的权益。这一规则的主要目的是防止所谓助讼图利问题。所谓助讼图利，就是受到帮助的人承诺与帮助者分享任何赔偿，使得帮助他人诉讼的人成了一种有利益的投资者。由于这些行为会鼓励不必要、无价值的诉讼，提出过度的损失要求，导致隐匿证据、贿赂证人等不法行为，因而被认为会导致司法腐败。从历史发展来看，禁止律师助讼图利规则本身关注的焦点主要是这种行为对公正司法的影响，强调的是律师与法院之间的关系。但是从我国的规定来看，上述规则主要反映的是律师在委托人—律师关系中应当遵行的规则。换言之，“根据法律规定，律师享有广泛的权利，能够了解案件的有关情况。特别是基于律师和委托人之间的信任关系，律师能够知悉很多涉及委托人利益的不为他人所知的信息。这一方面有利于律师维护委托人的合法权益，另一方面也存在需要制止律师利用职务之便牟取当事人争议的权益的问题”①。因此，我国的上述规定应当说一定程度上是律师职业秘密规则的进一步延伸。

需要指出的是，风险代理收费是一种典型的助讼图利行为，但是其具有替代法律援助等积极功能，故在法律的框架内是允许的。除了国家发展和改革委员会、司法部2006年《律师服务收费管理办法》明确规定允许律师依法采取风险代理收费方式外，中华全国律师协会2011年《律师执业行为规范》第47条也规定：“律师事务所可以依法与当事人或委托人签订以回收款项或标的物为前提按照一定比例收取货币或实物作为律师费用的协议。”

此外，司法部2010年《律师和律师事务所违法行为处罚办法》第12条规定，有下列情形之一的，属于《律师法》第48条第3项规定的律师“利用提供法律服务的便利牟取当事人争议的权益的”违法行为：（1）采用诱导、欺骗、胁迫、敲诈等手段获取当事人与他人争议的财物、权益的；（2）指使、诱导当事人将争议的财物、权益转让、出售、租赁给他人，并从中获取利益的。这些行为也涉及律师与委托人的利益冲突。

2. 律师与现行委托人的商业往来

律师和委托人之间的交易是难以避免的，律师对委托人的辩护或者代理行为本身就是一种交易行为。除了法律服务之外，就其他与法律服务无关的事项，律师也可以和委托人进行商业交易活动。但是，交易行为的双方之间是存在利益冲突的，而这种冲突在委托人—律师关系之下会给委托人带来更大的风险。

根据上述规定，律师和律师事务所不得与委托人约定将争议标的物出售给自己，不得委托他人为自己或为自己的近亲属收购、租赁委托人与他人发生争议的标的物。这一规则的理论根据是，在律师和委托人之间进行商业交易的过程中，在律师和委托人之间实际上同时存在两种关系，一种是商业交易关系，另一种就是委托人—律师关系。委托人和律师的关系是一种信托关系。委托人将依靠律师来保护其利益，而律师可能了解到委托人的秘密信息，处于优势地位。在这种情况下，律师同委托人的商业交易可能会影响律师的独立职业判断，律师对委托人的忠诚可能会受到影响，律师可能会利用委托人的秘密信息来为自己服务。总之，在这种情况下，委托人对律师的信任可能会持续存在，并从委托人—律师关系扩展到他们之间的商业关系。正是这种误解可能会为律师所利用。

（二）因律师个人立场利益产生的律师—现行委托人利益冲突

2012年《律师法》第39条规定：“律师不得在同一案件中为双方当事人担任代理人，不得代理与本人或者其近亲属有利益冲突的法律事务。”中华全国律师协会2011年《律师执业行为规范》第12条作了同样的规定。该规范第50条第1、2项还规定，“律师在同一案件中为双方当事人担任代理人，或代理与本人或者其近亲属有利益冲突的法律事务的”，以及“律师办理诉讼或者非诉讼业务，其近亲属是对方当事人的法定

① 肖胜喜主编：《律师执业概论》，158页，北京，法律出版社，1998。

代表人或者代理人的”，律师及律师事务所不得与当事人建立或维持委托关系。这些规定就这些情况下的个人立场利益冲突设定了不可克服的利益冲突规则。

中华全国律师协会2011年《律师执业行为规范》第51条第1、2项规定，在“接受民事诉讼、仲裁案件一方当事人的委托，而同所的其他律师是该案件中对方当事人的近亲属的”，或者“担任刑事案件犯罪嫌疑人、被告人的辩护人，而同所的其他律师是该案件被害人的近亲属的”情况下，律师应当告知委托人并主动提出回避，但委托人同意其代理或者继续承办的除外。这是考虑到这种情况下，律师的立场利益具有一定的间接性，因而设定了可以克服的利益冲突规则。

（三）因律师个人利益冲突而产生的推断性利益冲突

中国证券监督管理委员会、司法部2007年《律师事务所从事证券法律业务管理办法》第11条第2款规定：“律师担任公司及其关联方董事、监事、高级管理人员，或者存在其他影响律师独立性的情形的，该律师所在律师事务所不得接受所任职公司的委托，为该公司提供证券法律服务。”根据该规定，由于存在担任公司及其关联方董事、监事、高级管理人员等情形，律师的独立性受到了影响，而律师本身与所在律师事务所其他成员存在经济、信息等方面的联系，因此，其所在律师事务所不得接受所任职公司的委托，为该公司提供证券法律服务。

第三节 连续性利益冲突

一、律师和律师事务所的业务引起的连续性利益冲突

连续性利益冲突也是利益冲突的主要模式之一。从实践来看，连续性利益冲突有多种表现形式，如在一审活动中，在与前委托人解除委托关系后，在同一审级中担任对方当事人的代理人，在一审中担任原告的代理人，在与前委托人解除委托关系后在二审活动中担任被告的代理人，等等。如前所述，连续性利益冲突的主要关注点是律师和委托人所交流的信息。保密是律师首要的和基本的职责，如果没有保密义务，律师就不可能获得当事人对有关信息的倾情披露。如果律师在与委托人依法解除委托关系后，在同一案件中担任有利益冲突的他方当事人的代理人，则前当事人告知律师的有关信息会被律师用来反对该前当事人，损害该前当事人的合法权益。退一步而言，即使律师实际上试图维护前当事人信息的秘密性，也是不可行的，因为后一当事人的利益将可能得不到彻底的维护。在这种情况下律师采取适当法律行动的热忱将受到自身动力的限制，使得后一当事人得到的只能是一种有限度的代理。具体而言，这种保护前委托人秘密信息的必要性服务于以下目的：

第一，该利益冲突规则的直接目的，是保护和促进现行的委托人—律师关系。委托人—律师关系的终止并不意味着律师的职责和义务的终止。一般而言，委托人—律师关系终止后，律师的保密义务继续存在。律师所担负的这种保密义务，恰恰是为了促进进行中的委托人—律师关系。如果没有这样的规则，在委托人—律师关系存续的时候，律师就有可能因为某种原因（如为了获取更高的律师费）终止这种关系而代理

其他委托人，律师在该代理活动中所获得的秘密信息可能会增加其对其他委托人的价值。在这种情况下，该委托人就有可能担心律师的背叛而不敢、不愿向律师敞开心扉，倾诉秘密。这无疑将会严重影响委托人—律师关系和代理活动的质量。

第二，该规则也有利于保护律师的利益。与同时性利益冲突规则为委托人提供的保护相比，连续性利益冲突规则为委托人提供的是一种相对有限的保护，即仅仅在具有实质联系的案件中取消有关律师的代理资格。设置这种有限度的保护，是为了在保护前委托人利益的同时，兼顾律师的利益。按照同时性利益冲突规则，只要是不利于其现行委托人的案件，无论是否与本案有实质联系，律师一般均不得代理。这实际上赋予了其现行委托人以否决权，他可以否决律师对于对其利益不利的案件的代理。如果在连续性利益冲突案件中适用这种标准，即前委托人对于律师以后所要代理的不利于该前委托人的案件具有否决权，则随着律师办理案件的数量的不断积淀，其拥有这种否决权的前委托人的数量也会不断增加，其所能代理的案件的数量也就会相应不断减少。“按照适用于现行委托人的同样标准来永久保护前委托人，实际上会破坏律师业的独立性。律师一旦为某个委托人服务，就再也不能承办对该委托人不利的事务。随着律师职业生涯的累进，他们前委托人的数量会与日俱增，他们接办新的案件的能力也会同比例下降。实际上，律师会与特定的委托人和案件永远同条共贯。”[①] 长此以往，律师的生计都可能出现问题。因此，对前委托人的保护必须受到必要的限制。

第三，该规则也有利于保护委托人本身和其他委托人的利益。在前委托人对于律师以后所要代理的不利于该前委托人的案件具有否决权的情况下，律师所能代理的案件必然不断减少，其他委托人获得称职律师代理的机会必然也会减少。与此有关的另一个可能结果就是，对一些小案件，律师可能会担心对该案件的代理会排除律师未来对一些大案件的代理机会，因而会拒绝接受其委托，从而损害委托人获得代理的能力。因此，设定连续性利益冲突规则的时候，必须考虑到委托人对法律服务的选择权问题。[②]

第四，该规则有利于保护委托人解雇律师的权利。2012 年《律师法》第 32 条第 1 款规定：“委托人可以拒绝已委托的律师为其继续辩护或者代理，同时可以另行委托律师担任辩护人或者代理人。”委托人解雇律师的权利是一项重要的权利，如果没有这项权利，将使得律师—委托人关系受到重大影响。这是因为在委托人与律师建立委托关系以后，如果这种关系的继续存在因各种原因处于微妙状态，在缺乏上述规定的情况下，委托人也不敢随时解雇律师，而只能在委托人—律师关系的基础已经遭到破坏的情况下继续维持该关系，从而使得委托人获得满意的、有效的法律帮助的权利遭到损害。设定上述规则有利于保护委托人及时行使解雇律师的权利。

中华全国律师协会 2011 年《律师执业行为规范》第 50 条第 7 项规定，“在委托关系终止后，同一律师事务所或同一律师在同一案件后续审理或者处理中又接受对方当事人委托的”，律师及律师事务所不得与当事人建立或维持委托关系。这是一条

---

① Deborah L. Rhode and Geoffrey C. Hazard, Jr., *Professional Responsibility and Regulation*, 135-36 (second edition, 2007).

② 参见王进喜：《法律伦理的 50 堂课：美国律师职业行为规范与实务》，208～210 页，台北，五南图书出版股份有限公司，2008。

不可克服的利益冲突规则。第 51 条第 5 项规定，“在委托关系终止后一年内，律师又就同一法律事务接受与原委托人有利害关系的对方当事人的委托的”，律师应当告知委托人并主动提出回避，但委托人同意其代理或者继续承办的除外。这是一条可以克服的利益冲突规则。但是“同一法律事务”的界定是不清楚的，这与“同一案件”是什么关系并没有得到清晰的界定，这可能造成上述第 50 条和第 51 条的执行冲突问题。

二、前职业关系造成的连续性利益冲突

司法部 2010 年《律师和律师事务所违法行为处罚办法》第 7 条第 4、5 项规定，“曾担任法官、检察官的律师，以代理人、辩护人的身份承办原任职法院、检察院办理过的案件的”，以及“曾经担任仲裁员或者仍在担任仲裁员的律师，以代理人身份承办本人原任职或者现任职的仲裁机构办理的案件的”，属于《律师法》第 47 条第 3 项规定的律师“在同一案件中为双方当事人担任代理人，或者代理与本人及其近亲属有利益冲突的法律事务的”违法行为。中华全国律师协会 2011 年《律师执业行为规范》第 50 条第 3 项规定，“曾经亲自处理或者审理过某一事项或者案件的行政机关工作人员、审判人员、检察人员、仲裁员，成为律师后又办理该事项或者案件的”，律师及律师事务所不得与当事人建立或维持委托关系。上述规定是我国关于前职业关系造成的连续性利益冲突规则。这一规则的理论根据有：

第一，保守职业秘密。行政机关工作人员、审判人员、检察人员、仲裁员都有保守职业秘密的义务，一般情况下，这种保密职责并不因为前职业关系的终止而消灭。

第二，维护裁判的稳定性。处理过或者审理过某一事项或者案件的行政机关工作人员、审判人员、检察人员、仲裁员，成为律师后又办理该事项或者案件的，不利于维护所作出的裁判的稳定性。

第三，维护相关程序的公平性。处理过或者审理过某一事项或者案件的行政机关工作人员、审判人员、检察人员、仲裁员，成为律师后又办理该事项或者案件的，不可避免地涉及利用因职务便利而获得的信息，甚至对对方当事人不利的信息，这对于对方当事人而言是不公平的。

需要指出的是，上述中华全国律师协会的规范将利益冲突情形限定为“曾经亲自处理或者审理过某一事项或者案件”是比较适当的，司法部 2010 年《律师和律师事务所违法行为处罚办法》的上述规定失于宽泛。例如，根据该办法第 7 条第 5 项，“曾经担任仲裁员或者仍在担任仲裁员的律师，以代理人身份承办本人原任职或者现任职的仲裁机构办理的案件的”，属于《律师法》第 47 条第 3 项规定的律师“在同一案件中为双方当事人担任代理人，或者代理与本人及其近亲属有利益冲突的法律事务的”违法行为。严格执行该规定的情况下，律师参与仲裁机构活动的积极性无疑会受到抑制。

此外，如果律师在某事务中曾居间调解，则律师也有可能获得双方当事人的秘密信息。在这种情况下，律师也受这样的连续性利益冲突规则的限制。[①]

① 可参见以下第八章“律师非争讼性业务规则”。

本章思考题

1. 什么是利益冲突？设置利益冲突规则的理论根据是什么？

2. 利益冲突有哪些分类？

3. 同时性利益冲突有哪些表现形式？

4. 连续性利益冲突有哪些表现形式？设定律师和律师事务所的业务引起的连续性利益冲突规则的理论根据是什么？

第六章

律师服务收费与财物保管

第一节　律师服务收费制度概述

一、律师服务收费的概念

二、我国律师服务收费制度的历史发展

第二节　律师服务收费的标准和方式

一、律师服务收费的标准

二、律师服务收费的方式

三、律师服务收费的监督检查

第三节　律师服务收费行为规则

一、统一收费、规范收费

二、遵守计时收费和风险代理收费的特别规则

三、积极履行律师服务收费争议调解协议

四、不得与非律师人员分享律师服务费用

第四节　律师财物保管规则

一、律师财物保管规则概述

二、律师财物保管规则

第一节　律师服务收费制度概述

一、律师服务收费的概念

律师服务收费是指律师事务所在承办业务接受委托人的委托时，基于本律师事务所为委托人提供法律服务的情况，依法收取一定数量报酬的职业活动。

首先，律师服务收费的主体是律师事务所。尽管现实生活中人们将律师服务收费习惯地称为律师收费，但是律师服务收费的主体是律师事务所。2012 年《律师法》第 25 条明确规定："律师承办业务，由律师事务所统一接受委托，与委托人签订书面委托合同，按照国家规定统一收取费用并如实入账。"这是法律上对律师事务所的收费主体地位的明确规定。律师事务所作为律师服务收费的主体，也承担相应的义务。2012 年

《律师法》第54条规定：“律师违法执业或者因过错给当事人造成损失的，由其所在的律师事务所承担赔偿责任。律师事务所赔偿后，可以向有故意或者重大过失行为的律师追偿。”①

其次，律师服务收费活动是依法进行的职业活动。律师服务收费制度不仅体现了律师和委托人的关系，还体现了律师同司法制度和司法利益的关系。就前者而言，不同的律师服务收费方式决定了委托人和律师的利益的结合程度以及案件损失风险的分配模式；就后者而言，不同的律师服务收费决定了委托人诉诸司法制度的可能性，并影响着司法效率以及社会关于司法制度公平性的观念。因此，律师服务收费不是一个自由市场行为，对律师服务收费活动进行规制是关于委托人—律师关系的规范的一个重要方面。2012年《律师法》第59条规定：“律师收费办法，由国务院价格主管部门会同国务院司法行政部门制定。”

最后，律师服务收费是依法收取一定数量服务报酬的职业活动。这些报酬反映了律师服务的市场价值。律师事务所在提供法律服务过程中代委托人支付的诉讼费、仲裁费、鉴定费、公证费和查档费，不属于律师服务费，由委托人另行支付。②

二、我国律师服务收费制度的历史发展

中华人民共和国成立以后、1996年《律师法》颁布之前，我国在律师服务收费问题上先后发布了三个主要文件，即1956年5月司法部颁发的《律师收费暂行办法》，1981年司法部、财政部颁布的《律师收费试行办法》，1990年司法部、财政部、国家物价局颁布的《律师业务收费管理办法》。由于历史原因，这些规定都具有浓厚的计划经济的色彩，其基本特点就是按规定标准收费，限制律师与委托人之间的协商收费。体现律师与委托人协商收费的风险代理制度自然不在其列。这些规定显然没有体现律师的劳动与案件的难易、复杂程度之间的关系，难以调动律师的工作积极性，也不利于保护委托人的合法权益。1996年《律师法》颁布后，根据中国共产党十四届三中全会《关于建立社会主义市场经济体制若干问题的决定》和《国民经济和社会发展“九五”计划和2010年远景目标纲要》的精神，为促进律师服务业的发展，充分发挥律师事务所的市场中介组织作用，1997年国家计委、司法部颁布了《律师服务收费管理暂行办法》。就《律师服务收费管理暂行办法》的实质内容来看，国家主管部门在律师服务收费方面的改革仍然是相当有限的，律师事务所在收费上的自主权仍然受到了严格限制。在相当长的时期内，与《律师服务收费管理暂行办法》配套的收费标准由于种种原因并未出台，适应形势发展需要的全国性官方层面的新的律师服务收费管理办法也没有出台。2000年，考虑到“各地经济发展水平和律师业的发展状况差异较大，律师服务的成本和群众的承受能力也有较大差异，目前制定全国统一的律师服务收费标

① 再如，司法部1996年《关于认真受理当事人对律师投诉的通知》（司发通［1996］148号）规定：“在投诉的问题中，凡涉及追要代理费和赔偿金，并经查证确是事实的，应先由被投诉律师所在的律师事务所如数支付，然后由律师事务所追究律师个人的责任。”

② 参见国家发展和改革委员会、司法部2006年《律师服务收费管理办法》第19条。

准尚有一定困难”，国家计委、司法部发布通知，暂由各地制定律师服务收费临时标准。[①] 在这种情况下，许多省、市、自治区制定了自己的律师服务费临时标准。这些临时标准对于规范律师服务收费行为、促进律师业健康发展起到了积极作用。但是，随着我国经济的快速发展，原来的一些规定已经不能完全适应新形势的要求，律师服务收费管理上还存在一些矛盾和问题，例如：收费不透明，收费行为不规范；律师服务收费管理滞后，一些新的律师服务收费没有纳入政府监管范围；律师服务收费争议解决机制不健全，律师事务所与委托人因收费发生争议时无章可循；一些地方对律师服务收费缺乏监督检查，律师服务乱收费、多收费现象比较严重。

2004 年 12 月，中共中央转发的《中央司法体制改革领导小组关于司法体制和工作机制改革的初步意见》，把改革和完善律师服务收费制度作为专门问题加以规定，明确指出，要完善律师服务收费制度，制定律师诉讼代理收费指导性标准，建立健全律师服务收费争议解决制度，完善对律师违法、违纪收费行为的处罚办法。2006 年 4 月国家发展和改革委员会、司法部出台了《律师服务收费管理办法》，并于 2006 年 12 月 1 日起实施。《律师服务收费管理办法》确立了公开公平、自愿有偿、诚实信用的律师服务收费原则，并要求律师事务所应当便民利民，加强内部管理，降低服务成本，为委托人提供方便、优质的法律服务。[②]

第二节　律师服务收费的标准和方式

一、律师服务收费的标准

律师服务收费的标准，是指确定律师服务收费具体数额的依据。律师服务收费实行政府指导价和市场调节价。[③] 政府指导价，是指政府价格主管部门会同同级司法行政部门制定的律师服务收费标准；市场调节价，是指由律师事务所与委托人，根据案件的复杂程度、律师服务的开支及法律服务市场的需求状况等因素，协商确定的律师服务收费标准。

（一）政府指导价

律师事务所依法提供下列法律服务实行政府指导价：（1）代理民事诉讼案件；（2）代理行政诉讼案件；（3）代理国家赔偿案件；（4）为刑事案件犯罪嫌疑人提供法律咨询、代理申诉和控告、申请取保候审，担任被告人的辩护人或自诉人、被害人的诉讼代理人；（5）代理各类诉讼案件的申诉。[④]

政府指导价的基准价和浮动幅度由各省、自治区、直辖市人民政府价格主管部门会同同级司法行政部门制定。政府制定律师服务收费，应当广泛听取社会各方面意见，必要时可以实行听证。政府制定的律师服务收费应当充分考虑当地经济发展水平、社

---

① 参见《国家计委、司法部关于暂由各地制定律师服务收费临时标准的通知》（计价费〔2000〕392 号）。

② 参见国家发展和改革委员会、司法部 2006 年《律师服务收费管理办法》第 3 条。

③ 参见国家发展和改革委员会、司法部 2006 年《律师服务收费管理办法》第 4 条。

④ 参见国家发展和改革委员会、司法部 2006 年《律师服务收费管理办法》第 5 条。

会承受能力和律师业的长远发展，收费标准按照补偿律师服务社会平均成本，加合理利润与法定税金确定。

（二）市场调节价

律师事务所提供其他法律服务的收费实行市场调节价。实行市场调节的律师服务收费，由律师事务所与委托人协商确定。

律师事务所与委托人协商律师服务收费应当考虑以下主要因素：（1）耗费的工作时间；（2）法律事务的难易程度；（3）委托人的承受能力；（4）律师可能承担的风险和责任；（5）律师的社会信誉和工作水平等。从实践来看，律师事务所与委托人协商律师服务收费时还可以考虑所涉及的问题的鲜见程度、律师接受该特定工作将不能从事其他工作的机会成本、所在地提供类似法律服务通常收取的费用、所涉及的标的额、委托人规定的或由事态本身所限定的期限、与委托人之间的职业关系的性质和存续的时间等因素。①

二、律师服务收费的方式

律师服务收费的方式，是指律师在向当委托人提供法律服务时所采用的计算、收取服务报酬的形式。现行《律师服务收费管理办法》规定了4种律师服务收费方式：

（一）计件收费

计件收费是指以律师提供法律服务的件数来计算、确定收费数额的收费形式。计件收费一般适用于不涉及财产关系的法律事务。

（二）按标的额比例收费

按标的额比例收费是指根据律师办理法律事务涉及的标的额，确定一定比例来计算律师收费数额的收费形式。按标的额比例收费适用于涉及财产关系的法律事务。

（三）计时收费

计时收费是指根据律师办理法律事务实际花费的有效工作时间，来确定收费数额的收费方式。计时收费可适用于全部法律事务。

（四）风险代理收费

风险代理收费是指将律师收费与办理法律事务的结果相挂钩，依据办理法律事务的结果来确定律师费数额的收费方式。律师的风险代理费制度在我国也被叫作律师的“胜诉取酬”制度。

根据现行《律师服务收费管理办法》的规定，办理涉及财产关系的民事案件时，委托人被告知政府指导价后仍要求实行风险代理的，律师事务所可以实行风险代理收费，但下列情形除外：（1）婚姻、继承案件；（2）请求给予社会保险待遇或者最低生活保障待遇的；（3）请求给付赡养费、抚养费、扶养费、抚恤金、救济金、工伤赔偿的；（4）请求支付劳动报酬的等。

此外，现行《律师服务收费管理办法》禁止办理刑事诉讼案件、行政诉讼案件、国家赔偿案件以及群体性诉讼案件时实行时风险代理收费。

实行风险代理收费，律师事务所应当与委托人签订风险代理收费合同，约定双方

① 参见国家发展和改革委员会、司法部2006年《律师服务收费管理办法》第9条。

应承担的风险责任、收费方式、收费数额或比例。实行风险代理收费，最高收费金额不得高于收费合同约定标的额的 30%。[①]

三、律师服务收费的监督检查

对律师服务收费活动进行监督检查，是保证律师事务所依法收费的重要保障机制。公民、法人和其他组织认为律师事务所或律师存在价格违法行为，可以通过函件、电话、来访等形式，向价格主管部门、司法行政部门或者律师协会举报、投诉。

（一）价格主管部门的监督检查

各级价格主管部门应加强对律师事务所收费的监督检查。律师事务所、律师有下列价格违法行为之一的，由政府价格主管部门依照《价格法》和《价格违法行为行政处罚规定》实施行政处罚：（1）不按规定公示律师服务收费管理办法和收费标准的；（2）提前或者推迟执行政府指导价的；（3）超出政府指导价范围或幅度收费的；（4）采取分解收费项目、重复收费、扩大范围等方式变相提高收费标准的；（5）以明显低于成本的收费进行不正当竞争的；（6）其他价格违法行为。

（二）司法行政部门的监督检查

各级司法行政部门应加强对律师事务所、律师法律服务活动的监督检查。律师事务所、律师有下列违法行为之一的，由司法行政部门依照《律师法》以及《律师和律师事务所违法行为处罚办法》实施行政处罚：（1）违反律师事务所统一接受委托、签订书面委托合同或者收费合同规定的；（2）违反律师事务所统一收取律师服务费、代委托人支付的费用和异地办案差旅费规定的；（3）不向委托人提供预收异地办案差旅费用概算，不开具律师服务收费合法票据，不向委托人提交代交费用、异地办案差旅费的有效凭证的；（4）违反律师事务所统一保管、使用律师服务专用文书、财务票据、业务档案规定的；（5）违反律师执业纪律和职业道德的其他行为。

第三节　律师服务收费行为规则

一、统一收费、规范收费

（一）统一收费

统一收费，是指律师服务费、代委托人支付的费用和异地办案差旅费由律师事务所统一收取，律师不得私自向委托人收取任何费用。除上述所列三项费用外，律师事务所及承办律师不得以任何名义向委托人收取其他费用。

1980 年《律师暂行条例》即确立了“法律顾问处”统一收费制度。2012 年《律师法》第 25 条明确规定：“律师承办业务，由律师事务所统一接受委托，与委托人签订

---

① 参见国家发展和改革委员会、司法部 2006 年《律师服务收费管理办法》第 11～13 条。

书面委托合同，按照国家规定统一收取费用并如实入账。”第 48 条对“私自接受委托、收取费用，接受委托人财物或者其他利益的”行为规定了处罚措施。[①] 2008 年司法部《律师事务所管理办法》第 33 条规定：“律师承办业务，由律师事务所统一接受委托，与委托人签订书面委托合同。”第 35 条规定：“律师事务所应当按照有关规定统一收费，建立健全收费管理制度，及时查处有关违规收费的举报和投诉。”律师事务所接受委托，应当与委托人签订律师服务收费合同或者在委托代理合同中载明收费条款。收费合同或收费条款应当包括：收费项目、收费标准、收费方式、收费数额、付款和结算方式、争议解决方式等内容。律师事务所与委托人签订合同后，不得单方变更收费项目或者提高收费数额：确需变更的，律师事务所必须事先征得委托人的书面同意。

律师事务所应当接受指派承办法律援助案件。办理法律援助案件不得向受援人收取任何费用。[②] 对于经济确有困难，但不符合法律援助范围的公民，律师事务所可以酌情减收或免收律师服务费。

2010 年司法部《律师和律师事务所违法行为处罚办法》第 10 条规定，有下列情形之一的，属于《律师法》第 48 条第 1 项规定的律师“私自接受委托、收取费用，接受委托人财物或者其他利益的”违法行为：（1）违反统一接受委托规定或者在被处以停止执业期间，私自接受委托，承办法律事务的；（2）违反收费管理规定，私自收取、使用、侵占律师服务费以及律师异地办案差旅费用的；（3）在律师事务所统一收费外又向委托人索要其他费用、财物或者获取其他利益的；（4）向法律援助受援人索要费用或者接受受援人的财物或者其他利益的。

（二）规范收费

律师事务所向委托人收取律师服务费，应当向委托人出具合法票据。律师事务所在提供法律服务过程中代委托人支付的诉讼费、仲裁费、鉴定费、公证费和查档费，不属于律师服务费，由委托人另行支付。

律师事务所需要预收异地办案差旅费的，应当向委托人提供费用概算，经协商一致，由双方签字确认。确需变更费用概算的，律师事务所必须事先征得委托人的书面同意。

律师事务所在结算有关费用时，应当向委托人提供代其支付的费用和异地办案差旅费清单及有效凭证。对于不能提供有效凭证的部分，委托人可不予支付。

律师事务所异地设立的分支机构，应当执行分支机构所在地的收费规定。

关于律师异地服务收费问题，1997 年国家计委、司法部印发的《律师服务收费管理暂行办法》第 9 条曾规定，“律师为异地委托人提供法律服务时，应执行该律师注册地的律师服务收费标准”。现行《律师服务收费管理办法》第 25 条明确规定，律师事务所异地提供法律服务，可以执行律师事务所所在地或者提供法律服务所在地的收费规定，具体办法由律师事务所与委托人协商确定。这一规定增加了律师收费的灵活性，有利于减少律师以利益为导向而跨地区流动的现象。

司法部律师司 1998 年《关于对中国律师与外国律师合作办理境外的诉讼或非诉讼

---

① 所谓“其他利益”，是指财物以外的其他不正当的好处，如接受委托人的安排，进行各种享乐，等等。参见王胜明、赵大程主编：《中华人民共和国律师法释义》，124 页，北京，法律出版社，2007。

② 国务院 2003 年《法律援助条例》第 2 条规定：“符合本条例规定的公民，可以依照本条例获得法律咨询、代理、刑事辩护等无偿法律服务。”

法律事务如何收取律师费用的批复》[司律字（98）12号]规定："中国律师参与境外诉讼活动，其所得报酬应与外国律师一致。律师收费可参考诉讼活动所在国的律师收费标准或惯例，采取协商收费或计时收费的办法，由中国律师事务所同当事人之间或同合作办案的外国律师事务所订立收费合同，收取律师费用。"

二、遵守计时收费和风险代理收费的特别规则

（一）关于计时收费的特别规则

如上所述，现行《律师服务收费管理办法》规定了4种律师收费方式，在这4种收费方式中，计时收费和风险代理收费因为涉及律师与委托人之间的利益冲突等问题，在律师职业行为规则中受到了特别的规制。

就计时收费而言，收费的结果等于小时收费额乘以消耗的小时数量。一般而言，小时收费额是固定的，它一般与律师的经验等因素相适应。而案件所消耗的小时数量则取决于案件的对抗性、事务的复杂程度、委托人追求的目标等因素。计时收费方式使律师与委托人之间存在直接的利益冲突，正如有学者所指出的那样，"律师的目标是其收益的最大化，委托人的目标是价值的最大化和成本的最小化。如果律师按小时数收费，并且就其时间而言没有其他同样有利可图的用途，他们就有动机来尽可能地延长工作。如果他们的收费影响到其在律师事务所内的权力、晋升和报偿，这些动机就会被强化。在时间决定收费且收费又决定那么多其他的事情的情况下，效率就不是一个美德"[①]。因此，计时收费是律师服务收费规则调整的重要对象。从我国当前的情况来看，尚未有全国统一的计时收费规则。但是一些地方如北京、上海等地的律师协会[②]从实际需要出发，制定了地方性的计时收费规则。计时收费规则一般包括以下内容：

1. 确定计时收费标准和有效工作时间

（1）确定计时收费标准

以《北京市律师事务所计时收费指引》为例，该指引第6条明确规定："律师事务所提供《北京市律师服务收费管理实施办法（试行）》第七条所列法律服务（以下简称诉讼类法律服务）采用计时收费方式时依法实行政府指导价；律师事务所提供《北京市律师服务收费管理实施办法（试行）》第七条所列以外法律服务采用计时收费的，实行市场调节价，具体的标准和价格由律师事务所与委托人协商确定。"第7条规定："律师事务所在提供诉讼类法律服务时，应当考虑下列因素来确定具体计时收费的价格，但该价格不能超出政府指导价标准：（一）承办案件的类型；（二）承办案件本身的复杂程度，以及事务所可能承担的风险和责任；（三）承办案件是否涉及到异地、国外等。"

（2）确定有效工作时间

有效工作时间是指律师事务所指定的承办律师为委托人提供的法律服务所耗费的工作时间。根据《北京市律师事务所计时收费指引》，承办法律服务时，下列时间属于

---

① Deborah L. Rhode, *In the Interests of Justice*: *Reforming the Legal Profession*, 170 (2000).

② 参见北京市律师协会2010年《北京市律师事务所计时收费指引》（第八届北京市律师协会理事会第九次会议审议通过）、上海市律师协会2011年《上海市律师协会律师服务计时收费规则》（上海市律师协会第八届理事会第八次会议通过，2011年3月5日上海市律师协会第八届理事会第16次会议第一次修订）。

有效工作时间：1）承办律师应委托人要求进行的不违反法律规定的代理工作所耗费的时间；2）承办律师应公安机关、检察机关、人民法院及其他机构要求围绕委托事项进行的代理工作所耗费的时间；3）承办律师在提供法律服务过程中，向委托人了解委托事项情况及要求、解答委托人提出的问题、与委托人研究交换对委托事项的看法、向委托人通报工作进展等工作所耗费的时间；4）承办律师查阅有关资料、法规、研讨委托事项的时间；5）承办律师围绕委托事项进行的法律、法规及行业规范规定的代理工作所耗费的时间。承办法律服务时，因工作需要，律师事务所为承办律师指派的辅助人员的工作时间，经律师事务所与委托人协商确定后，可以计入有效工作时间。承办法律服务时，承办律师为两人以上的，应当按各自提供有效法律服务所耗费的时间单独累计计算有效工作时间。律师有效工作时间的计算期限，从双方协商确定委托关系之时起至委托合同终止之日止，双方另有约定的除外。律师在办理委托事项过程中，乘坐车、船、飞机所耗费的路途时间以及因差旅所耗费的时间，可以比照有效工作时间收取律师费，双方另有约定的除外。①

承办法律服务时，计时收费清单中的有效工作时间以每 6 分钟为一个最小计时单位，记为 0.1 小时。不足 6 分钟的，按一个计费单位计算。②

2. 制作并提供计时收费记录

计时收费记录是律师记录有效法律服务内容和相应耗费的有效工作时间的记录及相关的证明文件。计时收费记录既是律师主张收费的根据，也是委托人对律师计时收费活动进行事后审查的根据。因此，制作并提供计时收费记录是维护律师和委托人合法权益的重要手段。律师事务所应当高度重视计时收费记录的制作与保存。

根据北京市律师协会 2010 年《北京市律师事务所计时收费指引》，律师计时收费清单是律师已提供有效法律服务的内容及所耗费有效工作时间和相对应律师费的单据，计时收费清单一式两份，一份给委托人，一份随卷存档。承办法律服务时，律师计时收费清单应记载下列内容：(1) 委托人、受托人、承办律师及计时收费标准；(2) 提供法律服务的具体工作内容及对应的工作小时；(3) 提供法律服务内容的累计小时数；(4) 律师报酬的数额及支付方式、支付期限。律师事务所应当对律师出具的收费清单进行审核确认。承办法律服务时，律师事务所应严格按照合同约定的时间，向委托人出具计时收费清单。承办法律服务时，律师事务所应当将计时收费清单以传真、电子邮件或通知委托人到所领取等方式，向委托人出具；同时，应委托人的要求，可附上工作记录和相关材料。③

承办律师应当妥善保管完整的律师工作记录、计时清单及相应的案卷材料，并在代理工作结束后整理归档。④

(二) 关于风险代理收费的特别规则

中华人民共和国成立以后、1996 年《律师法》颁布之前，我国在律师收费问题上先后发布了 4 个主要文件，即 1956 年 5 月司法部颁发的《律师收费暂行办法》，1981

① 参见北京市律师协会 2010 年《北京市律师事务所计时收费指引》第 9 条至第 13 条。
② 参见北京市律师协会 2010 年《北京市律师事务所计时收费指引》第 18 条。
③ 参见北京市律师协会 2010 年《北京市律师事务所计时收费指引》第 14 条至第 19 条。
④ 参见北京市律师协会 2010 年《北京市律师事务所计时收费指引》第 23 条。

年司法部、财政部颁布的《律师收费试行办法》，1990年司法部、财政部、国家物价局颁布的《律师业务收费管理办法》，以及1997年国家计委、司法部颁布的《律师服务收费管理暂行办法》，这些规定都没有明确规定风险代理费制度。20世纪90年代是中国律师业汲取多方经验突飞发展的时代，尽管当时的律师服务收费管理规范并没有规定风险代理费制度，但是从实践的需要出发，一些律师事务所已经开始借鉴国外经验，采用该收费方式。2000年，考虑到"各地经济发展水平和律师业的发展状况差异较大，律师服务的成本和群众的承受能力也有较大差异，目前制定全国统一的律师服务收费标准尚有一定困难"，国家计委、司法部发布通知，暂由各地制定律师服务收费临时标准。在这种情况下，许多省、市、自治区制定了自己的律师服务费临时标准。相当多的这种规定对风险代理收费作出了明确的许可，但有的地方制定的律师服务收费临时标准中没有对风险代理收费作出规定，或者规定不明确。2004年3月20日，中华全国律师协会发布了《律师执业行为规范（试行）》，该规范第96条规定："以诉讼结果或其他法律服务结果作为律师收费依据的，该项收费的支付数额及支付方式应当以协议形式确定，应当明确计付收费的法律服务内容、计付费用的标准、方式，包括和解、调解或审判不同结果对计付费用的影响，以及诉讼中的必要开支是否已经包含于风险代理酬金中等。"第97条规定："律师和律师事务所不能以任何理由和方式向赡养费、扶养费、抚养费以及刑事案件中的委托人提出采用根据诉讼结果协议收取费用，但当事人提出的除外。"这是我国当时关于律师风险代理收费最为明确的规定。2006年4月国家发展和改革委员会、司法部出台的《律师服务收费管理办法》，则以行政法规的形式第一次明确规定了风险代理收费制度。

从利益结合角度来看，风险代理收费无疑将委托人和律师的利益高度结合在了一起，荣辱与共，一损俱损，一荣俱荣。律师有动机来最大化委托人的诉讼回报，他没有鲜明的动机来回避案件或者在很低的标准上调解案件。此外，与固定收费或者计时收费中律师对风险的态度相比，在风险代理收费中，律师对风险的态度更接近于委托人对风险的态度。因此，按照这种逻辑，附条件收费的律师应当能成为委托人利益的热忱维护者。从风险转移角度来看，风险代理收费为委托人提供了资助，并将绝大多数的损失风险转移给了附条件收费的律师。从这个角度来看，律师也有动机实现委托人的利益，因此可以使律师紧密团结在委托人周围。与固定收费和计时收费制度相比，缺少资源的人可以利用可能获得的经济利益来雇佣律师，从而明显增加了委托人诉诸司法制度的机会。

但是像计时收费一样，风险代理收费也存在着严重的道德问题。首先，在风险代理收费中对风险的评估能力存在不平衡问题。在确定风险代理收费是否比其他收费方式更为有利时，委托人缺乏进行诉讼的经济能力，并且缺乏对诉讼风险的理解能力，而律师比委托人更有经验，这使得律师在与委托人就风险代理收费协议进行谈判的时候，处于更为有利的地位。其次，风险代理收费在律师和委托人之间制造了潜在的利益冲突。在某个时间点上，律师就会有调解解决纠纷的动机，从而最大化他的收益，而对于委托人而言，此时此刻其利益并不能实现最大化。① 因此，在律师采用风险代理

① 参见［美］理查德·A·波斯纳：《法律的经济分析》（下），蒋兆康译，740页，北京，中国大百科全书出版社，1997。

收费方式时，也存在着进行明确规制的必要性。

1. 风险代理收费的程序性规则

（1）根据现行《律师服务收费管理办法》的规定，办理涉及财产关系的民事案件时，委托人被告知政府指导价后仍要求实行风险代理收费的，律师事务所可以实行风险代理收费。换言之，委托人首先应当就采用风险代理费方式还是其他收费方式作出明智决定，然后才涉及确定收费具体细节的问题。这样一个前置性的程序，有利于以委托人可以理解的方式详细说明本案的风险情况、委托人可以选择的其他收费形式等内容，从而保证委托人作出明智同意，减少律师与委托人事后发生纠纷的风险。

（2）实行风险代理收费，律师事务所应当与委托人签订风险代理收费合同，约定双方应承担的风险责任、收费方式、收费数额或比例。实行风险代理收费，最高收费金额不得高于收费合同约定标的额的30%。中华全国律师协会2011年《律师执业行为规范》第47条规定："律师事务所可以依法与当事人或委托人签订以回收款项或标的物为前提按照一定比例收取货币或实物作为律师费用的协议。"因此，风险代理费可以采用货币或者实物形式。

2. 禁止采用风险代理收费方式的情形

尽管风险代理收费方式能够以未来的回报为诱惑，帮助委托人获得律师的帮助，能够使律师与委托人紧密团结在一起，但是其最主要的局限性是政策原因导致其适用范围有限。根据现行《律师服务收费管理办法》的规定，下列情形下不得采用风险代理收费方式：（1）婚姻、继承案件；（2）请求给予社会保险待遇或者最低生活保障待遇的；（3）请求给付赡养费、抚养费、扶养费、抚恤金、救济金、工伤赔偿的；（4）请求支付劳动报酬的等。此外，《律师服务收费管理办法》还禁止办理刑事诉讼案件、行政诉讼案件、国家赔偿案件以及群体性诉讼案件时实行风险代理收费。

需要指出的是，就家事案件和刑事诉讼案件禁止律师风险代理收费，是许多国家和地区的做法，例如，美国律师协会《职业行为示范规则》即有类似规定。[①] 但是，对工伤赔偿案件、行政诉讼案件、群体性诉讼案件一律禁止适用风险代理收费，则禁止范围过宽，对于这类案件中根据现行法律援助规定无法享受法律援助又事先支付不起律师报酬的那部分当事人而言，实际上阻碍了他们实现诉诸司法的权利，在根本上损害了当事人诉诸司法的能力和机会。[②]

三、积极履行律师服务收费争议调解协议

与其他纠纷解决机制相比，律师服务收费纠纷调解机制具有简便和快捷的优点，可以将律师与委托人从纠纷中及时解脱出来。现行《律师服务收费管理办法》第30条规定："因律师服务收费发生争议的，律师事务所应当与委托人协商解决。协商不

① 参见美国律师协会：《职业行为示范规则》，规则1.5；王进喜：《法律伦理的50堂课》，110～111页，台北，五南图书出版股份有限公司，2008。

② 参见王进喜、张玲：《论律师服务可得性的制度保障》，载《中国司法》，2010（6）。

成的，可以提请律师事务所所在地的律师协会、司法行政部门和价格主管部门调解处理，也可以申请仲裁或者向人民法院提起诉讼。”第 31 条规定：“律师服务收费争议调解办法另行制定。”为及时、公正地调解律师服务收费争议，保障收费争议双方当事人的合法权益，2007 年 1 月 25 日中华全国律师协会六届常务理事会七次会议审议通过了《律师协会律师服务收费争议调解规则（试行）》，并于 2007 年 1 月 30 日起试行。

根据《律师协会律师服务收费争议调解规则（试行）》，中华全国律师协会、各省、自治区、直辖市律师协会成立律师收费争议调解指导委员会，负责指导律师服务收费争议调解工作。直辖市律师协会、地市级律师协会设立律师收费争议调解委员会，依据该规则进行律师服务收费争议的调解。申请调解，应当向被申请人注册地的直辖市律师协会、地市级律师协会提出。申请收费争议调解，无须缴纳费用。申请调解应具备以下条件：(1) 申请人应为收费争议的当事人，具有法律服务协议；(2) 有明确的请求事项；(3) 属于该规则第 2 条规定的适用范围。收费争议的当事人应当在收费争议发生之日起 1 年内，以书面或口头的形式向律师协会申请调解。双方达成调解协议后，各方当事人和调解员在调解协议书上签字，加盖调解委员会公章。收费争议双方当事人达成调解协议后，视为其对各自民事权利的处分，应当遵照执行。律师事务所无正当理由不履行调解过程中所负义务或不履行已达成的调解协议的，律师协会有权依据律师职业道德基本准则，按照处分程序对该律师事务所进行处分。

四、不得与非律师人员分享律师服务费用

律师职业活动中的一个重要规则，是不得与非律师人员分享律师服务费用，除非是与律师事务所雇员分享。这一规则的主要目的，一是保护律师的独立性以及职业判断，维护委托人的合法权益；二是防止律师之间的不正当竞争；三是防止非律师人员通过与律师合作间接取得执业权。

司法部 1995 年《关于反对律师行业不正当竞争行为的若干规定》第 4 条第 6 项规定，律师或者律师事务所“采用给予客户或介绍人提取‘案件介绍费’或其他好处的方式承揽业务的”，是不正当竞争行为。2012 年《律师法》第 26 条规定：“律师事务所和律师不得以诋毁其他律师事务所、律师或者支付介绍费等不正当手段承揽业务。”第 50 条对“以诋毁其他律师事务所、律师或者支付介绍费等不正当手段承揽业务的”的律师事务所规定了处罚措施。中华全国律师协会 2011 年《律师执业行为规范》第 78 条第 2 项规定，“无正当理由，以低于同地区同行业收费标准为条件争揽业务，或者采用承诺给予客户、中介人、推荐人回扣、馈赠金钱、财物或者其他利益等方式争揽业务”的，是律师执业不正当竞争行为。这些规定中提出的“案件介绍费”、“回扣”、馈赠的“金钱、财物或者其他利益”等，都是律师服务费用的表现形式。

从上述规定来看，我国禁止律师与非律师人员分享律师服务费用，主要出发点是防止律师之间的不正当竞争。

第四节　律师财物保管规则

一、律师财物保管规则概述

律师在职业活动过程中，经常要对委托人或者第三人的财物进行保管，如代委托人支付的费用，为委托人代管资金。这种行为是建立在对法律职业的信任基础上的。与此同时，为维护这种信任，律师职业往往对未尽这种财物保管责任的行为予以严厉处罚。[①]

律师事务所受托保管的财物，可以分为资金类财物和非资金类财物。

我国关于律师财物保管的规则还相对简陋。近年来，我国发生了若干起挪用、侵占律师代为保管的财物的案件，不仅给委托人造成了严重损失，也给律师职业的社会声誉造成了极为恶劣的影响。因此，这一规则也越来越引起人们的重视。

二、律师财物保管规则

（一）资金类财物保管规则

与非资金类财物相比，资金属于种类物而非特定物，因而易于混同。这一特点，对于资金类财物保管提出了区分保管的特别的要求。这一规则也被称为禁止混同原则。司法部 2004 年《律师事务所收费程序规则》第 17 条规定："律师事务所经有关部门批准，可以设立用于存放代委托人保管的合同资金、执行回款、履约保证金等款项的专用账户。""律师事务所应当严格管理专用账户，防范风险。对专用账户资金的支付，必须严格审核把关，专款专用。严禁将专用账户的资金挪作他用。"中华全国律师协会 2011 年《律师执业行为规范》第 54 条规定："律师事务所受委托保管委托人财产时，应当将委托人财产与律师事务所的财产、律师个人财产严格分离。"

执行资金类财物的区分保管规则，涉及账户的设立、管理、交易记录、账户利息的处置、第三方对这些资金的权利主张等问题，具有很强的技术性。我国上述规定明显过于简陋，迫切需要建立相关的账户管理规则。

2006 年，北京市律师协会纪律委员会根据实践需要，发布了《北京市律师协会纪律委员会规范执业指引》（第 1 号），就资金托管问题作了一些初步的规定。该指引指出，"律师费（包括经费包干方式）是律师的工作报酬，在支付时发生权属的转移；而为委托人代管的资金具有明显的信托特性，并不发生权属的转移，即其所有权仍然属于委托人而并非属于律师事务所或者承办律师。因此，律师和律师事务所必须正确区分和对待律师业务收入和律师代委托人管理并代为支付的款项"。对于受托代委托人保管的资金，律师事务所和受指派的律师必须做到：（1）代管资金必须具有合同依据或

---

① 例如在美国 In re Wilson，81 N. J. 451，409 A. 2d 1153（1979）案件中，法院曾经指出，在律师侵占、挪用委托人交给律师经手的资金的情况下，法院认为取消律师资格是唯一适当的惩戒，而且一般情况下，这种案件中都应当导致取消律师资格。

者明确的书面形式的委托并存入案卷。(2) 代管资金必须及时存入律师事务所专项账户或者律师事务所财务部门可以控制的保证安全的其他账户，严禁使用律师私人账户，或者将代管资金与律师事务所以及律师个人的资金混存。(3) 代管资金的支出事项必须事先得到委托人的书面授权或者确认并存入案卷。在紧急情况下无法取得委托人授权或者确认时，承办律师必须以绝对必要和有利于委托人为原则，审慎处理代管资金的支出项目，并在条件许可时尽快告知委托人。(4) 承办律师应当在案卷中保留代管资金使用的明细账目以及凭证复印件。(5) 承办律师应当定期（最长不得超过 3 个月）向委托人报告代管款项的用情况以及余额。(6) 受托事项完成后，如无特别约定，代管款项余额及利息应当退还委托人。(7) 律师事务所和承办律师不得以任何理由私自挪用代委托人管理的款项。(8) 受托代管委托人资金的律师事务所应当在该款到账后的两个工作日内将委托人的书面授权、已开设的专项账户、代管资金金额、承办律师姓名、业务种类五项基本信息以书面报告、原始凭证的复印件的形式报送律师协会秘书处行业纪律部备案，并保证随时接受核查。

（二）非资金类财物保管规则

律师事务所代为保管的非资金类财物，包括争讼性事务中的证物、非争讼事务中对当事人有法律意义的文书等。这些物品对委托人往往具有重要意义，遗失、毁灭或者损坏往往导致委托人权益的受损或者丧失。因此，律师事务所应当就非资金类财物保管建立相应的制度。中华全国律师协会 2011 年《律师执业行为规范》第 53 条规定：“律师事务所可以与委托人签订书面保管协议，妥善保管委托人财产，严格履行保管协议。”

本章思考题

1. 律师收费有哪些标准？
2. 律师收费有哪些方式？
3. 律师计时收费应当遵守什么规则？
4. 律师采取风险代理收费方式时应当遵守什么规则？
5. 律师不得与非律师人员分享律师服务费用规则的目的是什么？

第七章
律师争讼性业务规则

第一节 律师争讼性业务规则概述

一、律师的业务分类

二、争讼程序的正当性

第二节 庭审仪表与言论

一、律师担任辩护人、代理人参加庭审，必须穿着律师出庭服装

二、律师担任辩护人、代理人参加庭审，必须佩戴徽章

三、律师在庭审中的言论必须合法、得体

第三节 律师回避

一、设立律师回避制度的背景

二、我国关于律师回避的规则

第四节 会见、阅卷与调查取证

一、会见

二、阅卷

三、调查取证

第五节 对案件承办机关的坦诚性

一、证据与事实

二、律师对案件承办机关的坦诚性

第六节 庭外宣传

第七节 维护争讼程序的其他正当性

一、律师不得违反规定会见有关工作人员

二、律师不得直接或者间接向有关工作人员行贿或者介绍贿赂

三、律师应当维护争讼性程序的秩序性

四、不得混淆诉讼职能而充任证人

第一节　律师争讼性业务规则概述

一、律师的业务分类

律师办理的业务可以分为争讼性业务和非争讼性业务。根据 2012 年《律师法》第 28 条，律师可以从事的争讼性业务包括：(1) 接受民事案件、行政案件当事人的委托，担任代理人，参加诉讼；(2) 接受刑事案件犯罪嫌疑人、被告人的委托或者依法接受法律援助机构的指派，担任辩护人，接受自诉案件自诉人、公诉案件被害人或者其近亲属的委托，担任代理人，参加诉讼；(3) 接受委托，代理各类诉讼案件的申诉；(4) 接受委托，参加调解、仲裁活动。

争讼性业务的特点之一就是具有争议性，当事人之间存在着利益冲突，并且诉讼和仲裁这两种业务涉及多方面的社会关系。在争讼性业务活动中，律师的行为往往对事务的最终结果有着重要的影响。因此，法律和律师职业道德都对律师在诉讼和仲裁活动中的纪律作了明确、严格的规定，以保证案件裁决的公正性，维护法庭和仲裁庭的尊严。

二、争讼程序的正当性

程序是与实体相对应而存在的概念。程序法除了保障实体法的实施外，本身也具有独立的价值。保证程序的正当性，对于正确解决纠纷具有重要意义。程序本身包含主体、行为和客体三个要素，争讼程序的正当性主要体现在程序的主体和行为方面。

1. 程序的主体应当具有正当性

程序的主体包括程序的启动者、受动者、裁决者和救济者。对于律师而言，程序主体的正当性关注点，是程序的主体的合格性，特别是程序启动者、裁决者和救济者的合格性。我们以裁判庭的正当性为例。联合国《世界人权宣言》第 10 条规定："人人完全平等地有权由一个独立而无偏倚的法庭进行公正的和公开的审讯，以确定他的权利和义务并判定对他提出的任何刑事指控。"联合国《公民权利和政治权利国际公约》第 14 条规定："所有的人在法庭和裁判所前一律平等。在判定对任何人提出的任何刑事指控或确定他在一件诉讼案中的权利和义务时，人人有资格由一个依法设立的合格的、独立的和无偏倚的法庭进行公正的和公开的审讯。"因此，一个人受到具有适正性的裁判庭的听审，是一项重要人权。根据这些规定，裁判庭的正当性包括以下因素：

(1) 裁判庭的能力。裁判庭的能力合格，包括裁判庭的人员组成合法、裁判庭具有相应的管辖权。

(2) 裁判庭的独立性。裁判庭的独立性，是指裁判庭应当以事实为根据、以法律为准绳来裁决其所受理的案件，而不应有任何约束，也不应为任何直接或者间接不当影响、怂恿、压力、威胁或者干涉所左右。

(3) 裁判庭的不偏不倚性。裁判庭的不偏不倚性，是指裁判庭应当就案件保持中立，不偏袒任何一方。

2. 争讼性程序行为应当具有正当性

争讼性程序行为的正当性，是指程序行为本身除了应当符合特定程序本身的具体要求外，在执行中应当具有公正性和秩序性。以听审程序为例，听审程序的正当性主要体现为听审程序的公正性、秩序性与公开性。听审程序的公正性，是指裁判庭的听审程序在事实上和表面上对控、辩双方一律平等。秩序性，是指听审程序应当按照法律业已确立的程序进行，裁判庭的正当秩序应得以维护。公开性，是指听审程序应当公开进行，接受公众监督，除非“由于民主社会中的道德的、公共秩序的或国家安全的理由，或当诉讼当事人的私生活的利益有此需要时，或在特殊情况下法庭认为公开审判会损害司法利益因而严格需要的限度下，可不使记者和公众出席全部或部分审判；但对刑事案件或法律诉讼的任何判决应公开宣布，除非少年的利益另有要求或者诉讼系有关儿童监护权的婚姻争端”①。

对律师在争讼性程序中的行为进行调整，就是要保证争讼性程序的正当性。律师在争讼性程序中，应当遵守庭审仪表与言论、律师回避、会见、调查取证与阅卷、对案件承办机关的坦诚性、庭外宣传等方面的职业行为法。

第二节　庭审仪表与言论

一、律师担任辩护人、代理人参加庭审，必须穿着律师出庭服装

职业装束是一个职业的文化符号之一，是体现一个职业的精神风貌的重要载体。我国律师制度在恢复初时，律师并没有统一的着装要求。1987 年国务院在《关于对司法系统整顿着装实施方案报告的批复》（国函［1987］9 号）中规定，“……为衣着整齐，考虑到工作的实际需要，对经正式任命的专职律师和涉外公证人员，可制作冬、夏制服各一套，并配有明显标志，供工作时穿用。这些人员一律不得穿着警服”。1988 年，我国曾一度实行律师统一着装制度。② 但是，由于各种原因，律师统一着装制度并没有坚持下来。

经司法部批准，自 2003 年 1 月 1 日起，律师担任辩护人、代理人出庭时，必须着全国统一律师出庭服装、佩戴律师出庭徽章。这对于树立律师队伍良好形象，规范律师执业行为，具有重要的意义。③ 为实施这一制度，中华全国律师协会颁布了《律师出庭服装使用管理办法》④ 和《律师协会标识使用管理办法》⑤，对律师出庭统一着装问题作出明确规定。中华全国律师协会 2011 年《律师执业行为规范》第 70 条规定：“律师

① 联合国《公民权利与政治权利国际公约》第 14 条。

② 参见司法部、财政部 1988 年《关于专职律师、涉外公证人员制装的通知》（［88］司发计字第 010 号）。

③ 参见司法部 2003 年《关于实行律师出庭统一着装制度的通知》（司发通［2003］32 号）。

④ 2002 年 3 月 30 日中华全国律师协会四届十二次常务理事会通过。

⑤ 2001 年 4 月 5 日经中华全国律师协会四届十次常务理事会通过，2002 年 3 月中华全国律师协会四届十二次常务理事会修订。

担任辩护人、代理人参加法庭、仲裁庭审理，应当按照规定穿着律师出庭服装，佩戴律师出庭徽章，注重律师职业形象。”

中华全国律师协会2002年《律师出庭服装使用管理办法》第2条规定：“律师担任辩护人、代理人参加法庭审理，必须穿着律师出庭服装。”中华全国律师协会2011年《律师执业行为规范》第70条将着装的场合范围扩大到了仲裁庭审理。

律师出庭服装由律师袍和领巾组成。律师出庭服装的式样、面料、颜色等由中华全国律师协会常务理事会审定。中华全国律师协会负责统一制作律师出庭服装。各级律师协会对律师出庭服装的使用实行监督检查。律师事务所负责本所律师出庭服装的管理。律师出庭服装的购置、更新或因遗失、严重损坏而需要重新购置的，由律师事务所向所在地地市级律师协会提出申请，省、自治区、直辖市律师协会汇总各地申请，统一向中华全国律师协会申请购置律师出庭服装。中华全国律师协会每年6月1日至20日、12月1日至20日受理购置律师出庭服装的申请。律师出庭服装的费用由律师事务所承担。律师调离律师事务所时，需将律师出庭服装交还律师事务所。律师出庭服装不得转送、转借给非律师人员，如有遗失、损坏，要及时向所在地律师协会报告。

根据上述规定，律师出庭着装时，应遵守以下规定：

第一，律师出庭服装仅使用于庭审过程中，不得在其他任何时间、场合穿着。庭审包括法院庭审和仲裁机构庭审。

第二，律师出庭统一着装时，应按照规定配套穿着：内着浅色衬衣，佩带领巾，外着律师袍，律师袍上佩戴律师徽章。下着深色西装裤、深色皮鞋，女律师可着深色西装套裙。

第三，保持律师出庭服装的洁净、平整，服装不整洁或有破损的，不得使用。

第四，律师穿着律师出庭服装时，应表现出严肃、庄重的精神风貌。律师出庭服装外不得穿着或佩戴其他衣物或饰品。

二、律师担任辩护人、代理人参加庭审，必须佩戴徽章

律师徽章是律师的职业标识之一。《律师协会标识使用管理办法》第7条规定：“执业律师出庭必须佩戴徽章。”中华全国律师协会2011年《律师执业行为规范》第70条规定：“律师担任辩护人、代理人参加法庭、仲裁庭审理，应当按照规定穿着律师出庭服装，佩戴律师出庭徽章，注重律师职业形象。”

律师徽章内圈图案为律师协会标识，外圈标有“中国律师”黑体、中英文字样，为纯铜镀镍材质，直径分40毫米和18毫米两种。40毫米徽章为执业律师出庭佩戴专用标识；18毫米徽章为律师平时佩戴标志。律师协会标识是全国律师行业使用的统一标志，该标识由一大一小两个同心圆、五颗五角星、三组正反相背代表律师的“L”图案组成，象征着由广大律师组成的律师协会，沿着有中国特色律师制度的道路，在党和政府的领导和支持下开拓进取，不断壮大。蓝色、淡黄色为会徽主要色调。律师徽章由中华全国律师协会统一制作和发放，任何单位和个人不得私自制作。各级律师协会对律师协会标识、会徽及其徽章的使用，实行监督管理。

根据《律师协会标识使用管理办法》，律师对徽章要加以妥善保管，防止丢失，不得转送他人佩戴；如有丢失，应立即报告当地律师协会和省级律师协会，由所在省、

自治区、直辖市律师协会向全国律师协会提交补发申请。

律师徽章不得用于以下方面：第一，不得用于任何以营利为目的的商标、商业广告；第二，律师出庭徽章不得用于平时佩戴；第三，不得用于与律师职业无关的任何个人活动；第四，其他不适于使用的场所。

三、律师在庭审中的言论必须合法、得体

言词原则是庭审中的重要原则。言词原则，也叫作口头原则、言词审理原则或者言词辩论原则，“乃谓审判程序之进行，原则上应采言词陈述之方式，一切刑事诉讼程序，包括对于犯罪嫌疑人或被告之讯问、证据之采取、检察官或自诉人之攻击，被告及其辩护人之防御、法院审理与判决之宣示等，均必须以口头陈述之方式为之。只有诉讼主体在法庭以言词陈述之方式提出者，方能作为裁判之依据；一切未在法院审理中以言词陈述之方式提出者，视同未曾发生或不存在，故不可作为裁判之基础”①。言词是庭审活动中出示证据和发表意见的基本方式，因此，对律师的庭审言论必须依法保障。鉴于实践中不时发生对律师的辩论或者辩护权利进行不当限制或者妨碍的情况，1996 年《律师法》第 30 条第 2 款明确规定对律师的辩论或者辩护权利应当依法予以保障，2007 年《律师法》第 36 条则将这一规定从一款调整为单独一条，以突出其内容的重要性，是对该法第 3 条第 3 款规定的“律师依法执业受法律保护”这一原则的进一步细化。2007 年《律师法》第 36 条规定：“律师担任诉讼代理人或者辩护人的，其辩论或者辩护的权利依法受到保障。”与此同时，2007 年《律师法》第 37 条第 2 款规定：“律师在法庭上发表的代理、辩护意见不受法律追究。但是，发表危害国家安全、恶意诽谤他人、严重扰乱法庭秩序的言论除外。”这一条确立了律师庭审言论的豁免权：律师在法庭上发表的代理、辩护意见不受法律追究，不仅包括律师不受侵权、诽谤等民事责任的追究，也包括不受伪证、包庇等刑事责任的追究，但是，发表危害国家安全、恶意诽谤他人、严重扰乱法庭秩序的言论除外。

司法部 2010 年《律师和律师事务所违法行为处罚办法》第 19 条第 1 项规定，“在法庭、仲裁庭上发表或者指使、诱导委托人发表扰乱诉讼、仲裁活动正常进行的言论的”属于《律师法》第 49 条第 6 项规定的律师“扰乱法庭、仲裁庭秩序，干扰诉讼、仲裁活动的正常进行的”违法行为。

司法部 2008 年《律师执业管理办法》第 34 条第 4 项规定，律师代理参与诉讼、仲裁或者行政处理活动，应当遵守法庭、仲裁庭纪律和行政处理规则，不得有“在法庭上发表危害国家安全、诽谤他人、扰乱法庭秩序的言论”的行为。

中华全国律师协会 2011 年《律师执业行为规范》第 71 条规定：“律师在法庭或仲裁庭发言时应当举止庄重、大方，用词文明、得体。”

根据上述规定，律师在庭审中的言论应当遵守以下规则：

第一，律师在庭审中发表的言论，必须以善意辩论或者辩护为目的。律师在庭审中为辩论或者辩护目的发表的言论，依法受到保障，不受不当限制，不受法律追究。

第二，律师在庭审中不得发表危害国家安全、恶意诽谤他人、严重扰乱法庭秩序

---

① 林山田：《论刑事程序原则》，载台湾大学《法学论丛》，第 28 卷第 2 期。

的言论，也不得指使、诱导委托人发表扰乱诉讼、仲裁活动正常进行的言论。

第三，律师在听审中的发言应当用词文明、得体，展现律师职业应有的素养和尊严。

第三节 律师回避

一、设立律师回避制度的背景

律师回避，是指律师因特定身份而依法不得参与办理特定诉讼法律事务的情形。建立律师回避制度是为了维护司法公正和制止律师的不正当竞争。

我国在20世纪70年代末期恢复辩护制度和律师制度后，面临的主要问题是如何尽快重建律师队伍。考虑到民主法治建设和经济建设对律师服务的需求，当时采取了多种措施来重建和发展律师队伍。“特邀律师”就是当时所采取的举措之一。“特邀律师”专指已经离、退休而又在法律顾问处/律师事务所从事律师工作的人员，以与专职律师、兼职律师相区别；对外执行职务时，与专职律师工作人员（包括律师、实习律师、律师工作者）、兼职律师一样，统称“律师”。司法部1984年《关于可以吸收符合律师条件的离、退休人员为特邀律师的批复》[（84）司发公字117号] 规定：“政法机关和其他部门已经离、退人员，凡符合《律师暂行条例》第八条的规定条件，身体健康能够坚持正常工作的，可以由本人提出申请，经司法行政机关按《律师暂行条例》和司法部有关文件的规定考核批准，取得律师资格，即可担任特邀律师。”“实行特邀律师制度是律师制度发展过程中为解决律师数量不足而采取的一种阶段性措施，特邀律师在我国律师制度恢复初期发挥了重要的作用。”①

在20世纪80年代末期我国进一步深化了对律师管理体制的改革，合作制律师事务所、合伙制律师事务所作为新的律师执业机构形式出现，调动了律师的工作积极性。在这个改革过程中，许多法官、检察官辞去公职，加入了律师队伍。

前法官、前检察官加入律师队伍，是法律职业内部流动的一个方面。这种流动充实了律师队伍，提高了服务质量，为委托人提供了更多的选择性，但同时也带来了一些消极影响：实践中一些有着前法官、前检察官背景的律师利用过去的职务关系办案，不仅给司法机关依法办案造成了许多干扰，也在律师职业活动中造成了不正当竞争。此外，实践中一些法官或者检察官的近亲属作为律师到这些法官或者检察官所任职法院、检察院以律师身份办理案件，也造成了诸多不良影响。因此，建立相应制度解决这些不当影响问题，不仅有理论上的必要性，也有实践上的必要性。②

---

① 司法部1999年《关于特邀律师注册问题的通知》（司发通［1999］063号）。

② 关于律师回避制度的建立，存在诸多争议，可参见周院生：《必须设立律师回避制度》，载《政治与法律》，1991（2）；李维祺：《不宜建立律师回避制度》，载《法学》，1991（4）；朱跃杰：《我对律师回避制度的意见》，载《法学》，1991（4）；廖光前：《有必要建立律师回避制度吗》，载《法治论丛》，1991（4）；洪艳蓉：《我国司法改革中的法官回避与律师回避问题》，载《厦门大学法律评论》，2001（2）。

二、我国关于律师回避的规则

我国关于律师回避的规则主要体现在2001年《法官法》、2001年《检察官法》、最高人民法院2011年《关于审判人员在诉讼活动中执行回避制度若干问题的规定》、2012年《律师法》、2008年《律师执业管理办法》、司法部2010年《律师和律师事务所违法行为处罚办法》等规定中。

2001年《法官法》第17条规定："法官从人民法院离任后二年内，不得以律师身份担任诉讼代理人或者辩护人。""法官从人民法院离任后，不得担任原任职法院办理案件的诉讼代理人或者辩护人。""法官的配偶、子女不得担任该法官所任职法院办理案件的诉讼代理人或者辩护人。"

2001年《检察官法》第20条规定："检察官从人民检察院离任后二年内，不得以律师身份担任诉讼代理人或者辩护人。""检察官从人民检察院离任后，不得担任原任职检察院办理案件的诉讼代理人或者辩护人。""检察官的配偶、子女不得担任该检察官所任职检察院办理案件的诉讼代理人或者辩护人。"

最高人民法院2011年《关于审判人员在诉讼活动中执行回避制度若干问题的规定》第8条规定："审判人员及法院其他工作人员从人民法院离任后二年内，不得以律师身份担任诉讼代理人或者辩护人。""审判人员及法院其他工作人员从人民法院离任后，不得担任原任职法院所审理案件的诉讼代理人或者辩护人，但是作为当事人的监护人或者近亲属代理诉讼或者进行辩护的除外。""本条所规定的离任，包括退休、调离、解聘、辞职、辞退、开除等离开法院工作岗位的情形。""本条所规定的原任职法院，包括审判人员及法院其他工作人员曾任职的所有法院。"第9条规定："审判人员及法院其他工作人员的配偶、子女或者父母不得担任其所任职法院审理案件的诉讼代理人或者辩护人。"第10条规定："人民法院发现诉讼代理人或者辩护人违反本规定第八条、第九条的规定的，应当责令其停止相关诉讼代理或者辩护行为。"

2012年《律师法》第41条和司法部2008年《律师执业管理办法》第27条第3款规定："曾经担任法官、检察官的律师，从人民法院、人民检察院离任后二年内，不得担任诉讼代理人或者辩护人。"司法部2010年《律师和律师事务所违法行为处罚办法》第8条规定："曾经担任法官、检察官的律师，从人民法院、人民检察院离任后二年内，担任诉讼代理人、辩护人或者以其他方式参与所在律师事务所承办的诉讼法律事务的，属于《律师法》第四十七条第四项规定的'从人民法院、人民检察院离任后二年内担任诉讼代理人或者辩护人的'违法行为。"

最高人民法院2012年《刑事诉讼解释》第36条第1款规定："审判人员和人民法院其他工作人员从人民法院离任后二年内，不得以律师身份担任辩护人。"第2款规定："审判人员和人民法院其他工作人员从人民法院离任后，不得担任原任职法院所审理案件的辩护人，但作为被告人的监护人、近亲属进行辩护的除外。"

根据上述规定，我国关于律师回避的规则如下：

第一，曾经担任法官、检察官的律师，从人民法院、人民检察院离任后2年内，不得担任诉讼代理人或者辩护人。设定2年的期限，是为了通过时间的流逝淡化律师过去的职业联系，减少律师过去的身份对司法机关一般办案和律师正当竞争造成的不当影响。司法部 2001 年《关于如何适用〈律师法〉第三十六条规定的批复》（司复［2001］6 号）规定："《律师法》第三十六条规定'曾担任法官、检察官的律师，从人民法院、人民检察院离任后两年内，不得担任诉讼代理人或辩护人'中的'离任'，按照《法官法》第十一条、《检察官法》第十二条的规定，是指经本级人大常委会或本级法院院长，检察院检察长免除其审判员、助理审判员、检察员、助理检察员职务。"

第二，法官、检察官从人民法院、人民检察院离任后从事律师工作的，不得担任原任职法院或者检察院办理案件的诉讼代理人或者辩护人，但是作为当事人的监护人或者近亲属代理诉讼或者进行辩护的除外。[①] 根据 2007 年 4 月最高人民法院《关于如何理解法官法第十七条"原任职法院"问题的答复》，《法官法》第 17 条第 2 款规定的"原任职法院"，应理解为法院离任人员曾经任职的所有法院。最高人民法院 2011 年《关于审判人员在诉讼活动中执行回避制度若干问题的规定》重申了这一规定。对于《检察官法》第 20 条第 2 款所规定的"原任职检察院"，也应当作同样的理解。

2004 年 6 月 18 日国务院法制办对《浙江省人民政府法制办公室关于法官调任政府法制机构工作担任诉讼代理人是否适用〈法官法〉第十七条第二款规定的请示》的复函（国法秘函〔2004〕167 号）规定，《法官法》第 17 条第 2 款规定"法官从人民法院离任后，不得担任原任职法院办理案件的诉讼代理人或者辩护人"，其中，担任"诉讼代理人"包括担任自然人、法人或者其他组织的诉讼代理人。因此，法官从人民法院调任（包括调离）后，不论担任何种职务，都不得担任原任职法院办理案件的诉讼代理人或者辩护人，包括不得代表政府担任原任职法院办理案件的诉讼代理人。对检察官应当适用同样的原则。

第三，律师如果是法官、检察官的配偶、子女，则不得担任该法官、检察官所任职法院或者检察院办理案件的诉讼代理人或者辩护人。

第四，受上述规则限制的律师，也不得以其他方式参与所在律师事务所承办的诉讼法律事务。尽管司法部 2010 年《律师和律师事务所违法行为处罚办法》第 8 条的规定仅涉及 2007 年《律师法》第 47 条第 4 项之规定，但是在原理上应当适用于上述所有情形。

律师的回避规则与利益冲突规则类似，都是排除了律师对特定事务的参与权，就特定案件而言，二者存在竞合。但是二者又存在很大区别：（1）律师的回避规则主要是基于因特定的身份或者前身份，而律师的利益冲突规则主要是基于因特定案件而产生的对委托人的忠诚职责和保密职责；（2）律师的回避规则主要是为了防止对司法公正产生不当影响，防止律师不正当竞争，而律师的利益冲突规则主要是为了促进委托人与律师之间的信赖关系，保证代理与辩护的有效性；（3）律师的回避规则更具刚性而不能放弃，而律师的利益冲突规则具有柔性，在某些情况下，可以因受到影响的当事人弃权而不运行。

---

① 与最高人民法院的规定相比，最高人民检察院并没有明确规定这一但书性例外，但是从原理和实践来看，应当适用同样的原则。

第四节　会见、阅卷与调查取证

一、会见

会见，是指律师经委托或者指定，同刑事案件在押犯罪嫌疑人、被告人或者罪犯进行会面，并就案件情况进行交流的行为。会见权是律师在刑事诉讼中所享有的一项重要权利。通过会见，律师可以向在押犯罪嫌疑人、被告人或者罪犯了解案件情况，听取犯罪嫌疑人、被告人的辩护意见和理由，从而更好地为其提供法律服务。与此同时，律师的会见权还有助于保护羁押状态下的当事人的权利，对羁押场所的活动起到监督作用。

律师的会见可以区分为对在押未决犯罪嫌疑人、被告人的会见与对已决罪犯的会见。

（一）律师会见在押未决犯罪嫌疑人、被告人

2007 年《律师法》第 33 条曾规定："犯罪嫌疑人被侦查机关第一次讯问或者采取强制措施之日起，受委托的律师凭律师执业证书、律师事务所证明和委托书或者法律援助公函，有权会见犯罪嫌疑人、被告人并了解有关案件情况。律师会见犯罪嫌疑人、被告人，不被监听。"2012 年《刑事诉讼法》第 37 条规定："辩护律师可以同在押的犯罪嫌疑人、被告人会见和通信。其他辩护人经人民法院、人民检察院许可，也可以同在押的犯罪嫌疑人、被告人会见和通信。""辩护律师持律师执业证书、律师事务所证明和委托书或者法律援助公函要求会见在押的犯罪嫌疑人、被告人的，看守所应当及时安排会见，至迟不得超过四十八小时。""危害国家安全犯罪、恐怖活动犯罪、特别重大贿赂犯罪案件，在侦查期间辩护律师会见在押的犯罪嫌疑人，应当经侦查机关许可。上述案件，侦查机关应当事先通知看守所。""辩护律师会见在押的犯罪嫌疑人、被告人，可以了解案件有关情况，提供法律咨询等；自案件移送审查起诉之日起，可以向犯罪嫌疑人、被告人核实有关证据。辩护律师会见犯罪嫌疑人、被告人时不被监听。""辩护律师同被监视居住的犯罪嫌疑人、被告人会见、通信，适用第一款、第三款、第四款的规定。"据此，2012 年《律师法》第 33 条相应修改为："律师担任辩护人的，有权持律师执业证书、律师事务所证明和委托书或者法律援助公函，依照刑事诉讼法的规定会见在押或者被监视居住的犯罪嫌疑人、被告人。辩护律师会见犯罪嫌疑人、被告人时不被监听。"

根据上述规定，律师会见在押或者被监视居住未决犯罪嫌疑人、被告人时，应当遵守以下规则：

1. 会见手续

律师会见在押或者被监视居住犯罪嫌疑人、被告人时，应持"三证"即律师执业证书、律师事务所证明和委托书或者法律援助公函。对此，看守所应当及时安排会见，至迟不得超过 48 小时。根据 2012 年六机关《刑事诉讼规定》第 7 条，辩护律师要求会见在押的犯罪嫌疑人、被告人的，看守所应当及时安排会见，保证辩护律师在 48 小时

以内见到在押的犯罪嫌疑人、被告人。因此，看守所应当及时安排会见，是指应当安排辩护律师在48小时以内见到在押的犯罪嫌疑人、被告人，而不仅仅是作出会见安排。

但是，对于危害国家安全犯罪、恐怖活动犯罪、特别重大贿赂犯罪案件，在侦查期间辩护律师会见在押的犯罪嫌疑人，应当经侦查机关许可。于上述案件，侦查机关应当事先通知看守所。

2. 会见纪律

中华全国律师协会2000年修订的《律师办理刑事案件规范》第29条规定："律师会见犯罪嫌疑人，应当遵守羁押场所依法作出的有关规定，不得私自为犯罪嫌疑人传递物品、信函，不得将通讯工具借给其使用，不得进行其他违反法律规定的活动。"

律师会见在押或者被监视居住犯罪嫌疑人、被告人不受监听，既指律师会见时有关机关不能派员在场，也指有关机关不能通过技术手段对律师会见进行秘密录音、录像，以保证律师与犯罪嫌疑人、被告人谈话的秘密性。

3. 会见内容

辩护律师在不同的诉讼阶段，会见的内容是不同的。根据2012年《刑事诉讼法》第37条，辩护律师会见在押的犯罪嫌疑人、被告人，可以了解案件有关情况，提供法律咨询等；自案件移送审查起诉之日起，可以向犯罪嫌疑人、被告人核实有关证据。这是考虑到在案件移送审查起诉之前，涉及案情的保密问题；在案件移送审查起诉之后，侦查已经完毕，因而可以向犯罪嫌疑人、被告人核实有关证据。

辩护律师通过阅卷会了解案件的基本情况，对此，律师应当保密，不得滥用所了解的案情。2012年《刑事诉讼法》第42条规定："辩护人或者其他任何人，不得帮助犯罪嫌疑人、被告人隐匿、毁灭、伪造证据或者串供，不得威胁、引诱证人作伪证以及进行其他干扰司法机关诉讼活动的行为。""违反前款规定的，应当依法追究法律责任，辩护人涉嫌犯罪的，应当由办理辩护人所承办案件的侦查机关以外的侦查机关办理。辩护人是律师的，应当及时通知其所在的律师事务所或者所属的律师协会。"

需要说明的是，根据2012年《律师法》第33条的规定，未被采取羁押措施的犯罪嫌疑人、被告人，律师可以随时会见，但是也应当办理相关的手续，出示前述证件和证明材料。

(二) 律师会见已决罪犯

为了规范律师会见监狱在押罪犯的活动，保障律师执业权利，根据《刑事诉讼法》、《监狱法》和《律师法》，司法部2004年制定了《律师会见监狱在押罪犯暂行规定》，根据该规定，律师会见已决罪犯，应当遵守下列规则：

1. 会见理由

有下列情形之一的，律师可以会见在押罪犯：(1) 在刑事诉讼程序中，接受在押罪犯委托或者人民法院的指定，提供法律咨询，担任辩护人或者代理人的；(2) 在民事、行政诉讼程序中，接受在押罪犯委托，担任代理人的；(3) 接受在押罪犯委托，代理调解、仲裁的；(4) 其他需要会见在押罪犯的情形。

2. 会见地点

律师会见在押罪犯，一律在监狱内的会见场所进行。监狱应当为律师会见在押罪犯提供方便。

3. 会见手续

律师需要会见在押罪犯，可以传真、邮寄或者直接提交的方式，向罪犯所在监狱提交下列材料的复印件：(1) 授权委托书（不需要授权委托的，提供相关证明）；(2) 律师执业证；(3) 律师事务所出具的律师会见在押罪犯的信函。对于律师辅助人员或者翻译人员参加会见的，律师应当向监狱提交其工作证件或者身份证件的复印件。

监狱收到律师提交的上列材料后，对于符合上述可会见的情形的，应当在48小时内安排会见；对于涉及国家秘密或者重大、复杂案件的在押罪犯，由监狱作出批准会见或者不批准会见的决定。监狱应当在作出批准决定后48小时内安排会见。

4. 会见

律师会见在押罪犯时，应当向监狱出示上列材料的原件。监狱在验明复印件、原件相符后，应当安排会见，并告知监狱管理的有关规定。律师会见在押罪犯，应当遵守监狱管理的有关规定。律师会见在押罪犯，应当遵守监狱的作息时间。

监狱安排律师会见在押罪犯，可以根据案件情况和工作需要决定是否派员在场。律师会见在押罪犯，一般应由两名律师参加，也可以由一名律师带一名律师辅助人员参加。

5. 会见纪律

律师会见在押罪犯，不得有下列行为：(1) 传递违禁品；(2) 私自为在押罪犯传递书信、钱物；(3) 将通讯工具提供给在押罪犯使用；(4) 未经监狱和在押罪犯同意对会见进行录音、录像和拍照；(5) 其他违反法律、法规、规章以及妨碍监狱管理秩序的行为。

二、阅卷

阅卷是指律师在诉讼辩护或者代理业务活动中查阅、摘抄、复制案卷材料，了解案情的活动。我国对律师的阅卷权同样作出了相应的规定。律师的阅卷可以区分为刑事诉讼中的阅卷和民事诉讼中的阅卷。

（一）刑事诉讼中的阅卷

1996年《刑事诉讼法》第36条曾规定：辩护律师自人民检察院对案件审查起诉之日起，可以查阅、摘抄、复制本案的诉讼文书、技术性鉴定材料，可以同在押的犯罪嫌疑人会见和通信；其他辩护人经人民检察院许可，也可以查阅、摘抄、复制上述材料，同在押的犯罪嫌疑人会见和通信；辩护律师自人民法院受理案件之日起，可以查阅、摘抄、复制本案所指控的犯罪事实的材料，可以同在押的被告人会见和通信；其他辩护人经人民法院许可，也可以查阅、摘抄、复制上述材料，同在押的被告人会见和通信。这一关于律师阅卷权的规定，本意旨在改变审判中的“先定后审”现象，但是在实践中因查阅案件地点不明、查阅范围不清、检察机关在阅卷范围上自由裁量权过大等原因①，造成了律师无法有效阅卷，甚至在庭审中遭遇检控方证据突袭。② 为解

① 参见李忠诚：《正确理解和保证律师阅卷权》，载《人民检察》，1998 (3)。

② 参见刘思达：《割据的逻辑：中国法律服务市场的生态分析》，196页，上海，上海三联书店，2011。

决该问题，2007 年《律师法》第 34 条规定：受委托的律师自案件审查起诉之日起，有权查阅、摘抄和复制与案件有关的诉讼文书及案卷材料。受委托的律师自案件被人民法院受理之日起，有权查阅、摘抄和复制与案件有关的所有材料。这一规定将案卷中的所有材料区分为了入卷（案卷）材料和非入卷材料，但是对于这一规定，在理论上有不同的理解①，司法实践并没有得到落实。2012 年《刑事诉讼法》的修改，废除了检察机关提起公诉时移送"证据目录"、"证人名单"和"主要证据复印件或者照片"的制度，恢复了 1979 年《刑事诉讼法》规定的庭前移送案卷制度。② 2012 年《刑事诉讼法》第 38 条则进一步规定："辩护律师自人民检察院对案件审查起诉之日起，可以查阅、摘抄、复制本案的案卷材料。其他辩护人经人民法院、人民检察院许可，也可以查阅、摘抄、复制上述材料。"据此，2012 年《律师法》第 34 条相应修改为："律师担任辩护人的，自人民检察院对案件审查起诉之日起，有权查阅、摘抄、复制本案的案卷材料。"

为了切实保障辩护律师的阅卷权，2012 年《刑事诉讼法》第 39 条还规定："辩护人认为在侦查、审查起诉期间公安机关、人民检察院收集的证明犯罪嫌疑人、被告人无罪或者罪轻的证据材料未提交的，有权申请人民检察院、人民法院调取。"这对于保障辩护律师全面阅卷，避免受到突袭具有重要的意义。最高人民法院 2012 年《刑事诉讼解释》第 49 条规定："辩护人认为在侦查、审查起诉期间公安机关、人民检察院收集的证明被告人无罪或者罪轻的证据材料未随案移送，申请人民法院调取的，应当以书面形式提出，并提供相关线索或者材料。人民法院接受申请后，应当向人民检察院调取。人民检察院移送相关证据材料后，人民法院应当及时通知辩护人。"最高人民检察院 2012 年《刑事诉讼规定》第 50 条规定："案件移送审查逮捕或者审查起诉后，辩护人认为在侦查期间公安机关收集的证明犯罪嫌疑人无罪或者罪轻的证据材料未提交，申请人民检察院向公安机关调取的，人民检察院案件管理部门应当及时将申请材料送侦查监督部门或者公诉部门办理。经审查，认为辩护人申请调取的证据已收集并且与案件事实有联系的，应当予以调取；认为辩护人申请调取的证据未收集或者与案件事实没有联系的，应当决定不予调取并向辩护人说明理由。公安机关移送相关证据材料的，人民检察院应当在三日以内告知辩护人。""人民检察院办理直接立案侦查的案件，按照本条规定办理。"这些规定所确立的权利可以称为辩护人维护证据完整性权利，它表明刑事诉讼制度改革的触角，已经伸向了尚未得到重视的检控方隐匿、扣压、毁灭证据的行为。但是，这一权利的具体落实，还存在巨大的制度建设空间，还需要许多配套的规定。③

从诉讼公平角度出发，律师在享有阅卷权的同时，也承担一定的义务。2012 年《刑事诉讼法》第 40 条规定："辩护人收集的有关犯罪嫌疑人不在犯罪现场、未达到刑事责任年龄、属于依法不负刑事责任的精神病人的证据，应当及时告知公安机关、人

① 参见程荣斌、刘怀印：《从修订后律师法看检察机关保障律师阅卷权制度的完善》，载《人民检察》，2008 (18)。

② 参见陈瑞华等：《法律程序改革的突破与限度——2012 年刑事诉讼法修改评述》，158～163 页，北京，中国法制出版社，2012。

③ 参见王进喜：《论辩护人维护证据完整性权利的运行条件与环境》，载《中国司法》，2013 (1)。

民检察院。”

（二）民事诉讼中的阅卷

2012年《民事诉讼法》第61条规定：代理诉讼的律师和其他诉讼代理人有权调查收集证据，可以查阅本案有关材料。查阅本案有关材料的范围和办法由最高人民法院规定。2002年最高人民法院公布了《关于诉讼代理人查阅民事案件材料的规定》[①]，对诉讼代理人查阅代理案件有关材料的范围和办法作了如下规定：

1. 需要查阅案卷的情形

代理民事诉讼的律师和其他诉讼代理人有权查阅所代理案件的有关材料。但是，诉讼代理人查阅案件材料不得影响案件的审理。诉讼代理人为了申请再审的需要，可以查阅已经审理终结的所代理案件的有关材料。

诉讼代理人在诉讼过程中需要查阅案件有关材料的，应当提前与该案件的书记员或者审判人员联系；查阅已经审理终结的案件有关材料的，应当与人民法院有关部门工作人员联系。

2. 查阅手续

诉讼代理人查阅案件有关材料应当出示律师证或者身份证等有效证件，应当填写查阅案件有关材料阅卷单。

3. 查阅案卷的范围

诉讼代理人在诉讼中查阅案件材料限于案件审判卷和执行卷的正卷，包括起诉书、答辩书、庭审笔录及各种证据材料等。案件审理终结后，可以查阅案件审判卷的正卷。

4. 查阅要求

人民法院应当为诉讼代理人阅卷提供便利条件，安排阅卷场所；必要时，该案件的书记员或者法院其他工作人员应当在场。诉讼代理人查阅案件有关材料后，应当及时将查阅的全部案件材料交回书记员或者其他负责保管案卷的工作人员。书记员或者法院其他工作人员对诉讼代理人交回的案件材料应当当面清查，认为无误后在阅卷单上签注；阅卷单应当附卷。诉讼代理人不得将查阅的案件材料携出法院指定的阅卷场所。

诉讼代理人查阅案件材料可以摘抄或者复印，涉及国家秘密的案件材料，依照国家有关规定办理。复印案件材料应当经案卷保管人员的同意。复印已经审理终结的案件有关材料，诉讼代理人可以要求案卷管理部门在复印材料上盖章确认。复印案件材料可以收取必要的费用。

查阅案件材料中涉及国家秘密、商业秘密和个人隐私的，诉讼代理人应当保密。

诉讼代理人查阅案件材料时不得涂改、损毁、抽取案件材料。人民法院对于修改、损毁、抽取案卷材料的诉讼代理人，可以参照2012年《民事诉讼法》第111条第1款第1项的规定予以处理。

三、调查取证

调查取证，是指律师在承办法律事务的过程中，走访知情人、收集与案件有关的

---

① 2002年11月4日最高人民法院审判委员会第1254次会议通过。

事实材料的活动。作为代理人提供代理的过程中，律师需要收集证据来对抗对方当事人或者公诉方所提供的证据。在实践中，律师收集、判断、运用证据的好坏，往往影响到代理活动的质量。

我国1980年《律师暂行条例》第7条曾规定："律师参加诉讼活动，有权依照有关规定，查阅本案材料，向有关单位、个人调查。律师担任刑事辩护人时，可以同在押的被告人会见和通信。""律师进行前款所列活动，有关单位、个人有责任给予支持。"最高人民法院、最高人民检察院、公安部、司法部1981年《关于律师参加诉讼的几项具体规定的联合通知》曾规定："律师参加诉讼（包括参加调解或仲裁活动），可以持法律顾问处介绍信向有关单位、个人进行访问，调查本案案情，有关单位、个人应当给予支持。"1996年《律师法》第31条和1996年《刑事诉讼法》第37条明确了辩护律师享有调查取证权，但又给予了较多的限制：1996年《律师法》第31条规定，律师承办法律事务，经有关单位或者个人同意，可以向他们调查情况。1996年《刑事诉讼法》第37条规定：辩护律师经证人或者其他有关单位和个人同意，可以向他们收集与本案有关的材料，也可以申请人民检察院、人民法院收集、调取证据，或者申请人民法院通知证人出庭作证。辩护律师经人民检察院或者人民法院许可，并且经被害人或者其近亲属、被害人提供的证人同意，可以向他们收集与本案有关的材料。在司法实践中，有关单位和证人拒绝律师调查的事例屡见不鲜，导致律师的取证权往往无法实现。2012年《刑事诉讼法》第41条对上述规定没有进行修改。[①] 2012年《律师法》将律师的调查取证区分为了两个部分：

（一）自行调查取证

2012年《律师法》第35条第2款规定："律师自行调查取证的，凭律师执业证书和律师事务所证明，可以向有关单位或者个人调查与承办法律事务有关的情况。"这是立法上关于律师调查取证权的基础规定，既适用于诉讼活动，也适用于非诉讼活动。

（二）协力调查取证

除了调查取证权之外，2012年《律师法》还赋予了律师办理诉讼事务时的协力调查取证申请权，即律师申请人民检察院、人民法院以国家强制权力收集、保全证据的权利。2012年《律师法》第35条第1款规定："受委托的律师根据案情的需要，可以申请人民检察院、人民法院收集、调取证据或者申请人民法院通知证人出庭作证。"协力调查取证申请权对于律师履行辩护、代理职能，维护委托人的合法权益，解决当前我国律师调查取证无力现象，以及实现辩护律师在调查取证方面与控诉机关平等，有着重要的现实意义。

由人民法院来对律师的调查取证权进行救济，符合证据法的原理。证人翻证是令司法实务部门颇感头痛的问题。审判人员在出现庭前陈述和庭上证言不一致的情况时，与检察人员、辩护人员之间往往产生意见分歧，感到难以决定证据的取舍，于是，干脆不传唤证人出庭以求方便。这直接导致了证人出庭率低、证人证言无法质证的痼疾。

---

① 2012年《刑事诉讼法》第41条规定："辩护律师经证人或者其他有关单位和个人同意，可以向他们收集与本案有关的材料，也可以申请人民检察院、人民法院收集、调取证据，或者申请人民法院通知证人出庭作证。""辩护律师经人民检察院或者人民法院许可，并且经被害人或者其近亲属、被害人提供的证人同意，可以向他们收集与本案有关的材料。"

而人民法院庭前取得的证人陈述，因法院的中立性具有作证的可靠情况保证而具有可采性。因此，在发生证人翻证的情况下，可以采纳为实质证据。相反，人民检察院作为检控机关，不具有中立性，因此，一般而言，人民检察院取得的证人庭前陈述不具有可采性。在律师调查取证遇到障碍的情况下，只能由人民法院提供救济。

需要指出的是，人民法院的中立性具有亲为性，不能为委托调查令等文书所取代。有的观点认为："律师在调查取证时，根据实际需要有权要求人民法授权调查，法院接到律师的请求后，经审查认为律师所调查的事实，直接影响到案情的认定的，应当立即发出授权调查书或委托调查令，保证调查取证的顺利进行。"然而，律师并不能因为手持调查令而取得人民法院的中立性，因此，其所调查取得的结果并不因此而具有可采性。六机关1998年《刑事诉讼规定》明确指出："对于辩护律师申请人民检察院、人民法院收集、调取证据，人民检察院、人民法院认为需要调查取证的，应当由人民检察院、人民法院收集、调取证据，不应当向律师签发准许调查决定书，让律师收集、调取证据。"六机关2012年《刑事诉讼规定》第8条也再次重申规定："对于辩护律师申请人民检察院、人民法院收集、调取证据，人民检察院、人民法院认为需要调查取证的，应当由人民检察院、人民法院收集、调取证据，不得向律师签发准许调查决定书，让律师收集、调取证据。"这些规定的精神是正确的，符合证据法的基本原理，应当继续坚持。

第五节　对案件承办机关的坦诚性

一、证据与事实

从哲学角度来看，诉讼、仲裁活动也是一种认识活动，是诉讼、仲裁主体对诉讼、仲裁客体（已经发生的案件事实）的一种追溯性认识活动。但是，诉讼、仲裁中的认识活动并不完全等同于哲学上的认识活动，而是有着诸多独特性的一面。与一般的人类认识活动相区别，诉讼、仲裁中的认识活动是由特定的诸多诉讼、仲裁主体按照现代诉讼、仲裁职能分工的一般原理分工进行的，也就是说，在这样的认识活动中，不同的诉讼、仲裁主体承担的职能各不相同。以刑事诉讼为例，侦查机关（部门）承担着查明案件事实的诉讼职能，公诉机关和被告方承担着向第三方——审判机关——证明的诉讼职能，审判机关承担着判明职能；其他诉讼参与人服务于这三个基本职能。在这些认识活动中，证据是对认识客体进行查明的手段。所谓证据，是证明案件真实情况的信息。案件一旦发生，案件事实已经成为过去，我们对案件事实的认识是通过证据来进行的。最高人民法院、最高人民检察院、公安部、国家安全部、司法部2010年《关于办理死刑案件审查判断证据若干问题的规定》第2条规定："认定案件事实，必须以证据为根据。"这一规定确立了证据裁判主义。从这个意义上讲，对已发生的案件事实的认定，是建立在证据基础上的意义生成机制，证据的质量决定了案件事实认定的质量。

如前所述，争讼性事务中具有一定的对抗性，这被认为是发现事实的最佳手段。对抗对于事实的正确认定无疑具有巨大的贡献，但这是否最佳手段却是令人怀疑的：

“对抗制的许多规则和手段恰恰不利于事实的发现。甚至在存在利益关系的当事人的参与下，事实的发现常常仅仅是一个副产品，或者仅仅是个偶然的近似事实。”① 律师作为法律职业人员，要维护当事人的合法权益，维护法律的正确实施，维护社会公平与正义。律师固然要维护委托人的权益，但是这种活动，受到律师对案件承办机关的坦诚性责任的限制。律师对案件承办机关的坦诚性责任是对争讼性事务中认定事实的机制所存在的弊端的矫正机制，其目的在于保证案件承办机关尽最大可能获得可靠的证据，以据此作出准确的法律决策。

二、律师对案件承办机关的坦诚性

律师对案件承办机关负有坦诚性职责，这一职责的主要目的，是保证裁决活动的正当性。尽管在争讼性程序中存在着一定的对抗性，但是对方并不总是有能力和机会发现证据上所存在的问题，因此，必须积极地要求律师履行对案件承办机关的坦诚性职责。这种坦诚性也是律师独立性的一个体现。换言之，委托人只能在法律的界限内获得律师的帮助，律师只能在法律的界限内帮助委托人。我国法律上关于律师对案件承办机关的坦诚性职责，主要体现在下列规定中：

2012 年《律师法》第 40 条第 6 项规定，律师在执业活动中，不得“故意提供虚假证据或者威胁、利诱他人提供虚假证据，妨碍对方当事人合法取得证据”。2012 年《律师法》第 49 条第 4 项对律师“故意提供虚假证据或者威胁、利诱他人提供虚假证据，妨碍对方当事人合法取得证据的”违法行为规定了处罚措施。

司法部 2010 年《律师和律师事务所违法行为处罚办法》第 17 条规定，有下列情形之一的，属于《律师法》第 49 条第 4 项规定的律师“故意提供虚假证据或者威胁、利诱他人提供虚假证据，妨碍对方当事人合法取得证据的”违法行为：（1）故意向司法机关、行政机关或者仲裁机构提交虚假证据，或者指使、威胁、利诱他人提供虚假证据的；（2）指使或者帮助委托人或者他人伪造、隐匿、毁灭证据，指使或者帮助犯罪嫌疑人、被告人串供，威胁、利诱证人不作证或者作伪证的；（3）妨碍对方当事人及其代理人、辩护人合法取证的，或者阻止他人向案件承办机关或者对方当事人提供证据的。

中华全国律师协会 2011 年《律师执业行为规范》第 63 条规定：“律师不得向司法机关或者仲裁机构提交明知是虚假的证据。”

此外，1997 年《刑法》第 306 条规定：“在刑事诉讼中，辩护人、诉讼代理人毁灭、伪造证据，帮助当事人毁灭、伪造证据，威胁、引诱证人违背事实改变证言或者作伪证的，处三年以下有期徒刑或者拘役；情节严重的，处三年以上七年以下有期徒刑。”“辩护人、诉讼代理人提供、出示、引用的证人证言或者其他证据失实，不是有意伪造的，不属于伪造证据。”2012 年《刑事诉讼法》第 42 条第 1 款规定：“辩护人或者其他任何人，不得帮助犯罪嫌疑人、被告人隐匿、毁灭、伪造证据或者串供，不得威胁、引诱证人作伪证以及进行其他干扰司法机关诉讼活动的行为。”

根据上述规定，我国关于争讼性事务中律师对案件承办机关的坦诚性规则，主要

---

① 王进喜：《法律伦理的 50 堂课：美国律师职业行为规范与实务》，284 页，台北，五南图书出版股份有限公司，2008。

包括以下内容：

第一，律师不得故意向司法机关、行政机关或者仲裁机构提交虚假证据，或者指使、威胁、利诱他人提供虚假证据。

这里所讲的虚假证据，既包括实物证据，也包括言词证据。律师向司法机关、行政机关或者仲裁机构提交虚假证据应受处罚的界限是“故意”、“有意”或者“明知”①。证据是否虚假，应当由事实认定者综合全案来加以判断，而不是由律师来加以定夺。因此，排除仅仅具有可疑性的证据不仅不能保护上述程序的正当性，反而可能导致具有准确性的证据被排除在外，从而损害诉讼当事人的利益。因此，在由律师剔除掉其明知虚假的证据后，就足以满足程序的要求，足以保护程序的正当性。“实践中，当事人很可能隐瞒真相，向律师提供虚假证据，而律师只能在能力范围内对证据的真实性进行审查。如果律师在尽审查义务后，未能发现证据虚假而提供给法庭，就不能追究律师的法律责任。”②

第二，律师不得伪造、隐匿、毁灭证据，指使或者帮助委托人或者他人伪造、隐匿、毁灭证据；不得指使或者帮助犯罪嫌疑人、被告人串供，威胁、利诱证人不作证或者作伪证。

伪造、隐匿、毁灭的证据，是指实物证据，包括以笔录等形式体现的证人证言、被害人陈述等。

司法部 2002 年《关于律师以非律师身份参与诉讼并提供伪造证据是否适用〈律师法〉予以处罚的批复》（司复［2002］5 号）规定，“律师以非律师身份参与诉讼并向法院提供伪造的证据，隐瞒事实真相，妨碍了人民法院诉讼程序，应适用《律师法》第四十五条第三款、《律师违法行为处罚办法》第七条第三款的规定，对其进行处罚”。

第三，律师不得妨碍对方当事人及其代理人、辩护人合法取证，或者阻止他人向案件承办机关或者对方当事人提供证据。

争讼程序中的对抗性，目的在于通过对立当事人的竞争，使案件的证据得到整理。如果允许使用妨害对方的策略来获得竞争的优势性，就会破坏程序的目的。但是，律师依据证据法上的作证特免权来建议有关人员不提供相关言词性证据，不属于这种妨害对方合法取证的行为。

2012 年《刑事诉讼法》第 42 条第 2 款规定：“违反前款规定的，应当依法追究法律责任，辩护人涉嫌犯罪的，应当由办理辩护人所承办案件的侦查机关以外的侦查机关办理。辩护人是律师的，应当及时通知其所在的律师事务所或者所属的律师协会。”2012 年六机关《刑事诉讼规定》第 9 条规定：“公安机关、人民检察院发现辩护人涉嫌犯罪，或者接受报案、控告、举报、有关机关的移送，依照侦查管辖分工进行审查后认为符合立案条件的，应当按照规定报请办理辩护人所承办案件的侦查机关的上一级侦查机关指定其他侦查机关立案侦查，或者由上一级侦查机关立案侦查。不得指定办理辩护人所承办案件的侦查机关的下级侦查机关立案侦查。”这些程序性规定，有助于

---

① 1996 年《律师法》第 35 条所禁止的律师违法行为是“提供虚假证据，隐瞒事实或者威胁、利诱他人提供虚假证据，隐瞒事实以及妨碍对方当事人合法取得证据”。2007 年《律师法》增加了“故意”这一限定，进一步明确了行为的界限。

② 王胜明、赵大程主编：《中华人民共和国律师法释义》，154 页，北京，法律出版社，2007。

保证对辩护人的犯罪行为进行追究时的客观性。

第六节　庭外宣传

庭外宣传，就是指律师在裁判程序外就承办案件情况所作的可能影响案件处理的披露。庭外宣传规则是律师在争讼性事务代理中应当遵守的重要规则。律师的言论权利涉及两个方面，即庭上言论和庭外言论。2012年《律师法》第37条第2款规定："律师在法庭上发表的代理、辩护意见不受法律追究。但是，发表危害国家安全、恶意诽谤他人、严重扰乱法庭秩序的言论除外。"律师的庭上言论在不属于职业行为法明确禁止的上述情况下，是不受限制的，但是律师的庭外言论受到较多的限制。

律师的庭外言论可以区分为就一般性法律问题所发表的言论和就所承办的特定案件所发表的言论。律师就一般性法律问题所发表的言论遵循言论自由的一般规则，就像联合国《关于律师作用的基本原则》第23条所规定的那样："与其他公民一样，律师也享有言论、信仰、结社和集会的自由。特别是，他们应有权参加有关法律、司法以及促进和保护人权等问题的公开讨论并有权加入或筹组地方的、全国的或国际性的组织和出席这些组织的会议而不致由于他们的合法行为或成为某一合法组织的成员而受到专业的限制。律师在行使这些权利时，应始终遵照法律和公认准则以及按照律师的职业道德行事。"律师在就一般性法律问题发表庭外言论时，除了遵守关于诽谤等问题的法律外，应当遵守的最重要的规则，就是关于保守职业秘密的职业行为法。律师在讨论一般性法律问题时，不得泄露委托人的商业秘密、个人隐私等事项。司法部2010年《律师和律师事务所违法行为处罚办法》第13条规定，律师未经委托人或者其他当事人的授权或者同意，在承办案件的过程中或者结束后，擅自披露、散布在执业中知悉的委托人或者其他当事人的商业秘密、个人隐私或者其他不愿泄露的情况和信息的，属于《律师法》第48条第4项规定的"泄露商业秘密或者个人隐私的"违法行为，应当予以处罚。

律师就所承办的特定案件所发表的庭外言论，则受到律师庭外宣传规则的约束。庭外宣传规则是律师行使言论自由权利时应当遵守的职业行为法，其主要功能是解决律师的言论、公众和媒体就案件获得相关信息的权利与律师庭外宣传对案件的公平处理的影响三者之间的平衡问题。

首先，律师是当事人的辩护人或者代理人，其职责是维护当事人的合法权益。律师的言论权利是维护当事人合法权益的手段之一。在某些情况下，律师需要通过庭外宣传来促进委托人的合法权益；某些情况下，为保护委托人的合法权益，律师需要限制或者避免庭外宣传。律师作为法律职业人员，特别是本案的承办人，有着会见、阅卷、调查取证等权利，其发表的言论往往被认为具有权威性、真实性基础。

其次，律师是当事人的辩护人或者代理人，其职责还包括维护法律的正确实施、维护社会公平与正义。当事人获得独立、中立裁判庭的听审、无罪推定等权利，是法律得以正确实施的重要保证。联合国《关于司法机关独立的基本原则》第2条规定：

“司法机关应不偏不倚、以事实为根据并依法律规定来裁决其所受理的案件，而不应有任何约束，也不应为任何直接间接不当影响、怂恿、压力、威胁、或干涉所左右，不论其来自何方或出于何种理由。”这往往需要对包括律师言论在内的庭外言论进行适当控制，避免影响裁判庭的中立性，避免影响无罪推定等法律原则。律师的言论权利不能超越必要的界限，对案件的依法处理造成不当影响。

最后，公众和媒体就案件有获得相关信息的权利。在当今网络、传媒如此发达的时代，一些案件往往引起社会的普遍关注和讨论。这反映了公众对法治的关注，对社会公平、正义的关注。公众的知情权往往需要适当的信息来加以满足，这是保证公众社会安全感的机制之一。尽管公众的知情权可以通过公开审判和判决公开宣布等方式加以满足，但是争讼各方庭前的信息披露还具有就犯罪进行社会预警、就证据方面的需求获得社会帮助、就有关执法机关和人员的行为进行即时监督等功能。

毫无疑问，上述三个方面是存在矛盾的，律师的庭外宣传规则就是要在这三者之间实现适当的平衡，而这主要是通过对律师就本案的庭外言论的信息含量和性质进行限制来实现的。

我国关于律师庭外宣传的规则主要体现在司法部 2010 年《律师和律师事务所违法行为处罚办法》中。2012 年《律师法》第 40 条第 5 项规定，律师在执业活动中不得向法官、检察官、仲裁员以及其他有关工作人员行贿，介绍贿赂或者指使、诱导当事人行贿，或者以其他不正当方式影响法官、检察官、仲裁员以及其他有关工作人员依法办理案件。第 49 条第 1 项规定，律师有违反规定会见法官、检察官、仲裁员以及其他有关工作人员，或者以其他不正当方式影响依法办理案件的行为的，应当予以行政处罚。司法部 2010 年《律师和律师事务所违法行为处罚办法》第 14 条第 3 项规定，以对案件进行歪曲、不实、有误导性的宣传或者诋毁有关办案机关和工作人员以及对方当事人声誉等方式，影响依法办理案件的，属于《律师法》第 49 条第 1 项规定的律师“违反规定会见法官、检察官、仲裁员以及其他有关工作人员，或者以其他不正当方式影响依法办理案件”的违法行为。

中华全国律师协会 2004 年《律师执业行为规范（试行）》第 163 条曾规定：“在诉讼或仲裁案件终审前，承办律师不得通过传媒或在公开场合发布任何可能被合理地认为损害司法公正的言论。”但是这一规定在中华全国律师协会 2011 年《律师执业行为规范》中已经被删除。

根据上述规定，我国律师的庭外宣传规则包括以下要求：

第一，律师不得以对案件进行歪曲、不实、有误导性的宣传等方式，影响依法办理案件。这一限制的主要目的是减少影响裁判庭中立性、独立性的信息，保证当事人受到公平、公正、不偏不倚的听审。但是就诉讼的日程安排、当事人获得无罪推定的权利等法律规定、在必要的证据和信息方面需要获得帮助等进行说明，不属于对案件进行歪曲、不实、有误导性的宣传。

第二，律师不得以诋毁有关办案机关和工作人员以及对方当事人声誉等方式，影响依法办理案件。这一限制的主要目的是维护办案机关和工作人员的称职性，从而维护裁决的稳定性。但是，在有合理根据的情况下，对办案机关的管辖权、工作人员的回避等事项提出合理质疑不受此限。

第三，该规则适用于尚未得到终局处理的案件。如果案件已经终审或者作出了终局裁决，则裁判庭的独立性、中立性、无罪推定等原则受到不利影响的风险已经消失，对律师庭外宣传进行限制的必要性已经消灭。

第四，为保证案件依法办理，在他人作出了上述可能影响案件依法办理的行为的情况下，律师可以进行为纠正视听所合理、必需的宣传。他人可以包括新闻媒体，侦办本案的侦查、检察人员，对方当事人和律师等。律师进行该纠正视听的庭外宣传不能超过合理、必需的限度。

律师还可以依法采取其他必要措施，维护委托人的合法权益。例如，根据最高人民法院2009年《关于人民法院接受新闻媒体舆论监督的若干规定》第9条之规定，人民法院发现新闻媒体在采访报道法院工作时有下列情形之一的，可以向新闻主管部门、新闻记者自律组织或者新闻单位等通报情况并提出建议；违反法律规定的，依法追究相应责任：A. 损害国家安全和社会公共利益的，泄露国家秘密、商业秘密的；B. 对正在审理的案件报道严重失实或者恶意进行倾向性报道，损害司法权威、影响公正审判的；C. 以侮辱、诽谤等方式损害法官名誉，或者损害当事人名誉权等人格权，侵犯诉讼参与人的隐私和安全的；D. 接受一方当事人请托，歪曲事实，恶意炒作，干扰人民法院的审判、执行活动，造成严重不良影响的；E. 其他严重损害司法权威、影响司法公正的。在必要情况下，律师可以申请人民法院采取相关措施。

第五，该规则适用于正在办理该案件的律师，也适用于曾经承办该案件的律师，否则，该规则就可以以更换承办律师方式被合法规避。

第七节　维护争讼程序的其他正当性

一、律师不得违反规定会见有关工作人员

2012年《律师法》第40条规定，律师在执业活动中，不得违反规定会见法官、检察官、仲裁员以及其他有关工作人员；第49条第1项对该行为规定了处罚措施。司法部2010年《律师和律师事务所违法行为处罚办法》第14条第1、2项规定，“在承办代理、辩护业务期间，以影响案件办理结果为目的，在非工作时间、非工作场所会见法官、检察官、仲裁员或者其他有关工作人员的”，以及“利用与法官、检察官、仲裁员或者其他有关工作人员的特殊关系，影响依法办理案件的”的，属于《律师法》第49条第1项规定的律师“违反规定会见法官、检察官、仲裁员以及其他有关工作人员，或者以其他不正当方式影响依法办理案件的”违法行为。

此外，最高人民法院、司法部2004年《关于规范法官和律师相互关系维护司法公正的若干规定》第3条规定：“法官不得私自单方面会见当事人及其委托的律师。”“律师不得违反规定单方面会见法官。”最高人民法院2010年《法官职业道德基本准则》第13条规定，法官应当“不私自单独会见当事人及其代理人、辩护人”。最高人民检察院2009年《检察官职业道德基本准则（试行）》第23条规定，检察官应当严格遵守

检察纪律，“不违反规定会见案件当事人、诉讼代理人、辩护人及其他与案件有利害关系的人员”。

根据上述规定，我国关于律师不得违反规定会见法官、检察官、仲裁员以及其他有关工作人员的规定，主要包含以下规则：

1. 禁止单方交流

单方交流，是指以影响案件办理结果为目的而进行的并非所有相关当事方都在场的交流。以与法官和仲裁员的单方交流为例，这种单方交流存在以下弊端：（1）剥夺了不在场当事人就交流的事实和意见进行反驳的机会。（2）按照审判公开或者仲裁公开的原则，关于案件事实和意见的交流，应当在公开庭审中进行。在对方当事人不在场的情况下进行单方交流，违反了审判公开原则。（3）单方交流可能使得法官、仲裁员偏听偏信，丧失不偏不倚的立场。（4）如果法官、仲裁员自行发动单方交流，可能说明法官具有偏袒，甚至可能被视为法官、仲裁员在暗示进行不当影响。

总之，在单方交流中，由于不存在对方当事方所产生的平衡作用，法庭、裁判庭的裁判过程的正当性保证无疑失去了一个重要的支持手段，难以形成实质公正和形式公正的结果。

根据上述规定，在承办代理、辩护业务期间，律师不得以影响案件办理结果为目的，在非工作时间、非工作场所会见法官、检察官、仲裁员或者其他有关工作人员。因此，律师在办案期间，有单方会见必要性的，只能在工作时间、工作场所会见上述人员。这种会见可能涉及两种情况：（1）如果仅仅涉及程序目的，例如，关于出庭事项的安排，不涉及对案件处理结果的影响，则这种会见是可以进行的；（2）如果这种会见会对案件的处理结果产生影响，则相关办案人员应当采取措施通知对方当事方，为其进行反驳、补充证据与意见留下合理的机会。

2. 禁止律师对法官、检察官、仲裁员等工作人员进行不当影响

律师不得违反规定会见法官、检察官、仲裁员以及其他有关工作人员的规定，还旨在规范律师与法官、检察官、仲裁员以及其他有关工作人员的交流方式，防止律师利用与法官、检察官、仲裁员或者其他有关工作人员的特殊关系，影响依法办理案件。

二、律师不得直接或者间接向有关工作人员行贿或者介绍贿赂

2012 年《律师法》第 40 条规定，律师在执业活动中，不得“向法官、检察官、仲裁员以及其他有关工作人员行贿，介绍贿赂或者指使、诱导当事人行贿”；第 49 条第 2 项就该行为规定了处罚措施。司法部 2010 年《律师和律师事务所违法行为处罚办法》第 15 条规定，有下列情形之一的，属于《律师法》第 49 条第 2 项规定的律师“向法官、检察官、仲裁员以及其他有关工作人员行贿，介绍贿赂或者指使、诱导当事人行贿的”违法行为：（1）利用承办案件的法官、检察官、仲裁员以及其他工作人员或者其近亲属举办婚丧喜庆事宜等时机，以向其馈赠礼品、金钱、有价证券等方式行贿的；（2）以装修住宅、报销个人费用、资助旅游娱乐等方式向法官、检察官、仲裁员以及其他工作人员行贿的；（3）以提供交通工具、通讯工具、住房或者其他物品等方式向

法官、检察官、仲裁员以及其他工作人员行贿的；（4）以影响案件办理结果为目的，直接向法官、检察官、仲裁员以及其他工作人员行贿、介绍贿赂或者指使、诱导当事人行贿的。

最高人民法院 2010 年《法官职业道德基本准则》第 16 条规定，法官应当“严格遵守廉洁司法规定，不接受案件当事人及相关人员的请客送礼，不利用职务便利或者法官身份谋取不正当利益，不违反规定与当事人或者其他诉讼参与人进行不正当交往，不在执法办案中徇私舞弊”。最高人民检察院 2009 年《检察官职业道德基本准则（试行）》第 29 条规定，检察官应当严格遵守检察纪律，“不收受案件当事人及其亲友、案件利害关系人或者单位及其所委托的人以任何名义馈赠的礼品礼金、有价证券、购物凭证以及干股等；不参加其安排的宴请、娱乐休闲、旅游度假等可能影响公正办案的活动；不接受其提供的各种费用报销，出借的钱款、交通通讯工具、贵重物品及其他利益”。

此外，最高人民法院、司法部 2004 年《关于规范法官和律师相互关系维护司法公正的若干规定》第 7 条也规定：“法官不得向当事人及其委托律师索取或者收取礼品、金钱、有价证券等；不得借婚丧喜庆事宜向律师索取或者收取礼品、礼金；不得接受当事人及其委托律师的宴请；不得要求或者接受当事人及其委托律师出资装修住宅、购买商品或者进行各种娱乐、旅游活动；不得要求当事人及其委托的律师报销任何费用；不得向当事人及其委托的律师借用交通工具、通讯工具或者其他物品。”“当事人委托的律师不得借法官或者其近亲属婚丧喜庆事宜馈赠礼品、金钱、有价证券等；不得向法官请客送礼、行贿或者指使、诱导当事人送礼、行贿；不得为法官装修住宅、购买商品或者出资邀请法官进行娱乐、旅游活动；不得为法官报销任何费用；不得向法官出借交通工具、通讯工具或者其他物品。”第 8 条规定：“法官不得要求或者暗示律师向当事人索取财物或者其他利益。”“当事人委托的律师不得假借法官的名义或者以联络、酬谢法官为由，向当事人索取财物或者其他利益。”

根据上述规定，律师不得向法官、检察官、仲裁员以及其他有关工作人员行贿、介绍贿赂或者指使、诱导当事人行贿的规则包含以下内容：

首先，律师不得针对法官、检察官、仲裁员以及其他有关工作人员直接行贿、介绍贿赂，也不得通过指使、诱导当事人行贿的方式进行间接行贿。律师通过他人的行为来从事上述不当行为，其责任应当归于该律师。

其次，律师的行贿行为表现有多种形式，包括：第一，直接以金钱、有价证券等方式行贿；第二，以请客送礼等馈赠方式行贿；第三，以报销方式行贿；第四，以出借交通工具、通讯工具或者其他物品方式行贿。这些行为都受到禁止。

三、律师应当维护争讼性程序的秩序性

审判、仲裁活动有秩序地进行，是依法解决争端的应有之义。法庭、仲裁庭的秩序，不仅体现了法律的权威，也体现了法律职业的尊严。

2012 年《律师法》第 40 条规定，律师在执业活动中，“不得扰乱法庭、仲裁庭秩序，干扰诉讼、仲裁活动的正常进行”；第 49 条第 6 项对该行为规定了处罚措施。司法部 2010 年《律师和律师事务所违法行为处罚办法》第 19 条规定，有下列情形之一

的，属于《律师法》第49条第6项规定的律师“扰乱法庭、仲裁庭秩序，干扰诉讼、仲裁活动的正常进行的”违法行为：（1）在法庭、仲裁庭上发表或者指使、诱导委托人发表扰乱诉讼、仲裁活动正常进行的言论的；（2）阻止委托人或者其他诉讼参与人出庭，致使诉讼、仲裁活动不能正常进行的；（3）煽动、教唆他人扰乱法庭、仲裁庭秩序的；（4）无正当理由，当庭拒绝辩护、代理，拒绝签收司法文书或者拒绝在有关诉讼文书上签署意见的。

此外，最高人民法院、司法部2004年《关于规范法官和律师相互关系维护司法公正的若干规定》第10条第2款也规定：“律师应当自觉遵守法庭规则，尊重法官权威，依法履行辩护、代理职责。”

根据上述规定，律师维护争讼性程序的秩序性规则包含以下内容：

第一，律师不得在法庭、仲裁庭上发表或者指使、诱导委托人发表扰乱诉讼、仲裁活动正常进行的言论，不得煽动、教唆他人扰乱法庭、仲裁庭秩序。

第二，律师不得阻止委托人或者其他诉讼参与人出庭，致使诉讼、仲裁活动不能正常进行。这种行为既是损害争讼性程序的秩序性的违法行为，也是妨害裁判庭取得相关证据和信息的行为。

第三，律师不得无正当理由而当庭拒绝辩护、代理，拒绝签收司法文书或者拒绝在有关诉讼文书上签署意见。律师无正当理由当庭拒绝辩护、代理的行为，既损害了委托人与律师之间的信任，也妨害了案件处理的效率和秩序。

第四，律师不得不服从法庭、仲裁庭依法进行的庭审指挥。例如，律师在法庭上能否录音，应当事先征得法庭的同意。[①]

四、不得混淆诉讼职能而充任证人

中华全国律师协会2011年《律师执业行为规范》第64条规定：“律师作为证人出庭作证的，不得再接受委托担任该案的辩护人或者代理人出庭。”这一规定确立了禁止律师混淆诉讼职能而充任证人的规则。

律师担任证人的情况下，不得再担任该案的辩护人或者代理人。这是因为：

首先，律师一身二任的做法容易在律师和委托人之间产生冲突。证人负有如实作证的义务。在很多案件中，有利于委托人的情况和不利于委托人的情况往往是混在一起的。如果律师仅仅陈述对委托人有利的证言，则违反了其如实陈述的义务；如果其陈述了不利于委托人的证言，则违反了作为辩护人或者代理人的忠诚职责，从而在律师和委托人之间产生冲突。

其次，律师一身二任的做法混淆了辩护人或者代理人与证人的职能。证人需要在个人认知的基础上作证，而辩护人或者代理人则要对他人提供的证据进行解释和评论。

---

① 司法部1991年《关于律师参加诉讼活动能否在法庭上录音的批复》［司发函（1991）408号］规定：“一九八二年《司法部关于律师参加诉讼活动能否录音、录像和摄影的批复》仍然有效。该批复作出的规定主要是为了维护法庭的严肃性，保障审判活动的顺利进行。律师参加诉讼活动，应当继续执行该批复的规定，并遵守人民法院法庭规则。如律师为了整理自己的代理词、辩护词或因其它原因，确需录音、录像时，应事先征得法庭的同意。”

这两种职责在很大程度上是不相容的，正如美国律师协会在《职业行为示范规则》3.7的注释中所指出的那样，“辩护人—证人所作的陈述应当被认为是证据还是对证据的分析，会无法弄清”。

本章思考题

1. 律师出庭着装有哪些要求？
2. 律师会见在押未决犯罪嫌疑人、被告人时，应当遵从什么规则？
3. 律师对案件承办机关的坦诚性规则包含哪些要求？
4. 律师的庭外宣传规则包括哪些要求？
5. 为什么律师在担任证人的情况下，不得再担任该案的辩护人或者代理人？

第八章
律师非争讼性业务规则

第一节　律师非争讼性业务概述

一、律师的非争讼性业务

二、律师办理非争讼性业务的职业行为法渊源

第二节　律师出具法律意见书的要求

第三节　律师作为中间人的要求

第一节　律师非争讼性业务概述

一、律师的非争讼性业务

律师的非争讼性业务是指律师接受自然人、法人或其他组织的委托，并非作为其诉讼或者仲裁代理人，而为委托人办理某种法律事务的业务活动。

2012 年《律师法》第 28 条规定，律师可以从事的非争讼性业务活动，包括：接受自然人、法人和其他组织的聘请，担任法律顾问；接受非诉讼法律事务当事人的委托，提供法律服务；解答有关法律的询问，代写诉讼文书和有关法律事务的其他文书。

非争讼性法律业务通常涉及公司设立与破产、清算，公司治理，证券发行与上市，银行金融融资，公司并购与国际投资，知识产权的申请与转让，房地产开发，国际贸易、反倾销与保障措施，商标代理等法律服务领域，律师的主要工作方式包括参与谈判，起草、审查、修改合同，出具法律意见书，尽职调查，出具律师函等。此外，律师接受当事人的委托，参加调解、担任仲裁人、进行见证的活动，也属于非争讼性业务。

本章仅就律师出具法律意见书和律师担任中间人的职业行为法进行介绍。

二、律师办理非争讼性业务的职业行为法渊源

与律师办理争讼性业务的职业行为法相比，律师办理非争讼性业务的职业行为法在现有法律中似乎并没有得到同等的重视。律师办理非争讼性业务的职业行为法主要体现在司法部发布的规范性文件和中华全国律师协会制定的业务规则中，前者如司法

部律师司、国家科委政策法规与体制改革司、国家国有资产管理局政策法规司1997年《关于律师从事集体科技企业产权界定法律业务的通知》[（97）司律字77号]，司法部办公厅、国家计划委员会政策研究室1998年《关于律师从事基本建设大中型项目招标投标法律业务的通知》（司办通字［1998］第6号）；后者如中华全国律师协会2007年《律师承办国有企业改制与相关公司治理业务操作指引》。[①] 此外，中国证监会等机构也在相关法律文件中对律师办理非争讼性业务提出了一些要求，如中国证监会、司法部2007年《律师事务所从事证券法律业务管理办法》、2010年《律师事务所证券法律业务执业规则（试行）》等。

第二节　律师出具法律意见书的要求

法律意见书是律师或者律师事务所受委托人的委托，对某一法律事实、法律行为或者具有法律意义的文书，根据法律规定进行分析、阐述和认定，向委托人或者第三方提出意见和建议的一种律师业务文书。法律意见书大致可以分为两类：一是为委托人提供评估的法律意见书，这类法律意见书主要是具有建议性质的法律意见书或者具有代理性质的法律意见书；另一类是为第三方提供评估的法律意见书，这类法律意见书往往是具有认定性质的法律意见书，要对某个非诉讼事件或行为，根据法律、政策，作出是否具有真实性、合法性、可行性的评估。

司法部2008年《律师执业管理办法》第31条规定："律师出具法律意见，应当严格依法履行职责，保证其所出具意见的真实性、准确性、完整性。"我们以律师在从事证券法律业务中为第三方提供评估的法律意见书为例，说明律师在提供法律意见书时应当遵守的规则。

根据中国证监会、司法部2007年《律师事务所从事证券法律业务管理办法》第6条，律师事务所从事证券法律业务，可以为下列事项出具法律意见：(1) 首次公开发行股票及上市；(2) 上市公司发行证券及上市；(3) 上市公司的收购、重大资产重组及股份回购；(4) 上市公司实行股权激励计划；(5) 上市公司召开股东大会；(6) 境内企业直接或者间接到境外发行证券、将其证券在境外上市交易；(7) 证券公司、证券投资基金管理公司及其分支机构的设立、变更、解散、终止；(8) 证券投资基金的募集、证券公司集合资产管理计划的设立；(9) 证券衍生品种的发行及上市；(10) 中国证监会规定的其他事项。律师事务所也可以接受当事人的委托，组织制作与证券业务活动相关的法律文件。律师在就这些事项出具法律意见书时，应当遵守下列主要规则：

（一）独立、客观

律师在办理出具法律意见书业务时，应当坚持独立、客观原则。律师出具为第三方所使用的或者为第三方提供信息的法律意见书时，可能会产生律师对第三方的责任。因此，律师不应当为委托人或其他方面的意志、利益所左右，应当独立、客观开展相

① 中华全国律师协会六届七次常务理事会审议通过。

关工作。中国证监会、司法部 2007 年《律师事务所从事证券法律业务管理办法》第 11 条规定："同一律师事务所不得同时为同一证券发行的发行人和保荐人、承销的证券公司出具法律意见，不得同时为同一收购行为的收购人和被收购的上市公司出具法律意见，不得在其他同一证券业务活动中为具有利害关系的不同当事人出具法律意见。""律师担任公司及关联方董事、监事、高级管理人员，或者存在其他影响律师独立性的情形的，该律师所在律师事务所不得接受所任职公司的委托，为该公司提供证券法律服务。"

（二）尽职调查和审慎查验

律师事务所及其指派的律师对有关事实、法律问题作出认定和判断，应当有适当的证据和理由。[①] 因此，律师在出具法律意见书之前，应当进行尽职调查和审慎查验。

律师事务所及其指派的律师从事证券法律业务，应当按照依法制定的业务规则，勤勉尽责，审慎履行核查和验证义务。律师进行核查和验证，可以采用面谈、书面审查、实地调查、查询和函证、计算、复核等方法。

律师事务所及其指派的律师从事证券法律业务，应当依法对所依据的文件资料内容的真实性、准确性、完整性进行核查和验证；在进行核查和验证前，应当编制核查和验证计划，明确需要核查和验证的事项，并根据业务的进展情况，对其予以适当调整。

律师在出具法律意见时，对与法律相关的业务事项应当履行法律专业人士特别的注意义务，对其他业务事项履行普通人一般的注意义务，其制作、出具的文件不得有虚假记载、误导性陈述或者重大遗漏。需要履行法律专业人士特别注意义务的，应当拟订履行特别注意义务的具体方式、手段、措施，并予以落实。[②]

律师从国家机关、具有管理公共事务职能的组织、会计师事务所、资产评估机构、资信评级机构、公证机构（以下统称公共机构）直接取得的文书，可以作为出具法律意见的依据，但律师应当履行中国证监会、司法部 2007 年《律师事务所从事证券法律业务管理办法》第 14 条规定的注意义务并加以说明；对于不是从公共机构直接取得的文书，经核查和验证后方可作为出具法律意见的依据。

律师从公共机构抄录、复制的材料，经该机构确认后，可以作为出具法律意见的依据，但律师应当履行中国证监会、司法部 2007 年《律师事务所从事证券法律业务管理办法》第 14 条规定的注意义务并加以说明；未取得公共机构确认的，对相关内容进行核查和验证后方可作为出具法律意见的依据。

律师进行核查和验证，需要会计师事务所、资产评估机构等证券服务机构作出判断的，应当直接委托或者要求委托人委托会计师事务所、资产评估机构等证券服务机构出具意见。

律师在从事证券法律业务时，委托人应当向其提供真实、完整的有关材料，不得拒绝、隐匿、谎报。

律师发现委托人提供的材料有虚假记载、误导性陈述、重大遗漏，或者委托人有

① 参见中国证监会、司法部 2010 年《律师事务所证券法律业务执业规则（试行）》第 5 条。

② 参见中国证监会、司法部 2010 年《律师事务所证券法律业务执业规则（试行）》第 6 条。

重大违法行为的，应当要求委托人纠正、补充；委托人拒不纠正、补充的，律师可以拒绝继续接受委托，同时应当按照规定向有关方面履行报告义务。

律师应当归类整理核查和验证中形成的工作记录和获取的材料，并对法律意见书等文件中各具体意见所依据的事实、国家相关规定以及律师的分析、判断作出说明，形成记录清晰的工作底稿。工作底稿由出具法律意见的律师事务所保存，保存期限不得少于7年；中国证监会对保存期限另有规定的，从其规定。

（三）出具符合格式要求的明确结论性意见

法律意见是律师事务所及其指派的律师针对委托人委托事项的合法性，出具的明确结论性意见，是委托人、投资者和中国证监会及其派出机构确认相关事项是否合法的重要依据。法律意见应当由律师在核查和验证所依据的文件资料内容的真实性、准确性、完整性的基础上，依据法律、行政法规及相关规定作出。

法律意见书应当列明相关材料、事实、具体核查和验证结果、国家有关规定和结论性意见。法律意见不得使用"基本符合"、"未发现"等含糊措辞。

有下列情形之一的，律师应当在法律意见中予以说明，并充分揭示其对相关事项的影响程度及风险：（1）委托人的全部或者部分事项不符合中国证监会的规定；（2）事实不清楚，材料不充分，不能全面反映委托人的情况；（3）核查和验证范围受到客观条件的限制，无法取得应有证据；（4）律师已要求委托人纠正、补充而委托人未予纠正、补充；（5）律师已依法履行勤勉尽责义务，仍不能对全部或者部分事项作出准确判断；（6）律师认为应当予以说明的其他情形。

律师所出具的法律意见应当经所在律师事务所讨论、复核，并制作相关记录作为工作底稿留存。

律师所出具的法律意见应当由2名执业律师和所在律师事务所负责人签名，加盖该律师事务所印章，并签署日期。法律意见书的具体内容和格式，应当符合中国证监会的相关规定。

法律意见书等文件在报送中国证监会及其派出机构后，发生重大事项或者律师发现需要补充意见的，应当及时提出补充意见。

第三节　律师作为中间人的要求

替代性纠纷解决方式已经成为司法制度的重要组成部分，这些纠纷解决方式具有便捷、迅速等特点。除了在争讼性程序中代理委托人以外，律师常常作为中立的第三方，参与替代性纠纷解决程序中。律师作为中间人的业务，包括律师作为调解主持人的业务和律师作为仲裁人的业务。例如，2011年青岛市律师协会设立了青岛律师调解中心，为社会提供以律师为调解员的调解服务。律师参与非诉讼纠纷解决，对于建立和谐的社会关系，最大限度地消除不和谐因素、最大限度地增加和谐因素，更好地维护社会稳定，具有十分重要的意义。律师在作为调解主持人的业务和作为仲裁人的业务中，应当遵守下列规则。

（一）中立

律师在作为调解主持人的业务和作为仲裁人的业务中，并不代表任何一方，是中立的第三人。这种中立性是其开展相关活动的前提。例如，中国国际经济贸易仲裁委员会《仲裁员行为考察规定》第4条规定：仲裁员应当独立、公正、勤勉、审慎地处理案件，不代表任何一方当事人利益，平等地对待双方当事人。在必要情况下，律师应当就其中立身份对当事人进行说明。

在存在需要回避情形时，应当依法回避。例如，1994年《仲裁法》第34条规定："仲裁员有下列情形之一的，必须回避，当事人也有权提出回避申请：（一）是本案当事人或者当事人、代理人的近亲属；（二）与本案有利害关系；（三）与本案当事人、代理人有其他关系，可能影响公正仲裁的；（四）私自会见当事人、代理人，或者接受当事人、代理人的请客送礼的。"如果仲裁员有应当回避情形而没有回避的，则可能会导致仲裁裁决的撤销。

在主持调解和仲裁过程中，律师应当平等、公允地对待双方当事人，避免使人产生不公或者偏袒印象的言行。

（二）保密

调解、仲裁活动的特点之一是以不公开为原则，从而最大限度地保守当事人的秘密。律师在作为调解主持人的业务和作为仲裁人的业务中应忠实履行保密义务，对于涉及调解、仲裁程序、调解协议、仲裁裁决、当事人的商业秘密等相关事项，均应保守秘密。

（三）避免利益冲突

律师在作为调解主持人的业务和作为仲裁人的业务中，应当遵守律师的利益冲突规则。在调解不成功、仲裁裁决被撤销等情况下，不得代理任何一方当事人进行诉讼。

本章思考题

1. 律师在出具法律意见书时，应当遵循哪些要求？

2. 律师在作为中间人时，应当遵循哪些要求？

第九章 律师事务所内部关系及律师事务所职业行为

第一节　律师事务所概述

一、我国律师执业机构的历史沿革

二、律师事务所的设立条件及责任形式

第二节　律师事务所内部关系

一、律师与律师事务所的关系

二、律师事务所内部人员之间的关系

第三节　律师事务所职业行为规则

一、健全律师事务所规章制度

二、律师事务所不得从事法律服务之外的经营活动

第一节　律师事务所概述

一、我国律师执业机构的历史沿革

（一）新中国成立之初的律师执业机构

1949 年 2 月，中共中央发布关于废除国民党“六法全书”和确定解放区司法原则的指示，根据这一指示，旧的国家机器被打碎，作为旧的法律制度一部分的旧的律师制度亦被废除。新中国成立后，中央人民政府司法部于 1950 年 12 月发出了《关于取缔黑律师及讼棍事件的通报》，明令取缔了国民党的旧律师制度，解散了旧的律师组织，并停止了旧律师和社会上讼棍的活动。与此同时，开始探索建立新的律师制度，在新中国成立前律师制度的基础上建立新中国的律师制度及律师事务所体制。实践中，上海市人民法院专门建立了“公设辩护人”室，重点帮助一些刑事被告人，为他们提供辩护。1954 年 7 月，司法部发出《关于试验法院组织制度中几个问题的通知》，决定在北京、上海、天津、重庆、沈阳等大城市试行开展律师工作。1954 年 9 月《宪法》和《人民法院组织法》颁布，明确确立了律师辩护制度。1956 年 1 月，国务院正式批准了司法部提出的《关于建立律师工作的请示报告》，对律师的工作机构、性质、任务、任职资格等问题都作了明确的规定；并建议通过国家立法正式确认律师制度。当时法律顾问处的设置与建立，由各地法院筹建，报司法厅批准。地方律师协会筹备委

员会成立后法律顾问处的设置与建立，报经省级律师协会筹备委员会批准，并受其领导。市法律顾问处受市人民政府司法科领导，县法律顾问处受专署司法科和县法院院长双重领导。

（二）改革开放初期的律师执业机构

“十年动乱”后，律师制度及律师事务所随着改革开放的步伐，首先开始逐步恢复。1980年《律师暂行条例》第13条规定：律师执行职务的工作机构是法律顾问处。法律顾问处是事业单位，受国家司法行政机关的组织领导和业务监督。第14条规定：“法律顾问处按县、市、市辖区设立。必要时，经司法部批准，可以设立专业性的法律顾问处。”

1983年7月，由吴念祖、姚锋、王小南三位律师组成的蛇口律师事务所在深圳市挂牌开业，成为新中国最早称为“律师事务所”的律师执业机构。随后深圳等地的法律顾问处改名为律师事务所。与“法律顾问处”比较而言，“律师事务所”的称呼行政色彩更为淡化，更为国际化。1984年10月司法部《关于加强和改革律师工作的意见》规定：“为了适应城乡经济体制改革和发展生产的需要，更好地贯彻便民的原则，应当改变目前县、市及市辖区只设一个法律顾问处（或律师事务所）的做法，可根据实际需要设立几个法律顾问处（或律师事务所）。”这表明“律师事务所”这种对律师执业机构的称呼已经得到了正式文件的认可。

1980年《律师暂行条例》所确立的律师事务所管理体制，是一种行政型的管理体制。这体现了实事求是的思想路线，符合当时中国政治、经济和社会的发展状况。1980年《律师暂行条例》首要的目的就是为中国律师制度的恢复和重建提供法律依据，并据此建立律师制度恢复和重建的行政支持体系。这种管理体制对于迅速恢复律师制度起到了积极的促进作用。但是随着我国政治、经济体制改革的不断深入，这种行政管理体制的弊端也不断暴露：一方面，律师行政化管理给司法行政机关带来的极大经济压力①，导致律师队伍发展较慢，与社会需求差距很大，请律师难的矛盾非常尖锐；另一方面，律师在服务中积极性不高，律师事务所之间及律师之间没有竞争，律师事务所没有自主权，律师工作缺乏生机与活力。1984年10月司法部《关于加强和改革律师工作的意见》提出要改革法律顾问处的经费管理办法：凡法律顾问处的收入大于支出的，可以实行“自收自支，结余留用或分成”的办法。法律顾问处的支出大于收入的，实行“全额管理，差额补助，超收提成”。在此基础上，司法部于1988年6月3日下发了《合作制律师事务所试点方案》的通知，启动了不要国家编制、不要国家经费、完全由律师养活自己的合作制律师事务所的试点工作。所谓合作制律师事务所，“是由律师人员采用合作形式组成为国家机关、社会组织和公民提供法律服务的社会主义性质的事业法人组织”。1982年《宪法》第6条规定，我国的社会主义公有制包括全民所有制和劳动群众集体所有制；第8条第2款规定，城镇中的手工业、工业、建筑业、运输业、商业、服务业等行业的各种形式的合作经济，都是社会主义劳动群众集体所

① 这种管理模式被视为国家在对律师职业的管理上，试图复制“国家—单位—个人”模式，建立“国家—律师事务所—律师”的连接控制机制，从而实现整合和控制个体律师的目标。[参见崔月琴、张冠：《转型社会组织基础的再造—以律师事务所为例》，载《学术研究》，2013 (8)。] 这在事实上从另一个角度反映了当时计划经济体制下社会管理资源配置方式及渠道的唯一性。

有制经济。因此，合作制律师事务所是集体所有制性质的有偿服务性机构，符合我国宪法规定，并受国家法律的保护。从合作制律师事务所的设立思想来看，仍然没有摆脱公与私、姓“资”与姓“社”的思想藩篱。但是在当时的历史背景下，合作制律师事务所与国办律师事务所相比，在人、财、物等管理制度上具有显著的比较优势：(1) 律师事务所具有高度的自主权。在管理上实行律师会议制，重大问题须经集体讨论决定，充分体现了事务所内部的民主管理原则，彻底改变了行政化管理的旧模式。(2) 实行全员合同制。优胜劣汰，来去自由，改变了占国家编制，进人、出人都受限制的人事体制，便于实现人员的优化组合。(3) 实行效益浮动工资制。真正体现按劳分配、多劳多得，克服了干和不干一个样、平均主义大锅饭的弊端，可充分调动律师的积极性。(4) 自律性高。合作制律师事务所的人员都辞去了原职，有较大风险，因此，特别重视律师事务所的声誉，注意职业道德和纪律，有比较严格的自律意识。正因为如此，合作制律师事务所在 20 世纪 80 年代后期和 90 年代初期得到了很大的发展。1993 年国务院在《关于深化律师改革的方案》的批复中则明确表示：“积极创造条件，鼓励占用国家编制和经费的律师事务所逐步向不占国家编制和经费的方向转变。允许经济欠发达地区的律师事务所继续实行原有的组织形式。”“鼓励取得律师资格的人员，在乡镇建立不占国家编制和经费的律师事务所或者在乡镇法律服务所内从事律师工作。”在此批复的指导下，各地又开始了合伙制律师事务所试点。1996 年制定的《律师法》正式规定了国家出资设立的律师事务所、合作律师事务所和合伙律师事务所三种律师事务所组织模式。

（三）1996 年《律师法》规定的律师执业机构

1996 年颁布的《律师法》，确立了国家出资设立的律师事务所、合作律师事务所及合伙律师事务所三种律师事务所的组织形式，并在司法部随后颁布的三部规章中一一明确了这三种律师事务所组织形式的责任形式。国家出资设立的律师事务所由司法行政机关根据国家需要设立，并以其全部资产对债务承担有限责任。国家出资设立的律师事务所包括一次性投入开办资产、不核定编制、核定编制并核拨经费等形式。国家出资设立的律师事务所是原法律顾问处的发展，并在原法律顾问处的基础上融合了试点时期合作制律师事务所的特征。合作律师事务所由律师自愿组合、共同参与，其财产由合作人共有。合作律师事务所以其全部资产对债务承担有限责任。合作律师事务所在试点时期的基础上，在分配及人事上获得了更大的自主权；合伙律师事务所的合伙人自愿组合，财产归合伙人所有，合伙人对律师事务所的债务承担无限连带责任。合伙律师事务所作为国际上律师事务所通行的组织形式，第一次得到了确认。

1996 年《律师法》在制定过程中，坚持解放思想、实事求是，在当时的历史条件下，科学地解决了律师的性质、律师事务所的组织形式等问题，确定了近十年间我国律师业发展的基本走向和格局，宏观指导了律师行业的资源布局。但是从历史发展来看，1996 年《律师法》关于律师执业机构的规定也存在一些问题：(1) 合作律师事务所这种制度本身也并非完美，其优势是相对于国办律师事务所而言的，其某些制度设计的缺陷是天然的。尽管司法部 1996 年在《合作律师事务所管理办法》中对合作律师事务所的管理规定进行了部分调整，但是不能从根本上改变其集体所有制的产权模式所带来的缺陷。[①]（2）尽管合伙律师事务所在实践中成了一种最为普遍的组织模式，但是应当看到，对这种组织模式的选择，是在《律师法》的框架内进行的，其优势是在同合作律师事务所比较后显现的。这种合伙律师事务所占主导地位的格局，使得律师事务所的结构布局具有相当的单一性，其突出的问题就是以合伙律师事务所这种组织形式为主的模式，导致在法律服务组织问题上，该大的不能做大，该小的不能做小。一方面，设立大型律师事务所的制度风险不能克服；另一方面，合伙律师事务所的运作无疑增加了法律服务的成本，导致律师收费居高不下，低收入人群在获得律师帮助方面存在着现实的困难。针对这些问题，2007 年修订的《律师法》取消了合作律师事务所，明确规定了合伙律师事务所、个人律师事务所、国家出资设立的律师事务所三种律师执业机构组织形式。其中合伙律师事务所可以采用普通合伙或者特殊的普通合伙形式设立，合伙律师事务所的合伙人按照合伙形式对该律师事务所的债务依法承担责任。2007 年《律师法》在律师执业机构组织形式上的规定，是 2007 年修订《律师法》取得的最重要的成果之一，是社会管理创新在律师管理中的重要体现。

二、律师事务所的设立条件及责任形式

律师事务所的设立许可，由设区的市级或者直辖市的区（县）司法行政机关受理设立申请并进行初审，报省、自治区、直辖市司法行政机关进行审核，作出是否准予设立的决定。律师事务所的设立和发展，应当根据国家和地方经济社会发展的需要，实现合理分布、均衡发展。[②] 律师事务所经司法行政机关审核登记后依法成立的，不应再进行民政、工商等形式的登记。[③] 2012 年《律师法》和司法部 2012 年《律师事务所管理办法》对各种形式律师事务所的设立条件及责任形式作出了明确规定。

（一）设立律师事务所的基本条件

根据 2012 年《律师法》和司法部 2012 年《律师事务所管理办法》第 6 条的规定，设立律师事务所应当具备下列基本条件：（1）有自己的名称、住所和章程；（2）有符合《律师法》和《律师事务所管理办法》规定的律师；（3）设立人应当是具有一定的执业经历并能够专职执业的律师，且在申请设立前 3 年内未受过停止执业处罚；（4）有符合《律师事务所管理办法》规定数额的资产。

---

① 这些缺陷主要是：第一，合作律师事务所的财产归合作人共有，这种集体所有制的产权模式，极易产生分配上的平均主义倾向；第二，合作律师事务所的所有专职律师均为合作人，后进合作人必然要与律师事务所现行合作人共享所有权，导致律师事务所规模难以扩大，高消费、低积累的情况容易发生；第三，有限责任的民事责任形式，导致律师风险与回报的失衡，容易产生"公用品悲剧"；第四，有限责任的民事责任形式，导致律师事务所在吸引潜在委托人特别是大型委托人方面缺乏应有的魅力；第五，集体所有产权的不可分割性，导致律师流动的自由受到了抑制，与律师职业应有的独立性不合。尽管如此，合作律师事务所在我国律师业的发展中发挥了承前启后的作用，其历史作用是不能否定的：第一，合作律师事务所为合伙律师事务所储备了大批优秀人才；第二，合作律师事务所为合伙律师事务所的出现进行了思想准备；第三，合作律师事务所初步凸显了律师行业的职业独立性，促成了司法行政机关和律师行业管理相结合的管理格局；第四，合作律师事务所，是从身份到能力的转变；第五，合作律师事务所增强了律师职业的荣誉感。合作律师事务所模式下，律师的工作条件和生活条件都有一定程度的改善，增强了广大律师的职业荣誉感，初步出现了人才流向律师事务所的可喜局面。

② 司法部 2012 年《律师事务所管理办法》第 2 条第 2 款。

③ 司法部 2000 年 6 月《关于律师事务所不进行民政登记的批复》（司复［2000］4 号）。

设立律师事务所，其申请的名称应当符合司法部有关律师事务所名称管理的规定，并应当在申请设立许可前按规定办理名称检索。

律师事务所的章程应当包括下列内容：（1）律师事务所的名称和住所；（2）律师事务所的宗旨；（3）律师事务所的组织形式；（4）设立资产的数额和来源；（5）律师事务所负责人的职责以及产生、变更程序；（6）律师事务所决策、管理机构的设置、职责；（7）本所律师的权利与义务；（8）律师事务所有关执业、收费、财务、分配等主要管理制度；（9）律师事务所解散的事由、程序以及清算办法；（10）律师事务所章程的解释、修改程序；（11）其他需要载明的事项。设立合伙律师事务所的，其章程还应当载明合伙人的姓名、出资额及出资方式。律师事务所章程的内容不得与有关法律、法规、规章相抵触。律师事务所章程自省、自治区、直辖市司法行政机关作出准予设立律师事务所决定之日起生效。

律师事务所负责人人选，应当在申请设立许可时一并报审核机关核准。

省、自治区、直辖市司法行政机关可以根据本地经济、社会发展状况和律师业发展需要，适当调整《律师事务所管理办法》规定的普通合伙律师事务所、特殊的普通合伙律师事务所和个人律师事务所的设立资产数额，报司法部批准后实施。

（二）普通合伙律师事务所的设立条件及责任形式

普通合伙律师事务所已成为中国律师执业的主要组织形式。司法部2012年《律师事务所管理办法》第7条规定，设立普通合伙律师事务所，除应当符合上述设立律师事务所的基本条件外，还应当具备下列条件：（1）有书面合伙协议；（2）有3名以上合伙人作为设立人；（3）设立人应当是具有3年以上执业经历并能够专职执业的律师；（4）有人民币30万元以上的资产。

合伙协议应当载明下列内容：（1）合伙人，包括姓名、居住地、身份证号、律师执业经历等；（2）合伙人的出资额及出资方式；（3）合伙人的权利、义务；（4）合伙律师事务所负责人的职责以及产生、变更程序；（5）合伙人会议的职责、议事规则等；（6）合伙人收益分配及债务承担方式；（7）合伙人入伙、退伙及除名的条件和程序；（8）合伙人之间争议的解决方法和程序，违反合伙协议承担的责任；（9）合伙协议的解释、修改程序；（10）其他需要载明的事项。合伙协议的内容不得与有关法律、法规、规章相抵触。合伙协议由全体合伙人协商一致并签名，自省、自治区、直辖市司法行政机关作出准予设立律师事务所决定之日起生效。

普通合伙律师事务所的合伙人对律师事务所的债务承担无限连带责任。

（三）特殊的普通合伙律师事务所的设立条件及责任形式

特殊的普通合伙律师事务所，是指合伙人对于其执业活动中因故意或者重大过失造成的合伙债务承担无限责任或者无限连带责任，其他合伙人以其在合伙中的财产份额为限承担责任的律师事务所。

20世纪80年代，美国金融市场出现"储贷危机"，许多律师事务所和会计师事务所均卷入了这场危机，并遭到了巨额的索赔诉讼。这促使职业服务行业开始寻求有限责任的保护，规避传统合伙的无限连带责任。1994年，《得克萨斯合伙法》第一次规定了有限责任合伙制度，在执业中无过错的合伙人对于过错合伙人的行为造成的债务，只在某种程度上承担有限责任。这种做法既保障了律师事务所的规模化，又保护了无辜的合伙人，因此，有限责任合伙制度一经出现，便受到了律师事务所的欢迎。美国各州均随之相继接受了有限责任合伙制度，美国《统一合伙法（修订版）》中也增加了有限责任合伙的专章。

2006年8月我国颁布了修订的《合伙企业法》，并在该法第二章“普通合伙企业”第六节中规定了特殊的普通合伙企业，确立了有限责任合伙制度。2007年《律师法》将特殊的普通合伙（即有限责任合伙）正式规定为我国律师事务所的组织形式之一。

司法部2012年《律师事务所管理办法》第8条规定，设立特殊的普通合伙律师事务所，除应当符合上述设立律师事务所的基本条件外，还应当具备下列条件：（1）有书面合伙协议；（2）有20名以上合伙人作为设立人；（3）设立人应当是具有3年以上执业经历并能够专职执业的律师；（4）有人民币1 000万元以上的资产。

特殊的普通合伙律师事务所的一个合伙人或者数个合伙人对于其在执业活动中因故意或者重大过失造成的律师事务所的债务，应当承担无限责任或者无限连带责任，其他合伙人以其在律师事务所中的财产份额为限承担责任；合伙人在执业活动中非因故意或者重大过失造成的律师事务所的债务，由全体合伙人承担无限连带责任。

（四）个人律师事务所的设立条件及责任形式

个人律师事务所是指由一名律师个人投资设立，财产归其个人所有，开业律师以其个人财产对律师事务所的债务承担无限责任的律师执业机构。我国各地司法行政机关早在若干年前已经开始了个人律师事务所的尝试。2001年12月13日，北京市司法局率先推出了《个人开业律师事务所试点方案》，经过半年审核，在2002年10月首批确定了5家个人律师所。2002年7月，上海市司法局制定了《关于个人开业律师事务所管理的规定（试行）》。2003年年初，宁夏等地也开始了个人律师事务所的试点。2007年《律师法》第16条和司法部2012年《律师事务所管理办法》第9条对个人设立律师事务所作出了进一步明确的规定。

根据上述规定，设立个人律师事务所，除应当符合上述设立律师事务所的基本条件外，还应当具备下列条件：（1）设立人应当是具有5年以上执业经历并能够专职执业的律师；（2）有人民币10万元以上的资产。

个人律师事务所的设立人对律师事务所的债务承担无限责任。

（五）国家出资设立的律师事务所的设立条件及责任形式

国家出资设立的律师事务所是指国家出资设立，依法自主开展律师业务，并以该事务所的全部资产对其债务承担责任的律师事务所。2012年《律师法》第20条规定：“国家出资设立的律师事务所，依法自主开展律师业务，以该律师事务所的全部资产对其债务承担责任。”在完全的市场调节下大部分合伙律师事务所或个人律师事务所倾向于选择经济较为发达的地区执业，使得欠发达地区的法律服务需求无法得到有效的满足，政府应发挥主动作用，以弥补律师分布问题上的市场失灵。由政府主导设立的国家出资设立的律师事务所可以充分发挥此作用。政府可在欠发达地区的县辖区域设立至少一家国资律师事务所。司法行政机关可根据执业律师的意愿和业务收入情况，实行统收统支、财政补贴、自收自支等管理模式，解决欠发达地区律师收入来源不足的问题。

根据司法部2012年《律师事务所管理办法》第10条的规定，国家出资设立的律师事务所，除了符合 2012 年《律师法》规定的一般条件外，应当至少有 2 名符合 2012 年《律师法》的规定并能够专职执业的律师。需要国家出资设立律师事务所的，由当地县级司法行政机关筹建，申请设立许可前须经所在地县级人民政府有关部门核拨编制、提供经费保障。

国家出资设立的律师事务所以其全部资产对其债务承担责任。

（六）律师事务所分所的设立条件

1986 年 3 月，司法部《关于法律服务机构若干问题的暂行规定》中曾规定：“各法律顾问处之间没有隶属关系，不得设立分支机构；不得跨地区、跨省、市设立联合律师工作机构。”但是随着社会的发展，这种规定越来越不适应社会的法律服务需求。1992 年 8 月，司法部颁布了《关于律师工作进一步改革的意见》，允许大中城市专业律师事务所在征得当地司法厅（局）统一的情况下，到经济开发区、保税区设立分所；大中城市律师事务所经司法厅（局）同意，可以到老少边穷地区设立分所。1993 年，司法部在《关于深化律师工作改革的方案》中，鼓励和推动律师事务所打破地域界限，跨省、跨地区设立分支机构，或与当地律师事务所合作，成立联合律师事务所；允许符合条件的律师，在其户籍所在地以外的其他地区建立律师事务所，并要求继续做好境外律师事务所在境内设立办事处的试点工作。同时，经过试点和严格审批后，允许我国有条件的律师事务所在境外设立分支机构或办事处。1994 年 7 月，司法部颁布《律师事务所设立分所管理办法》，对于律师事务所设立分所的条件作出了具体规定。在 1996 年《律师法》颁布后，司法部在 1996 年 12 月 30 日颁布了《律师事务所分所等登记管理办法》，对于律师事务所设立分所的条件和程序重新作出了规定。

2012 年《律师法》第 19 条和司法部 2008 年《律师事务所管理办法》第 29 条规定：“成立三年以上并具有二十名以上执业律师的合伙律师事务所，可以设立分所。设立分所，须经拟设立分所所在地的省、自治区、直辖市人民政府司法行政部门审核。”为了规范律师事务所分所的设立，加强对律师事务所分所的监督和管理，司法部 2012 年《律师事务所管理办法》又设专章规定了律师事务所分所的设立、变更和终止。这一规定最重要的一个变化，就是允许设在直辖市、设区的市的合伙律师事务所在本所所在城区以外的区、县设立分所。

1. 设立分所的合伙律师事务所的条件

司法部 2012 年《律师事务所管理办法》第 31 条规定：成立 3 年以上并具有 20 名以上执业律师的合伙律师事务所，根据业务发展需要，可以在本所所在地的市、县以外的地方设立分所。设在直辖市、设区的市的合伙律师事务所也可以在本所所在城区以外的区、县设立分所。

律师事务所及其分所受到停业整顿处罚期限未满的，该所不得申请设立分所；律师事务所的分所受到吊销执业许可证处罚的，该所自分所受到处罚之日起 2 年内不得申请设立分所。

2. 律师事务所分所应当具备的条件

司法部 2012 年《律师事务所管理办法》第 32 条第 1 款规定，律师事务所分所应当具备下列条件：（1）有符合《律师事务所名称管理办法》规定的名称；（2）有自己的住所；（3）有 3 名以上律师事务所派驻的专职律师；（4）有人民币 30 万元以上的资产；（5）分所负责人应当是具有3年以上的执业经历并能够专职执业，且在担任负责人前3年内未受过停止执业处罚的律师。

律师事务所到经济欠发达的市、县设立分所的，上述规定的派驻律师条件可以降至1至2名；资产条件可以降至人民币10万元。具体适用地区由省、自治区、直辖市司法行政机关确定。

省、自治区、直辖市司法行政机关根据本地经济社会发展和律师业发展状况，需要提高上述第（3）、（4）项规定的条件的，按照该办法第11条规定的程序办理。[①]

3. 设立程序

律师事务所申请设立分所，应当提交下列材料：（1）设立分所申请书；（2）本所基本情况，本所设立许可机关为其出具的符合《律师法》第19条和该办法第31条规定条件的证明；（3）本所执业许可证复印件，本所章程和合伙协议；（4）拟在分所执业的律师的名单、简历、身份证明和律师执业证书复印件；（5）拟任分所负责人的人选及基本情况，该人选执业许可机关为其出具的符合该办法第32条第1款第5项规定条件的证明；（6）分所的名称，分所住所证明和资产证明；（7）本所制定的分所管理办法。

申请设立分所时，申请人应当如实填报《律师事务所分所设立申请登记表》。

律师事务所申请设立分所，由拟设立分所所在地设区的市级或者直辖市区（县）司法行政机关受理并进行初审，报省、自治区、直辖市司法行政机关审核，决定是否准予设立分所。具体程序按照该办法第18条、第19条、第20条的规定办理。

准予设立分所的，由设立许可机关向申请人颁发律师事务所分所执业许可证。

4. 律师事务所分所的管理

分所律师除由律师事务所派驻外，可以依照《律师执业管理办法》的规定面向社会聘用律师。

派驻分所律师，参照《律师执业管理办法》有关律师变更执业机构的规定办理，由准予设立分所的省、自治区、直辖市司法行政机关予以换发执业证书，原执业证书交回原颁证机关；分所聘用律师，依照《律师执业管理办法》规定的申请律师执业许可或者变更执业机构的程序办理。

律师事务所决定变更分所负责人的，应当经分所所在地设区的市级或者直辖市区（县）司法行政机关报分所设立许可机关批准；变更派驻分所律师的，参照《律师执业管理办法》有关律师变更执业机构的规定办理。

分所变更住所的，应当自变更之日起15日内，经分所所在地设区的市级或者直辖市区（县）司法行政机关报分所设立许可机关备案。

律师事务所变更名称的，应当自名称获准变更之日起30日内，经分所所在地设区的市级或者直辖市区（县）司法行政机关向分所设立许可机关申请变更分所名称。

5. 律师事务所分所的终止

有下列情形之一的，分所应当终止：（1）律师事务所依法终止的；（2）律师事务

---

① 2012年《律师事务所管理办法》第11条规定："省、自治区、直辖市司法行政机关可以根据本地经济社会发展状况和律师业发展需要，适当调整本办法规定的普通合伙律师事务所、特殊的普通合伙律师事务所和个人律师事务所的设立资产数额，报司法部批准后实施。"

所不能保持《律师法》和《律师事务所管理办法》规定设立分所的条件，经限期整改仍不符合条件的；（3）分所不能保持该办法规定的设立条件，经限期整改仍不符合条件的；（4）分所在取得设立许可后6个月内未开业或者无正当理由停止业务活动满1年的；（5）律师事务所决定停办分所的；（6）分所执业许可证被依法吊销的；（7）法律、行政法规规定应当终止的其他情形。

分所终止的，由分所设立许可机关注销分所执业许可证。分所终止的有关事宜按照《律师事务所管理办法》第30条的规定办理。

根据司法部2012年《律师事务所管理办法》第52条，律师事务所应当加强对分所执业和管理活动的监督，履行下列管理职责：（1）任免分所负责人；（2）决定派驻分所律师，核准分所聘用律师人选；（3）审核、批准分所的内部管理制度；（4）审核、批准分所的年度工作计划、年度工作总结；（5）指导、监督分所的执业活动及重大法律事务的办理；（6）指导、监督分所的财务活动，审核、批准分所的分配方案和年度财务预算、决算；（7）决定分所重要事项的变更、分所停办和分所资产的处置；（8）本所规定的其他由律师事务所决定的事项。

根据司法部2012年《律师事务所管理办法》第56条和第57条之规定，律师事务所管理分所的情况，应当纳入司法行政机关对该所年度检查考核的内容；律师事务所对分所及其律师疏于管理、造成严重后果的，由该所所在地司法行政机关依法实施行政处罚。律师事务所分所及其律师，应当接受分所所在地司法行政机关的监督、指导，接受分所所在地律师协会的行业管理。跨省、自治区、直辖市设立分所的，分所所在地的省、自治区、直辖市司法行政机关应当将分所设立、变更、终止以及年度考核、行政处罚等情况及时抄送设立分所的律师事务所所在的省、自治区、直辖市司法行政机关。

根据2012年《律师法》第19条的规定，合伙律师事务所对其分所的债务承担责任。

2012年《律师法》和司法部2012年《律师事务所管理办法》未对个人律师事务所设立分所作出规定，应理解为不允许个人律师事务所设立分所。从个人律师事务所的制度价值来看，其应与合伙律师事务所等律师执业组织形式形成分工和互补。

第二节　律师事务所内部关系

一、律师与律师事务所的关系

（一）律师在律师事务所中的地位

根据2012年《律师法》的规定，我国有合伙律师事务所、个人律师事务所和国家出资设立的律师事务所三种形式，在这三种律师事务所中，律师与律师事务所的关系存在差别。律师在律师事务所的地位可以分为以下几个方面：

1. 律师事务所的所有人

对于合伙律师事务所的合伙人和个人律师事务所的设立人而言，他们承担出资义务，对内行使管理权，并按照律师事务所的组织方式承担相应的责任。因此，这些律师是律师事务所的所有人和责任人。

2. 国家事业单位在编人员

司法部2012年《律师事务所管理办法》第10条规定：“国家出资设立的律师事务所，除符合《律师法》规定的一般条件外，应当至少有二名符合《律师法》规定并能够专职执业的律师。”“需要国家出资设立律师事务所的，由当地县级司法行政机关筹建，申请设立许可前须经所在地县级人民政府有关部门核拨编制、提供经费保障。”因此，国家出资设立的律师事务所中专职执业的律师，是国家事业单位在编人员。

3. 律师事务所的聘用人员

合伙律师事务的非合伙律师、个人律师事务所聘用的律师，以及各种形式的律师事务所的兼职律师，是律师事务所的聘用人员。

4. 律师事务所的负责人

司法部2012年《律师事务所管理办法》第13条第2、3款规定：“合伙律师事务所的负责人，应当从本所合伙人中经全体合伙人选举产生；国家出资设立的律师事务所的负责人，由本所律师推选，经所在地县级司法行政机关同意。”“个人律师事务所设立人是该所的负责人。”律师事务所负责人对外代表律师事务所。司法部2012年《律师事务所管理办法》第45条第1款规定：“律师事务所的负责人负责对律师事务所的业务活动和内部事务进行管理，对外代表律师事务所，依法承担对律师事务所违法行为的管理责任。”律师事务所根据本所章程可以设立相关管理机构或者配备专职管理人员，协助本所负责人开展日常管理工作。

（二）律师与律师事务所的关系

1. 接受律师事务所的教育、管理和监督

司法部2012年《律师事务所管理办法》第38条规定：“律师事务所应当依照《律师法》和有关法律、法规、规章及行业规范，建立健全执业管理和其他各项内部管理制度，加强对本所律师执业行为的监督。”“律师应当接受律师事务所的监督管理。”中华全国律师协会2011年《律师执业行为规范》第85条规定：“律师事务所是律师的执业机构。律师事务所对本所执业律师负有教育、管理和监督的职责。”就律师个人而言，无论是合伙律师还是非合伙律师，无论是律师事务所负责人还是律师事务所普通律师，作为律师个体都应当接受律师事务所的教育、监督和管理。因此，在律师事务所与律师之间，存在管理与被管理、监督与被监督的关系，这些管理和监督关系主要表现在以下几个方面：

（1）专职执业。只能在一个律师事务所执业。司法部2008年《律师执业管理办法》第40条规定：“律师只能在一个律师事务所执业。”“律师在从业期间应当专职执业，但兼职律师或者法律、行政法规另有规定的除外。”

（2）统一接受委托，统一收费。司法部2008年《律师执业管理办法》第37条规定：“律师承办业务，应当按照规定由律师事务所向委托人统一收取律师费和有关办案费用，不得私自收费，不得接受委托人的财物或者其他利益。”

（3）依法履行法律援助义务。司法部2008年《律师执业管理办法》第38条规定：“律师应当按照国家规定履行法律援助义务，为受援人提供符合标准的法律服务，维护受援人的合法权益。”中华全国律师协会2011年《律师执业行为规范》第93条规定：

“律师和律师事务所应当按照国家规定履行法律援助义务，为受援人提供法律服务，维护受援人的合法权益。”

(4) 妥善保管案卷材料。司法部2008年《律师执业管理办法》第39条规定：“律师承办业务，应当妥善保管与承办事项有关的法律文书、证据材料、业务文件和工作记录。在法律事务办结后，按照有关规定立卷建档，上交律师事务所保管。”

(5) 接受律师执业年度考核。司法部2008年《律师执业管理办法》第40条第3款规定：“律师执业，应当遵守所在律师事务所的执业管理制度，接受律师事务所的指导和监督，参加律师执业年度考核。”

2. 参与律师事务所的管理与决策

合伙律师事务所合伙人会议是合伙律师事务所的决策机构，由全体合伙人组成。国家出资设立的律师事务所律师会议是国家出资设立的律师事务所的决策机构，由全体专职律师组成。参与这些决策机构的律师，行使律师事务所的决策权。司法部2012年《律师事务所管理办法》第45条第2款规定：“合伙人会议或者律师会议为合伙律师事务所或者国家出资设立的律师事务所的决策机构；个人律师事务所的重大决策应当充分听取聘用律师的意见。”

3. 遵守律师流动秩序

从我国的现有文献来看，律师的流动是指以下三种情况：(1) 律师跨地区的流动问题；(2) 律师跨所流动的问题；(3) 律师、法官、检察官之间的流动问题。这里所说的律师流动，指的是律师在不同的律师事务所之间的流动问题。当然，律师跨地区流动必然也涉及跨所流动的问题。律师流动是人员流动的一个组成部分，是法律服务市场化的一个必然结果。随着律师从业人员的增加，律师服务市场的竞争日趋激烈，必然带来律师的流动问题。律师事务所的分立、解散等现象的一个直接后果，也是律师的流动。

适度的律师流动有着重要的意义：首先，适度的律师流动能够促进律师事务所内部管理机制尤其是分配机制的科学化。律师的流动，在很大程度上是律师从一个同事变成未来的竞争者的过程。律师的流动无疑有助于体现律师的市场经济价值，促进律师分配机制的动态平衡。其次，律师的适当流动过程，就是律师业内部的资源整合过程，其结果有利于实现律师业内人力资源的重新配置，提高律师队伍的整体竞争能力。但是不受规制的律师流动，无疑会破坏律师事务所的稳定和长期发展规划，也不利于律师的个人发展。因此，如何有效规范律师的流动问题是现代律师事务所管理当中的一个非常突出的问题。

(1) 律师在变更执业机构时，应当依法办理相关手续

司法部2008年《律师执业管理办法》第20条规定，律师变更执业机构，应当向拟变更的执业机构所在地设区的市级或者直辖市的区（县）司法行政机关提出申请，并提交下列材料：1) 原执业机构所在地县级司法行政机关出具的申请人不具有该办法第21条规定的不得变更执业机构情形的证明[①]；2) 与原执业机构解除聘用关系或者合

① 司法部2008年《律师执业管理办法》第21条规定：“律师受到停止执业处罚期间，不得申请变更执业机构；律师事务所受到停业整顿处罚期限未满的，该所负责人、合伙人和对律师事务所受到停业整顿处罚负有直接责任的律师不得申请变更执业机构；律师事务所应当终止的，在完成清算、办理注销前，该所负责人、合伙人和对律师事务所被吊销执业许可证负有直接责任的律师不得申请变更执业机构。”

伙关系以及办结业务、档案、财务等交接手续的证明；3）拟变更的执业机构同意接收申请人的证明；4）申请人的执业经历证明材料。受理机关应当对变更申请及提交的材料出具审查意见，并连同全部申请材料报送省、自治区、直辖市司法行政机关审核。对准予变更的，由审核机关为申请人换发律师执业证书；对不准予变更的，应当向申请人书面说明理由。准予变更的，申请人在领取新的执业证书前，应当将原执业证书上交原审核颁证机关。

律师跨设区的市或者省、自治区、直辖市变更执业机构的，原执业机构所在地和变更的执业机构所在地的司法行政机关之间应当交接该律师执业档案。

在与原执业机构的业务交接方面，律师应当遵守中华全国律师协会2004年《律师事务所内部管理规则（试行）》的相关规定。该规则第17条规定："聘用合同期满后，律师申请转所执业的，应当向律师事务所提交下列材料：（一）保管的业务案卷；（二）尚未办结案件的有关材料和证据，但委托人不同意移交的除外；（三）未清结的财务凭证、现金、支票等；（四）负责保管律师事务所的其他材料和物品。""律师事务所应当自收到上述材料之日起30日内，与律师进行清结，并出具转所执业所需的各种材料。""律师因聘用合同解除或被律师事务所辞退而离开律师事务所的，应按上述规定与律师事务所办理清结事项。"第18条规定："律师事务所与律师就清结事项发生争议的，应当及时提请律师协会进行调解。律师事务所不得无故拖延或者阻拦律师转所。"这些规定同样适用于合伙人的业务交接。

律师应当高度重视办理变更执业机构的手续，否则，可能构成同时在两个以上律师事务所执业的违法行为。司法部2010年《律师和律师事务所违法行为处罚办法》第5条第2款规定，"在获准变更执业机构前以拟变更律师事务所律师的名义承办业务，或者在获准变更后仍以原所在律师事务所律师的名义承办业务的"，是"同时在两个以上律师事务所执业的"违法行为。

（2）律师在变更执业机构时，应当维护委托人的利益，不得损害原执业机构的利益

中华全国律师协会2011年《律师执业行为规范》第75条规定："律师变更执业机构时应当维护委托人及原律师事务所的利益；律师事务所在接受转入律师时，不得损害原律师事务所的利益。"据此律师变更执业机构必须关注两个问题：

首先，要保证委托人对法律服务的选择权。2012年《律师法》第32条第1款规定："委托人可以拒绝已委托的律师为其继续辩护或者代理，同时可以另行委托律师担任辩护人或者代理人。"这一规定实际上暗含了委托人的绝对选择权。换言之，在委托人—律师关系中，委托人是法律服务的消费者，是委托人在选择法律服务者，而不是法律服务者在选择委托人。因此，在律师流动的时候，应当保证委托人能够选择其所心仪的法律服务提供者。

其次，要保证律师事务所的有效管理。委托人基础是律师事务所制定管理方略的基础之一，应当保证律师事务所在处理律师的流动对委托人基础产生的影响时，以一种可预见的、有序的方式进行。同时，应当妥善处理好律师变更执业机构时涉及的利益冲突、保密、案卷的处理等问题。因此，上述规定所谓维护"原律师事务所的利益"的要求，不应当是指律师不得为原律师事务所的委托人继续服务的问题。律师能否为

原律师事务所的委托人继续服务，取决于委托人的选择。

鉴于因律师变更执业机构而引起的案件交接工作不完善，并损害当事人、律师或律师事务所合法权益的纪律案件不断增加，2008年北京市律师协会纪律委员会作出了《北京市律师协会纪律委员会规范执业指引》（第4号），对律师变更执业机构的相关事项作出了以下规定：1）律师变更执业机构，律师与其所在的原律师事务所（简称“原所”）有义务互相配合，就业务和财务等相关事宜办理交接。2）案卷属于律师事务所所有，律师在调离原所之前应当将所办结的案件卷宗全部归档，不得带离原所；在律师调离之前，原所应当向调离的律师主动索取案卷，不得允许律师将办理完结的案件的卷宗带离本所。3）对于尚未办理完结的案件，原所及调转律师有义务在调离申请提出后及时以书面方式将该情况通知委托人，并就委托事项是否随律师转入拟调入的律师事务所（简称“新所”）征询委托人的意见。如委托人坚持继续委托该调离的律师承办，则该律师有义务在委托人与原所解除委托关系之前，征询新所的意见。除存在利益冲突等原因外，新所不得拒绝与委托人建立委托关系，同时原所应当与委托人签订书面的解除委托代理的协议。新所因上述原因不能与委托人建立委托关系的，除委托人明确表示另行委托律师外，原所应当指派其他律师继续办理委托人的委托事项，并与委托人签订书面的变更协议及授权委托书。在上述案件的交接中，原所、新所与委托人应同时就代理费用问题一并协商解决。4）原所与新所应当以维护当事人在该案件中的合法权益为原则，协商一致，办理案件档案和费用的交接。在新所受理该案件的情况下，原所有义务应新所或者当事人的要求，将案卷移交新所。如原所与委托人在解除委托关系的问题上存在争议，则该争议不应妨碍新所在办理该案件时使用原所掌握的案件资料。5）因承办律师停止执业而导致的案卷归档问题和委托人另行委托其他律师事务所的问题，亦按照上述原则办理。

4. 就给当事人造成的损失依法承担赔偿责任

2012年《律师法》第54条规定：“律师违法执业或者因过错给当事人造成损失的，由其所在的律师事务所承担赔偿责任。律师事务所赔偿后，可以向有故意或者重大过失行为的律师追偿。”司法部2012年《律师事务所管理办法》第44条、司法部2010年《律师和律师事务所违法行为处罚办法》第46条重申了该规定。

二、律师事务所内部人员之间的关系

（一）合伙人之间的关系

合伙人是指加入合伙律师事务所，参与合伙律师事务所内部管理，并对合伙律师事务所的债务承担无限连带责任的律师。合伙律师之间应当签订合伙协议，合伙协议的内容不得与有关法律、法规、规章相抵触。合伙协议由全体合伙人协商一致并签名，自省、自治区、直辖市司法行政机关作出准予设立律师事务所决定之日起生效。因合伙人变更需要修改合伙协议的，修改后的合伙协议应当按照规定报批。

合伙人之间的关系主要表现在以下几个方面：

1. 合伙人在管理合伙事务方面享有同等的表决权利

合伙人之间的关系在性质上是平等的，合伙不同于股东的重要方面，就是合伙人有平等的表决权。合伙人在管理合伙事务方面享有同等的权利，是合伙人之间承担连带责任的重要基础之一。合伙人管理合伙事务的形式是合伙人会议，合伙人会议由全体合伙人组成，合伙人会议的形式、召集方式和表决办法等由合伙协议约定。当然，在具体管理的行政权力方面，合伙人之间的权力可能依照合伙协议的规定有所不同。此外，合伙律师事务所根据需要可以设立日常管理机构，负责执行合伙人会议决议，管理律师事务所日常事务。

2. 合伙人应当维护合伙的合法权益

（1）合伙人执行合伙事务，不得损害合伙的利益。合伙人对必须经全体合伙人一致同意始得执行的事务擅自处理，给合伙或者其他合伙人造成损失的，依法承担赔偿责任。不具有事务执行权的合伙人擅自执行合伙事务，给合伙或者其他合伙人造成损失的，依法承担赔偿责任。合伙人违反律师职业道德、执业纪律情节严重，或者因其过错给律师事务所造成重大损失的，合伙人会议可以依照合伙协议将其除名；合伙人被吊销律师执业证书的，合伙人会议应当将其除名；合伙人退出合伙或者被除名的，有权取得合伙协议约定的财产份额及其他财产收益，并承担相应的义务。

（2）依法退伙。合伙人退出合伙，应当依照合伙协议约定的条件和程序办理。

（二）管理律师与被管理律师之间的关系

在律师事务所内部律师之间存在管理关系，这种关系可以分为两种样态：一种是合伙人与非合伙人、执行管理职能的律师与接受管理的律师之间的一般性管理关系，一种是具体事务中就具体事务进行监督的律师和具体承办该事务的律师之间的关系。各个律师事务所的管理关系是不同的，这取决于律师事务所的结构、从事的业务的性质等因素。

司法部2012年《律师事务所管理办法》第45条第1、3款规定："律师事务所的负责人负责对律师事务所的业务活动和内部事务进行管理，对外代表律师事务所，依法承担对律师事务所违法行为的管理责任。""律师事务所根据本所章程可以设立相关管理机构或者配备专职管理人员，协助本所负责人开展日常管理工作。"因此，律师应当服从律师事务所管理人员依照管理权限进行的管理。司法部2010年《律师和律师事务所违法行为处罚办法》第41条规定："律师事务所因违法行为受到处罚的，司法行政机关应当依照《律师法》第五十条第二款的规定，对该所负责人视其管理责任以及失职行为情节轻重，给予相应的行政处罚。""律师事务所因违法行为受到处罚的，应当同时追究负有直接责任的律师的法律责任，依法给予相应的行政处罚。"

（三）律师与非律师人员之间的关系

1. 实习指导律师与实习人员

为申请律师执业，依法需要参加实习的人员，应当遵照中华全国律师协会2010年《申请律师执业人员实习管理规则》在律师事务所实习。律师事务所应当按照中华全国律师协会制定的实务训练指南，指派符合条件的律师指导实习人员进行实务训练，并为实习人员进行实务训练提供必要的条件和保障。

实习指导律师应当符合下列条件：（1）具有5年以上的执业经历；（2）热爱律师事业，忠实履行律师职责，具有较高的职业道德素养；（3）具有较高的业务素质和丰富的实务经验；（4）3年内未受过行政处罚或者行业惩戒。一名实习指导律师同时指导的实习人员不得超过2名，司法部另有规定的，从其规定。

实习指导律师应当履行下列职责：（1）对实习人员进行律师职业道德和执业纪律教育；（2）指导实习人员学习、掌握律师执业管理规定；（3）指导实习人员学习、掌握律师执业业务规则；（4）指导实习人员进行律师执业基本技能训练；（5）监督实习人员的实习表现，定期记录并作出评估，发现问题及时纠正；（6）在实习结束时对实习人员的政治素质、道德品行、业务素质、遵守律师职业道德和实习纪律的情况出具考评意见。

律师事务所及实习指导律师不得指使或者放任实习人员有下列行为：（1）独自承办律师业务；（2）以律师名义在委托代理协议或者法律顾问协议上签字，对外签发法律文书；（3）以律师名义在法庭、仲裁庭上发表辩护或者代理意见；（4）以律师名义洽谈、承揽业务；（5）以律师名义印制名片及其他相关资料；（6）其他依法应以律师名义从事的活动。

2. 律师与其他非律师人员的关系

律师事务所内的非律师人员主要包括行政辅助人员和财务会计人员，这些人员都在为律师提供职业服务而工作，律师应当就这些人员的工作提供适当的指示和管理。

第三节　律师事务所职业行为规则

一、健全律师事务所规章制度

2007年《律师法》第23条规定："律师事务所应当建立健全执业管理、利益冲突审查、收费与财务管理、投诉查处、年度考核、档案管理等制度，对律师在执业活动中遵守职业道德、执业纪律的情况进行监督。"这是2007年《律师法》新增加的内容，目的在于针对律师事务所管理中的突出问题，强化律师事务所的监督管理。司法部2012年《律师事务所管理办法》第38条规定："律师事务所应当依照《律师法》和有关法律、法规、规章及行业规范，建立健全执业管理和其他各项内部管理制度，加强对本所律师执业行为的监督。"司法部2010年《律师和律师事务所违法行为处罚办法》第30条第1项规定，"不按规定建立健全内部管理制度，日常管理松懈、混乱，造成律师事务所无法正常运转"，造成严重后果和恶劣影响的，属于《律师法》第50条第8项规定的律师事务所"对本所律师疏于管理，造成严重后果的"违法行为。中华全国律师协会2011年《律师执业行为规范》第86条规定："律师事务所应当建立健全执业管理、利益冲突审查、收费与财务管理、投诉查处、年度考核、档案管理、劳动合同管理等制度，对律师在执业活动中遵守职业道德、执业纪律的情况进行监督。"律师事务所在日常管理中，应当建立、健全以下主要管理制度：

（一）统一接受委托

律师承办业务，由律师事务所统一接受委托，与委托人签订书面委托合同。

司法部2010年《律师和律师事务所违法行为处罚办法》第23条规定，有下列情形之一的，属于《律师法》第 50 条第 1 项规定的律师事务所“违反规定接受委托、收取费用的”违法行为：（1）违反规定不以律师事务所名义统一接受委托、统一收取律师服务费和律师异地办案差旅费，不向委托人出具有效收费凭证的；（2）向委托人索要或者接受规定、合同约定之外的费用、财物或者其他利益的；（3）纵容或者放任本所律师有该办法第 10 条规定的违法行为的。

（二）利益冲突审查

律师事务所受理业务，应当进行利益冲突审查，不得违反规定受理与本所承办的业务及其委托人有利益冲突的业务。

司法部 2010 年《律师和律师事务所违法行为处罚办法》第 27 条规定，有下列情形之一的，属于《律师法》第 50 条第 5 项规定的律师事务所“违反规定接受有利益冲突的案件的”违法行为：（1）指派本所律师担任同一诉讼案件的原告、被告代理人，或者同一刑事案件被告人辩护人、被害人代理人的；（2）未按规定对委托事项进行利益冲突审查，指派律师同时或者先后为有利益冲突的非诉讼法律事务各方当事人担任代理人或者提供相关法律服务的；（3）明知本所律师及其近亲属同委托事项有利益冲突，仍指派该律师担任代理人、辩护人或者提供相关法律服务的；（4）纵容或者放任本所律师有该办法第 7 条规定的违法行为的。

（三）统一财务管理

律师事务所应当按照有关规定统一收费，建立、健全收费管理制度，及时查处有关违规收费的举报和投诉。

律师事务所应当按照规定建立、健全财务管理制度，建立和实行合理的分配制度及激励机制。

律师事务所应当依法纳税。

律师事务所不得从事法律服务以外的经营活动。

（四）人员待遇

合伙律师事务所和国家出资设立的律师事务所应当按照规定为聘用的律师和辅助人员办理失业、养老、医疗等社会保险。

个人律师事务所聘用律师和辅助人员的，应当按前述规定为其办理社会保险。

律师事务所应当按照规定，建立执业风险、事业发展、社会保障等基金。

司法部 2010 年《律师和律师事务所违法行为处罚办法》第 30 条第 5 项规定，“不按规定建立劳动合同制度，不依法为聘用律师和辅助人员办理失业、养老、医疗等社会保险”，造成严重后果和恶劣影响，属于《律师法》第 50 条第 8 项规定的律师事务所“对本所律师疏于管理，造成严重后果的”违法行为。

（五）赔偿制度

律师违法执业或者因过错给当事人造成损失的，由其所在的律师事务所承担赔偿责任。律师事务所赔偿后，可以向有故意或者重大过失行为的律师追偿。

普通合伙律师事务所的合伙人对律师事务所的债务承担无限连带责任。特殊的普通合伙律师事务所一个合伙人或者数个合伙人对于其在执业活动中因故意或者重大过失造成律师事务所的债务，应当承担无限责任或者无限连带责任，其他合伙人以其在律师事务所中的财产份额为限承担责任；合伙人在执业活动中非因故意或者重大过失造成的律师事务所的债务，由全体合伙人承担无限连带责任。个人律师事务所的设立人对律师事务所的债务承担无限责任。国家出资设立的律师事务所以其全部资产对其债务承担责任。

（六）业务指导

律师事务所组织开展业务活动，应当指导本所律师依法执业，履行法律援助义务，建立承办重大、疑难案件的集体研究和请示报告制度；对律师在执业活动中遵守法律、法规、规章，遵守职业道德和执业纪律的情况进行监督，发现问题及时予以纠正。

律师事务所应当加强对本所律师的职业道德和执业纪律教育，组织开展业务学习和经验交流活动，为律师参加业务培训和继续教育提供条件。

司法部 2010 年《律师和律师事务所违法行为处罚办法》第 30 条第 2 项规定，“不按规定对律师执业活动实行有效监督，或者纵容、袒护、包庇本所律师从事违法违纪活动，造成严重后果的”，属于《律师法》第 50 条第 8 项规定的律师事务所“对本所律师疏于管理，造成严重后果的”违法行为。

（七）决策机制

律师事务所的负责人负责对律师事务所的业务活动和内部事务进行管理，对外代表律师事务所，依法承担对律师事务所违法行为的管理责任。

合伙人会议或者律师会议为合伙律师事务所或者国家出资设立的律师事务所的决策机构，个人律师事务所的重大决策应当充分听取聘用律师的意见。

律师事务所根据本所章程可以设立相关管理机构或者配备专职管理人员，协助本所负责人开展日常管理工作。

（八）投诉管理

律师事务所应当建立投诉查处制度，及时查处、纠正本所律师在执业活动中的违法、违规行为，调处在执业中与委托人之间的纠纷；认为需要对被投诉律师给予行政处罚或者行业惩戒的，应当及时向所在地县级司法行政机关或者律师协会报告。

（九）人员管理

对于年度考核不合格或者严重违反本所章程及管理制度的律师，律师事务所可以与其解除聘用关系或者经合伙人会议通过将其除名，有关处理结果报所在地县级司法行政机关和律师协会备案。

已担任合伙人的律师受到 6 个月以上停止执业处罚的，自处罚决定生效之日起至处罚期满后 3 年内，不得担任合伙人。

司法部 2010 年《律师和律师事务所违法行为处罚办法》第 30 条第 3 项规定，“纵容或者放任律师在本所被处以停业整顿期间或者律师被处以停止执业期间继续执业”，造成严重后果和恶劣影响的，属于《律师法》第 50 条第 8 项规定的律师事务所“对本所律师疏于管理，造成严重后果的”违法行为。

（十）业绩管理

律师事务所应当建立律师执业年度考核制度，按照规定对本所律师的执业表现和遵守职业道德、执业纪律的情况进行考核，评定等次，实施奖惩，建立律师执业档案。

律师事务所应当于每年的一季度经所在地县级司法行政机关向设区的市级司法行

政机关提交上一年度本所执业情况报告和律师执业考核结果，直辖市的律师事务所的执业情况报告和律师执业考核结果直接向所在地区（县）司法行政机关提交，接受司法行政机关的年度检查考核。具体年度检查考核办法，由司法部规定。

司法部2010年《律师和律师事务所违法行为处罚办法》第30条第4项规定，“不按规定接受年度检查考核，或者经年度检查考核被评定为‘不合格’”，造成严重后果和恶劣影响的，属于《律师法》第50条第8项规定的律师事务所“对本所律师疏于管理，造成严重后果的”违法行为。

（十一）档案管理

律师事务所应当按照规定建立、健全档案管理制度，对所承办业务的案卷和有关资料及时立卷归档，妥善保管。

二、律师事务所不得从事法律服务之外的经营活动

2012年《律师法》第27条规定：“律师事务所不得从事法律服务以外的经营活动。”第50条第3项就从事法律服务以外的经营活动的行为规定了处罚措施。这些是2007年《律师法》新增加的内容。

1996年《律师法》就律师事务所在法律服务之外的经营活动并没有作出规定。司法部1996年《合作律师事务所管理办法》第5条规定：“合作律师事务所及其律师不得从事其他任何经营性活动。”司法部1996年《合伙律师事务所管理办法》第4条也作出了类似规定。司法部2001年《关于对上海市新文汇律师事务所购买上海银行法人股有关问题的批复》（司复［2001］3号）中规定：“律师事务所利用自有资金从事股票、国债等证券投资，如果不对所投资的企业进行实质性的管理、控制和经营，不构成我部《合作律师事务所管理办法》第四条和《合伙律事务所管理办法》第五条的规定中所称的‘经营性活动’，不违反关于‘（合作和合伙）律师事务所及其律师不得从事其他任何经营性活动’的规定。”

司法部2010年《律师和律师事务所违法行为处罚办法》第25条规定，有下列情形之一的，属于《律师法》第50条第3项规定的律师事务所“从事法律服务以外的经营活动的”违法行为：（1）以独资、与他人合资或者委托持股方式兴办企业，并委派律师担任企业法定代表人或者总经理职务的；（2）从事与法律服务无关的中介服务或者其他经营性活动的。

根据上述规定，律师事务所不得进行对所投资企业进行实质性的管理、控制和经营的经营性活动，但是与法律服务有关的中介服务或者其他经营性活动除外。允许律师从事与法律服务有关的中介服务或者其他经营性活动，有助于“一站式”满足委托人的服务需求，提高法律服务的效率。

之所以禁止律师事务所在法律服务之外从事经营活动，主要是基于以下考虑：

第一，保证律师事务所专注于法律服务。律师进行其他受到禁止的经营活动，将占用律师的时间和精力，影响全心全意为委托人提供服务。

第二，减少律师事务所发生利益冲突的风险，保证律师职业的独立性。律师进行其他受到禁止的经营活动，将造成律师过多卷入社会生活，并具有并非微不足道的利益，从而增加了律师事务所卷入利益冲突的风险，影响律师职业的独立性，降低了法

律服务的可得性。

第三，保证律师事务所具有清偿能力。“律师事务所或者是以其合伙人或者设立人的全部资产对债务承担无限责任，或者是以其自身全部资产对债务承担责任，如果允许律师事务所从事其他经营活动，会产生一定风险，影响律师事务所的债务清偿能力，不利于保证当事人的合法权益。”[①]

本章思考题

1. 律师事务所的设立条件是什么？
2. 我国律师事务所有哪些组织形式？
3. 律师事务所内部人员之间存在哪些关系？
4. 律师事务所内部人员之间应当遵守哪些规则？
5. 律师事务所应当遵守哪些行为规则？

① 王胜明、赵大程主编：《中华人民共和国律师法释义》，79页，北京，法律出版社，2007。

第十章 律师和律师事务所与司法行政机关和律师协会的关系

第一节　我国的律师管理体制

一、行政管理体制时期

二、“两结合”体制的初步形成

三、“两结合”体制的确立

第二节　律师和律师事务所与司法行政机关的关系

一、司法行政机关的监督、指导权

二、律师对司法行政机关的职责

三、律师事务所对司法行政机关的职责

第三节　律师和律师事务所与律师协会的关系

一、律师协会及其职责

二、律师、律师事务所对律师协会的职责

第一节　我国的律师管理体制

一、行政管理体制时期

我国律师业发展百余年来，律师管理体制也是随着社会、经济情势的变迁而不断变化。改革开放之后，随着我国律师制度的重建，律师管理体制也进入重建阶段，到目前为止，律师管理体制经历了行政管理体制、司法行政机关行政管理与律师协会行业管理相结合的管理体制初步形成及发展三个阶段。

1978 年 12 月，中国共产党十一届三中全会召开，确立了解放思想、实事求是的思想路线，作出了党的工作重点向经济建设转移的战略决策，并提出了发展社会主义民主、健全社会主义法制的历史任务。从此，社会主义法制建设逐步展开。1979 年 7 月，第五届全国人大二次会议通过了第一批 7 个重要法律，其中《刑事诉讼法》和《人民法院组织法》都明确规定被告人享有辩护权，并可以委托律师辩护。这两部法律的颁布，为律师制度的恢复拉开了序幕。1980 年 8 月 26 日，第五届全国人大常委会第二十五次会议通过了《律师暂行条例》，它规定了中国律师的性质、任务、权利、活动原则、律师机构的设置等内容，为中国律师制度的恢复提供了法律上的依据。作为中国

第一部关于律师制度的法律，它的颁布，是党的十一届三中全会精神的直接贯彻和体现，标志着中国律师制度的建设进入了新的阶段。

1980 年《律师暂行条例》确立的是行政型的律师管理体制。这体现在以下几个方面：

第一，该条例第 1 条规定："律师是国家的法律工作者，其任务是对国家机关、企业事业单位、社会团体、人民公社和公民提供法律帮助，以维护法律的正确实施，维护国家、集体的利益和公民的合法权益。"这一规定表明，中国的律师"不是，也不应当是资本主义国家那种自由职业者"，"也不像资本主义国家律师那样，只是从雇佣关系出发，为委托人谋利益，而是要站在无产阶级的立场上，从维护法律的正确实施出发，来维护当事人的合法权益"。

第二，律师的工作机构是行政型的组织模式。该条例第 13 条规定：律师执行职务的工作机构是法律顾问处。法律顾问处是事业单位，受国家司法行政机关的组织领导和业务监督。第 14 条规定：法律顾问处按县、市、市辖区设立。必要时，经司法部批准，可以设立专业性的法律顾问处。

第三，律师协会没有实质管理职能。该条例第 19 条规定：为维护律师的合法权益，交流工作经验，促进律师工作的开展，增进国内外法律工作者的联系，建立律师协会。律师协会是社会团体，组织章程由律师协会制订。司法部在 1984 年 10 月 8 日印发的《关于加强和改革律师工作的意见》中，更是明确说明："律师协会是律师的群众性组织，主要任务是在司法厅（局）的直接领导下，根据党的路线、方针、政策和国家法律，加强律师的思想政治工作和职业道德教育，维护律师的合法权益，总结交流律师业务经验，为律师业务活动提供信息资料和咨询服务。律师协会的外事活动，由司法行政机关统一领导和管理。尚未建立律师协会的省、自治区（除西藏外）、直辖市，应抓紧于今明两年建立起来，并配备精干的专职工作人员，与司法厅（局）的律师管理处合署办公。"

从上述角度来看，中国律师制度的恢复和重建是一种国家行政行为，因此，1980 年制定的《律师暂行条例》的基本性质就是律师行业的行政组织法。随着历史的发展，对律师职业行为加以调整的需要日益突出。中华全国律师协会虽然已经于 1986 年成立，但是其功能仅仅定位为"维护律师的合法权益，交流工作经验，促进律师工作的开展，增进国内外法律工作者的联系"①。律师协会作为一个组织，不论是在组织建设上还是在法律授权上，都尚未具备发挥作用的组织体系和能力。

二、"两结合"体制的初步形成

随着改革开放的启动，传统的计划经济体制逐渐由市场经济体制所取代，社会经济变革所带来的对法律服务特别是经济生活方面的法律服务的需求日益增长。随着我国城市计划经济体制的改革，商品交易和经济生活的繁荣带来了对法律服务的巨大需求，而且随着市场的日益开放，外来投资者对法律服务的需求也逐渐显露出来。这种情况下，由国家对律师行业完全控制的传统管理体制的弊端开始暴露：一方面，《律师

① 1980 年《律师暂行条例》第 19 条。

暂行条例》将律师定位于国家法律工作者，这种国家所有制所带来的激励机制的不足严重影响了国家法律工作者的工作积极性；另一方面，国家律师编制、经费等方面的管理也影响了律师队伍的发展，从而影响了律师队伍提供法律服务的能力。随着人们对律师制度认识的不断深化，律师管理体制的改革势在必行。

1983年3月，司法部召开了“六市一县律师工作体制改革座谈会”，探索实行律师体制改革，并指定到会单位进行试点。1984年10月，司法部《关于加强和改革律师工作的意见》明确规定，司法行政机关应改进和加强对法律顾问处的领导与监督，其主要职责有：（1）司法行政机关应及时向法律顾问处的人员传达党和国家的有关方针、政策、指示，加强对律师人员的政治思想工作和业务培训，督促、检查法律顾问处执行政策、法律。（2）审查法律顾问处的长远规划、年度计划和财务预决算。（3）审查法律顾问处的重要业务活动方案，特别是重大刑事案件，与检察院、法院有严重分歧的刑事案件的辩护意见。（4）帮助法律顾问处与有关部门疏通渠道，解决工作中遇到的困难和问题。（5）考核、管理法律顾问处的干部。与此同时，该意见提出要建立、健全省、自治区、直辖市的律师协会。

1986年7月，全国第一次律师代表大会召开，并成立了中华全国律师协会。大会通过了《中华全国律师协会章程》，选举产生了由78名理事组成的第一届理事会，选举邹瑜为第一届中华全国律师协会会长。《中华全国律师协会章程》确立了律师协会具有律师业务指导、工作经验交流、维护律师合法权益等9项职能，成为律师协会参与律师行业管理的里程碑。自此，律师管理体制在《律师暂行条例》确立的单一行政管理格局的基础上增加了律师协会行业管理。但是这一时期律师协会的主要领导仍由司法行政机关的领导兼任。律师协会在律师管理体制中仍处于从属的地位。

1993年12月26日，国务院批准了《司法部关于深化律师工作改革的方案》，该方案在前面10年改革的基础上明确提出了“两结合”的体制构想：从我国的国情和律师工作的实际出发，建立司法行政机关的行政管理与律师协会的行业管理相结合的管理体制。经过一个时期的实践后，逐步向司法行政机关宏观管理下的律师协会行业管理体制过渡。该方案就司法行政机关的行政管理与律师协会的行业管理进行了初步的分工：司法行政机关对律师工作主要实行宏观管理，其职责是：（1）制定律师行业发展规划，起草和制定有关律师工作的法律草案、法规草案和规章制度；（2）批准律师事务所及其分支机构的设立；（3）负责律师资格的授予和撤销；（4）负责执业律师的年检注册登记；（5）加强律师机构的组织建设和思想政治工作。而律师协会是律师的行业性群众组织。协会应由执业律师组成，领导成员由执业律师中选举产生。律师协会的主要职责是：（1）总结律师工作经验，指导律师开展业务工作；（2）组织律师的专业培训；（3）维护律师的合法权益；（4）开展律师的职业道德教育，对律师遵守执业纪律的状况进行监督检查；（5）按照国家有关规定，组织与境外律师民间团体的交流活动。由此，律师管理的两结合体制初步形成。

在上述思想指导下，1995年第三次全国律师代表大会召开，中华全国律师协会的全体理事、常务理事、会长、副会长均由选举出的专职执业律师担任，司法行政机关的领导不再兼任中华全国律师协会的领导职务。与此同时，修正的《中华全国律师协会章程》规定律师协会履行下列15种职责：（1）组织会员学习国家的法律、政策和有关专业知识，对会员进行职业道德和执业纪律的教育；（2）制定律师行业规范和准则并组织实施；（3）组织会员开展律师工作研讨活动，总结、交流律师业务经验；（4）负责对律师进行培训和业务指导；（5）开拓律师业务领域；（6）支持会员依法执业，维护会员的合法权益；（7）负责对会员的奖励和惩戒工作；（8）指导地方律师协会搞好律师、律师机构的登记、公告等工作；（9）开展与境外律师界的交往活动；（10）举办律师刊物，编辑出版业务资料，为会员提供业务信息；（11）向司法行政机关和国家有关部门提出关于法制建设、律师制度的改革与发展的建议；（12）维护会员间的团结，解决会员间的纠纷；（13）举办会员的福利事业；（14）指导、支持团体会员的工作；（15）办理法律规定的中华人民共和国司法部委托办理的其他事项。由此可见，律师协会的职责明显得到了加强，律师协会行业管理职责日益凸显。

三、"两结合"体制的确立

随着我国经济体制改革和对外开放的不断深入，我国的律师事业获得了很大发展，同时，《律师暂行条例》的局限性也不断暴露。在这种情况下，我国于1989年开始了《律师法》的起草和论证工作。1996年5月15日，第八届全国人大常委会第十九次会议审议以130票全票通过了《中华人民共和国律师法》。这是新中国颁布的第一部律师法。《律师法》的颁布，是我国律师制度发展史上的一个重要里程碑，是我国民主与法制建设的新发展。《律师法》的颁布，是我国律师制度建设贯彻邓小平建设有中国特色社会主义理论所取得的重要成果，充分体现了律师行业的内部规定性和我国市场经济体制对律师业发展的现实需要。这部法律正式确立了司法行政机关监督指导和律师协会行业管理相结合的管理模式，这种管理模式，在很大程度上淡化了对律师的行政管理色彩，体现了律师业进行行业管理的特点。

司法行政机关监督指导和律师协会行业管理相结合，是说这种管理既不是单一的行政管理，也不是完全的行业管理，而是二者的有机结合。一方面，司法行政机关在律师管理工作中负责组织律师资格统一考试，审核、颁发律师执业证书、律师事务所执业证书，审批设立分所，组织开展法律援助，对律师违反职业道德、执业纪律的行为予以行政处罚，对违法从事律师业务的人员进行行政处罚等。另一方面，律师协会履行下列职责：（1）保障律师依法执业，维护律师的合法权益；（2）总结、交流律师工作经验；（3）组织律师业务培训；（4）进行律师职业道德和执业纪律的教育、检查和监督；（5）组织律师开展对外交流；（6）调解律师执业活动中发生的纠纷；（7）法律规定的其他职责。

应当指出的是，虽然建立司法行政机关监督指导和律师协会行业管理相结合的管理模式的指导思想很明确，然而，司法行政机关和律师协会之间的权限划分在《律师法》中并不是非常清晰。例如，中华全国律师协会于1996年10月6日通过的《律师职业道德和执业纪律规范》宣称，该规范是"依据《中华人民共和国律师法》和《律师协会章程》"制定的，但是从《律师法》中根本找不到这样的规范依据，尽管中华全国律师协会1996年《律师职业道德和执业纪律规范》体现了律师行业自治方面的进步。再如1996年《律师法》第40条规定律师协会的职责之一是"进行律师职业道德和执业纪律的教育、检查和监督"，而司法部在2001年8月发布的《关于开展律师职业道德和执业纪律教育评查活动的通知》明确规定“……司法部决定……在全国律师队伍中，集中开展律师职业道德和执业纪律教育评查活动”，并对开展教育评查活动的指导思想、内容、步骤、要求作了明确的规定。这些情况表明，这一时期司法行政机关和律师协会之间的关系仍然处于探索阶段，二者之间的权限划分并非泾渭分明。但是，中华全国律师协会制定的《律师职业道德和执业纪律规范》的出现，表明在对律师职业行为的规制中，律师协会逐渐意识到其应当发挥应有的作用。2004年3月20日，中华全国律师协会常务理事会通过了《律师执业行为规范（试行）》。无论是从数量上还是从涉及问题的广度上，该规范都达到了一个新的高度。尽管这一规范还存在一些问题，但是它大大提高了律师职业行为法的技术因素，大大扭转了人们对律师职业行为法的传统认识，对于律师的执业活动具有重要的指导意义。

1996年制定的《律师法》尽管本身还存在若干不足，但是其确定了其后近十年来中国律师业发展的基本走向和格局，宏观指导了律师行业的资源布局。1996年《律师法》实施后近十年来，无论是中国律师业行业本身还是其所处的社会环境，都发生了巨大的变化。除了在2001年对《律师法》进行了一次局部修改外，我国并没有随着时代的进步、形势的变化而对其进行整体性的修正；与此同时，《律师法》本身的一些规定并没有得到具体落实。2004年6月，司法部正式启动了《律师法》的修正工作，进行了大量调研和意见征求工作，并形成了若干阶段性成果。2007年10月28日，第十届全国人大会常委会第三十次会议对《律师法》进行了较为全面的修订。这次修订，进一步确认和完善了司法行政机关行政管理与律师协会行业管理相结合的体制；在关于律师协会的具体条文上，《律师法》在对“律师协会是社会团体法人，是律师的自律性组织”的规定未行修改的情况下，扩大了律师协会的职权，其中第46条明确规定，律师协会应当履行的职责包括“制定行业规范和惩戒规则”，以及“对律师、律师事务所实施奖励和惩戒”、“受理对律师的投诉或者举报，调解律师执业活动中发生的纠纷，受理律师的申诉”，并且“律师协会制定的行业规范和惩戒规则，不得与有关法律、行政法规、规章相抵触”。因此，律师协会的律师行业管理权上有了进一步的扩展。

尽管2007年《律师法》在“两结合”管理体制上进一步向前迈进，但是司法行政机关和律师协会二者的权限划分仍然不是非常清晰。例如，司法部2008年《律师执业管理办法》中专门对“律师执业行为规范”作出了规定，而这显然应当属于律师协会的职责范围。此外，尽管2007年《律师法》第4条规定“司法行政部门依照本法对律师、律师事务所和律师协会进行监督、指导”，但是该法本身没有任何条文具体规定司法行政部门如何对律师协会进行监督、指导。这导致在实践中司法行政部门对律师协会采取行政管理方式，律师协会被视为司法行政部门的下属部门。这又进一步弱化了律师协会的管理职能，形成了恶性循环。

总之，在相当长的时期内，司法行政机关行政管理与律师协会行业管理的“两结合”管理体制还将处于动态的探索和调整之中。

第二节　律师和律师事务所与司法行政机关的关系

一、司法行政机关的监督、指导权

司法行政机关是我国国家政权的重要组成部分，在我国司法体系和法制建设中占有重要地位，负有监督、指导律师工作的职责。

2012年《律师法》第4条规定："司法行政部门依照本法对律师、律师事务所和律师协会进行监督、指导。"修订后的"律师法"充实了律师执业许可和执业行为规范的内容，强化了对律师和律师事务所执业的监督管理措施，调整了司法行政机关对律师和律师事务所监管职能的层级配置，加强了对律师执业活动的监督管理力度。司法行政机关对律师和律师事务所进行的监督、指导主要体现在五个方面：

（一）律师执业许可审核

申请律师执业，应当向设区的市级或者直辖市的区人民政府司法行政部门提出申请；受理申请的部门应当自受理之日起20日内予以审查，并将审查意见和全部申请材料报送省、自治区、直辖市人民政府司法行政部门。省、自治区、直辖市人民政府司法行政部门应当自收到报送材料之日起10日内予以审核，作出是否准予执业的决定。准予执业的，向申请人颁发律师执业证书；不准予执业的，向申请人书面说明理由。有下列情形之一的，由省、自治区、直辖市人民政府司法行政部门撤销准予执业的决定，并注销被准予执业人员的律师执业证书：（1）申请人以欺诈、贿赂等不正当手段取得律师执业证书的；（2）对不符合《律师法》规定条件的申请人准予执业的。

2008年，司法部颁布了《律师执业管理办法》。

（二）律师事务所执业许可审核

设立律师事务所，应当向设区的市级或者直辖市的区人民政府司法行政部门提出申请；受理申请的部门应当自受理之日起20日内予以审查，并将审查意见和全部申请材料报送省、自治区、直辖市人民政府司法行政部门。省、自治区、直辖市人民政府司法行政部门应当自收到报送材料之日起10日内予以审核，作出是否准予设立的决定。准予设立的，向申请人颁发律师事务所执业证书；不准予设立的，向申请人书面说明理由。

成立3年以上并具有20名以上执业律师的合伙律师事务所，可以设立分所。设立分所，须经拟设立分所所在地的省、自治区、直辖市人民政府司法行政部门审核。申请设立分所的，依照上述程序办理。

律师事务所变更名称、负责人、章程、合伙协议的，应当报原审核部门批准。

律师事务所变更住所、合伙人的，应当自变更之日起15日内报原审核部门备案。

律师事务所有下列情形之一的，应当终止：（1）不能保持法定设立条件，经限期整改仍不符合条件的；（2）律师事务所执业证书被依法吊销的；（3）自行决定解散的；

(4) 法律、行政法规规定应当终止的其他情形。律师事务所终止的，由颁发执业证书的部门注销该律师事务所的执业证书。

2008 年，司法部颁布了《律师事务所管理办法》，并于 2012 年对该办法进行了修订。

（三）对律师和律师事务所的违法行为进行处罚

2012 年《律师法》就律师和律师事务所的违法行为规定了警告、罚款、没收违法所得、停止执业、吊销执业证书等行政处罚措施，分别由设区的市级或者直辖市的区人民政府司法行政部门，省、自治区、直辖市人民政府司法行政部门落实。

为了加强对律师、律师事务所执业活动的监督，规范律师执业行为，维护正常的法律服务秩序，2010 年司法部颁布了《律师和律师事务所违法行为处罚办法》，就对律师和律师事务所违法行为的行政处罚措施作出了更为细致的规定。

（四）日常监督管理

2012 年《律师法》第 52 条规定：县级人民政府司法行政部门对律师和律师事务所的执业活动实施日常监督管理，对检查发现的问题，责令改正；对当事人的投诉，应当及时进行调查。县级人民政府司法行政部门认为对律师和律师事务所的违法行为应当给予行政处罚的，应当向上级司法行政部门提出处罚建议。

司法部 2008 年《律师执业管理办法》第 43 条规定：县级司法行政机关对其执业机构在本行政区域的律师的执业活动进行日常监督管理，履行下列职责：(1) 检查、监督律师在执业活动中遵守法律、法规、规章和职业道德、执业纪律的情况；(2) 受理对律师的举报和投诉；(3) 监督律师履行行政处罚和实行整改的情况；(4) 掌握律师事务所对律师执业年度考核的情况；(5) 司法部和省、自治区、直辖市司法行政机关规定的其他职责。

县级司法行政机关在开展日常监督、管理过程中，发现、查实律师在执业活动中存在问题的，应当对其进行警示谈话，责令改正，并对其整改情况进行监督；对律师的违法行为认为依法应当给予行政处罚的，应当向上一级司法行政机关提出处罚建议；认为需要给予行业惩戒的，移送律师协会处理。

司法部 2012 年《律师事务所管理办法》第 53 条规定：县级司法行政机关对本行政区域内的律师事务所的执业活动进行日常监督、管理，履行下列职责：(1) 监督律师事务所在开展业务活动过程中遵守法律、法规、规章的情况；(2) 监督律师事务所执业和内部管理制度的建立与实施情况；(3) 监督律师事务所保持法定设立条件以及变更报批或者备案的执行情况；(4) 监督律师事务所进行清算、申请注销的情况；(5) 监督律师事务所开展律师执业年度考核和上报年度执业总结的情况；(6) 受理对律师事务所的举报和投诉；(7) 监督律师事务所履行行政处罚和实行整改的情况；(8) 司法部和省、自治区、直辖市司法行政机关规定的其他职责。

县级司法行政机关在开展日常监督、管理过程中，对于发现、查实的律师事务所在执业和内部管理方面存在的问题，应当对律师事务所负责人或者有关律师进行警示谈话，责令改正，并对其整改情况进行监督；对律师事务所的违法行为认为依法应当给予行政处罚的，应当向上一级司法行政机关提出处罚建议；认为需要给予行业惩戒的，移送律师协会处理。

（五）对律师事务所进行年度检查考核

司法部2010年《律师事务所年度检查考核办法》规定，律师事务所年度检查考核，是指司法行政机关定期对律师事务所上一年度的执业和管理情况进行检查考核，对其执业和管理状况作出评价。对律师事务所进行年度检查考核，主要检查考核律师事务所遵守宪法和法律、履行法定职责、实行自律管理的情况，具体包括下列内容：(1) 律师队伍建设情况；(2) 业务活动开展情况；(3) 律师执业表现情况；(4) 内部管理情况；(5) 受行政奖惩、行业奖惩的情况；(6) 履行律师协会会员义务的情况；(7) 省、自治区、直辖市司法行政机关根据需要认为应当检查考核的其他事项。律师事务所年度检查考核结果分为“合格”和“不合格”两个等次。

司法行政机关对律师事务所的年度检查考核应当与律师协会对律师执业的年度考核相结合。

二、律师对司法行政机关的职责

（一）妥善使用和保管律师执业证书

律师执业证书是律师依法获准执业的有效证件。律师执业应当出示律师执业证书。律师执业证书包括适用于专职、兼职律师的“律师执业证”和适用于香港、澳门、台湾居民在内地（大陆）从事律师职业的“律师执业证”两种。

律师应当妥善使用和保管律师执业证书。司法部2008年《律师执业管理办法》第41条规定：律师应当妥善使用和保管律师执业证书，不得变造、抵押、出借、出租。如有遗失或者损毁的，应当及时报告所在地县级司法行政机关，经所在地设区的市级或者直辖市区（县）司法行政机关向原审核颁证机关申请补发或者换发。律师执业证书遗失的，应当在当地报刊上刊登遗失声明。律师被撤销执业许可，受到吊销执业证书处罚的，由其执业机构所在地县级司法行政机关收缴其执业证书。律师受到停止执业处罚的，应当自处罚决定生效后至处罚期限届满前，将律师执业证书缴存其执业机构所在地县级司法行政机关。

（二）参加司法行政机关组织的职业培训

司法部2008年《律师执业管理办法》第42条规定：“律师应当按照规定参加司法行政机关和律师协会组织的职业培训。”

（三）在接受司法行政机关监督、管理时不得有弄虚作假行为

司法部2010年《律师和律师事务所违法行为处罚办法》第16条规定，有下列情形之一的，属于《律师法》第49条第3项规定的律师“向司法行政部门提供虚假材料或者有其他弄虚作假行为的”违法行为：(1) 在司法行政机关实施检查、监督工作过程中，向其隐瞒真实情况，拒不提供或者提供不实、虚假材料，或者隐匿、毁灭、伪造证据材料的；(2) 在参加律师执业年度考核、执业评价、评先创优活动中，提供不实、虚假、伪造的材料或者有其他弄虚作假行为的；(3) 在申请变更执业机构，办理执业终止、注销等手续时，提供不实、虚假、伪造的材料的。

三、律师事务所对司法行政机关的职责

（一）妥善使用和保管律师事务所执业许可证

律师事务所执业证书是律师事务所依法获准设立并执业的有效证件。律师事务所执业证书包括律师事务所执业许可证书、律师事务所分所执业许可证书。律师事务所执业证书分为正本和副本，正本和副本具有同等的法律效力。

律师事务所应当依法使用执业证书。律师事务所应当将执业证书正本悬挂于执业场所的醒目位置，执业证书副本用于接受查验。

司法部2012年《律师事务所管理办法》第51条规定：律师事务所应当妥善保管、依法使用本所执业许可证，不得变造、出借、出租。如有遗失或者损毁的，应当及时报告所在地县级司法行政机关，经所在地设区的市级或者直辖市区（县）司法行政机关向原审核机关申请补发或者换发。律师事务所执业许可证遗失的，应当在当地报刊上刊登遗失声明。律师事务所被撤销许可、受到吊销执业许可证处罚的，由所在地县级司法行政机关收缴其执业许可证。律师事务所受到停业整顿处罚的，应当自处罚决定生效后至处罚期限届满前，将执业许可证缴存其所在地县级司法行政机关。

（二）依法变更审核事项

司法部2010年《律师和律师事务所违法行为处罚办法》第24条规定，有下列情形之一的，属于《律师法》第50条第2项规定的律师事务所“违反法定程序办理变更名称、负责人、章程、合伙协议、住所、合伙人等重大事项的”违法行为：（1）不按规定程序办理律师事务所名称、负责人、章程、合伙协议、住所、合伙人、组织形式等事项变更报批或者备案的；（2）不按规定的条件和程序发展合伙人，办理合伙人退伙、除名或者推选律师事务所负责人的；（3）不按规定程序办理律师事务所分立、合并，设立分所，或者终止、清算、注销事宜的。

（三）在接受司法行政机关监督、管理时不得有弄虚作假行为

司法部2010年《律师和律师事务所违法行为处罚办法》第29条规定，有下列情形之一的，属于《律师法》第50条第7项规定的律师事务所“向司法行政部门提供虚假材料或者有其他弄虚作假行为的”违法行为：（1）在司法行政机关实施检查、监督工作时，故意隐瞒真实情况，拒不提供有关材料或者提供不实、虚假的材料，或者隐匿、毁灭、伪造证据材料的；（2）在参加律师事务所年度检查考核、执业评价、评先创优活动中，提供不实、虚假、伪造的材料或者有其他弄虚作假行为的；（3）在办理律师事务所重大事项变更、设立分所、分立、合并或者终止、清算、注销的过程中，提供不实、虚假、伪造的证明材料或者有其他弄虚作假行为的。

（四）接受司法行政机关的年度检查考核

2012年《律师法》第24条规定：“律师事务所应当于每年的年度考核后，向设区的市级或者直辖市的区人民政府司法行政部门提交本所的年度执业情况报告和律师执业考核结果。”司法部2012年《律师事务所管理办法》第49条规定，律师事务所应当于每年的一季度经所在地县级司法行政机关向设区的市级司法行政机关提交上一年度

本所执业情况报告和律师执业考核结果，直辖市的律师事务所的执业情况报告和律师执业考核结果直接向所在地区（县）司法行政机关提交，接受司法行政机关的年度检查考核。

第三节　律师和律师事务所与律师协会的关系

一、律师协会及其职责

（一）律师协会的性质

改革开放之后，我国开始律师业的重建工作。1980 年《律师暂行条例》第 19 条规定："为维护律师的合法权益，交流工作经验，促进律师工作的开展，增进国内外法律工作者的联系，建立律师协会。""律师协会是社会团体。组织章程由律师协会制订。"1986 年 7 月，我国成立了中华全国律师协会。2012 年《律师法》第 43 条规定："律师协会是社会团体法人，是律师的自律性组织。全国设立中华全国律师协会，省、自治区、直辖市设立地方律师协会，设区的市根据需要可以设立地方律师协会。"中华全国律师协会章程由全国会员代表大会制定，报国务院司法行政部门备案。地方律师协会章程由地方会员代表大会制定，报同级司法行政部门备案。地方律师协会章程不得与中华全国律师协会章程相抵触。

律师协会可以分为强制性入会的律师协会和自愿性入会的律师协会。2012 年《律师法》第 45 条第 1 款规定："律师、律师事务所应当加入所在地的地方律师协会。加入地方律师协会的律师、律师事务所，同时是全国律师协会的会员。"因此，我国的律师协会属于强制性的律师协会。律师和律师事务所都必须加入所在地的地方律师协会。加入地方律师协会的律师、律师事务所，同时是中华全国律师协会的会员。

（二）律师协会的职责

一般而言，律师协会的职责可以区分为以下几个方面，即行业规制职责、行业服务职责、行业代表职责、行业与社会发展职责以及内部行政辅助职责。

律师协会的规制职责，是指律师协会代表国家对法律职业/律师行业进行管理的功能。该功能来源于法律的规定或者法院的授权。例如，2012 年《律师法》第 43 条规定，律师协会是社会团体法人，是律师的自律性组织。这是对律师行业规制功能的直接法律规定。律师协会的行业规制功能可以具体化为制定职业行为标准、投诉受理与调查、惩戒、日常检查和监督等职责。

律师协会的行业服务职责，是指律师协会为会员提供行业内知识、保险、调解等服务的功能，是会员结社的合意体现。律师协会的行业规制功能可以具体为纠纷调处、保险/赔偿合作、教育培训、经验交流与业务研讨等职责。

律师协会的行业代表职责，是指律师协会对外代表律师行业，反映律师的诉求，代表律师行业利益，维护律师合法权益的功能。这通常体现为律师协会维护律师行业地位与合法权益的职责。

律师协会的行业与社会发展职责，是指律师协会在法治的更大范围内维护律师行业和社会长远发展的功能。该职责通常可以具体化为促进法治和社会正义、促进社会对法律职业的理解、促进法律职业教育等功能。

律师协会的内部行政辅助职责，是指律师协会行政系统为律师协会其他功能的实现提供支持的功能。这主要涉及律师协会的内部财务、会费、人力资源、档案与信息管理。

2012 年《律师法》第 46 条规定：律师协会应当履行下列职责：（1）保障律师依法执业，维护律师的合法权益；（2）总结、交流律师工作经验；（3）制定行业规范和惩戒规则；（4）组织律师业务培训和职业道德、执业纪律教育，对律师的执业活动进行考核；（5）组织管理申请律师执业人员的实习活动，对实习人员进行考核；（6）对律师、律师事务所实施奖励和惩戒；（7）受理对律师的投诉或者举报，调解律师执业活动中发生的纠纷，受理律师的申诉；（8）法律、行政法规、规章以及律师协会章程规定的其他职责。律师协会制定的行业规范和惩戒规则，不得与有关法律、行政法规、规章相抵触。

与 1996 年《律师法》规定的律师协会的职责相比，上述规定增加了制定行业规范和惩戒规则、对律师的执业活动进行考核、组织管理申请律师执业人员的实习活动、对实习人员进行考核，以及对律师、律师事务所实施奖励和惩戒等方面的职责，进一步强化了律师协会在律师行业管理中的作用。但是，上述律师协会职责的规定，尚未突出律师协会的规制职责，未能形成以规制职责为首要任务，各职责界限合理、清晰的职责体系。

二、律师、律师事务所对律师协会的职责

（一）积极参加律师协会组织的学习、研究等活动

律师应当参加、完成律师协会组织的律师业务学习及考核。

律师应当积极参加律师协会组织的律师业务研究活动，完成律师协会布置的业务研究任务，参加律师协会组织的公益活动。

（二）就相关事务进行备案与报告

律师参加国际性律师组织并成为其会员，以及以中国律师身份参加境外会议等活动的，应当报律师协会备案。

律师和律师事务所因执业行为成为刑、民事被告，或者受到行政机关调查、处罚的，应当向律师协会书面报告。

（三）参加律师协会的考核

律师应当参加律师协会组织的律师执业考核。

2010 年，中华全国律师协会通过了《律师执业年度考核规则》，自 2011 年 1 月 1 日起施行。律师执业年度考核，主要考核下列内容：（1）律师在执业活动中遵守宪法、法律、法规和规章，遵守职业道德、执业纪律和行业规范，履行法定职责的情况；（2）律师遵守律师协会章程、履行会员义务的情况；（3）律师办理法律服务业务的数量、类别和服务质量，办理重大案件、群体性案件的情况；（4）律师履行法律援助义务，参加社会服务及其他社会公益活动的情况；（5）律师受行政奖惩、行业奖惩的情况；（6）省、自治区、直辖市律师协会根据需要要求考核的其他事项。律师执业年度

考核结果分为“称职”、“基本称职”、“不称职”三个等次。

（四）接受律师协会的纠纷处理机制及处理决定

律师应当妥善处理律师执业中发生的纠纷，履行经律师协会调解达成的调解协议。

律师应当执行律师协会就律师执业纠纷作出的处理决定。

（五）执行处分决定

律师应当履行律师协会依照法律、法规、规章及律师协会章程、规则作出的处分决定。律师协会对会员的违规行为作出的行业处分种类有：（1）训诫；（2）通报批评；（3）公开谴责；（4）取消会员资格。现行的会员处分依据是《律师协会会员违规行为处分规则（试行）》。[①]

（六）按时缴纳会费

律师、律师事务所应当按时缴纳会费。各省、自治区、直辖市律师协会向本地区会员收缴会费，中华全国律师协会向各省、自治区、直辖市律师协会收缴会费。

本章思考题

1. 我国的律师管理体制是什么？
2. 司法行政机关如何对律师和律师事务所进行监督、指导？
3. 我国律师协会的性质是什么？
4. 律师事务所对司法行政机关负有哪些职责？
5. 律师和律师事务所对律师协会负有哪些职责？

① 1999年12月18日中华全国律师协会四届五次常务理事会通过，2004年3月20日中华全国律师协会五届九次常务理事会修订。

第十一章 律师服务信息传播

第一节 律师服务信息传播概述

一、律师服务信息传播的意义

二、我国律师服务信息传播规则概况

第二节 律师广告行为规则

一、律师广告行为概述

二、律师广告行为规则

第一节 律师服务信息传播概述

一、律师服务信息传播的意义

律师服务信息传播的规制，是对法律服务市场进行规制的措施之一。“之所以对律师如何展业（promote）、如何构建服务组织以及如何就服务定价进行规制，标准的理由就是法律服务市场的不完美。这些缺陷包括经济学家所说的信息障碍、‘搭便车’者以及外在性（externalities）。”① 所谓律师服务信息传播，就是律师或者律师事务所以获得业务为主要目的而发布信息，影响他人的思想和行动的职业行为。就该他人而言，有特定他人和不特定他人之分。因此，律师服务信息传播规则，可以分为针对特定人的律师劝诱行为规则②与针对不特定人的律师广告行为规则。

律师服务信息的传播活动是现代律师职业活动的重要组成部分。律师服务信息的

① ［美］德博拉·L·罗德等：《律师的职业责任与规制》，2版，王进喜等译，133页，北京，中国人民大学出版社，2013。

② 律师的劝诱活动，是指律师针对特定人员传播律师服务信息的行为。虽然同样是对律师服务信息加以传播的行为，与律师广告相比，律师的劝诱往往受到更多的规范和限制，这是因为律师的劝诱行为被视为一种行为，一种包含言论因素的行为，而不同于纯言论性的广告。例如，美国律师协会《职业行为示范规则》7.3规定，如果律师的主要动机是为了获得经济利益，则律师不得通过面谈、实况电话或者实时电子联系手段，劝诱潜在委托人雇用该律师，除非该被联系的人是一个律师，或者与律师具有家庭关系、密切个人关系或者前职业上的联系。此外，在下列情况下，即使上述规定不予禁止，律师仍不得通过书面、录制性或者电子交流方式、面谈、电话或者实时电子联系手段来劝诱潜在委托人：（1）该潜在委托人已告知律师其不愿接受其劝诱；或者（2）该劝诱带有强制性、胁迫性或骚扰性。〔参见［美］德博拉·L·罗德等：《律师的职业责任与规制》，2版，王进喜等译，139—142页，北京，中国人民大学出版社，2013。〕从我国目前的规定来看，尚缺乏对律师劝诱活动加以调整的规定。因此，本书以下内容将集中讨论调整律师广告行为的规则。

传播活动具有重要的意义：

首先，律师服务信息传播活动，是法律服务消费者维护其合法权益的重要保障条件。伴随着经济的发展，法律对社会生活的调整范围日益广泛，律师的业务分工日益精细，这同时也就意味着自然人、法人和其他社会组织对法律服务的需求也日益突出。在这种情况下，以口碑方式传播法律服务信息的方式已经不能完全满足公众对法律服务信息的需求。面对纷繁的法律，一般公众不知道自己是否需要法律服务，不知道如何得到法律服务、如何从法律服务中受益。而律师服务信息传播活动作为一种向公众传播法律服务信息的有效方法，有利于解决这一矛盾，有利于跨越现代社会人与人之间的巨大空间距离，及时地传播法律服务信息，从而促进公众对法律制度的全面了解和利用，促进律师业实现为社会提供法律服务的职责，促进律师业实现维护社会公平与正义的职业理想。[①] 现代法律制度下，法律服务消费者对法律服务的需求，是促使各国允许律师通过广告等方式进行业务宣传的一个直接动因。

其次，律师服务信息传播活动，是促进律师业市场竞争的一个有利手段。适当的律师服务信息传播活动，将成为律师和律师事务所建立与保持一定当事人基础的有效方法，有助于律师业按照效益原则开展执业活动；有助于促进法律服务价格良性竞争，使法律服务更易于为公众所获得；有利于打破法律服务市场的垄断，实现律师业的正当竞争和优胜劣汰。[②]

最后，律师服务信息传播活动，有助于树立律师职业形象，培养公众的法治信念。规范的律师服务信息传播活动，有利于展示法律职业的职业属性，有助于促进公众对律师职业能力的信任，从而培养公众的法治信念，促进公众对司法制度的尊重。

二、我国律师服务信息传播规则概况

律师服务信息传播活动的大量出现，是在我国对律师制度改革后，伴随着律师从业人数的迅猛增加而出现的新现象。我国制定的可以适用于调整律师广告行为的规范性文件，除了《广告法》[③] 以外，按照时间顺序排列，主要包括以下文件：

---

① 例如，为加强律师、公证面向基层、面向社区、面向群众服务的功能，2002 年 11 月 15 日，司法部律师公证司发出了《关于进一步做好社区律师公证法律服务工作的通知》[（2002）司律公字 013 号]，该通知要求要积极探索和实践律师、公证面向社区服务的有效形式，要引导和组织广大律师事务所、公证处，适应社区居民对法律服务需求日趋多样化的特点，提供形式灵活、全方位、多层次的法律服务。其中的措施就包括：（1）向社区居民发放服务联系卡、宣传页，设置服务指示牌，使居民能够及时、便捷地与律师事务所和公证处取得联系，获得所需要的法律服务。（2）在有条件的社区法律服务电脑平台设置触摸式电脑查询，使社区居民能够及时、方便地获悉所在城市律师事务所、公证处及其专长的相关信息，并能够根据自身的法律服务需求与所选择的律师事务所、公证处取得联系，及时获得所需要的律师、公证法律服务。

② 参见［美］德博拉·L·罗德等：《律师的职业责任与规制》，2 版，王进喜等译，137 页，北京，中国人民大学出版社，2013（“实证研究发现，广告总体上有助于加强竞争，以及在不降低职业服务质量的前提下减少费用，而低收费有助于提高需求、扩大接受服务的人数以及鼓励规模经济。”）。

③ 1994 年 10 月 27 日第八届全国人大常委会第十次会议通过的《广告法》对广告的原则、广告准则、法律责任等问题作了规定，这些规则原则上适用于律师的广告活动。

1990年11月，司法部在印发的《律师十要十不准》中就规定，律师“要公平竞争，以优质高效服务树立信誉；不准抬高自己，贬低他人，进行不正当竞争”①。

1993年12月，司法部在其发布的《律师职业道德和执业纪律规范》中规定，律师不得“贬损和诋毁其他律师和律师事务所的业务能力与执业声望”；律师不得“利用新闻媒介播发炫耀自己、排斥同行的广告”；律师“不得向当事人表明或者炫耀自己在执行职务方面与案件承办机关及其承办人员之间具有密切或者特殊的关系”②。

1995年2月20日，司法部发布的《关于反对律师行业不正当竞争行为的若干规定》第4条列举了8种应予反对的律师和律师事务所的不正当竞争行为，其中可直接或间接适用于规范律师服务信息传播活动的有第1项（通过招聘启事、律师事务所简介、领导人题写名称或其他方式，对律师或律师事务所进行不符合实际的宣传）、第2项（在律师名片上印有律师经历、专业技术职务或其他头衔）和第4项（故意诋毁其他律师或律师事务所声誉，争揽业务）。

1996年5月15日，第八届全国人大常委会第十九次会议通过的《律师法》第24条规定：“律师事务所和律师不得以诋毁其他律师或者支付介绍费等不正当手段争揽业务。”第44条对违反该规定的行为规定了处罚措施。

1996年10月6日，中华全国律师协会通过的《律师职业道德和执业纪律规范》第35条规定：“律师不得损害其他律师的威信和名誉。”第37条第1项规定，律师不得“贬损或诋毁其他律师和律师事务所”；第3项规定，律师不得“利用新闻媒介或其他手段炫耀自己、招揽业务、排斥同行”。

1997年1月31日，司法部发布的《律师违法行为处罚办法》对律师和律师事务所“以诋毁其他律师、律师事务所或支付介绍费等不正当竞争手段，争揽业务的”行为规定了处罚措施。

1998年5月14日，司法部律师司发出《关于进一步规范律师事务所名称、律师名片的通知》（司律字［98］21号），就规范律师事务所名称、律师名片问题作出了初步规定。

2003年8月12日，司法部发布了《关于拓展和规范律师法律服务的意见》（司发［2003］14号），提出，要严格执行律师事务所、律师执业“六条禁令”，禁令之一即“禁止以诋毁同行、支付介绍费等手段进行不正当竞争行为”。

2004年3月20日，中华全国律师协会五届九次常务理事会通过了《律师执业行为规范（试行）》，在第八章“执业推广”对律师法律服务信息传播活动进行了专章规定。

2007年10月28日，第十届全国人大常委会第三十次会议修订通过了《律师法》，该法第26条再次重申：“律师事务所和律师不得以诋毁其他律师事务所、律师或者支付介绍费等不正当手段承揽业务。”第47条、第50条分别对律师、律师事务所违反该规定的行为规定了处罚措施。

2008年7月18日，司法部发布的《律师执业管理办法》第35条规定：“律师应当

---

① 司法部1999年《律师十要十不准》第10条。

② 司法部1993年《律师职业道德和执业纪律规范》第15条第5项第1目、第4目和第6目。

尊重同行，公平竞争，不得以诋毁其他律师事务所、律师或者支付介绍费等不正当手段承揽业务。”

2010年4月8日，司法部发布了《律师和律师事务所违法行为处罚办法》，其中第6条、第26条对律师服务信息传播活动进行了规定。

为了贯彻落实《律师法》对律师职业行为的要求，中华全国律师协会对《律师执业行为规范（试行）》进行了修改，形成了《律师执业行为规范》，并经中华全国律师协会七届二次理事会审议通过，于2011年11月9日正式颁布。《律师执业行为规范》在第三章“律师业务推广行为规范”对律师法律服务信息传播活动进行了专章规定。

上述不同时期、不同层次的文件对于调整律师服务信息传播活动、促进律师行业正当竞争发挥了重要作用，但是从实践来看，仍然存在一些问题，例如，这些规定总的来看缺乏系统性和严谨性，有的条文规定不尽合理①，此外，这些规定在实践中也没有得到有效执行。

综上所述，律师服务信息传播活动在我国已经具有相当的规模，对于公众了解律师职业、维护自己的合法权益具有重要的作用。但是不规范的律师服务信息传播活动所具有的消极影响也不可忽视。若对此不加以必要调整，不仅会导致其所传播的信息失真，损害当事人的利益，而且会严重损害律师的形象，损害公众对法治的信心。司法行政机关和律师协会在管理中应当进一步加强对律师服务信息传播活动的规范。

第二节 律师广告行为规则

一、律师广告行为概述

律师广告行为，是指律师或者律师事务所以获得业务为主要目的，针对不特定人发布信息以影响他人的思想和行动的职业行为。

首先，律师广告行为的最主要特征，是以不特定人为信息发布对象。因此，只要以不特定人为信息发布对象，不论采取何种形式，均为律师广告行为。②

其次，律师广告行为以影响他人的思想和行为，从而获得业务为主要目的。在实践中，可能会存在介乎获取业务目的和公益等目的之间的律师行为目的，在这种情况下，应当适用更为严格的律师广告行为规则。

最后，律师广告行为是一种职业行为。这种行为与律师或者律师事务所的职业身

① 例如，中华全国律师协会1996年《律师职业道德与执业纪律规范》第37条第3项规定，律师不得“利用新闻媒介或其他手段炫耀自己、招揽业务、排斥同行”。利用以新闻媒介为载体的广告来开拓法律服务市场是律师服务信息传播活动的直接目的，如果严格解释和执行该第37条之规定，则对律师广告必须加以全面禁止，从而把律师广告所具有的积极作用也一并否定了。这种做法是不符合律师业的发展实际和发展趋势的。

② 中华全国律师协会2011年《律师执业行为规范》在第三章将律师业务推广行为区分为狭义的律师业务推广广告和律师宣传行为。这两种行为都是针对不特定人进行的，进行这种区分并无必要。

份密不可分，不当的律师广告行为会损害律师职业形象，甚至损害律师事务所的利益，故应当受到严格规制。

二、律师广告行为规则

（一）律师广告行为的载体及其规制

律师广告行为的载体包括广告、名片、律师事务所的名称与招牌，以及以传播律师和律师事务所信息为目的而进行的法律学术活动、社会公益活动、新闻宣传等形式。① 我国针对部分载体有较为明确的规定。

1. 律师狭义广告

（1）律师广告的主体。中华全国律师协会 2011 年《律师执业行为规范》第 25 条规定："律师广告可以以律师个人名义发布，也可以以律师事务所名义发布。以律师个人名义发布的律师广告应当注明律师个人所任职的执业机构名称，应当载明律师执业证号。"② 因此，律师广告的主体包括律师和律师事务所。这有利于促进律师行业内部的良性竞争，促进法律服务信息的有效传播。

以律师个人名义发布的律师广告应当注明律师个人所任职的执业机构名称，并载明律师执业证号。这有利于体现和加强律师事务所对律师的管理和监督。

（2）律师广告的内容。中华全国律师协会 2011 年《律师执业行为规范》第 27 条规定：律师个人广告的内容，应当限于律师的姓名、肖像、年龄、性别，学历、学位、专业、律师执业许可日期、所任职律师事务所名称、在所任职律师事务所的执业期限；收费标准、联系方法；依法能够向社会提供的法律服务业务范围；执业业绩。第 28 条规定：律师事务所广告的内容应当限于律师事务所名称、住所、电话号码、传真号码、邮政编码、电子信箱、网址；所属律师协会；所内执业律师及依法能够向社会提供的法律服务业务范围简介；执业业绩。

（3）不得发布律师广告的情形。中华全国律师协会 2011 年《律师执业行为规范》第 26 条规定："具有下列情况之一的，律师和律师事务所不得发布律师广告：（一）没有通过年度考核的；（二）处于停止执业或停业整顿处罚期间的；（三）受到通报批评、公开谴责未满一年的。"

2. 律师名片

律师名片是律师进行社会交往、传播律师服务信息的重要方式。根据司法部 1995 年《关于反对律师行业不正当竞争行为的若干规定》、司法部律师司 1998 年《关于进一步规范律师事务所名称、律师名片的通知》的规定，律师的名片式样应庄重、简洁。名片除应印律师事务所名称、律师姓名、联系电话、地址等内容外，还必须加印律师本人的律师执业证书号码。名片上不得带有律师经历、专业技术职务或其他头衔，以及与律师执业不相关的内容。如因特殊需要另作他用的，不在此限。

① 参见中华全国律师协会 2011 年《律师执业行为规范》第 17～20 条。

② 《北京市律师事务所执业广告管理办法（试行）》（1999 年 12 月 18 日北京市律师协会第五届理事会第四次会议通过，自 2000 年 7 月 1 日起施行，并于 2001 年 9 月 23 日重新修订）规定，律师个人不得做广告，律师事务所是唯一的广告主。这一规定被认为是抑制律师行业内部竞争的消极措施。

3. 律师事务所的名称和招牌

律师事务所的名称和招牌是律师事务所服务信息的重要载体。为了加强律师事务所名称管理，规范律师事务所名称使用，2010 年 1 月司法部制定了新的《律师事务所名称管理办法》。[①] 根据该办法，律师事务所只能选择、使用一个名称；律师事务所名称应当使用符合国家规范的汉字；民族自治地方律师事务所的名称，可以同时使用本民族自治地方通用的民族语言文字；律师事务所名称应当由"省（自治区、直辖市）行政区划地名、字号、律师事务所"三部分内容依次组成。[②] 合伙律师事务所的名称，可以使用设立人的姓名连缀或者姓氏连缀做字号。律师事务所名称中的字号应当由两个以上汉字组成，并不得含有下列内容和文字：（1）有损国家利益、社会公共利益或者有损社会主义道德风尚的，不尊重民族、宗教习俗的；（2）政党名称、党政军机关名称、群众组织名称、社会团体名称及其简称；（3）国家名称，重大节日名称，县（市辖区）以上行政区划名称或者地名；（4）外国国家（地区）名称、国际组织名称及其简称；（5）可能对公众造成欺骗或者误解的；（6）汉语拼音字母、外文字母、阿拉伯数字、全部由中文数字组成或者带有排序性质的文字；（7）"中国"、"中华"、"全国"、"国家"、"国际"、"中心"、"集团"、"联盟"等字样；（8）带有"涉外"、"金融"、"证券"、"专利"、"房地产"等表明特定业务范围的文字或者与其谐音的文字；（9）与已经核准或者预核准的其他律师事务所名称中的字号相同或者近似的；（10）字号中包括已经核准或者预核准的其他律师事务所名称中的字号的；（11）与已经核准在中国内地（大陆）设立代表机构的香港、澳门、台湾地区律师事务所名称中的中文字号相同或者近似的；（12）与已经核准在中国境内设立代表机构的外国律师事务所名称中的中文译文字号相同或者近似的；（13）其他不适当的内容和文字。律师事务所分所名称应当由"总所所在地省（自治区、直辖市）行政区划地名、总所字号、分所所在地的市（含直辖市、设区的市）或者县行政区划地名（地名加括号）、律师事务所"四部分内容依次组成。律师事务所使用名称，不得在核准使用的名称中或者名称后使用或者加注"律师集团"、"律师联盟"等文字。

（二）律师广告行为规则

律师的职业活动具有高度的专业性，其性质是精神性、判断性的工作，因而律师广告行为的内容和性质往往难以为非专业人士所正确判断。不当的律师广告行为不仅会误导委托人、损害委托人的利益，也会在律师行业内部造成不正当竞争，损害律师职业形象，损害公众对法治的信心。因此，律师的广告行为是一种受到规制的职业活动。律师的广告行为应当遵循以下规则：

1. 律师广告不得具有虚假性和误导性

根据我国现行有关规定，下列律师广告行为应当被视为具有虚假性和误导性：

（1）宣传所谓"成功率"或者"胜诉率"。"成功率"或者"胜诉率"本身是不科学的概念，律师在业务活动中是否"胜诉"或"成功"非常难以界定。在不述及具体

---

① 该办法自 2010 年 3 月 1 日起施行。司法部 1995 年 2 月 22 日发布的《律师事务所名称管理办法》（司法部令第 36 号）同时废止。

② 根据司法部 2010 年《律师事务所名称管理办法》第 27 条，该办法所称的行政区划地名，是指不包括"省"、"自治区"、"直辖市"、"市"、"县"、"区"等行政区划称谓的地方名称。

事实背景的情况下，宣传所谓“胜诉率”或“成功率”具有相当大的误导性，因此在各国受到普遍的禁止。

（2）以明示或者暗示方式宣传律师能通过不正当手段取得有利于当事人的结果。中华全国律师协会2011年《律师执业行为规范》第78条第4、6项规定，“向委托人明示或者暗示自己或者其属的律师事务所与司法机关、政府机关、社会团体及其工作人员具有特殊关系”；“明示或者暗示可以帮助委托人达到不正当目的，或者以不正当的方式、手段达到委托人的目的”，属于律师执业不正当竞争行为。[①] 司法部1995年《关于反对律师行业不正当竞争行为的若干规定》第4条列举的8种应予反对的律师和律师事务所的不正当竞争行为中，包括“在律师名片上印有律师经历、专业技术职务或其他头衔”的行为。

（3）对律师本人、其同事、律师事务所等的描述具有虚假内容的。例如，司法部2010年《律师和律师事务所违法行为处罚办法》第6条第3项规定，“以对本人及所在律师事务所进行不真实、不适当宣传或者诋毁其他律师、律师事务所声誉等方式承揽业务的”，是“以不正当手段承揽业务的”违法行为。中华全国律师协会2011年《律师执业行为规范》第31条规定：“律师和律师事务所不得进行歪曲事实和法律，或者可能使公众对律师产生不合理期望的宣传。”第84条规定：“律师和律师事务所不得伪造或者冒用法律服务荣誉称号。使用已获得的律师或者律师事务所法律服务荣誉称号的，应当注明获得时间和期限。律师和律师事务所不得变造已获得的荣誉称号用于广告宣传。律师事务所已撤销的，其原取得的荣誉称号不得继续使用。”

（4）传达其他可能造成公众误解或者不能理解的信息的律师广告行为。例如，中华全国律师协会2011年《律师执业行为规范》第32条规定：“律师和律师事务所可以宣传所从事的某一专业法律服务领域，但不得自我声明或者暗示其被公认或者证明为某一专业领域的权威或专家。”司法部2010年《律师事务所名称管理办法》第21条规定：“律师事务所使用名称，不得在核准使用的名称中或者名称后使用或者加注‘律师集团’、‘律师联盟’等文字。”[②]

2. 律师广告行为应当具有得体性

所谓律师广告行为的得体性，是指律师广告行为使用的图片、语言、背景、方式等应当向公众传达律师服务的可信赖性，不得破坏律师的职业形象，不得损害公民对法治的信心。下列律师广告行为应当被视为违反了得体性原则：

（1）采用了有损律师形象的方式。中华全国律师协会2011年《律师执业行为规范》第29条规定，“律师和律师事务所不得以有悖律师使命、有损律师形象的方式制

---

① 此外，司法部1995年《关于反对律师行业不正当竞争行为的若干规定》第4条规定，“通过招聘启事、律师事务所简介、领导人题写名称或其他方式，对律师或律师事务所进行不符合实际的宣传”，是应当反对的律师或律师事务所的不正当竞争行为。北京市律师协会《北京市律师事务所执业广告管理办法（试行）》第6条也规定，律师广告内容不得包含“明示或暗示与政府机关、社会团体、中介机构及其工作人员有特殊关系的内容”。

② 从实践来看，目前确实有若干个不同地区的律师事务所采取“联合”、“联营”或者建立业务协作关系等方式组建所谓“律师集团”或“律师联盟”的做法。但这种称谓缺乏法律依据，实践中的做法也各行其是，很不规范，易引起公众的误解，造成律师行业的不公平竞争。为促进律师行业公平竞争发展，司法部2010年《律师事务所名称管理办法》禁止了在律师事务所名称中或者名称后使用或者加注“律师集团”或者“律师联盟”的做法。

作广告，不得采用一般商业广告的艺术夸张手段制作广告”①。

（2）进行律师之间或者律师事务所之间的比较。进行律师之间或者律师事务所之间的比较，不仅有损于其他律师或者律师事务所的形象，也有损于律师职业的整体形象。因此，进行律师之间或者律师事务所之间的比较的律师广告行为，是一种不得体行为。因此，2012 年《律师法》第 26 条规定：“律师事务所和律师不得以诋毁其他律师事务所、律师或者支付介绍费等不正当手段承揽业务。”中华全国律师协会 2011 年《律师执业行为规范》第 9 条规定：“律师应当尊重同行，公平竞争，同业互助。”第 33 条规定：“律师和律师事务所不得进行律师之间或者律师事务所之间的比较宣传。”司法部 1995《关于反对律师行业不正当竞争行为的若干规定》第 4 条列举的 8 种应予反对的律师和律师事务所的不正当竞争行为中，也包括故意诋毁其他律师或律师事务所声誉，争揽业务的行为。

3. 律师广告行为应当具有合法性

律师广告行为应当具有合法性，是指律师广告行为除了应当遵守不具有虚假性和误导性、应当具有得体性等要求外，还应当遵守其他涉及律师广告行为的法律。例如，中华全国律师协会 2011 年《律师执业行为规范》第 23 条规定：“律师发布广告应当遵守国家法律、法规、规章和本规范。”因此，律师发布狭义的广告，还应当遵守《广告法》的有关规定。② 再如，律师广告行为也应当遵守 2012 年《律师法》的有关规定，例如，为履行保密义务，律师广告行为中如要使用当事人的姓名、名称或者涉及相关委托事项，应当事先征得当事人的书面同意。司法部 2010 年《律师和律师事务所违法行为处罚办法》第 13 条明确规定：律师未经委托人或者其他当事人的授权或者同意，在承办案件的过程中或者结束后，擅自披露、散布在执业中知悉的委托人或者其他当事人的商业秘密、个人隐私或者其他不愿泄露的情况和信息的，属于《律师法》第 48 条第 4 项规定的“泄露商业秘密或者个人隐私的”违法行为。

本章思考题

1. 什么是律师的服务信息传播？
2. 什么是律师广告？
3. 律师广告行为应当遵守哪些规则？
4. 因特网、微博、微信等新技术条件下，如何构建合理的律师广告行为规则？

① 司法部 1996 年在《关于律师事务所不宜在户外设立灯箱标牌的批复》（司发函［1996］092 号）中曾指出，律师事务所不同于以营利为目的的生产经营单位，应当通过提供高效优质的法律服务建立信誉，因此，某律师事务所“在大街边，设立了五个两米多高标有律师事务所名称、地址、电话的灯箱，这种做法是不妥的，应当制止”。这一批复所涉及的也是律师广告的得体性问题。

② 中华全国律师协会 2011 年《律师执业行为规范》第 24 条规定：“律师发布广告应当具有可识别性，应当能够使社会公众辨明是律师广告。”这本身就是《广告法》有关规定的具体化（《广告法》第 13 条规定：“广告应当具有可识别性，能够使消费者辨明其为广告。”）。

第十二章

公司律师和公职律师的职业行为法

第一节　公司律师和公职律师制度概述

一、开展公司律师和公职律师工作的意义

二、公司律师与公职律师的特点

第二节　公司律师职业行为法

一、正确识别委托人，维护委托人的合法权益

二、仅在企业内部提供法律服务

三、在社会律师与公司律师进行身份转换时，遵守利益冲突规则

四、接受司法行政机关和律师协会的管理

五、遵守其他适用于律师的职业行为法

第三节　公职律师职业行为法

一、正确识别公职律师的委托人

二、公职律师应当遵守《公务员法》关于回避和利益冲突的规定

三、仅在本级政府或者部门内部提供法律服务

四、接受司法行政机关和律师协会的管理

五、遵守其他适用于律师的职业行为法

第一节　公司律师和公职律师制度概述

一、开展公司律师和公职律师工作的意义

律师群体可以分为两个部分，即在律师事务所工作的律师，以及为企业、政府部门、军队所雇用的律师。前者可以称为外部律师或者社会律师，后者则可以称为内部律师。内部律师也是法律职业的重要组成部分。在我国，内部律师包括公司律师、公职律师和军队律师。

社会律师、公职律师和公司律师的分类，是按照他们所处的执业背景、隶属关系来划分的，而不是按照服务对象来划分的。例如，社会律师是指其执业机构的性质是社会性（即非国家机关性的和非公司性的）的，他们也可以接受委托为国家机关和企业单位提供法律服务。这三种律师的主要区别，就是其提供法律服务的根据不同：社会律师是按照委托合同为委托人提供法律服务的；公职律师和公司律师则是按照劳动合同为有关单位或者组织提供法律服务的。

我国于 2002 年开始进行公司律师制度和公职律师制度的试点工作。开展公司律师和公职律师工作，具有重要的意义。

首先，开展公司律师和公职律师工作，是发展社会主义市场经济和依法治国的客观要求。随着依法治国方略的实施，社会主义市场经济体制的建立和社会主义法律体系的健全，以及加入 WTO 后所面临的挑战，对政府依法行政和企业依法经营、管理提出了更高的要求。政府部门和企业所面临的法律环境已经发生了重大变化，越来越多、日益复杂的法律事务，迫切需要建立公职律师、公司律师队伍来提供法律服务，以保证政府依法行政、维护企业的合法权益。

其次，开展公职律师和公司律师工作，有利于保证政府部门和企业所获得的法律服务的质量。这些内部律师熟悉政府部门和所在公司的结构、人员、历史、目标，他们不存在因其他委托人的业务而分散精力的问题。“在公司背景下，律师和其委托人并不是一种时断时续的关系，律师参与到委托人的日常事务中，因此能够获得作出审慎法律建议所需要的背景信息。外部的律师由于缺少这种信息，他们所提供给委托人的，就只能是技术性的建议。”① 此外，内部律师在作为公司人员和公职人员的同时，还是律师，应当保持律师职业应有的独立性。这在一定程度上相当于法律的“守门人”，保证公司和政府部门严守法律的底线。

再次，开展公司律师和公职律师工作，有助于律师业的专业化发展。由内部的律师来处理政府部门、企业内部常规性的法律事务，仅仅把专业性的问题交给外部的律师来做，一方面有利于减少法律服务的成本；另一方面，有利于促进外部律师的专业化，促进外部律师从价格竞争转变为服务质量的竞争。这种做法，将在一定程度上改变律师业的整体格局，逐步形成社会律师、公司律师、公职律师等多元化队伍并存、相互配合、优势互补的格局，促进我国律师业的专业化发展。

最后，开展公司律师和公职律师工作，有助于法律服务市场和法律服务队伍的整合。当前，我国事实上存在为企业、政府部门提供法律服务的专职队伍，这支队伍尽管并没有律师之名，但是有律师之实。这一状况一方面无法保证他们所提供的法律意见的独立性，另一方面造成了法律服务队伍的人为割据状态。开展公司律师和公职律师工作，有助于为他们确立法律这一“共同上司”，有助于以法律作为行为的准绳，实现法律服务市场和法律服务队伍的整合。

公司律师、公职律师作为我国律师队伍的新生力量，在实现依法治国方略的过程中发挥着重要作用。当前我国各地在经济、文化等方面的发展仍然存在着相当大的差距，这必然导致各地在公司律师、公职律师的发展上采取不同的模式和措施。“一刀切”的做法是脱离实际的。各地应当认真总结、交流公司律师、公职律师制度试行过

① 王进喜：《法律伦理的 50 堂课：美国律师职业行为规范与实务》，356 页，台北，五南图书出版股份有限公司，2008。

程中的经验和教训，既不盲目照搬国外经验，也不狭隘地故步自封。①

二、公司律师与公职律师的特点

公司律师、公职律师与社会律师相比，具有以下特点：

首先，与其他律师相比，公司律师、公职律师具有身份上的双重性。公司律师属企业的内部人员，公职律师供职于政府职能部门或行使政府职能的部门，因此，公司律师既是企业的员工又是律师，公职律师既是国家公务员又是律师。律师应当具有职业上的独立性，对于公司律师、公职律师制度而言，保证公司律师、公职律师的独立性也是这种制度设计的应有之义。

其次，公司律师、公职律师的服务对象具有固定性。公司律师、公职律师只能为本单位提供法律服务，不得面向社会从事有偿法律服务，不得在律师事务所和法律服务所兼职，不得以律师身份办理本单位以外的诉讼与非诉讼案件。与社会律师相比，公司律师、公职律师相对缺少自主性，而自主性，也就是对委托人说“不”的能力，是律师职业的一个重要特点。② 律师的自主性降低，必然削弱律师的独立性。随着律师独立性减弱，律师审慎思考的能力会受到破坏，因为律师对某个特定委托人的依赖性越强，相互之间就越难保持距离，审慎思考所需的超然性就越不可能存在。各地应当根据这种职业特殊性制定相关制度，特别是职业独立性的保障制度，为公司律师、公职律师制度的巩固、发展提供制度保证。

第二节　公司律师职业行为法

一、正确识别委托人，维护委托人的合法权益

公司是一种组织性委托人。“从实践来看，组织仅仅能够通过其自然人代理人来讲话和行动。用物理的术语来说，这些自然人体现了该组织，但是从法律理论的角度看他们并没有。这种区别是公司业务中特殊利益冲突问题的根源。在股东、经理和董事会的利益发生分歧时，律师常常遇到这样的问题，即要确定谁在代表委托人，可以代表其行事。”③ 作为内部律师，公司律师也必须准确识别其委托人。

司法部 2002 年《关于开展公司律师试点工作的意见》规定：公司律师的主要职责

---

① 公司律师和公职律师制度在 2007 年《律师法》中并没有得到规定，因此，从实践层面看，它们仍然处于试点状态。关于公司律师和公职律师制度试点的背景及引发的相关政府部门之间的权力纠葛，请参见刘思达：《割据的逻辑：中国法律服务市场的生态分析》，第五章，上海，上海三联书店，2011。

② 参见［美］德博拉·L·罗德等：《律师的职业责任与规制》，2 版，王进喜等译，28 页，北京，中国人民大学出版社，2013（“内部律师受雇于其委托人。在这种意义上说，律师的角色呈现出缺乏职业主义的决定性特征，即自主性。”）。

③ See Deborah L. Rhode and Geoffrey C. Hazard，Jr.，*Professional Responsibility and Regulation*，142 (second edition，2007).

是：（1）对企业的生产经营决策提出法律意见；（2）参与本企业法律文书的起草和修改工作，审核企业规章制度；（3）审查和管理企业合同；（4）对企业违反法律、法规的行为提出纠正的建议，并在企业内部开展法制宣传教育工作；（5）参与企业的谈判，代理本企业的诉讼、仲裁活动；（6）其他应由公司律师承办的法律事务。此外，公司律师不得以律师身份办理本公司以外的诉讼与非诉讼案件。根据上述规定，企业是公司律师的委托人，是公司律师的服务对象。

二、仅在企业内部提供法律服务

设立公司律师，就是因为公司律师熟悉所在公司的内部结构、人员、历史、目标，他们不存在因其他委托人的业务而分散精力的问题，也不因为代理其他委托人而存在可能影响为本企业服务的利益冲突问题，从而有利于避免律师提供纯技术性的法律意见，而能在提供法律意见时，将法律因素与经济、企业目标等因素结合在一起。因此，他们仅能在企业内部提供法律服务。司法部 2002 年《关于开展公司律师试点工作的意见》规定，公司律师不得从事有偿法律服务，不得在律师事务所和法律服务所兼职，不得以律师身份办理本公司以外的诉讼与非诉讼案件。

三、在社会律师与公司律师进行身份转换时，遵守利益冲突规则

社会律师可以转为公司律师，公司律师可以转为社会律师。[①] 这种律师行业内部的人才流动，必然带来利益冲突问题。在社会律师与公司律师进行身份转换时，有关律师应当遵守利益冲突规则。

四、接受司法行政机关和律师协会的管理

公司律师，是取得公司律师执业证书的法律职业人员。因此，公司律师应当接受所在地司法行政机关的业务指导和监督；应参加律师年检注册，办理年检注册时，应提交年度工作总结、所在单位出具的证明其专职从事法律事务工作的材料等。

此外，公司律师应加入所在地律师协会，参加律师协会组织的培训和执业纪律教育活动。

五、遵守其他适用于律师的职业行为法

公司律师作为律师，同样应当遵守其他适用于律师的职业行为法。公司律师在执业过程中违反其他律师职业行为法的，由司法行政机关依照 2012 年《律师法》、司法部 2010 年《律师和律师事务所违法行为处罚办法》等相关规定予以处罚，并且由律师协会根据相关规定予以纪律处分。

---

① 司法部 2002 年《关于开展公司律师试点工作的意见》规定：公司律师的权利之一是可以直接转换为社会律师。公司律师申请转为社会律师时，按换发证件程序进行，担任公司律师的经历计入执业年限。

第三节　公职律师职业行为法

一、正确识别公职律师的委托人

公职律师所代理的不是通常情况下的自然人，这给传统的委托人—律师关系带来了许多新的问题。在政府部门为委托人的背景之下，第一个要解决的问题就是谁是律师的委托人的问题。根据司法部 2002 年《关于开展公职律师试点工作的意见》，公职律师的职责是：（1）为本级政府或部门行政决策提供法律咨询意见和法律建议；（2）按照政府的要求，参与本级政府或部门规范性文件的起草、审议和修改工作；（3）受本级政府或部门委托调查和处理具体的法律事务；（4）代理本级政府或部门参加诉讼、仲裁活动；（5）为受援人提供法律援助；（6）本级政府或部门的其他应由公职律师承担的工作。公职律师的义务之一就是“不得以律师身份办理本级政府或部门以外的诉讼与非诉讼案件”。根据这些规定，一般情况下，公职律师的委托人是其担任公职律师的“本级政府或部门”。

但是在公职律师为受援人提供法律援助的情况下，公职律师的委托人是受援人，而本级政府或者部门则是提供法律服务费用的第三方。

二、公职律师应当遵守《公务员法》关于回避和利益冲突的规定

根据司法部 2002 年《关于开展公职律师试点工作的意见》，我国开始进一步推动开展并规范公职律师试点工作。相对于在律师事务所提供法律服务的律师而言，公职律师的身份具有特殊性。按照该意见，公职律师的身份具有双重性，即“公职律师由所在单位管理，司法行政机关负责其资质管理和业务指导”，“公职律师应加入所在地律师协会，参加律师协会组织的培训和执业纪律教育活动”。因此，公职律师既是律师，也是国家公务员。适用于律师的利益冲突规则和适用于公务员的利益冲突规则，都适用于公职律师。

1. 作为公职律师，应当遵守 2005 年《公务员法》关于回避和利益冲突的规定。这种利益冲突规则包括两个方面：（1）关于现任公务员的利益冲突规则。2005 年《公务员法》第 70 条规定：“公务员执行公务时，有下列情形之一的，应当回避：（一）涉及本人利害关系的；（二）涉及与本人有本法第六十八条第一款所列亲属关系人员的利害关系的；（三）其他可能影响公正执行公务的。”第 71 条规定：“公务员有应当回避情形的，本人应当申请回避；利害关系人有权申请公务员回避。其他人员可以向机关提供公务员需要回避的情况。”“机关根据公务员本人或者利害关系人的申请，经审查后作出是否回避的决定，也可以不经申请直接作出回避决定。”（2）关于离任公务员的利益冲突规则。《公务员法》第 102 条规定：“公务员辞去公职或者退休的，原系领导成员的公务员在离职三年内，其他公务员在离职两年内，不得到与原工作业务直接相关的企业或者其他营利性组织任职，不得从事与原工作业务直接相关的营利性活动。”“公务员辞去公职或者退休后有违反前款规定行为的，由其原所在机关的同级公务员主

管部门责令限期改正；逾期不改正的，由县级以上工商行政管理部门没收该人员从业期间的违法所得，责令接收单位将该人员予以清退，并根据情节轻重，对接收单位处以被处罚人员违法所得一倍以上五倍以下的罚款。”

2. 作为公职律师，还有一种律师身份，要接受所在地司法行政机关的业务指导和监督，应加入所在地律师协会，参加律师协会组织的培训和执业纪律教育活动。因此还应当遵守2012年《律师法》、司法部2010年《律师和律师事务所违法行为处罚办法》、中华全国律师协会2011年《律师执业行为规范》等规范中关于律师利益冲突的规定。

三、仅在本级政府或者部门内部提供法律服务

公职律师不得从事有偿法律服务，不得在律师事务所和法律服务所兼职，不得以律师身份办理本级政府或部门以外的诉讼与非诉讼案件。

四、接受司法行政机关和律师协会的管理

公职律师，是取得公职律师执业证书的法律职业人员，因此应当接受所在地司法行政机关的业务指导和监督。公职律师应参加律师年检注册，办理年检注册时，应提交年度工作总结、所在单位出具的证明其专职从事法律工作的材料，并详细写明办理公职律师事务的情况等。

此外，公职律师应加入所在地律师协会，参加律师协会组织的培训和执业纪律教育活动。

五、遵守其他适用于律师的职业行为法

公职律师作为律师，同样应当遵守其他适用于律师的职业行为法。公职律师在执业过程中违反其他律师职业行为法的，由司法行政机关依照2012年《律师法》、中华全国律师协会2011年《律师执业行为规范》等相关规定予以处罚，并且由律师协会根据相关规定予以纪律处分。

本章思考题

1. 开展公司律师和公职律师工作有什么意义？
2. 公司律师和公职律师具有哪些特点？
3. 公司律师应当遵守哪些职业行为法？
4. 公职律师应当遵守哪些职业行为法？

第十三章
律师对法律职业的职责

第一节　律师对法律职业的职责概述

第二节　互相尊重、平等竞争

一、互相尊重、互相帮助

二、禁止不正当竞争

第三节　维护法律职业的适正性

第四节　不得帮助无执业权的人执业

第五节　按照国家规定履行法律援助义务

第六节　维护业外活动的适当性

第一节　律师对法律职业的职责概述

律师是法律职业的一员。这意味着律师不仅仅要维护委托人的合法权益，还要维护法律的正确实施，维护社会公平与正义。维护法律的正确实施，维护社会公平与正义，是所有法律职业人员的共同理想与信念。这种共同的理想与信念，是法律职业成为一个职业的思想基础，是法律职业人员相互流动的前提。

法律职业是建立在每个职业成员个人基础上的共同体，其职业使命的实现有赖于各个成员的共同努力，其职业尊严有赖于各个成员的共同维护。各个成员应当成为法律职业尊严的自觉维护者，成为法律职业理想的自觉践行者，这本身就是一项职业要求。

律师对法律职业的职责，本身应当与法律职业的特点相适应。法律职业的特点主要包括：（1）法律职业的知识具有独特的技术性。法律职业是拥有某种专门知识、经过专门训练的人才能胜任的职业。这种知识有着自己的逻辑、自己的语言、自己的表达方式、自己的运行机制，为未受过专门训练的人所难以把握。（2）法律职业的管理具有一定的封闭性。进入法律职业不仅要就专门知识获得足够的训练，而且要通过专门的资格考试。法律职业在法治社会中的作用，要求法律职业具有一定的自治性，这种自治性在某些方面表现为封闭性。（3）法律职业提供的服务对法治社会而言具有不可或缺性。毫无疑问，法律服务对法治社会而言是不可或缺的。律师行业就是法律复杂到一定程度后的产物。法律职业的封闭性使得法律职业所提供的服务又具有一定的垄断性，这种垄断性使得法律职业必须以一定的形式切实满足社会的法律需求。

律师对法律职业的职责，应当体现这些法律职业活动特点。具体而言，律师对法律职业的职责主要体现在以下几个方面：

第一，对律师职业内部而言，律师之间应当互相尊重、平等竞争。

第二，对律师、法官、检察官等法律职业人员而言，应当互相尊重、相互监督，维护法律职业的适正性。

第三，对公众而言，律师应当积极履行法律援助义务，积极参加公益性活动；维护社会公平与正义，实现职业理想；拒绝与非律师人员合作，保证公众获得称职的法律服务。

第四，在业外活动中，律师应当维护律师职业的尊严与形象。

第二节 互相尊重、平等竞争

一、互相尊重、互相帮助

互相尊重、互相帮助，是一个有组织的群体的特征和必然要求，也是组织成员凝聚力的体现。广大律师都是国家法制统一和公民合法权益的维护者，拥有共同的理想和事业，面临着共同的历史任务，在为民主和法制的共同目标而共同奋斗。作为律师职业，互相尊重、互相帮助是这个群体组织性的要求之一。中华全国律师协会 2011 年《律师执业行为规范》第 72 条规定："律师与其他律师之间应当相互帮助、相互尊重。"第 73 条规定："在庭审或者谈判过程中各方律师应当互相尊重，不得使用挖苦、讽刺或者侮辱性的语言。"第 74 条规定："律师或律师事务所不得在公众场合及媒体上发表恶意贬低、诋毁、损害同行声誉的言论。"

二、禁止不正当竞争

随着我国经济的发展和律师制度改革的不断深入，大批人才加入律师队伍，大批律师事务所成立。这样，不可避免地出现了律师之间的业务竞争，形成了广大律师的工作压力，对广大律师提出了生存挑战。正当的竞争有助于降低法律服务的成本，有助于律师提高法律服务质量，有利于整个法律服务行业的优胜劣汰，有利于促进律师行业政治、文化、道德素质的全面提高，为当事人选择优秀律师提供更多的机会。而不正当竞争则会造成劣币驱逐良币，降低委托人的获得法律服务的选择性，造成司法腐败等问题。因此，必须维护律师之间的正当竞争。

中华全国律师协会 2011 年《律师执业行为规范》第 77 条规定："律师和律师事务

所不得采用不正当手段进行业务竞争，损害其他律师及律师事务所的声誉或者其他合法权益。”第78条至第84条对各种不竞争形式进行了规定。

中华全国律师协会2011年《律师执业行为规范》第78条规定，有下列情形之一的，属于律师执业不正当竞争行为：（1）诋毁、诽谤其他律师或者律师事务所信誉、声誉；（2）无正当理由，以低于同地区同行业收费标准为条件争揽业务，或者采用承诺给予客户、中介人、推荐人回扣，以及馈赠金钱、财物或者其他利益等方式争揽业务；（3）故意在委托人与其代理律师之间制造纠纷；（4）向委托人明示或者暗示自己或者其所属的律师事务所与司法机关、政府机关、社会团体及其工作人员具有特殊关系；（5）就法律服务结果或者诉讼结果作出虚假承诺；（6）明示或者暗示可以帮助委托人达到不正当目的，或者以不正当的方式、手段达到委托人的目的。

中华全国律师协会2011年《律师执业行为规范》第79条规定，律师和律师事务所在与行政机关、行业管理部门以及企业的接触中，不得采用下列不正当手段与同行进行业务竞争：（1）通过与某机关、某部门、某行业对某一类的法律服务事务进行垄断的方式争揽业务；（2）限定委托人接受其指定的律师或者律师事务所提供法律服务，限制其他律师或律师事务所正当的业务竞争。

中华全国律师协会2011年《律师执业行为规范》第80条规定，律师和律师事务所在与司法机关及司法人员接触中，不得采用利用律师兼有的其他身份影响所承办业务正常处理和审理的手段进行业务竞争。

中华全国律师协会2011年《律师执业行为规范》第81条规定，依照有关规定取得从事特定范围法律服务的律师或律师事务所不得采取下列不正当竞争的行为：（1）限制委托人接受经过法定机构认可的其他律师或律师事务所提供法律服务；（2）强制委托人接受其提供的或者由其指定的律师提供的法律服务；（3）对抵制上述行为的委托人拒绝、中断、拖延、削减必要的法律服务或者滥收费用。

中华全国律师协会2011年《律师执业行为规范》第82条规定，律师或律师事务所相互之间不得采用下列手段排挤竞争对手的公平竞争：（1）串通抬高或者压低收费；（2）为争揽业务，不正当获取其他律师和律师事务所收费报价或者其他提供法律服务的条件；（3）泄露收费报价或者其他提供法律服务的条件等暂未公开的信息，损害相关律师事务所的合法权益。

中华全国律师协会2011年《律师执业行为规范》第83条规定，律师和律师事务所不得擅自或者非法使用社会专有名称或者知名度较高的名称以及代表其名称的标志、图形文字、代号以混淆误导委托人。社会特有名称和知名度较高的名称是指：（1）有关政党、司法机关、行政机关、行业协会名称；（2）具有较高社会知名度的高等法学院校或者科研机构的名称；（3）为社会公众共知、具有较高知名度的非律师公众人物名称；（4）知名律师以及律师事务所名称。

中华全国律师协会2011年《律师执业行为规范》第84条规定：律师和律师事务所不得伪造或者冒用法律服务荣誉称号。使用已获得的律师或者律师事务所法律服务荣誉称号的，应当注明获得时间和期限。律师和律师事务所不得变造已获得的荣誉称号用于广告宣传。律师事务所已撤销的，其原取得的荣誉称号不得继续使用。

第三节　维护法律职业的适正性

法律职业行业管理的一个重要方面就是行业内部的自我监督机制。对于律师职业而言，虽然委托人可以采用不当执业诉讼等手段对律师进行监督，但是由于缺乏必要的专业知识，他们往往不能充分发挥这种监督作用，并且在解决这种纠纷的调解、仲裁活动中，委托人很容易被说服放弃或者变更自己的赔偿要求。此外，不当执业诉讼的关注点往往是私人性的利益，至于其他受到律师不当执业行为影响的利益，则难以依靠这种机制来加以调整。因此，依靠律师的民事责任来对律师的不当行为进行规制，存在着固有的弊端。同样，对于法官、检察官而言，法律职业活动的封闭性、专业性也使得外部的监督有着操作上的现实困难。

但是，法律职业人员每天都在一起工作，具有同样的知识背景，彼此之间处于最好的监督地位。因此，在一些国家，法律职业传统上规定其成员有对其他成员的不当行为进行报告的独立义务，法律职业人员未能对某个不端行为进行举报之本身就是一种职业上的违规行为。例如美国律师协会《职业行为示范规则》8.3 对上述律师的举报义务也进行了规定：如果律师知道其他律师违反了职业行为规则，并且该行为使得该其他律师的诚实性、可信性或者作为律师在其他方面的适当性存在重大疑问，则该律师应当向适当的律师管理机构报告；如果律师知道法官违反了有关司法行为规则，并且该行为使得该法官作为法官的适当性存在重大疑问，则该律师应当向适当的机构报告。因此，对于上述不当行为而言，律师未能对该不当行为进行举报本身，就是一种职业上的违规行为。美国律师协会职业化委员会 1986 年在一份报告中称，律师和法官所报告的职业不当行为的不断增加，对于保护公众非常重要，否则，这些行为就难以被察觉和制止。该委员会认为，对于没有履行该报告职责的律师启动相应的程序，其结果将改善律师们对该报告职责的态度。近些年来，报告其他法律职业成员的不当行为的职责，已经成了律师协会进行自律的一个重要方面，越来越受到重视。[①]

最高人民法院、司法部 2004 年《关于规范法官和律师相互关系维护司法公正的若干规定》，对于律师对法官的监督和法官对律师的监督作出了一些规定。该规定第 12 条规定：律师对于法官有违反本规定行为的，可以自行或者通过司法行政机关、律师协会向有关人民法院反映情况，或者署名举报，提出追究违纪法官党纪责任、政纪责任或者法律责任的意见。法官对于律师有违反本规定行为的，可以直接或者通过人民法院向有关司法行政部门、律师协会反映情况，或者提出给予行政处分、行政处罚直至追究法律责任的司法建议。这一规定本身的目的是强调法官和律师之间的互相监督。但是这一规定本身并没有将法律职业之间的监督职责化，并且没有涉及律师之间的监督、法官之间的监督，律师、法官和其他法律职业人员的相互监督，这无疑为法律职业的相互监督机制留下了很大的缺口。因此，为了促进法律职业的道德建设，应当确

① 就美国关于律师报告其他律师不端行为的要求的讨论，可参见［美］德博拉·L·罗德等：《律师的职业责任与规制》，2 版，王进喜等译，187～188 页，北京，中国人民大学出版社，2013。

立包括法官、检察官和律师在内的法律职业的自我监督机制与相互监督机制，最大限度地发挥法律职业的自我约束能力。

最高人民检察院 2003 年《关于人民检察院保障律师在刑事诉讼中依法执业的规定》也规定：律师在办理刑事案件的过程中，发现人民检察院办案部门和办案人员违反法律与该规定的，可以向承办案件的人民检察院或者上一级人民检察院投诉。各级人民检察院接到律师投诉后，应当依照有关法律和该规定的要求及时处理。律师对不依法安排会见进行投诉的，人民检察院应当在接到投诉后 5 日内进行审查并作出决定，通知办案部门执行。各级人民检察院应当及时向投诉人书面告知处理情况。对于律师投诉检察人员违法办案的，有关人民检察院应当及时调查；确属违法、违纪的，应依法、依纪追究有关人员的法律责任和纪律责任。

根据这些规定，我国目前对于律师举报、投诉其他法律职业成员的行为，在很大程度上是作为律师的权利来看待的。然而，律师的这种举报或者投诉行为，既应当是一种权利，也应当是一种职责。法律职业对公众的职责，要求法律职业加强相互监督。从我国的现状来看，可以说，法律职业成员维护法律职业适正性的职责正在形成之中。

第四节　不得帮助无执业权的人执业

律师是依法取得律师执业证书，提供法律服务的职业人员。律师提供法律服务应当取得执业证书，执业证书不仅体现了律师的称职性，还体现了司法行政机关、律师协会和律师事务所对律师的管理，从而保证委托人获得有效的法律服务。无律师执业证书的人提供法律服务，是对法律服务市场的干扰，是对执业许可制度的破坏，是对当事人利益的损害。2012 年《律师法》第 13 条规定："没有取得律师执业证书的人员，不得以律师名义从事法律服务业务；除法律另有规定外，不得从事诉讼代理或者辩护业务。"律师和律师事务所都不得帮助无律师执业证书的人以律师名义提供法律服务。这体现在两个方面：

（一）律师事务所不得允许停止执业处罚期间的律师以律师名义提供法律服务

中华全国律师协会 2011 年《律师执业行为规范》第 94 条规定："律师事务所不得指派没有取得律师执业证书的人员或者处于停止执业处罚期间的律师以律师名义提供法律服务。"司法部 2010 年《律师和律师事务所违法行为处罚办法》第 30 条第 3 项规定，"纵容或者放任律师在本所被处以停业整顿期间或者律师被处以停止执业期间继续执业"，造成严重后果和恶劣影响的，属于《律师法》第 50 条第 8 项规定的律师事务所"对本所律师疏于管理，造成严重后果的"违法行为。

（二）律师事务所不得允许没有取得律师执业证书的人员以律师名义提供法律服务

1. 律师和律师事务所不得允许律师事务所实习人员以律师名义提供法律服务。中华全国律师协会 2010 年《申请律师执业人员实习管理规则》第 23 条规定，律师事务所及实习指导律师不得指使或者放任实习人员有下列行为：（1）独自承办律师业务；（2）以律师名义在委托代理协议或者法律顾问协议上签字，对外签发法律文书；（3）以律师名义在法庭、仲裁庭上发表辩护或者代理意见；（4）以律师名义洽谈、承揽业务；(5) 以律师名义印制名片及其他相关资料；(6) 其他依法应以律师名义从事的活动。

2. 律师事务所不得指派其他没有取得律师执业证书的人员以律师名义提供法律服务。

(三) 律师或者律师事务所不得通过为非律师人员提供回扣或者馈赠金钱、财物或者其他利益等方式开展业务

为非律师人员提供回扣等利益，本质上是与这些人员分享律师费。这意味着无律师执业证书的人员也能够通过律师而间接执业，而且不承担任何责任。这导致了这样的可能，即非律师人员在选择合作律师时，不是以律师能否提供称职服务为标准，而是以能否提供回扣等利益为标准，从而损害委托人的利益。因此，律师或者律师事务所不得通过为非律师人员提供回扣或者馈赠金钱、财物或者其他利益等方式开展业务。

第五节　按照国家规定履行法律援助义务

法律援助，又称法律救助、法律扶助，是一种司法救济制度。在我国，法律援助是指对需要法律帮助而经济困难、无力支付律师费用或法律规定的特殊案件的当事人无偿提供法律服务的制度。为规范法律援助工作，2003 年国务院制定了《法律援助条例》，2012 年司法部制定了《办理法律援助案件程序规定》。

法律援助能够切实维护公民基本权利，保障司法公正，维护社会长治久安。这与律师的职业使命是一致的。因此，律师应当积极履行法律援助义务。国务院 2003 年《法律援助条例》第 6 条规定："律师应当依照律师法和本条例的规定履行法律援助义务，为受援人提供符合标准的法律服务，依法维护受援人的合法权益，接受律师协会和司法行政部门的监督。" 2012 年《律师法》第 42 条规定："律师、律师事务所应当按照国家规定履行法律援助义务，为受援人提供符合标准的法律服务，维护受援人的合法权益。" 根据司法部 2004 年《律师和基层法律服务工作者开展法律援助工作暂行管理办法》的规定，律师履行法律援助义务时，应当做到以下几点：

(一) 律师、律师事务所应当按照国家规定履行法律援助义务

律师每年应当接受法律援助机构的指派，办理一定数量的法律援助案件。承办法律援助案件的年度工作量，由省、自治区、直辖市司法行政机关根据当地法律援助的需求量、律师数量及分布等实际情况确定。律师承办法律援助案件，应当接受司法行政机关、律师协会和法律援助机构的业务指导与监督，接受受援人和社会的监督。

法律援助机构指派法律援助案件，应当通过律师事务所安排律师承办。律师事务所接到指派通知后，应当在 24 小时内，根据案件的具体情况和需要，安排合适人员承办。律师应当在接受案件指派后的 3 个工作日内与受援人或其法定监护人、法定代理人签订委托代理协议。

律师在日常业务工作中发现当事人符合法律援助条件时，可以将当事人的有关案件材料转交其所在地的法律援助机构进行审查。法律援助机构应当在 3 个工作日内完成审查，作出是否提供法律援助的决定。

（二）律师、律师事务所应当为受援人提供符合标准的法律服务

承办法律援助案件的律师，应当根据承办案件的需要，依照司法行政机关、律师协会有关律师执业规范的要求，尽职尽责地履行法律服务职责，遵守职业道德和执业纪律。

对重大、复杂、疑难的法律援助案件，律师事务所应当组织集体研究，确定承办方案，确保办案的质量和效果。

律师事务所应当对本所律师办理法律援助案件的质量进行监督，发现问题的，应当及时纠正。

第六节　维护业外活动的适当性

律师应当维护社会公平与正义，是对社会公平、正义的质量负有特殊责任的公民。因此，律师职业在行为上受到了诸多的约束。这不仅表现为律师的业内活动受到了严格的约束，还表现为律师的业外活动也受到了严格的约束。这是因为，业外的不当活动往往反映了其从事职业活动的不适当性，或者有可能对其正常开展职业活动造成不利影响。因此，律师的业外活动也是律师职业行为法适用的场域。

（一）律师应当积极参加社会公益活动

律师应当维护当事人的合法权益，维护法律的正确实施，维护社会公平和正义。律师不仅应当在个案中维护当事人的合法权益，维护法律的正确实施，还应当有更开阔的视野，承担更多的社会责任。律师的社会责任感关系到律师职能作用的发挥，关系到律师社会地位的提升，关系到律师业的未来发展和前途。律师应当通过参政议政、立法建言、法律援助、免费咨询、慈善事业、参与法学教育与研讨等形式，积极参加社会公益活动。中华全国律师协会 2011 年《律师执业行为规范》第 10 条规定："律师协会倡导律师关注、支持、积极参加社会公益事业。"

（二）律师在业外不得从事不端行为

律师的不端行为，是指对律师作为法律职业一员的适当性产生不利影响的行为。中华全国律师协会 2011 年《律师执业行为规范》第 14 条规定：律师不得为以下行为：(1) 产生不良社会影响，有损律师行业声誉的行为；(2) 妨碍国家司法、行政机关依法行使职权的行为；(3) 参加法律所禁止的机构、组织或者社会团体；(4) 其他违反法律、法规，律师协会行业规范及职业道德的行为；(5) 其他违反社会公德，严重损害律师职业形象的行为。

本章思考题

1. 律师对法律职业负有哪些职责？
2. 律师不得帮助无执业权的人执业有哪些具体要求？
3. 律师不正当竞争行为有哪些表现形式？

第十四章 律师职业责任

第一节 律师的行政责任

一、行政处罚的种类

二、律师应受行政处罚的行为

三、律师事务所应受行政处罚的行为

四、中国证监会实施的行政处罚

第二节 律师的行业处分

一、行业处分的种类

二、对个人会员进行处分的情形

三、对团体会员进行处分的情形

第三节 律师的民事责任

第一节 律师的行政责任

一、行政处罚的种类

（一）对律师的行政处罚种类

对律师的行政处罚，是指司法行政机关依法对律师所进行的处罚。根据 2012 年《律师法》的规定，对律师的违法行为实施的行政处罚种类有：（1）警告；（2）罚款；（3）没收违法所得；（4）停止执业；（5）吊销执业证书。

与 1996 年《律师法》相比，2012 年《律师法》在对律师行政处罚的种类上有两个变化：（1）增加了罚款这一处罚种类；（2）将对律师停止执业处罚 3 个月以上、1 年以下这一单一的处罚幅度，调整为 3 个月以下，3 个月以上、6 个月以下，以及 6 个月以上、1 年以下三个幅度，从而更为丰富，更为灵活。

（二）对律师事务所的行政处罚种类

根据 2012 年《律师法》的规定，对律师事务所的违法行为实施的行政处罚种类有：（1）警告；（2）罚款；（3）没收违法所得；（4）停业整顿；（5）吊销执业证书。

与 1996 年《律师法》相比，2012 年《律师法》在对律师事务所行政处罚的种类上有两个变化：（1）删除了“责令改正”这一处罚措施，增加了“警告”这一处罚种类；

（2）将对律师事务所停业整顿的期限明确为 1 个月以上、6 个月以下。

二、律师应受行政处罚的行为

与 1996 年《律师法》相比，2012 年《律师法》在律师违法行为的规定方面层次更为鲜明，逻辑更为清晰。这些违法行为按照性质的严重性，从轻到重分别规定在第 47 条、第 48 条和第 49 条中。

2012 年《律师法》第 47 条规定，律师有下列行为之一的，由设区的市级或者直辖市的区人民政府司法行政部门给予警告，可以处 5 000 元以下的罚款；有违法所得的，没收违法所得；情节严重的，给予停止执业 3 个月以下的处罚：

（1）同时在两个以上律师事务所执业的。这包括以下情形：1）在律师事务所执业的同时又在其他律师事务所或者社会法律服务机构执业的；2）在获准变更执业机构前以拟变更律师事务所律师的名义承办业务，或者在获准变更后仍以原所在律师事务所律师的名义承办业务的。

（2）以不正当手段承揽业务的。这包括以下情形：1）以误导、利诱、威胁或者作虚假承诺等方式承揽业务的；2）以支付介绍费、给予回扣、许诺提供利益等方式承揽业务的；3）以对本人及所在律师事务所进行不真实、不适当宣传或者诋毁其他律师、律师事务所声誉等方式承揽业务的；4）在律师事务所住所以外设立办公室、接待室承揽业务的。

（3）在同一案件中为双方当事人担任代理人，或者代理与本人及其近亲属有利益冲突的法律事务的。这包括以下情形：1）在同一民事诉讼、行政诉讼或者非诉讼法律事务中同时为有利益冲突的当事人担任代理人或者提供相关法律服务的；2）在同一刑事案件中同时为被告人和被害人担任辩护人、代理人，或者同时为 2 名以上的犯罪嫌疑人、被告人担任辩护人的；3）担任法律顾问期间，为与顾问单位有利益冲突的当事人提供法律服务的；4）曾担任法官、检察官的律师，以代理人、辩护人的身份承办原任职法院、检察院办理过的案件的；5）曾经担任仲裁员或者仍在担任仲裁员的律师，以代理人身份承办本人原任职或者现任职的仲裁机构办理的案件的。

（4）从人民法院、人民检察院离任后 2 年内担任诉讼代理人或者辩护人的。这还包括曾经担任法官、检察官的律师，从人民法院、人民检察院离任后 2 年内，以其他方式参与所在律师事务所承办的诉讼法律事务的情形。

（5）拒绝履行法律援助义务的。这包括以下情形：1）无正当理由拒绝接受律师事务所或者法律援助机构指派的法律援助案件的；2）接受指派后，懈怠履行或者擅自停止履行法律援助职责的。

2012 年《律师法》第 48 条规定，律师有下列行为之一的，由设区的市级或者直辖市的区人民政府司法行政部门给予警告，可以处 1 万元以下的罚款；有违法所得的，没收违法所得；情节严重的，给予停止执业 3 个月以上、6 个月以下的处罚：

（1）私自接受委托、收取费用，接受委托人财物或者其他利益的。这包括以下情形：1）违反统一接受委托规定或者在被处以停止执业期间私自接受委托，承办法律事务的；2）违反收费管理规定，私自收取、使用、侵占律师服务费以及律师异地办案差旅费用的；3）在律师事务所统一收费外又向委托人索要其他费用、财物或者获取其他利益的；4）向法律援助受援人索要费用或者接受受援人的财物或者其他利益的。

（2）接受委托后，无正当理由，拒绝辩护或者代理，不按时出庭参加诉讼或者仲裁的。律师接受委托后，除有下列情形之外，拒绝辩护或者代理，不按时出庭参加诉讼或者仲裁的，属于“接受委托后，无正当理由，拒绝辩护或者代理，不按时出庭参加诉讼或者仲裁”的违法行为：1）委托事项违法，或者委托人利用律师提供的法律服务从事违法活动的；2）委托人故意隐瞒与案件有关的重要事实或者提供虚假、伪造的证据材料的；3）委托人不履行委托合同约定义务的；4）律师因患严重疾病或者受到停止执业以上行政处罚的；5）其他依法可以拒绝辩护、代理的。

（3）利用提供法律服务的便利牟取当事人争议的权益的。这包括以下情形：1）采用诱导、欺骗、胁迫、敲诈等手段获取当事人与他人争议的财物、权益的；2）指使、诱导当事人将争议的财物、权益转让、出售、租赁给他人，并从中获取利益的。

（4）泄露商业秘密或者个人隐私的。律师未经委托人或者其他当事人的授权或者同意，在承办案件的过程中或者结束后，擅自披露、散布在执业中知悉的委托人或者其他当事人的商业秘密、个人隐私或者其他不愿泄露的情况和信息的，属于该“泄露商业秘密或者个人隐私的”违法行为。

2012年《律师法》第49条规定，律师有下列行为之一的，由设区的市级或者直辖市的区人民政府司法行政部门给予停止执业6个月以上、1年以下的处罚，可以处5万元以下的罚款；有违法所得的，没收违法所得；情节严重的，由省、自治区、直辖市人民政府司法行政部门吊销其律师执业证书；构成犯罪的，依法追究刑事责任：

（1）违反规定会见法官、检察官、仲裁员以及其他有关工作人员，或者以其他不正当方式影响依法办理案件的。这包括以下情形：1）在承办代理、辩护业务期间，以影响案件办理结果为目的，在非工作时间、非工作场所会见法官、检察官、仲裁员或者其他有关工作人员的；2）利用与法官、检察官、仲裁员或者其他有关工作人员的特殊关系，影响依法办理案件的；3）以对案件进行歪曲、不实、有误导性的宣传或者诋毁有关办案机关和工作人员以及对方当事人声誉等方式，影响依法办理案件的。

（2）向法官、检察官、仲裁员以及其他有关工作人员行贿，介绍贿赂或者指使、诱导当事人行贿的。这包括以下情形：1）利用承办案件的法官、检察官、仲裁员以及其他工作人员或者其近亲属举办婚丧喜庆事宜等时机，以向其馈赠礼品、金钱、有价证券等方式行贿的；2）以装修住宅、报销个人费用、资助旅游娱乐等方式向法官、检察官、仲裁员以及其他工作人员行贿的；3）以提供交通工具、通信工具、住房或者其他物品等方式向法官、检察官、仲裁员以及其他工作人员行贿的；4）以影响案件办理结果为目的，直接向法官、检察官、仲裁员以及其他工作人员行贿、介绍贿赂或者指使、诱导当事人行贿的。

（3）向司法行政部门提供虚假材料或者有其他弄虚作假行为的。这包括以下情形：1）在司法行政机关实施检查、监督工作中，向其隐瞒真实情况，拒不提供或者提供不实、虚假材料，或者隐匿、毁灭、伪造证据材料的；2）在参加律师执业年度考核、执业评价、评先创优活动中，提供不实、虚假、伪造的材料或者有其他弄虚作假行为的；3）在申请变更执业机构或办理执业终止、注销等手续时，提供不实、虚假、伪造的材料的。

（4）故意提供虚假证据或者威胁、利诱他人提供虚假证据，妨碍对方当事人合法取得证据的。这包括以下情形：1）故意向司法机关、行政机关或者仲裁机构提交虚假证据，或者指使、威胁、利诱他人提供虚假证据的；2）指示或者帮助委托人或者他人伪造、隐匿、毁灭证据，指使或者帮助犯罪嫌疑人、被告人串供，威胁、利诱证人不作证或者作伪证的；3）妨碍对方当事人及其代理人、辩护人合法取证的，或者阻止他人向案件承办机关或者对方当事人提供证据的。

（5）接受对方当事人财物或者其他利益，与对方当事人或者第三人恶意串通，侵害委托人权益的。这包括以下情形：1）向对方当事人或者第三人提供不利于委托人的信息或者证据材料的；2）与对方当事人或者第三人恶意串通、暗中配合，妨碍委托人合法行使权利的；3）接受对方当事人财物或者其他利益，故意延误、懈怠或者不依法履行代理、辩护职责，给委托人及委托事项的办理造成不利影响和损失的。

（6）扰乱法庭、仲裁庭秩序，干扰诉讼、仲裁活动的正常进行的。这包括以下情形：1）在法庭、仲裁庭上发表或者指使、诱导委托人发表扰乱诉讼、仲裁活动正常进行的言论的；2）阻止委托人或者其他诉讼参与人出庭，致使诉讼、仲裁活动不能正常进行的；3）煽动、教唆他人扰乱法庭、仲裁庭秩序的；4）无正当理由，当庭拒绝辩护、代理，拒绝签收司法文书或者拒绝在有关诉讼文书上签署意见的。

（7）煽动、教唆当事人采取扰乱公共秩序、危害公共安全等非法手段解决争议的。这包括以下情形：1）煽动、教唆当事人采取非法集会、游行示威，聚众扰乱公共场所秩序、交通秩序，围堵、冲击国家机关等非法手段表达诉求，妨害国家机关及其工作人员依法履行职责，抗拒执法活动或者判决执行的；2）利用媒体或者其他方式，煽动、教唆当事人以扰乱公共秩序、危害公共安全等手段干扰诉讼、仲裁及行政执法活动正常进行的。

（8）发表危害国家安全、恶意诽谤他人、严重扰乱法庭秩序的言论的。这包括以下情形：1）在承办代理、辩护业务期间，发表、散布危害国家安全，恶意诽谤法官、检察官、仲裁员及对方当事人、第三人，严重扰乱法庭秩序的言论的；2）在执业期间，发表、制作、传播危害国家安全的言论、信息、音像制品，或者支持、参与、实施以危害国家安全为目的的活动的。

（9）泄露国家秘密的。这包括故意或者过失泄露在执业中知悉的国家秘密两种情形。

律师因违反上述规定，在受到警告处罚后1年内又发生应当给予警告处罚情形的，由设区的市级或者直辖市的区人民政府司法行政部门给予停止执业3个月以上、1年以下的处罚；在受到停止执业处罚期满后2年内又发生应当给予停止执业处罚情形的，由省、自治区、直辖市人民政府司法行政部门吊销其律师执业证书。

司法部2010年《律师和律师事务所违法行为处罚办法》第40条规定："律师在受到警告处罚后一年内又发生应当给予警告处罚情形的，应当给予停止执业三个月以上一年以下的处罚；在受到停止执业处罚期限未满或者期满后二年内又发生应当给予停止执业处罚情形的，应当吊销律师执业证书。"

受到6个月以上停止执业处罚的律师，处罚期满未逾3年的，不得担任合伙人。[①]根据司法部2006年《关于受到停止执业行政处罚的律师事务所合伙人能否继续担任合伙人问题的批复》（司复［2006］22号），受到停止执业行政处罚的律师事务所合伙人，在停业期间不具备合法有效的执业条件。因此，对于受到停止执业行政处罚的律师事务所合伙人，应认定在停业期间不再具有担任合伙人的资格。与此同时，2012年《律师法》第14条规定：律师事务所设立人应当是具有一定的执业经历，且3年内未受过停止执业处罚的律师；受到停止执业行政处罚的合伙人在停止执业期满后3年内也不能成为律师事务所的合伙人。司法部2010年《律师和律师事务所违法行为处罚办法》第47条重申了该规定："律师受到停止执业处罚期限未满的，不得申请变更执业机构；受到六个月以上停止执业处罚的，执行处罚的期间以及期满未逾三年的，不得担任合伙人。"[②]

律师因故意犯罪受到刑事处罚的，由省、自治区、直辖市人民政府司法行政部门吊销其律师执业证书。[③] 根据司法部2010年《律师和律师事务所违法行为处罚办法》第42条，律师因故意犯罪受到刑事处罚的，包括"律师因违法执业构成故意犯罪"受到刑事处罚和"因非执业事由构成故意犯罪受到刑事处罚"两种情况，司法行政机关均应当吊销其律师执业证书。根据司法部2008年《关于因故意犯罪被判处缓刑的律师是否适用〈律师法〉第45条第2款规定的批复》（司复［2008］2号），缓刑属于刑罚的具体运用，宣告缓刑以犯罪分子受到特定种类的刑罚判决为前提。因此，律师因故意犯罪被判处有期徒刑并被宣告缓刑的，应当依法吊销其律师执业证书。

根据司法部2010年《律师和律师事务所违法行为处罚办法》第42条第2款，因过失犯罪受到刑事处罚的，在其服刑或者执行缓刑期间应当停止履行律师职务，刑期届满后可再申请恢复执业。

三、律师事务所应受行政处罚的行为

2012年《律师法》第50条规定，律师事务所有下列行为之一的，由设区的市级或者直辖市的区人民政府司法行政部门视其情节给予警告、停业整顿1个月以上、6个月以下的处罚，可以处10万元以下的罚款；有违法所得的，没收违法所得；情节特别严重的，由省、自治区、直辖市人民政府司法行政部门吊销律师事务所执业证书：

1. 违反规定接受委托、收取费用的。这包括以下情形：（1）违反规定不以律师事务所名义统一接受委托、统一收取律师服务费和律师异地办案差旅费，不向委托人出具有效收费凭证的；（2）向委托人索要或者接受规定、合同约定之外的费用、财物或者其他利益的；（3）纵容或者放任本所律师有"私自接受委托、收取费用，接受委托人财物或者其他利益的"违法行为的。

2. 违反法定程序办理变更名称、负责人、章程、合伙协议、住所、合伙人等重大

① 参见2012年《律师法》第53条。

② 司法部2012年《律师事务所管理办法》第26条第2款也规定："受到六个月以上停止执业处罚的律师，处罚期满未逾三年的，不得担任合伙人。"

③ 参见2012年《律师法》第49条第2款。

事项的。这包括以下情形：（1）不按规定程序办理律师事务所名称、负责人、章程、合伙协议、住所、合伙人、组织形式等事项变更报批或者备案的；（2）不按规定的条件和程序发展合伙人，办理合伙人退伙、除名或者推选律师事务所负责人的；（3）不按规定程序办理律师事务所分立、合并，设立分所，或者终止、清算、注销事宜的。

3. 从事法律服务以外的经营活动的。这包括以下情形：（1）以独资、与他人合资或者委托持股方式兴办企业，并委派律师担任企业法定代表人或者总经理职务的；（2）从事与法律服务无关的中介服务或者其他经营性活动的。

4. 以诋毁其他律师事务所、律师或者支付介绍费等不正当手段承揽业务的。律师事务所从事或者纵容、放任本所律师从事“以不正当手段承揽业务的”违法行为的，属于该违法行为情形。

5. 违反规定接受有利益冲突的案件的。这包括以下情形：（1）指派本所律师担任同一诉讼案件的原告、被告代理人，或者同一刑事案件被告人辩护人、被害人代理人的；（2）未按规定对委托事项进行利益冲突审查，指派律师同时或者先后为有利益冲突的非诉讼法律事务各方当事人担任代理人或者提供相关法律服务的；（3）明知本所律师及其近亲属同委托事项有利益冲突，仍指派该律师担任代理人、辩护人或者提供相关法律服务的；（4）纵容或者放任本所律师有“在同一案件中为双方当事人担任代理人，或者代理与本人及其近亲属有利益冲突的法律事务的”违法行为的。

6. 拒绝履行法律援助义务的。这包括以下情形：（1）无正当理由拒绝接受法律援助机构指派的法律援助案件的；（2）接受指派后，不按规定及时安排本所律师承办法律援助案件或者拒绝为法律援助案件的办理提供条件和便利的；（3）纵容或者放任本所律师有该办法第 9 条规定的违法行为的。

7. 向司法行政部门提供虚假材料或者有其他弄虚作假行为的。这包括以下情形：（1）在司法行政机关实施检查、监督工作时，故意隐瞒真实情况，拒不提供有关材料或者提供不实、虚假的材料，或者隐匿、毁灭、伪造证据材料的；（2）在参加律师事务所年度检查考核、执业评价、评先创优活动中，提供不实、虚假、伪造的材料或者有其他弄虚作假行为的；（3）在办理律师事务所重大事项变更、设立分所、分立、合并或者终止、清算、注销的过程中，提供不实、虚假、伪造的证明材料或者有其他弄虚作假行为的。

8. 对本所律师疏于管理，造成严重后果的。这包括以下情形：（1）不按规定建立、健全内部管理制度，日常管理松懈、混乱，造成律师事务所无法正常运转的；（2）不按规定对律师执业活动实行有效监督，或者纵容、袒护、包庇本所律师从事违法、违纪活动，造成严重后果的；（3）纵容或者放任律师在本所被处以停业整顿期间或者律师被处以停止执业期间继续执业的；（4）不按规定接受年度检查考核，或者经年度检查考核被评定为“不合格”的；（5）不按规定建立劳动合同制度，不依法为聘用律师和辅助人员办理失业、养老、医疗等社会保险的；（6）有其他违法、违规行为，造成严重后果的。

律师事务所因上述违法行为受到处罚的，对其负责人视情节轻重，给予警告或者处 2 万元以下的罚款。

律师事务所在受到停业整顿处罚期满后 2 年内又发生应当给予停业整顿处罚情形

的，由省、自治区、直辖市人民政府司法行政部门吊销律师事务所执业证书。

司法部2010年《律师和律师事务所违法行为处罚办法》就对律师事务所的上述处罚进行了补充性规定。该办法第40条第2款规定："律师事务所在受到停业整顿处罚期限未满或者期满后二年内又发生应当给予停业整顿处罚情形的，应当吊销其律师事务所执业许可证书。"第47条第2款规定："律师事务所受到停业整顿处罚期限未满的，不得自行决定解散，不得申请变更名称，不得申请分立、合并，不得申请设立分所；该所负责人、合伙人和对律师事务所受到停业整顿处罚负有直接责任的律师不得申请变更执业机构。"

四、中国证监会实施的行政处罚

为了加强对律师事务所从事证券法律业务活动的监督管理，规范律师在证券发行、上市和交易等活动中的执业行为，完善法律风险防范机制，维护证券市场秩序，保护投资者的合法权益，中国证监会、司法部2007年制定了《律师事务所从事证券法律业务管理办法》，对律师从事证券法律业务活动中的不当及违法行为规定了处罚措施。

该办法第31条规定，律师、律师事务所从事证券法律业务有下列情形之一的，中国证监会及其派出机构可以采取责令改正、监管谈话、出具警示函等措施：(1)未按照该办法第12条的规定勤勉尽责，对所依据的文件资料内容的真实性、准确性、完整性进行核查和验证；(2)未按照该办法第13条的规定编制核查和验证计划；(3)未按照该办法第17条的规定要求委托人予以纠正、补充，或者履行报告义务；(4)未按照该办法第22条的规定在法律意见中作出说明；(5)未按照该办法第23条的规定讨论、复核法律意见；(6)未按照该办法第27条的规定履行告知义务；(7)法律意见的依据不适当或者不充分，法律分析有明显失误；(8)法律意见的结论不明确或者与核查和验证的结果不对应；(9)未按照该办法第18条的规定制作工作底稿；(10)未按照该办法第19条的规定保存工作底稿；(11)法律意见书不符合规定内容或者格式；(12)法律意见书等文件存在严重文字错误等文书质量问题；(13)违反业务规则的其他情形。

中国证监会及其派出机构作出监管谈话决定的，应当将监管谈话的对象、原因、时间、地点等以书面形式通知律师或者律师事务所负责人。律师或者律师事务所负责人应当按照通知要求，接受监管谈话。中国证监会及其派出机构对律师或者律师事务所负责人监管谈话，可以会同或者委托司法行政机关进行。进行监管谈话，应当有2名以上工作人员在场，并对监管谈话的内容作出书面记录。

中国证监会及其派出机构或者司法行政机关对律师、律师事务所采取责令改正、监管谈话、出具警示函等措施的，律师、律师事务所应当按照要求改正所存在的问题，提高证券法律业务水平。律师、律师事务所负责人未按照规定接受监管谈话，或者未按照要求改正所存在问题的，中国证监会及其派出机构或者司法行政机关可以责令其限期整改。

律师、律师事务所被中国证监会及其派出机构、司法行政机关立案调查或者责令整改的，在调查、整改期间，中国证监会及其派出机构暂不受理和审核该律师、律师事务所出具的法律意见书等文件。

该办法第36条规定，律师事务所及其指派的律师从事证券法律业务，违反《证券法》和有关证券管理的行政法规，应当给予行政处罚的，由中国证监会依据《证券法》

和有关证券管理的行政法规实施处罚；需要对律师事务所给予停业整顿处罚，对律师给予停止执业或者吊销律师执业证书处罚的，由司法行政机关依法实施处罚。

该办法第37条规定，律师事务所从事证券法律业务，未勤勉尽责，所制作、出具的文件有虚假记载、误导性陈述或者重大遗漏的，由中国证监会依照《证券法》第223条的规定实施处罚。

该办法第38条规定，律师事务所从事证券法律业务，未按照该办法第19条的规定保存工作底稿的，由中国证监会依照《证券法》第225条的规定实施处罚。

该办法第39条规定，律师事务所从事证券法律业务，有该办法第31条第1项至第8项规定情形之一的，由中国证监会依照《证券法》第226条第3款的规定实施处罚。

该办法第40条规定，律师从事证券法律业务，违反《证券法》、有关行政法规和该办法规定，情节严重的，中国证监会可以依照《证券法》第223条的规定，对其采取证券市场禁入的措施。

第二节　律师的行业处分

一、行业处分的种类

律师的行业处分是指律师协会依据行业规范对律师所进行的处分。律师的行业处分，也被称为惩戒。根据中华全国律师协会2004年《律师协会会员违规行为处分规则（试行）》第9条，律师协会对会员违规行为作出的行业处分种类有：（1）训诫；（2）通报批评；（3）公开谴责；（4）取消会员资格。

二、对个人会员进行处分的情形

中华全国律师协会2004年《律师协会会员违规行为处分规则（试行）》第11条规定，个人会员有下列行为之一的，由省、自治区、直辖市及设区的市律师协会给予训诫、通报批评、公开谴责：（1）同时在两个律师事务所以上执业的或同时在律师事务所和其他法律服务机构执业的。（2）在同一案件中为双方当事人代理的，或在同一案件中同时为委托人及与委托人有利益冲突的第三人代理、辩护的。（3）在两个或两个以上有利害关系的案件中，分别为有利益冲突的当事人代理、辩护的。（4）担任法律顾问期间，为顾问单位的对方当事人或者有利益冲突的当事人代理、辩护的。（5）不按规定与委托人签订书面委托合同的。（6）接受委托后，无正当理由，不向委托人提供约定的法律服务的，或者拒绝辩护或者代理的，包括：不及时调查了解案情，不及时收集、申请保全证据材料，或者无故延误参与诉讼、申请执行，逾期行使撤销权、异议权等权利，或者逾期申请办理批准、登记、变更、披露、备案、公告等手续，给委托人造成损失的。（7）无正当理由，不按时出庭参加诉讼或者仲裁的。（8）泄露当事人的商业秘密或者个人隐私的。（9）私自接受委托，私自向委托人收取费用，或者收取规定、约定之外的费用或者财物的；违反律师服务收费管理规定或者收费协议约定，擅自提高收费的。（10）超越委托权限，从事代理活动的。（11）利用提供法律服务的便利牟取当事人的利益；接受委托后，故意损害委托人利益的，或者与对方当事人、第三人恶意串通，侵害委托人利益的；妨碍对方当事人合法取得证据的。(12) 为争揽业务，向委托人作虚假承诺，或者宣称与承办案件的法官、检察官、仲裁员有特殊关系的。(13) 利用媒体、广告或者其他方式进行不真实或者不适当宣传的。(14) 捏造、散布虚假事实，损害、诋毁其他律师、律师事务所声誉的；以诋毁其他律师或者支付介绍费等不正当手段争揽业务的。(15) 利用与司法机关、行政机关或者其他具有社会管理职能的组织的关系，进行不正当竞争的。(16) 明示或者暗示法官、检察官、仲裁员为其介绍代理、辩护、仲裁等法律服务业务的。(17) 为阻挠当事人解除委托关系，威胁、恐吓当事人或者扣留当事人提供的材料的。(18) 假借法官、检察官、仲裁员的名义或者以联络、酬谢法官、检察官、仲裁员为由，向当事人索取财物或者其他利益的。(19) 执业期间以非律师身份从事有偿法律服务的。(20) 承办案件期间，为了不正当目的，在非工作期间、非工作场所，会见承办法官、检察官、仲裁员或者其他有关工作人员，或者违反规定单方面会见法官、检察官、仲裁员的。(21) 在事前和事后为承办案件的法官、检察官、仲裁员牟取物质的或非物质的利益的；为了承揽案件事前和事后给予有关人员物质的或非物质利益的。(22) 曾任法官、检察官的律师，离任后未满两年，担任诉讼代理人或者辩护人的，或者担任其任职期间承办案件的代理人或者辩护人的。(23) 违反规定，携带非律师人员会见在押的犯罪嫌疑人、被告人或者在押犯，或者在会见中违反有关管理规定的。(24) 因过错导致出具的法律意见书存在重大遗漏或者错误，给当事人或者第三人造成重大损失的，或者对社会公共利益造成危害的。(25) 向司法行政机关或者律师协会提供虚假材料、隐瞒重要事实或者有其他弄虚作假行为的。(26) 在受到停止执业处罚期间，或者在律师事务所被停业整顿、注销后继续执业的。(27) 因违纪行为受到行业处分后在规定的期限内拒不改正的。(28) 有其他违法或者有悖律师职业道德、公民道德规范的行为，严重损害律师职业形象的。(29) 其他应受处分的违规行为。

个人会员有下列行为之一的，由省、自治区、直辖市律师协会取消会员资格，同时报请同级司法行政机关吊销其律师执业证书：(1) 泄露国家秘密的；(2) 向法官、检察官、仲裁员以及其他有关工作人员行贿或者指使、诱导当事人行贿的；(3) 提供虚假证据，隐瞒重要事实，或者威胁、利诱、唆使他人提供虚假证据，隐瞒重要事实的。①

律师执业证书被吊销之决定已生效的，律师协会取消其会员资格。

三、对团体会员进行处分的情形

中华全国律师协会 2004 年《律师协会会员违规行为处分规则（试行）》第 14 条规定，团体会员有下列行为之一的，由省、自治区、直辖市及设区的市律师协会给予训

① 2012 年《律师法》第 45 条第 1 款规定："律师、律师事务所应当加入所在地的地方律师协会。加入地方律师协会的律师、律师事务所，同时是全国律师协会的会员。"这一规定表明我国的律师协会是强制加入的律师协会，因此，只要是持有律师执业证书的律师，就是律师协会的会员；不存在不是律师协会会员的律师。因此，上述律师协会可以先行取消会员资格再报请同级司法行政机关吊销其律师执业证书的规定，是与 2012 年《律师法》的规定不符的。以下关于律师协会可以先行取消团体会员资格再报请同级司法行政机关吊销其律师事务所执业证书的规定，也存在同样的问题。

诫、通报批评、公开谴责：（1）使用未经核定的律师事务所名称从事活动，或者擅自改变、出借律师事务所名称的；（2）变更名称、章程、负责人、合伙人、住所、合伙人协议等事项，未在规定的时间内办理变更登记的；（3）采取不正当手段阻挠合伙人、合作人、律师退所的；（4）将不符合规定条件的人员发展为合伙人、合作人或者推选为律师事务所负责人的；（5）不按规定统一接受委托、签订书面委托合同和收费合同，统一收取委托人支付的各项费用的，或者不按规定统一保管、使用律师服务专用文书、财务票据、业务档案的；（6）不向委托人开具律师服务收费合法票据，或者不向委托人提交办案费用开支有效凭证的；（7）违反律师服务收费管理规定或者收费合同约定，擅自扩大收费范围，提高收费标准，或者索取规定、约定之外的费用的；（8）未经批准，擅自在住所以外的地方设立办公点、接待室，或者擅自设立分支机构的；（9）聘用律师或者其他工作人员，不按规定与应聘者签订聘用合同，不为其办理社会统筹保险的；（10）恶意逃避律师事务所及其分支机构债务的；（11）利用媒体、广告或者其他方式进行不真实或者不适当的宣传的；（12）采用支付介绍费、给回扣、许诺利益等不正当方式争揽业务的；（13）利用与司法机关、行政机关或其他具有社会管理职能的组织的关系，进行不正当竞争的；（14）捏造、散布虚假事实，损害、诋毁其他律师事务所和律师的声誉的；（15）在同一案件中，委派本所律师为双方当事人或者有利益冲突的当事人代理、辩护的，但本县（市）内只有一家律师事务所，并经双方当事人同意的除外；（16）泄露当事人的商业秘密或者个人隐私的；（17）向司法行政机关、律师协会提供虚假证明材料、隐瞒重要事实或者有其他弄虚作假行为的；（18）允许或者默许受到停止执业处罚的本所律师继续执业的；（19）采用出具或者提供律师事务所介绍信、律师服务专用文书、收费票据等方式，为尚未取得律师执业证书的人员或者其他律师事务所的律师违法执业提供便利的；（20）为未取得律师执业证的人员印制律师名片、标志或者出具其他有关律师身份证明，或者已知本所人员有上述行为而不制止的；（21）允许或者默许本所律师为承办案件的法官、检察官、仲裁员牟取物质的或非物质的利益的，允许或者默许给予有关人员物质的或非物质利益的；（22）不依法纳税的；（23）应当给予处分的其他行为。

团体会员有下列行为之一的，由省、自治区、直辖市律师协会取消会员资格，同时报请同级司法行政机关吊销其律师事务所执业证书：（1）受到停业整顿处罚后拒不改正，或者在停业整顿期间继续执业的；（2）向法官、检察官、仲裁员或者其他有关工作人员行贿的；（3）受到刑事处罚的；（4）从事其他违法活动，严重损害律师职业形象的。

律师事务所执业证书被吊销之决定已生效的，律师协会取消其会员资格。

律师行业惩戒工作是律师协会的法定职责，也是实现律师行业自律的重要手段，对于维护律师行业形象和利益，保障律师依法执业，促进律师队伍长远、健康发展具有重要意义。目前，律师行业惩戒工作中还存在着一些问题和不足，主要表现在：一是一些地方律师协会思想认识上存在着“家丑不外扬”的想法和“从轻处罚就是保护律师”的认识，因此，对违规行为能从轻就从轻，能不追究就不追究，大事化小，小事化了，使违规违纪行为得不到应有的惩戒，惩戒工作失之于宽、失之于软；二是一些地方律师协会特别是地市（区）律师协会管理力量严重不足，人力、财力缺乏，工作开展困难；三是惩戒制度不够完善，工作机制不健全，工作开展遭遇瓶颈；四是律师违规违纪案件时有发生，律师队伍整体形象受到严重损害。[①] 这些问题的存在严重制约了律师事业的健康发展和律师工作职能作用的发挥。因此，有必要适应形势发展和要求，进一步加强和改进律师行业惩戒工作，维护律师行业整体利益，维护律师行业诚信形象。

第三节 律师的民事责任

律师的民事责任是指律师和律师事务所在执业活动中，因为违法执业或者过错给当事人造成损失，所应当承担的民事责任。关于律师民事责任的法律制度，叫作律师责任赔偿制度。律师责任赔偿制度是律师制度的重要组成部分，已经为大多数国家所确立。我国恢复律师制度后，由于主、客观原因，并没有在《律师暂行条例》中对该制度加以规定。随着律师事业的发展，律师的责任赔偿问题也日益突出，迫切需要立法予以明确规定。1991 年，司法部报送国务院审议的《律师法》送审稿中，对律师责任赔偿制度作了规定。司法部 1993 年《律师职业道德和执业纪律规范》规定：律师因违反执业纪律给当事人造成损失，由其所在的律师事务所实行责任赔偿的，该律师事务所可视损失大小及情节轻重责成该律师承担部分或全部赔偿费用。1996 年《律师法》在这些规定的基础上进一步发展和完善了律师责任赔偿制度。2012 年《律师法》第 54 条规定："律师违法执业或者因过错给当事人造成损失的，由其所在的律师事务所承担赔偿责任。律师事务所赔偿后，可以向有故意或者重大过失行为的律师追偿。"司法部 2010 年《律师和律师事务所违法行为处罚办法》第 46 条规定："律师、律师事务所因违法执业受到行政处罚，其违法行为对当事人或者第三人造成损害的，应当依法承担相应的民事责任。""因律师违法行为造成律师事务所承担赔偿责任的，律师事务所赔偿后可以向有故意或者重大过失行为的律师追偿。"

根据上述规定，律师民事责任的主体是律师事务所。各种形式的律师事务所的民事责任形式有所差别。普通合伙律师事务所的合伙人对律师事务所的债务承担无限连带责任。特殊的普通合伙律师事务所一个合伙人或者数个合伙人在执业活动中因故意或者重大过失造成律师事务所债务的，应当承担无限责任或者无限连带责任，其他合伙人以其在律师事务所中的财产份额为限承担责任；合伙人在执业活动中非因故意或者重大过失造成的律师事务所债务，由全体合伙人承担无限连带责任。个人律师事务所的设立人对律师事务所的债务承担无限责任。国家出资设立的律师事务所以其全部资产对其债务承担责任。[②]

司法部 2001 年《关于律师事务所不承担律师私刻印章并私自接受委托行为的相关法律责任的批复》（司复［2001］9 号）规定：律师事务所是律师的执业机构，律师应当在律师事务所执业，律师承办业务由律师事务所统一接受委托，与委托人签订书面

① 2013《全国律协关于进一步加强和改进律师行业惩戒工作的意见》。

② 参见司法部 2012 年《律师事务所管理办法》第 44 条。

委托合同，律师不得私自接受委托承办业务。因此，只有在律师事务所统一接受委托并指派律师承办业务的情况下，受指派的律师违法执业或者因过错给当事人造成损失时，其所属律师事务所才承担相应的法律责任。律师私自刻制所属律师事务所印章并私自接受委托，属于该律师的个人行为，律师事务所对其行为和后果不应当承担法律责任，应当依据有关法律规定追究其个人责任。

本章思考题

1. 司法行政机关对律师的行政处罚有哪些种类？
2. 司法行政机关对律师事务所的行政处罚有哪些种类？
3. 中国证监会对律师的行政处罚有哪些？
4. 律师协会对律师的行业处分有哪些种类？
5. 我国法律关于律师的民事责任是如何规定的？

第十五章 法官职业行为法

第一节 法官职业行为法概述

一、法官职业行为法

二、法官职业行为法的渊源

三、法官职业行为法的历史发展

四、法官职业行为法的类型

第二节 法官职业行为法的主要内容

一、法官在职业活动中的职业行为法

二、法官在业外活动中的职业行为法

第三节 法官的纪律责任

第一节 法官职业行为法概述

一、法官职业行为法

法官职业行为法，是指法官、法官辅助人员以及其他相关人员在与其职业身份有关的活动中应当遵守的行为规范的总称。

首先，法官职业行为法适用于法官及其辅助人员。最高人民法院 2010 年《法官职业道德基本准则》第 27 条规定："人民陪审员依法履行审判职责期间，应当遵守本准则。人民法院其他工作人员参照执行本准则。"最高人民法院 2010 年《法官行为规范》第 94 条规定："人民陪审员以及人民法院其他工作人员参照本规范执行，法官退休后应当参照本规范有关要求约束言行。"最高人民法院 2011 年《关于审判人员在诉讼活动中执行回避制度若干问题的规定》第 13 条规定："本规定所称审判人员，包括各级人民法院院长、副院长、审判委员会委员、庭长、副庭长、审判员和助理审判员。""本规定所称法院其他工作人员，是指审判人员以外的在编工作人员。"第 14 条规定："人民陪审员、书记员和执行员适用审判人员回避的有关规定，但不属于本规定第十三条所规定人员的，不适用本规定第八条、第九条的规定。"根据 2001 年《法官法》及上述规定，法官职业行为法所适用的法官，是指依法行使国家审判权的审判人员，包括最高人民法院、地方各级人民法院和军事法院等专门人民法院的院长、副院长、审判委员会委员、庭长、副庭长、审判员和助理审判员；法官的辅助人员，包括书记员、执行员；其他相关人员包括审判人员以外的在编工作人员和履行审判职责期间的人民陪审员。

其次，法官职业行为法适用于上述人员的与其职业身份有关的活动。这些活动既包括业内活动，也包括业外活动。这种调整范围的全面性，有助于切实塑造法官队伍职业形象，确立法官的权威性，促进裁判的可接受性和司法正义的有效实现。

二、法官职业行为法的渊源

从渊源上看，除了《宪法》、《刑事诉讼法》、《民事诉讼法》等法律外，法官职业行为法主要具体体现在2001年《法官法》、最高人民法院的司法解释以及一些行业性规范中。

（一）2001年《法官法》

2001年《法官法》关于法官义务、法官回避、法官惩戒的规定，都是法官职业行为法的具体体现。

（二）最高人民法院的司法解释

例如，最高人民法院2011年《关于审判人员在诉讼活动中执行回避制度若干问题的规定》，即关于法官职业行为法的司法解释。

（三）人民法院行业性规范

人民法院的行业性规范，是指人民法院的相关部门在司法解释之外作出的关于法官职业行为的规定。从我国的实际来看，人民法院从科学管理法官的实际需要出发，制定了各种关于法官行为的规定，例如，最高人民法院2010年《法官职业道德基本准则》、最高人民法院2010年《法官行为规范》、最高人民法院2009年《人民法院工作人员处分条例》、最高人民法院2002年《人民法院法官袍穿着规定》，等等。这些规定内容翔实，具有一定的系统性，是法官职业行为法的主要载体。

三、法官职业行为法的历史发展

在我国古代司法审判中，就强调法官要具有高尚的职业道德，即听断人须具公仆性而为众望所归，《尚书·吕刑》就提到“罚惩非死，人极于病。非佞折狱，惟良折狱，罔非在中”。1995年《法官法》第9条关于法官的条件中也规定，担任法官应当“有良好的政治、业务素质和良好的品行”。然而，法官的良好品德不仅应当具有实在性，而且应当在具体的审判活动中以具体的行为加以体现。只有这样，法官的裁判才具有权威性，才能够做到案结事了，化解社会纠纷和矛盾。因此，加强法官的职业行为法建设，是人民法院加强司法能力建设的重要内容。[①] 尽管最高人民法院曾制定了1991年《人民法院工作人员纪律处分的若干规定（试行）》、1998年《人民法院审判人员违法审判责任追究办法（试行）》、1998年《人民法院审判纪律处分办法（试行）》等

---

① 参见最高人民法院2011年《关于人民法院加强法律实施工作的意见》（法发〔2011〕11号）。

规定，但是这些规定并没有从体系化的高度来解决法官职业行为中存在的问题。2001年《法官法》明确提出了法官有遵守职业道德的义务。[①] 最高人民法院2001年印发了《法官职业道德基本准则》，提出了保障司法公正、提高司法效率、保持清正廉洁、遵守司法礼仪、加强自身修养、约束业外活动等方面的要求，将法官职业行为法以一定的体系方式体现出来。此后，最高人民法院陆续制定了2000年《关于审判人员严格执行回避制度的若干规定》、2002年《人民法院执行工作纪律处分办法（试行）》、2003年《关于严格执行〈中华人民共和国法官法〉有关惩戒制度的若干规定》、2005年《法官行为规范（试行）》等规定。

2010年，最高人民法院陆续公布了2010年《人民法院工作人员处分条例》、修订后的《法官职业道德基本准则》以及2010年《法官行为规范》等规定。2011年最高人民法院公布了《关于对配偶子女从事律师职业的法院领导干部和审判执行岗位法官实行任职回避的规定（试行）》（法发〔2011〕5号）、《关于审判人员在诉讼活动中执行回避制度若干问题的规定》等规定。这些规定，是现行法官职业行为法的主要载体。本书关于法官职业行为法的讨论，主要以这些规定为基础来进行。

四、法官职业行为法的类型

从我国现行的规定来看，法官职业行为法可以作如下区分：

（一）关于业内活动的职业行为法和关于业外活动的职业行为法

按照法官职业行为法所调整的职业行为的具体背景，可以将其区分为关于业内活动的职业行为法和关于业外活动的职业行为法。前者调整法官在职业活动中的中立性、独立性、回避等事项，后者调整法官在业外的与其职业身份有关的事项。

（二）核心要求与基本要求

这是根据实证法的规定所进行的划分。最高人民法院2010年《法官职业道德基本准则》第2条规定："法官职业道德的核心是公正、廉洁、为民。基本要求是忠诚司法事业、保证司法公正、确保司法廉洁、坚持司法为民、维护司法形象。"

第二节　法官职业行为法的主要内容

一、法官在职业活动中的职业行为法

（一）独立

独立是法官实现审判公正的基本保证。我国法官职业行为法对法官的独立要求表现为以下几个方面。

1. 坚持和维护人民法院依法独立行使审判权的原则

1982年《宪法》第126条规定："人民法院依照法律规定独立行使审判权，不受行

① 1995年《法官法》第7条关于法官的义务之第5项为"清正廉明，忠于职守，遵守纪律"，2001年该项修改为"清正廉明，忠于职守，遵守纪律，恪守职业道德"。

政机关、社会团体和个人的干涉。”人民法院依法独立行使审判权，不是赋予人民法院什么特权，而是一种重任，其目的在于使人民法院更好地履行宪法职能。因此，法官必须坚持和维护人民法院依法独立行使审判权的原则。最高人民法院 2010 年《法官职业道德基本准则》第 8 条规定，法官应当“坚持和维护人民法院依法独立行使审判权的原则，客观公正审理案件，在审判活动中独立思考、自主判断，敢于坚持原则，不受任何行政机关、社会团体和个人的干涉，不受权势、人情等因素的影响”。

各级人民法院应当支持法官依法独立审判案件。最高人民法院 2005 年《关于依法保障法官权利的若干规定》第 2 条规定：“保障法官依法审判案件，不受行政机关、社会团体和个人的干涉。”“各级人民法院应当采取必要措施保障法官依法审判案件不受干涉，对干涉者可以向有关机关提出予以处理或者处分的司法建议。”

2. 不受外界不当影响

最高人民法院 2010 年《法官职业道德基本准则》第 12 条规定，法官应当“认真贯彻司法公开原则，尊重人民群众的知情权，自觉接受法律监督和社会监督，同时避免司法审判受到外界的不当影响”。为进一步落实公开审判的宪法原则，扩大司法公开范围，拓宽司法公开渠道，保障人民群众对人民法院工作的知情权、参与权、表达权和监督权，维护当事人的合法权益，提高司法民主水平，规范司法行为，促进司法公正，最高人民法院 2009 年《关于司法公开的六项规定》就立案公开、庭审公开、执行公开、听证公开、文书公开、审务公开作了明确规定。法官应当自觉接受法律监督和社会监督，同时避免司法审判受到包括舆论在内的外界不当影响。

3. 维护法官之间的独立

法官的独立不仅要求法官不受外部的影响，还要求法官不受其他法官的态度或者行为的影响。最高人民法院 2010 年《法官职业道德基本准则》第 14 条规定，法官应当“尊重其他法官对审判职权的依法行使，除履行工作职责或者通过正当程序外，不过问、不干预、不评论其他法官正在审理的案件”。这一规定不仅适用于同一法院之间的法官，也适用于上下级法院之间的法官。

2001 年《法官法》第 6 条规定，院长、副院长、审判委员会委员、庭长、副庭长除履行审判职责外，还应当履行与其职务相适应的职责。在履行与其职务相适应的职责时，要坚持以法律为依据，严格依照法律、司法解释的规定确定审判管理的职责，处理好管理与审判的关系；既要加强对审判活动的监督与制约，又要防止超越法律规定干预审判业务部门及审判人员依法办案。

最高人民法院 2010 年《关于进一步加强合议庭职责的若干规定》（法释［2010］1 号）第 7 条规定：除提交审判委员会讨论的案件外，合议庭对评议意见一致或者形成多数意见的案件，依法作出判决或者裁定。下列案件可以由审判长提请院长或者庭长决定组织相关审判人员共同讨论，合议庭成员应当参加：（1）重大、疑难、复杂或者新类型的案件；（2）合议庭在事实认定或法律适用上有重大分歧的案件；（3）合议庭意见与本院或上级法院以往同类型案件的裁判有可能不一致的案件；（4）当事人反映强烈的群体性纠纷案件；（5）经审判长提请且院长或者庭长认为确有必要讨论的其他案件。上述案件的讨论意见供合议庭参考，不影响合议庭依法作出裁判。

对于合议庭和审判委员会的评议活动，为了在制度上保障法官独立发表意见，不受其他因素的干扰，最高人民法院还就发言顺序进行了规定。最高人民法院 2002 年《关于人民法院合议庭工作的若干规定》第 10 条规定，“合议庭评议案件时，先由承办法官对认定案件事实、证据是否确实、充分以及适用法律等发表意见，审判长最后发表意见；审判长作为承办法官的，由审判长最后发表意见。对案件的裁判结果进行评议时，由审判长最后发表意见。审判长应当根据评议情况总结合议庭评议的结论性意见。”最高人民法院 2010 年《关于进一步加强合议庭职责的若干规定》第 6 条规定：“合议庭成员评议时发表意见不受追究。”最高人民法院 2010 年《关于改革和完善人民法院审判委员会制度的实施意见》第 16 条规定：“审判委员会讨论案件实行民主集中制。审判委员会委员发表意见的顺序，一般应当按照职级高的委员后发言的原则进行，主持人最后发表意见。”“审判委员会应当充分、全面地对案件进行讨论。审判委员会委员应当客观、公正、独立、平等地发表意见，审判委员会委员发表意见不受追究，并应当记录在卷。”

4. 维护人民法院审级独立

根据我国法律的规定，最高人民法院监督指导地方各级人民法院和专门人民法院的审判业务工作；上级人民法院监督指导下级人民法院的审判业务工作。监督指导的范围、方式和程序应当符合法律规定。各级人民法院在法律规定范围内履行各自职责，依法独立行使审判权。法官在日常工作中应当维护人民法院的审级独立，维护当事人的合法权益。

根据最高人民法院 2010 年《关于规范上下级人民法院审判业务关系的若干意见》，最高人民法院通过审理案件、制定司法解释或者规范性文件、发布指导性案例、召开审判业务会议、组织法官培训等形式，对地方各级人民法院和专门人民法院的审判业务工作进行指导；高级人民法院通过审理案件、制定审判业务文件、发布参考性案例、召开审判业务会议、组织法官培训等形式，对辖区内各级人民法院和专门人民法院的审判业务工作进行指导；中级人民法院通过审理案件、总结审判经验、组织法官培训等形式，对基层人民法院的审判业务工作进行指导。基层人民法院和中级人民法院对于已经受理的下列第一审案件，必要时可以根据相关法律规定，书面报请上一级人民法院审理：（1）重大、疑难、复杂案件；（2）新类型案件；（3）具有普遍法律适用意义的案件；（4）有管辖权的人民法院不宜行使审判权的案件。上级人民法院对下级人民法院提出的移送审理请求，应当及时决定是否由自己审理，并下达同意移送决定书或者不同意移送决定书。上级人民法院认为下级人民法院管辖的第一审案件，属于上述所列类型，有必要由自己审理的，可以决定提级管辖。

5. 提高司法水平，巩固审判独立的基础

审判独立的基础之一是审判机关的公信力，而审判机关公信力的基础之一是法官的司法水平。因此，作为法官个体，应当努力提高司法水平，巩固审判独立之基础。最高人民法院 2010 年《法官职业道德基本准则》第 9 条规定，法官应当“坚持以事实为根据，以法律为准绳，努力查明案件事实，准确把握法律精神，正确适用法律，合理行使裁量权，避免主观臆断、超越职权、滥用职权，确保案件裁判结果公平公正”。第 23 条规定，法官应当“坚持学习，精研业务，忠于职守，秉公办案，惩恶扬善，弘扬正义，保持昂扬的精神状态和良好的职业操守”。

（二）中立

在司法活动中，中立表现为主观的中立与客观的中立两个方面。所谓主观的中立，就是不存在法官个人利益等事项造成的偏袒。所谓客观的中立，就是法官的言行在客观上要表现为中立，能够表现为能为常人所感受到的中立。

1. 回避

规范法官主观中立的制度是回避制度。最高人民法院2010年《法官职业道德基本准则》第13条规定，法官应当“自觉遵守司法回避制度，审理案件保持中立公正的立场，平等对待当事人和其他诉讼参与人，不偏袒或歧视任何一方当事人，不私自单独会见当事人及其代理人、辩护人”。为进一步规范审判人员的诉讼回避行为，维护司法公正，最高人民法院2011年制定了《关于审判人员在诉讼活动中执行回避制度若干问题的规定》，将诉讼回避分为了三种情况。

（1）因特定关系的存在而回避的情形

最高人民法院2011年《关于审判人员在诉讼活动中执行回避制度若干问题的规定》第1条规定：“审判人员具有下列情形之一的，应当自行回避，当事人及其法定代理人有权以口头或者书面形式申请其回避：（一）是本案的当事人或者与当事人有近亲属关系的；（二）本人或者其近亲属与本案有利害关系的；（三）担任过本案的证人、翻译人员、鉴定人、勘验人、诉讼代理人、辩护人的；（四）与本案的诉讼代理人、辩护人有夫妻、父母、子女或者兄弟姐妹关系的；（五）与本案当事人之间存在其他利害关系，可能影响案件公正审理的。”上述所称近亲属，包括与审判人员有夫妻、直系血亲、三代以内旁系血亲及近姻亲关系的亲属。

此外，最高人民法院、司法部2004年《关于规范法官和律师相互关系维护司法公正的若干规定》第4条还规定，法官应当严格执行回避制度，如果与本案当事人委托的律师有亲朋、同学、师生、曾经同事等关系，可能影响案件公正处理的，应当自行申请回避，是否回避由本院院长或者审判委员会决定。应当注意的是，这一规定的适用需要满足质（与本案当事人委托的律师有亲朋、同学、师生、曾经同事等关系）和量（达到了可能影响案件公正处理的程度）两个方面的要求。①

（2）因审判人员的不当行为引发的回避情形

最高人民法院2011年《关于审判人员在诉讼活动中执行回避制度若干问题的规定》第2条规定：“当事人及其法定代理人发现审判人员违反规定，具有下列情形之一的，有权申请其回避：（一）私下会见本案一方当事人及其诉讼代理人、辩护人的；（二）为本案当事人推荐、介绍诉讼代理人、辩护人，或者为律师、其他人员介绍办理该案件的；（三）索取、接受本案当事人及其受托人的财物、其他利益，或者要求当事人及其受托人报销费用的；（四）接受本案当事人及其受托人的宴请，或者参加由其支付费用的各项活动的；（五）向本案当事人及其受托人借款，借用交通工具、通讯工具或者其他物品，或者索取、接受当事人及其受托人在购买商品、装修住房以及其他方

① 从实践来看，这些回避规定的执行往往存在缺乏法官相关信息、收集证据困难等难题，造成回避制度一定程度上成了“空转”的制度。关于回避制度的实践情况，请参见张友好：《论我国申请法官回避的现状及改革》，载《清华法学》，2012（4）。

面给予的好处的；（六）有其他不正当行为，可能影响案件公正审理的。”这些都是因审判人员的不当行为引发的回避情形。

（3）重审回避

重审回避的目的，是避免法官因就某案件先前的判断影响对该件的重新审判。最高人民法院2011年《关于审判人员在诉讼活动中执行回避制度若干问题的规定》第3条规定：“凡在一个审判程序中参与过本案审判工作的审判人员，不得再参与该案其他程序的审判。但是，经过第二审程序发回重审的案件，在一审法院作出裁判后又进入第二审程序的，原第二审程序中合议庭组成人员不受本条规定的限制。”

为维护司法公正和司法廉洁，防止法院领导干部及法官的私人利益与公共利益发生冲突，最高人民法院2011年印发了《关于对配偶子女从事律师职业的法院领导干部和审判执行岗位法官实行任职回避的规定（试行）》，规定：人民法院领导干部和审判、执行岗位法官的配偶、子女在其任职法院辖区内从事律师职业的，应当实行任职回避。人民法院在选拔任用干部时，不得将具备任职回避条件的人员作为法院领导干部和审判、执行岗位法官的拟任人选。人民法院在补充审判、执行岗位工作人员时，不得补充具备任职回避条件的人员。在该规定施行前具备任职回避条件的法院领导干部和审判、执行岗位法官，应当自该规定施行之日起6个月内主动提出任职回避申请；相关人民法院应当自该规定施行之日起12个月内，按照有关程序为其办理职务变动或者岗位调整的手续。在该规定施行前不具备任职回避条件，但在该规定施行后具备任职回避条件的法院领导干部和审判、执行岗位法官，应当自任职回避条件具备之日起1个月内主动提出任职回避申请；相关人民法院应当自申请期限届满之日起6个月内，按照有关程序为其办理职务变动或者岗位调整的手续。具备任职回避条件的法院领导干部和审判、执行岗位法官在前述规定期限内没有主动提出任职回避申请的，相关人民法院应当自申请期限届满之日起6个月内，按照有关程序免去其所任领导职务或者将其调离审判执行岗位。

2. 言行中立

法官的言行中立表现在两个方面：

（1）未决案件中的中立

未决案件中的中立，是指法官在未决案件的处理过程中，不得以任何形式表现出偏袒。

例如，最高人民法院2010年《法官行为规范》第40条规定，法官“在与一方当事人接触时，应当保持公平，避免他方当事人对法官的中立性产生合理怀疑”。

未决案件中的言行中立，还要求法官在庭外不得就正在审理的案件发表意见。法院的意见，应当在进行审理与评议以后，在判决书中予以表述。在案件未决之前，法官就案件发表意见，只能表明法官已经形成了预断，因而丧失了作为法官的中立性，损害了当事人获得不偏不倚的法庭的审判这一基本人权。最高人民法院2009年《关于人民法院接受新闻媒体舆论监督的若干规定》第4条规定：“对于正在审理的案件，人民法院的审判人员及其他工作人员不得擅自接受新闻媒体的采访。对于已经审结的案件，人民法院可以通过新闻宣传部门协调决定由有关人员接受采访。对于不适宜接受采访的，人民法院可以决定不接受采访并说明理由。”最高人民法院

2010年《法官行为规范》第84条也规定，法官“接受新闻媒体采访必须经组织安排或者批准”；“在接受采访时，不发表有损司法公正的言论，不对正在审理中的案件和有关当事人进行评论，不披露在工作中获得的国家秘密、商业秘密、个人隐私及其他非公开信息”。

(2) 已决案件中的中立

所谓已决案件中的中立，就是指法官不得就已决案件发表意见。法院的意见，应当在进行审理与评议以后，在判决书中充分表述，而不应在案件审结后再行发表补充意见，否则，就可能是在支持诉讼某一方，事实上成了该方诉辩者。由于法官在判决中未能充分说明其意见，这还可能影响当事人行使上诉等诉讼权利。此外，这种言论还可能影响对案件的二审或者再审，损害其他法官的独立性。因此，在已决案件受到舆论质疑的情况下，法官不得自行进行辩护。对于不当的评判，应当由人民法院新闻宣传主管部门予以回应。最高人民法院2009年《关于人民法院接受新闻媒体舆论监督的若干规定》第6条规定：人民法院接受新闻媒体舆论监督的协调工作由各级人民法院的新闻宣传主管部门统一归口管理。新闻宣传主管部门应当为新闻媒体提供新闻报道素材，保证新闻媒体真实、客观地报道人民法院的工作。新闻媒体报道人民法院的工作失实时，新闻宣传主管部门负责及时澄清事实，进行回应。

（三）得体

最高人民法院2010年《法官职业道德基本准则》第24条规定，法官应当“坚持文明司法，遵守司法礼仪，在履行职责过程中行为规范、着装得体、语言文明、态度平和，保持良好的职业修养和司法作风”。得体要求体现在以下方面。

1. 遵守庭审司法礼仪

最高人民法院2010年《法官行为规范》就法官庭审时的礼仪作了明确规定。根据该规范，法官在出庭时的注意事项包括：(1) 准时出庭，不迟到，不早退，不缺席；(2) 在进入法庭前必须更换好法官服或者法官袍，并保持整洁和庄重，严禁着便装出庭；合议庭成员出庭的着装应当保持统一；(3) 设立法官通道的，应当走法官通道；(4) 一般在当事人、代理人、辩护人、公诉人等入庭后进入法庭，但前述人员迟到、拒不到庭的除外；(5) 不得与诉讼各方随意打招呼，不得与一方有特别亲密的言行；(6) 严禁酒后出庭。

根据该规范，法官在庭审中的言行注意事项包括：(1) 坐姿端正，杜绝各种不雅动作；(2) 集中精力，专注庭审，不做与庭审活动无关的事；(3) 不得在审判席上吸烟、闲聊或者打瞌睡，不得接打电话，不得随意离开审判席；(4) 平等对待与庭审活动有关的人员，不与诉讼中的任何一方有亲近的表示；(5) 礼貌示意当事人及其他诉讼参加人发言；(6) 不得用带有倾向性的语言进行提问，不得与当事人及其他诉讼参加人争吵；(7) 严格按照规定使用法槌，敲击法槌的轻重应当以旁听区能够听见为宜。

最高人民法院2002年《人民法院法官袍穿着规定》也规定，法官在审判法庭开庭审判案件时应当穿着法官袍；法官袍应当妥善保管，保持整洁。

最高人民法院2010年《关于进一步加强合议庭职责的若干规定》第5条规定：开庭审理时，合议庭全体成员应当共同参加，不得缺席、中途退庭或者从事与该庭审无关的活动。合议庭成员未参加庭审、中途退庭或者从事与该庭审无关的活动，当事人提出异议的，应当纠正。合议庭仍不纠正的，当事人可以要求休庭，并将有关情况记入庭审笔录。

2. 言行得体

最高人民法院2010年《法官职业道德基本准则》第22条规定：尊重当事人和其他诉讼参与人的人格尊严，避免盛气凌人、“冷硬横推”等不良作风；尊重律师，依法保障律师参与诉讼活动的权利。

（四）称职

法官的称职表现在多个方面。

1. 忠诚于司法事业

法官应当牢固树立社会主义法治理念，忠于党、忠于国家、忠于人民、忠于法律，做中国特色社会主义事业的建设者和捍卫者。

法官应当坚持和维护中国特色社会主义司法制度，认真贯彻落实依法治国基本方略，尊崇和信仰法律，模范遵守法律，严格执行法律，自觉维护法律的权威和尊严。

法官应当热爱司法事业，珍惜法官荣誉，坚持职业操守，恪守法官良知，牢固树立司法核心价值观，以维护社会公平正义为己任，认真履行法官职责。

法官应当维护国家利益，遵守政治纪律，保守国家秘密和审判工作秘密，不从事或参与有损国家利益和司法权威的活动，不发表有损国家利益和司法权威的言论。

2. 业务过硬

法官应当严格遵守法定办案时限，提高审判执行效率，及时化解纠纷，注重节约司法资源，杜绝玩忽职守、拖延办案等行为。

法官应当牢固树立以人为本、司法为民的理念，强化群众观念，重视群众诉求，关注群众感受，自觉维护人民群众的合法权益。

法官应当注重发挥司法的能动作用，积极寻求有利于案结事了的纠纷解决办法，努力实现法律效果与社会效果的统一。

法官应当认真执行司法便民规定，努力为当事人和其他诉讼参与人提供必要的诉讼便利，尽可能降低其诉讼成本。

3. 廉洁自律

最高人民法院2010年《法官职业道德基本准则》第15条规定，法官应当“树立正确的权力观、地位观、利益观，坚持自重、自省、自警、自励，坚守廉洁底线，依法正确行使审判权、执行权，杜绝以权谋私、贪赃枉法行为”。第16条规定，法官应当“严格遵守廉洁司法规定，不接受案件当事人及相关人员的请客送礼，不利用职务便利或者法官身份谋取不正当利益，不违反规定与当事人或者其他诉讼参与人进行不正当交往，不在执法办案中徇私舞弊”。

（五）尽责

1. 维护法律职业适正性

法官应当维护法律职业适正性。最高人民法院、司法部2004年《关于规范法官和律师相互关系维护司法公正的若干规定》第12条第2款规定：“法官对于律师有违反本规定行为的，可以直接或者通过人民法院向有关司法行政部门、律师协会反映情况，或者提出给予行业处分、行政处罚直至追究法律责任的司法建议。”法官、检察官、律师都是法律职业人员，维护法律职业的适正性是法官应尽的职责。[①]

2. 保守职业秘密

2001年《法官法》第7条规定，法官有保守国家秘密和审判工作秘密的义务。最高人民法院2010年《法官职业道德基本准则》第7条也规定，法官应当“维护国家利益，遵守政治纪律，保守国家秘密和审判工作秘密，不从事或参与有损国家利益和司法权威的活动，不发表有损国家利益和司法权威的言论”。根据这些规定，法官保守职业秘密的范围包括国家秘密和评议秘密、当事人的商业秘密与隐私等审判工作秘密。就审判工作秘密而言，法官应当遵守最高人民法院1990年《关于保守审判工作秘密的规定》，防止泄露审判工作秘密，以保障审判工作的顺利进行，维护审判机关的尊严和社会的稳定。

需要指出的是，保守职业秘密不仅仅是法官的义务和职责，也是法官的权利。联合国《关于司法机关独立的基本原则》第15条明确规定：“法官对其评议和他们在除公开诉讼过程外履行职责时所获得的机密资料，应有义务保守职业秘密，并不得强迫他们就此类事项作证。”只有保证了法官评议等活动的秘密性，才能够保证法官做到独立、中立。因此，保护法官职业秘密，是一项重要的公共利益。一些国家通过公共利益豁免规则，对法官评议过程的自由性和秘密性提供了保护。[②]

二、法官在业外活动中的职业行为法

法官是其所服务的社会的组成部分之一。法官的行为必须保持高标准、严要求，但是这并不意味着法官必须与社会相隔绝。与社会绝对隔绝的法官队伍，不仅不可能促进司法质量，还可能削弱公众对司法的信心。但是，法官在业外的一些活动，与其司法身份有着密切联系，如果处理不当，就有可能损害司法职务。换言之，法官的业外活动不得对法官正当履行司法职务造成不利影响。因此，对于法官在业外的活动，也必须加以适当规制，以避免法官的偏倚或者偏倚印象、损害公众对司法的信心，以及法官分心于非司法事务。

（一）不得滥用司法声望

最高人民法院2010年《法官职业道德基本准则》第18条规定，法官应当“妥善处理个人和家庭事务，不利用法官身份寻求特殊利益。按规定如实报告个人有关事项，教育督促家庭成员不利用法官的职权、地位谋取不正当利益”。最高人民法院2010年《法官行为规范》第85条规定，在法官本人或者亲友与他人发生矛盾时，应当“保持冷静、克制，通过正当、合法途径解决”；“不得利用法官身份寻求特殊照顾，不得妨

① 最高人民法院2001年《法官职业道德基本准则》第17条曾规定：“法官根据获得的情况确信，其他法官有可能或已经违反法官职业道德，或者其他法律工作者有可能或已违反职业道德，影响司法公正的，应当采取适当的措施向有关部门或者有关机关反映。”这一规定设定了法官维护法律职业适正性的强制性职责。但是这一规则未见于2010年《法官职业道德基本准则》。因此，2010年《法官职业道德基本准则》的规定变成了一种裁量性的权利，这降低了对法官的要求。

② 例如澳大利亚《1995年证据法》第129条规定：“（1）下列人员，或者受该人员指挥或者控制的与该诉讼或者仲裁有关的人员，不得就作出裁决的原因的或者就该裁决的评议情况提供证据：（a）澳大利亚的法官或者国外的法官……”

碍有关部门对问题的解决”。第 86 条规定，在法官本人及家庭成员遇到纠纷需通过诉讼方式解决时，“对本人的案件或者以直系亲属代理人身份参加的案件，应当依照有关法律规定，平等地参与诉讼”；“在诉讼过程中不以法官身份获取特殊照顾，不利用职权收集所需证据”；“对非直系亲属的其他家庭成员的诉讼案件，一般应当让其自行委托诉讼代理人，法官本人不宜作为诉讼代理人参与诉讼”。

滥用法官司法声望有多种形式，例如以法官身份寻求特别的照顾、以法官身份促进他人的利益。滥用司法声望可能并不会对法官的裁决活动造成直接的不利影响，但是这会使人们对法官守法的品性产生怀疑，进而怀疑其作出的裁决的可靠性，从而失去对司法的尊重。

（二）不得不当兼职或者从事营利性经营活动

2001 年《法官法》第 15 条规定：“法官不得兼任人民代表大会常务委员会的组成人员，不得兼任行政机关、检察机关以及企业、事业单位的职务，不得兼任律师。”最高人民法院 2010 年《法官职业道德基本准则》第 17 条规定，法官应当“不从事或者参与营利性的经营活动，不在企业及其他营利性组织中兼任法律顾问等职务，不就未决案件或者再审案件给当事人及其他诉讼参与人提供咨询意见”。根据最高人民法院 2012 年《关于人民法院落实廉政准则防止利益冲突的若干规定》第 3 条之规定，人民法院工作人员不得从事下列营利性活动：（1）本人独资或者与他人合资、合股经办商业或者其他企业；（2）以他人名义入股经办企业；（3）以承包、租赁、受聘等方式从事经营活动；（4）违反规定拥有非上市公司（企业）的股份或者证券；（5）本人或者与他人合伙在国（境）外注册公司或者投资入股；（6）以本人或者他人名义从事以营利为目的的民间借贷活动；（7）以本人或者他人名义从事可能与公共利益发生冲突的其他营利性活动。违反该条规定的，依照《人民法院工作人员处分条例》第 63 条的规定处理。根据该规定，持有上市公司的股票，并不属于被禁止的营利性活动。①

此外，最高人民法院 2004 年《关于现职法官不得担任仲裁员的通知》还指出，“法官担任仲裁员，从事案件的仲裁工作，不符合有关法律规定，超出了人民法院和法官的职权范围，不利于依法公正保护诉讼当事人的合法权益。因此，法官不得担任仲裁员”。

就法官的兼职和从事经营活动进行限制，主要是为了减少法官需要进行回避的情形（如法官不得兼任企业、事业单位的职务，不得兼任律师），维护司法独立（如法官不得兼任行政机关的职务），维护其他法官作出判决的稳定性（如法官不得就未决案件或者再审案件给当事人及其他诉讼参与人提供咨询意见），保证法官不会分心而影响司法职责（如不从事或者参与营利性的经营活动），等等。

（三）依法参加写作、授课等活动

法官作为精通法律的专业人员，以写作、授课等方式进行法律教育、宣传和研究，对整个社会是有益的。但是应当对法官的写作、授课活动进行适当限制，以避免表现

① 最高人民法院 2012 年《关于人民法院落实廉政准则防止利益冲突的若干规定》第 6 条规定：“人民法院工作人员在审理相关案件时，以本人或者他人名义持有与所审理案件相关的上市公司股票的，应主动申请回避。”违反该条规定的，依照《人民法院工作人员处分条例》第 30 条的规定处理。

出偏袒、影响未决案件的审理、影响已决判决的终局性，以及泄露审判职业秘密。最高人民法院2010年《法官行为规范》第83条规定，法官“在不影响审判工作的前提下，可以利用业余时间从事写作、授课等活动”；“在写作、授课过程中，应当避免对具体案件和有关当事人进行评论，不披露或者使用在工作中获得的国家秘密、商业秘密、个人隐私及其他非公开信息”；“对于参加司法职务外活动获得的合法报酬，应当依法纳税”。因此，在不涉及具体案件和当事人以及职业秘密的情况下，法官在写作、授课等活动中可以涉及一般性的法律问题。

（四）杜绝其他影响法官形象的行为

最高人民法院2010年《法官职业道德基本准则》第25条规定，法官应当“加强自身修养，培育高尚道德操守和健康生活情趣，杜绝与法官职业形象不相称、与法官职业道德相违背的不良嗜好和行为，遵守社会公德和家庭美德，维护良好的个人声誉”。

就可能影响法官形象的行为进行限制，其目的在于维护司法职业的尊荣，维护社会对于司法的信心，从而维护司法。

第三节　法官的纪律责任

最高人民法院2010年《法官职业道德基本准则》第28条规定：“各级人民法院负责督促实施本准则，对于违反本准则的行为，视情节后果予以诫勉谈话、批评通报；情节严重构成违纪违法的，依照相关纪律和法律规定予以严肃处理。”为了规范人民法院工作人员的行为，促进人民法院工作人员依法履行职责，确保公正、高效、廉洁司法，最高人民法院2009年制定了《人民法院工作人员处分条例》。

（一）处分的种类与期间

对法官的处分种类为：警告、记过、记大过、降级、撤职、开除。

受处分的期间为：（1）警告，6个月；（2）记过，12个月；（3）记大过，18个月；（4）降级、撤职，24个月。

受处分期间不得晋升职务、级别。其中，受记过、记大过、降级、撤职处分的，不得晋升工资档次；受撤职处分的，应当按照规定降低级别。

受开除处分的，自处分决定生效之日起，解除与人民法院的人事关系，不得再担任公务员职务。

同时有两种以上需要给予处分的行为的，应当分别确定其处分种类。应当给予的处分种类不同的，执行其中最重的处分；应当给予撤职以下多个相同种类处分的，执行该处分，并在一个处分期以上、多个处分期之和以下，决定应当执行的处分期。

受处分期间受到新的处分的，其处分期为原处分期尚未执行的期限与新处分期之和。

处分期最长不超过48个月。

（二）处分的适用

有下列情形之一的，应当在《人民法院工作人员处分条例》分则规定的处分幅度以内从重处分：（1）在共同违纪、违法行为中起主要作用的；（2）隐匿、伪造、销毁证据的；（3）串供或者阻止他人揭发检举、提供证据材料的；（4）包庇同案人员的；（5）法律、法规和该条例分则中规定的其他从重情节。

有下列情形之一的，应当在该条例分则规定的处分幅度以内从轻处分：（1）主动交代违纪、违法行为的；（2）主动采取措施，有效避免或者挽回损失的；（3）检举他人重大违纪、违法行为，情况属实的；（4）法律、法规和该条例分则中规定的其他从轻情节。

主动交代违纪、违法行为，并主动采取措施有效避免或者挽回损失的，应当在该条例分则规定的处分幅度以外降低一个档次给予减轻处分。

应当给予警告处分，又有减轻处分情形的，免予处分。

违纪、违法行为情节轻微，经过批评教育后改正的，可以免予处分。

在人民法院作出处分决定前，已经被依法判处刑罚、罢免、免职或者已经辞去领导职务，依照该条例需要给予处分的，应当根据其违纪、违法事实给予处分。

被依法判处刑罚的，一律给予开除处分。

人民法院工作人员退休之后违纪、违法，或者在任职期间违纪、违法，在处分决定作出前已经退休的，不再给予纪律处分；但是，应当给予降级、撤职、开除处分的，应当按照规定相应降低或者取消其享受的待遇。

（三）处分的解除、变更和撤销

受开除以外处分的，在受处分期间有悔改表现，并且没有再发生违纪、违法行为的，处分期满后应当解除处分。

解除处分后，晋升工资档次、级别、职务不再受原处分的影响。但是，解除降级、撤职处分的，不视为恢复原级别、原职务。

有下列情形之一的，应当变更或者撤销处分决定：（1）适用法律、法规或者该条例规定错误的；（2）对违纪、违法行为的事实、情节认定有误的；（3）处分所依据的违纪，违法事实证据不足的；（4）调查处理违反法定程序，影响案件公正处理的；（5）作出处分决定超越职权或者滥用职权的；（6）有其他处分不当情形的。

处分决定被变更，需要调整被处分人员的职务、级别或者工资档次的，应当按照规定予以调整；处分决定被撤销的，应当恢复其级别、工资档次，按照原职务安排相应的职务，并在适当范围内为其恢复名誉。因变更而减轻处分或者被撤销处分人员的工资福利受到损失的，应当予以补偿。

（四）应受处分的行为

1. 违反政治纪律的行为

散布有损国家声誉的言论，参加旨在反对国家的集会、游行、示威等活动的，给予记大过处分；情节较重的，给予降级或者撤职处分；情节严重的，给予开除处分。因不明真相被裹挟参加上述活动，经批评教育后确有悔改表现的，可以减轻或者免予处分。

参加非法组织或者参加罢工的，给予记大过处分；情节较重的，给予降级或者撤职处分；情节严重的，给予开除处分。因不明真相被裹挟参加上述活动，经批评教育后确有悔改表现的，可以减轻或者免予处分。

违反国家的民族、宗教政策，造成不良后果的，给予记大过处分；情节较重的，给予降级或者撤职处分；情节严重的，给予开除处分。因不明真相被裹挟参加上述活动，经批评教育后确有悔改表现的，可以减轻或者免予处分。

在对外交往中损害国家荣誉和利益的，给予记大过处分；情节较重的，给予降级或者撤职处分；情节严重的，给予开除处分。

非法出境，或者违反规定滞留境外不归的，给予记大过处分；情节较重的，给予降级或者撤职处分；情节严重的，给予开除处分。

未经批准获取境外永久居留资格，或者取得外国国籍的，给予记大过处分；情节较重的，给予降级或者撤职处分；情节严重的，给予开除处分。

有其他违反政治纪律行为的，给予警告、记过或者记大过处分；情节较重的，给予降级或者撤职处分；情节严重的，给予开除处分。

2. 违反办案纪律的行为

违反规定，擅自对应当受理的案件不予受理，或者对不应当受理的案件违法受理的，给予警告、记过或者记大过处分；情节较重的，给予降级或者撤职处分；情节严重的，给予开除处分。

违反规定应当回避而不回避，造成不良后果的，给予警告、记过或者记大过处分；情节较重的，给予降级或者撤职处分；情节严重的，给予开除处分。

明知诉讼代理人、辩护人不符合担任代理人、辩护人的规定，仍准许其担任代理人、辩护人，造成不良后果的，给予警告、记过或者记大过处分；情节较重的，给予降级处分；情节严重的，给予撤职处分。

违反规定会见案件当事人及其辩护人、代理人、请托人的，给予警告处分；造成不良后果的，给予记过或者记大过处分。

违反规定为案件当事人推荐、介绍律师或者代理人，或者为律师或者其他人员介绍案件的，给予警告处分；造成不良后果的，给予记过或者记大过处分。

违反规定插手、干预、过问案件，或者为案件当事人通风报信、说情打招呼的，给予警告、记过或者记大过处分；情节较重的，给予降级或者撤职处分；情节严重的，给予开除处分。

依照规定应当调查、收集相关证据而故意不予收集，造成不良后果的，给予警告、记过或者记大过处分；情节较重的，给予降级或者撤职处分；情节严重的，给予开除处分。

依照规定应当采取鉴定、勘验、证据保全等措施而故意不采取，造成不良后果的，给予警告、记过或者记大过处分；情节较重的，给予降级或者撤职处分；情节严重的，给予开除处分。

依照规定应当采取财产保全措施或者执行措施而故意不采取，或者依法应当委托有关机构审计、鉴定、评估、拍卖而故意不委托，造成不良后果的，给予警告、记过或者记大过处分；情节较重的，给予降级或者撤职处分；情节严重的，给予开除处分。

违反规定采取或者解除财产保全措施，造成不良后果的，给予警告、记过或者记大过处分；情节较重的，给予降级或者撤职处分；情节严重的，给予开除处分。

故意违反规定选定审计、鉴定、评估、拍卖等中介机构，或者串通、指使相关中介机构在审计、鉴定、评估、拍卖等活动中徇私舞弊、弄虚作假的，给予警告、记过或者记大过处分；情节较重的，给予降级或者撤职处分；情节严重的，给予开除处分。

故意违反规定采取强制措施的，给予警告、记过或者记大过处分；情节较重的，给予降级或者撤职处分；情节严重的，给予开除处分。

故意毁弃、篡改、隐匿、伪造、偷换证据或者其他诉讼材料的，给予记大过处分；情节较重的，给予降级或者撤职处分；情节严重的，给予开除处分。

指使、帮助他人作伪证或者阻止他人作证的，给予降级或者撤职处分；情节严重的，给予开除处分。

故意向合议庭、审判委员会隐瞒主要证据、重要情节或者提供虚假情况的，给予警告、记过或者记大过处分；情节较重的，给予降级或者撤职处分；情节严重的，给予开除处分。

故意泄露合议庭、审判委员会评议、讨论案件的具体情况或者其他审判执行工作秘密的，给予记过或者记大过处分；情节较重的，给予降级或者撤职处分；情节严重的，给予开除处分。

故意违背事实和法律枉法裁判的，给予降级或者撤职处分；情节严重的，给予开除处分。

因徇私而违反规定迫使当事人违背真实意愿撤诉、接受调解、达成执行和解协议并损害其利益的，给予警告、记过或者记大过处分；情节较重的，给予降级或者撤职处分；情节严重的，给予开除处分。

故意违反规定采取执行措施，造成案件当事人、案外人或者第三人财产损失的，给予记大过处分；情节较重的，给予降级或者撤职处分；情节严重的，给予开除处分。

故意违反规定对具备执行条件的案件暂缓执行、中止执行、终结执行或者不依法恢复执行，造成不良后果的，给予记大过处分；情节较重的，给予降级或者撤职处分；情节严重的，给予开除处分。

故意违反规定拖延办案的，给予警告、记过或者记大过处分；情节较重的，给予降级或者撤职处分；情节严重的，给予开除处分。

故意拖延或者拒不执行合议庭决议、审判委员会决定以及上级人民法院判决、裁定、决定、命令的，给予警告、记过或者记大过处分；情节较重的，给予降级或者撤职处分；情节严重的，给予开除处分。

私放被羁押人员的，给予记大过处分；情节较重的，给予降级或者撤职处分；情节严重的，给予开除处分。

违反规定私自办理案件的，给予警告、记过或者记大过处分；情节较重的，给予降级或者撤职处分；情节严重的，给予开除处分。

内外勾结制造假案的，给予降级、撤职或者开除处分。

伪造诉讼、执行文书，或者故意违背合议庭决议、审判委员会决定制作诉讼、执行文书的，给予记大过处分；情节较重的，给予降级或者撤职处分；情节严重的，给予开除处分。

送达诉讼、执行文书故意不依照规定，造成不良后果的，给予警告、记过或者记大过处分。

违反规定将案卷或者其他诉讼材料借给他人的，给予警告处分；造成不良后果的，给予记过或者记大过处分。

对外地人民法院依法委托的事项拒不办理或者故意拖延办理，造成不良后果的，给予警告、记过或者记大过处分；情节严重的，给予降级或者撤职处分。

阻挠、干扰外地人民法院依法在本地调查取证或者采取相关财产保全措施、执行措施、强制措施的，给予警告、记过或者记大过处分；情节较重的，给予降级或者撤职处分；情节严重的，给予开除处分。

有其他违反办案纪律行为的，给予警告、记过或者记大过处分；情节较重的，给予降级或者撤职处分；情节严重的，给予开除处分。

3. 违反廉政纪律的行为

利用职务便利，采取侵吞、窃取、骗取等手段非法占有诉讼费、执行款物、罚没款物、案件暂存款、赃款赃物及其孳息等涉案财物或者其他公共财物的，给予记大过处分；情节较重的，给予降级或者撤职处分；情节严重的，给予开除处分。

利用司法职权或者其他职务便利，索取他人财物及其他财产性利益的，或者非法收受他人财物及其他财产性利益，为他人谋取利益的，给予记大过处分；情节较重的，给予降级或者撤职处分；情节严重的，给予开除处分。

利用司法职权或者其他职务便利为他人谋取利益，以低价购买、高价出售、收受干股、合作投资、委托理财、赌博等形式非法收受他人财物，或者以特定关系人“挂名”领取薪酬或者收受财物等形式，非法收受他人财物，或者违反规定收受各种名义的回扣、手续费归个人所有的，依照前述规定处分。

行贿或者介绍贿赂的，给予记过或者记大过处分；情节较重的，给予降级或者撤职处分；情节严重的，给予开除处分。

向审判、执行人员行贿或者介绍贿赂的，依照前述规定从重处分。

挪用诉讼费、执行款物、罚没款物、案件暂存款、赃款赃物及其孳息等涉案财物或者其他公共财物的，给予记过或者记大过处分；情节较重的，给予降级或者撤职处分；情节严重的，给予开除处分。

接受案件当事人、相关中介机构及其委托人的财物、宴请或者其他利益的，给予警告、记过或者记大过处分；情节较重的，给予降级或者撤职处分；情节严重的，给予开除处分。

违反规定向案件当事人、相关中介机构及其委托人借钱、借物的，给予警告、记过或者记大过处分。

以单位名义集体截留、使用、私分诉讼费、执行款物、罚没款物、案件暂存款、赃款赃物及其孳息等涉案财物或者其他公共财物的，给予警告、记过或者记大过处分；情节较重的，给予降级或者撤职处分；情节严重的，给予开除处分。

利用司法职权，以单位名义向公民、法人或者其他组织索要赞助或者摊派、收取财物的，给予记过或者记大过处分；情节较重的，给予降级或者撤职处分；情节严重的，给予开除处分。

故意违反规定设置收费项目、扩大收费范围、提高收费标准的，给予警告、记过或者记大过处分；情节较重的，给予降级或者撤职处分；情节严重的，给予开除处分。

违反规定从事或者参与营利性活动，在企业或者其他营利性组织中兼职的，给予记过或者记大过处分；情节较重的，给予降级或者撤职处分；情节严重的，给予开除处分。

利用司法职权或者其他职务便利，为特定关系人谋取不正当利益，或者放任其特定关系人、身边工作人员利用本人职权谋取不正当利益的，给予记过或者记大过处分；情节较重的，给予降级或者撤职处分；情节严重的，给予开除处分。

有其他违反廉政纪律行为的，给予警告、记过或者记大过处分；情节较重的，给予降级或者撤职处分；情节严重的，给予开除处分。

4. 违反组织人事纪律的行为

违反议事规则，个人或者少数人决定重大事项，或者改变集体作出的重大决定，造成决策错误的，给予警告、记过或者记大过处分；情节较重的，给予降级或者撤职处分；情节严重的，给予开除处分。

故意拖延或者拒不执行上级依法作出的决定、决议的，给予警告、记过或者记大过处分；情节较重的，给予降级或者撤职处分；情节严重的，给予开除处分。

对职责范围内发生的重大事故、事件不按规定报告、处理的，给予记过或者记大过处分；情节较重的，给予降级或者撤职处分；情节严重的，给予开除处分。

对职责范围内发生的违纪、违法问题隐瞒不报、压案不查、包庇袒护的，或者对上级交办的违纪、违法案件故意拖延或者拒不办理的，给予记大过处分；情节较重的，给予降级或者撤职处分；情节严重的，给予开除处分。

压制批评，打击报复，扣压、销毁举报信件，或者向被举报人透露举报情况的，给予记过或者记大过处分；情节较重的，给予降级或者撤职处分；情节严重的，给予开除处分。

在人员录用、招聘、考核、晋升职务、晋升级别、职称评定以及岗位调整等工作中徇私舞弊、弄虚作假的，给予警告、记过或者记大过处分；情节较重的，给予降级或者撤职处分；情节严重的，给予开除处分。

弄虚作假，骗取荣誉，或者谎报学历、学位、职称的，给予警告、记过或者记大过处分；情节较重的，给予降级或者撤职处分；情节严重的，给予开除处分。

拒不执行机关的交流决定，或者在离任、辞职、被辞退时，拒不办理公务交接手续或者拒不接受审计的，给予警告、记过或者记大过处分；情节较重的，给予降级或者撤职处分；情节严重的，给予开除处分。

旷工或者因公外出、请假期满无正当理由逾期不归，造成不良后果的，给予警告、记过或者记大过处分；情节较重的，给予降级或者撤职处分；情节严重的，给予开除处分。

以不正当方式谋求本人或者特定关系人用公款出国，或者擅自延长在国外、境外期限，或者擅自变更路线，造成不良后果的，给予警告、记过或者记大过处分；情节较重的，给予降级或者撤职处分；情节严重的，给予开除处分。

有其他违反组织人事纪律行为的，给予警告、记过或者记大过处分；情节较重的，给予降级或者撤职处分；情节严重的，给予开除处分。

5. 违反财经纪律的行为

违反规定进行物资采购或者工程项目招投标，造成不良后果的，给予警告、记过或者记大过处分；情节较重的，给予降级或者撤职处分；情节严重的，给予开除处分。

违反规定擅自开设银行账户或者私设“小金库”的，给予警告处分；情节较重的，给予记过或者记大过处分；情节严重的，给予降级或者撤职处分。

伪造、变造、隐匿、毁弃财务账册、会计凭证、财务会计报告的，给予警告、记过或者记大过处分；情节较重的，给予降级或者撤职处分；情节严重的，给予开除处分。

违反规定挥霍浪费国家资财的，给予警告处分；情节较重的，给予记过或者记大过处分；情节严重的，给予降级或者撤职处分。

有其他违反财经纪律行为的，给予警告、记过或者记大过处分；情节较重的，给予降级或者撤职处分；情节严重的，给予开除处分。

6. 失职行为

因过失导致依法应当受理的案件未予受理，或者不应当受理的案件被违法受理，造成不良后果的，给予警告、记过或者记大过处分。

因过失导致错误裁判、错误采取财产保全措施、强制措施、执行措施，或者应当采取财产保全措施、强制措施、执行措施而未采取，造成不良后果的，给予警告、记过或者记大过处分；造成严重后果的，给予降级、撤职或者开除处分。

因过失导致所办案件严重超出规定办理期限，造成严重后果的，给予警告、记过或者记大过处分。

因过失导致被羁押人员脱逃、自伤、自杀或者行凶伤人的，给予记过或者记大过处分；造成严重后果的，给予降级、撤职或者开除处分。

因过失导致诉讼、执行文书内容错误，造成严重后果的，给予警告、记过或者记大过处分。

因过失导致国家秘密、审判执行工作秘密及其他工作秘密、履行职务掌握的商业秘密或者个人隐私被泄露，造成不良后果的，给予警告、记过或者记大过处分；情节较重的，给予降级或者撤职处分；情节严重的，给予开除处分。

因过失导致案卷或者证据材料损毁、丢失的，给予警告、记过或者记大过处分；造成严重后果的，给予降级或者撤职处分。

因过失导致职责范围内发生刑事案件、重大治安案件、重大社会群体性事件或者重大人员伤亡事故的，使公共财产、国家和人民利益遭受重大损失的，给予记过或者记大过处分；情节较重的，给予降级或者撤职处分；情节严重的，给予开除处分。

有其他失职行为造成不良后果的，给予警告、记过或者记大过处分；情节较重的，给予降级或者撤职处分；情节严重的，给予开除处分。

7. 违反管理秩序和社会道德的行为

因工作作风懈怠、工作态度恶劣，造成不良后果的，给予警告、记过或者记大过处分。

故意泄露国家秘密、工作秘密，或者故意泄露因履行职责掌握的商业秘密、个人隐私的，给予记过或者记大过处分；情节较重的，给予降级或者撤职处分；情节严重的，给予开除处分。

弄虚作假，误导、欺骗领导和公众，造成不良后果的，给予警告、记过或者记大过处分；情节较重的，给予降级或者撤职处分；情节严重的，给予开除处分。

因酗酒影响正常工作或者造成其他不良后果的，给予警告、记过或者记大过处分；

情节较重的，给予降级、撤职处分；情节严重的，给予开除处分。

违反规定保管、使用枪支、弹药、警械等特殊物品，造成不良后果的，给予警告、记过或者记大过处分；情节较重的，给予降级或者撤职处分；情节严重的，给予开除处分。

违反公务车管理使用规定，发生严重交通事故或者造成其他不良后果的，给予警告、记过或者记大过处分；情节较重的，给予降级或者撤职处分；情节严重的，给予开除处分。

妨碍执行公务或者违反规定干预执行公务的，给予记过或者记大过处分；情节较重的，给予降级或者撤职处分；情节严重的，给予开除处分。

以殴打、辱骂、体罚、非法拘禁或者诽谤、诬告等方式侵犯他人人身权利的，给予记过或者记大过处分；情节较重的，给予降级或者撤职处分；情节严重的，给予开除处分。

体罚、虐待被羁押人员，或者殴打、辱骂诉讼参与人、涉诉上访人的，依照前述规定从重处分。

与他人通奸，造成不良影响的，给予警告、记过或者记大过处分；情节较重的，给予降级或者撤职处分；情节严重的，给予开除处分。

与所承办案件的当事人或者当事人亲属发生不正当两性关系的，依照前款规定从重处分。

重婚或者包养情人的，给予撤职或者开除处分。

拒不承担赡养、抚养、扶养义务，或者虐待、遗弃家庭成员的，给予警告、记过或者记大过处分；情节较重的，给予降级或者撤职处分；情节严重的，给予开除处分。

吸食、注射毒品或者参与嫖娼、卖淫、色情淫乱活动的，给予撤职或者开除处分。

参与赌博的，给予警告或者记过处分；情节较重的，给予记大过或者降级处分；情节严重的，给予撤职或者开除处分。

为赌博活动提供场所或者其他便利条件的，给予警告、记过或者记大过处分；情节较重的，给予降级、撤职处分；情节严重的，给予开除处分。

在工作时间赌博的，给予记过、记大过或者降级处分；屡教不改的，给予撤职或者开除处分。

挪用公款赌博的，给予撤职或者开除处分。

参与迷信活动，造成不良影响的，给予警告、记过或者记大过处分。

组织迷信活动的，给予降级处分；情节较重的，给予撤职处分；情节严重的，给予开除处分。

违反规定超计划生育的，给予降级处分；情节较重的，给予撤职处分；情节严重的，给予开除处分。

有其他违反管理秩序和社会道德行为的，给予警告、记过或者记大过处分；情节较重的，给予降级或者撤职处分；情节严重的，给予开除处分。

本章思考题

1. 根据我国法律规定，法官的独立有哪些具体要求？
2. 法官的中立有哪些要求？
3. 法官在业外活动中应当遵循哪些要求？
4. 对法官的纪律处分有哪些形式？

第十六章
检察官职业行为法

第一节　检察官职业行为法概述

一、检察官职业行为法

二、检察官职业行为法的重要性

三、检察官职业行为法的渊源

四、关于检察官职业行为法的若干反思

第二节　检察官职业行为法的主要内容

一、检察官职业道德基本准则

二、检察官职业行为基本规范

第三节　检察官的纪律责任

第一节　检察官职业行为法概述

一、检察官职业行为法

检察官职业行为法，是指检察官、检察官辅助人员以及其他相关人员在与其职业身份有关的活动中应当遵守的行为规范的总称。

首先，检察官职业行为法适用于检察官及其辅助人员。最高人民检察院 2009 年《检察官职业道德基本准则（试行）》第 46 条规定："人民检察院的其他工作人员参照执行本准则。"最高人民检察院 2010 年《检察官职业行为基本规范（试行）》第 51 条规定："人民检察院的其他工作人员参照本规范执行。"2001 年《检察官法》第 2 条规定，检察官是依法行使国家检察权的检察人员，包括最高人民检察院、地方各级人民检察院和军事检察院等专门人民检察院的检察长、副检察长、检察委员会委员、检察员和助理检察员。人民检察院的其他人员包括书记员和司法行政人员。

其次，检察官职业行为法适用于上述人员与其职业身份有关的活动，这些活动既包括业内活动，也包括业外活动。例如，最高人民检察院 2009 年《检察官职业道德基本准则（试行）》第 39 条规定："在公共场合及新闻媒体上，不发表有损法律严肃性、权威性，有损检察机关形象的言论。未经批准，不对正在办理的案件发表个人意见或者进行评论。"第 45 条规定："在职务外活动中应当约束言行，避免公众对检察官公正执法和清正廉洁产生合理怀疑，避免对履行职责产生负面作用，避免对检察机关的公信力产生不良影响。”这些规定对于规范检察官的业外行为、维护检察官和法治的形象与尊严具有重要意义。

二、检察官职业行为法的重要性

《人民检察院组织法》第5条规定：“各级人民检察院行使下列职权：（一）对于叛国案、分裂国家案以及严重破坏国家的政策、法律、法令、政令统一实施的重大犯罪案件，行使检察权。（二）对于直接受理的刑事案件，进行侦查。（三）对于公安机关侦查的案件，进行审查，决定是否逮捕、起诉或者免予起诉；对于公安机关的侦查活动是否合法，实行监督。（四）对于刑事案件提起公诉，支持公诉；对于人民法院的审判活动是否合法，实行监督。（五）对于刑事案件判决、裁定的执行和监狱、看守所、劳动改造机关的活动是否合法，实行监督。”因此，检察权具体可以分为侦查权、审查逮捕权、审查公诉权、法律监督权等权力，甚至根据2012年《刑事诉讼法》第99条关于刑事附带民事诉讼的规定，还包括民事代理权。这种诸多权能集于一身的特点是公安机关、人民法院所不具备的。检察官的职业活动具有天然的复合性、复杂性。而在英美法中，检察官的职能则是相对简单的。标准的提法是，检察官具有双重角色，一方面是诉辩者，另一方面是司法人员（minister of justice)，其义务是“寻求公正，而不仅仅是定罪”。从这个角度来看，研究、制定适用于所有检察官的职业行为法，是有相当技术难度的。

而最高人民检察院2002年制定的《检察官职业道德规范》却相当简陋。该规范包括忠诚、公正、清廉、严明四个方面。其规范内容加上标点符号不过167字，没有法典的基本结构，缺乏系统性、针对性等规范的基本特点，没有充分反映我国检察队伍的职业行为特点和规制需求。尽管历史地看，该规范在加强检察队伍职业行为建设方面发挥了重要作用，但是随着司法体制改革的不断深入，该规范越来越不适应检察队伍职业化建设的需要。最高人民检察院2009年《检察官职业道德基本准则（试行)》在很大程度上解决了上述问题，为“恪守检察职业道德，促进公正廉洁执法”的主题实践活动提供了指南。

首先，检察官职业行为法是检察官职业自我规制的需要。如前所述，作为职业的重要特征之一，就是有明确的职业行为法。这种对职业行为法的需要，产生于自我规制的需要。检察官职业行为法是法律职业行为法的重要组成部分，其本身也来自于职业内部的规制要求。检察队伍作为法律监督者，依法具有一定的独立性。而检察队伍的自我规制，是这种独立性的重要保障。因此，职业行为法是一种重要的平衡器，与职业上的独立性是相辅相成的。

其次，检察官职业行为法是处理检察官职业所面临的具体行为困境的需要。检察官是司法工作人员，不能以纯粹追求有罪判决为目的，在切实打击犯罪的过程中，还要承担客观义务，还要兼顾实现社会和谐所应维护的其他社会价值。对于这些多元化甚至相互冲突的要求，必须通过具体的检察官职业行为法来加以调整。

职业行为法的另外一个功能就是为检察官的具体业务活动划定明确的界限。联合国1990年《关于检察官作用的准则》明确规定：“针对检察官的纪律处分程序应保证客观评价和决定。纪律处分程序均应根据法律规定、职业行为准则和其他已确立的标准以及专业道德规范并根据本《准则》加以处理。”一个界定科学、界限清晰的检察官职业行为法是检察官开展法律监督活动的指引和保障。

三、检察官职业行为法的渊源

从渊源上看，除了《宪法》、《刑事诉讼法》、《民事诉讼法》等法律外，检察官职业行为法主要体现在2001年《检察官法》、最高人民检察院的司法解释以及一些行业性规范中。

（一）2001年《检察官法》

2001年《检察官法》关于检察官义务、检察官回避、检察官惩戒的规定，都是检察官职业行为法的具体体现。

（二）最高人民检察院的司法解释

例如，最高人民检察院2012年《刑事诉讼规则》关于回避的司法解释。

（三）人民检察院行业性规范

人民检察院的行业性规范，是指人民检察院的相关部门在司法解释之外作出的关于检察官职业行为的规定。从我国的实际来看，人民检察院从科学管理检察官的实际需要出发，制定了各种关于检察官行为的规定，例如，最高人民检察院2009年《检察官职业道德基本准则（试行）》、2010年《检察官职业行为基本规范（试行）》。这些规定内容翔实，具有一定的系统性，是检察官职业行为法的主要载体。

四、关于检察官职业行为法的若干反思

我国法律职业行为法还处于发展之中，关于检察官职业行为法的规定也体现了这种发展状态。下面以最高人民检察院2009年《检察官职业道德基本准则（试行）》为例进行讨论。与先前的检察官职业行为法相比，最高人民检察院2009年《检察官职业道德基本准则（试行）》取得了一些进步，主要表现在：

第一，最高人民检察院2009年《检察官职业道德基本准则（试行）》更贴近检察官职业活动的实际。检察官的职业活动在很大程度上是一种程序性活动，因此，检察官职业道德本身就具有程序性，甚至可以说是另外一种程序法。最高人民检察院2002年《检察官职业道德规范》最大的不足在于其停留在静态的理念层面上，缺乏程序上的针对性。最高人民检察院2009年《检察官职业道德基本准则（试行）》在很大程度上改变了这一局面。该准则对于证据的运用，对于程序意识，对于检察官与法官、律师、当事人的关系等都作出了比较具体的规定，程序理性凸显。

第二，最高人民检察院2009年《检察官职业道德基本准则（试行）》的含量更大，结构更为合理，调整的范围更宽，各种行为界限之间有了更为清晰的划分。最高人民检察院2002年《检察官职业道德规范》原文不过167字，没有职业守则的基本结构；最高人民检察院2009年《检察官职业道德基本准则（试行）》从总量上已经达到48条，在结构上采用了法典的通常结构，在范围上不仅涉及检察官的业内行为，也涉及检察官的业外行为。

第三，最高人民检察院2009年《检察官职业道德基本准则（试行）》体现了法律职业共同体的观念。毫无疑问，法律职业应当是一个共同体。法律职业共同体不仅应当有共同的知识结构，而且应当有同样标准的职业行为守则，通过该守则促进法律职业共同体的尊严与团结。最高人民检察院2009年《检察官职业道德基本准则（试行）》第21条规定："尊重律师的职业尊严，支持律师履行法定职责，依法保障和维护律师参与诉讼活动的权利。"第22条规定："出席法庭审理活动，应当尊重庭审法官，遵守法庭规则，维护法庭审判的严肃性和权威性。"这些都是加强法律职业共同体建设的重要规定。

但是，最高人民检察院2009年《检察官职业道德基本准则（试行）》也存在一些技术性问题。

第一，规则整合性技术不足。最高人民检察院2009年《检察官职业道德基本准则（试行）》第13条规定："勤勉敬业，尽心竭力，不因个人事务及其他非公事由而影响职责的正常履行。"第32条规定："妥善处理个人事务，按照有关规定报告个人有关事项，如实申报收入；保持与合法收入、财产相当的生活水平和健康的生活情趣。"第44条规定："不要特权、逞威风、蛮横无理。本人或者亲属与他人发生矛盾、冲突，应当通过正当合法的途径解决，不应以检察官身份寻求特殊照顾，不要恶化事态酿成事端。"这几个条文主要调整的是检察官的业外活动。从体系上看，放在一起规定更为合适。

此外，最高人民检察院2009年《检察官职业道德基本准则（试行）》第39条规定："在公共场合及新闻媒体上，不发表有损法律严肃性、权威性，有损检察机关形象的言论。未经批准，不对正在办理的案件发表个人意见或者进行评论。"第45条规定："在职务外活动中应当约束言行，避免公众对检察官公正执法和清正廉洁产生合理怀疑，避免对履行职责产生负面作用，避免对检察机关的公信力产生不良影响。"这两个规定涉及的都是检察官的言论自由，合并规定更为合适。

第二，最高人民检察院2009年《检察官职业道德基本准则（试行）》操作性不足，没有对现行规定中不足的地方作进一步补充、阐释。后进的规范应当针对现行规范的不足加以进一步补充、阐释，形成先、后规范的互动与进步。最高人民检察院2009年《检察官职业道德基本准则（试行）》第23条规定："……不泄露案件的办理情况及案件承办人的有关信息，不违反规定会见案件当事人、诉讼代理人、辩护人及其他与案件有利害关系的人员。"但是该规定对于如何进行会见这样的经常性的活动本身没有明确规定。第18条规定："树立证据意识，依法客观全面地收集、审查证据，不伪造、隐瞒、毁损证据，不先入为主、主观臆断，严格把好事实关、证据关。"该规定对非法证据、瑕疵证据的处理显然是不足的。

再如关于检察官的言论问题。联合国1990年《关于检察官作用的准则》明确规定："检察官同其他公民一样，享有言论、信仰、结社和集会的自由。特别是他们应有权参加公众对有关法律、司法和促进及保护人权问题的讨论，有权参加或成立本地、国家或国际组织以及参加其会议，而不应因其合法行动或为一合法组织成员而蒙受职业上的不利。在行使这些权利时，检察官应始终根据法律以及公认的职业标准和道德行事。"因此，厘清检察官的言论界限至关重要。在设定检察官的言论时，必须考虑到检察官所处的诉讼环境。一方面，要考虑检察官的言论对司法公正的影响；另一方面，要考虑检察官与辩护方之间的诉讼对抗性。同样，检察官在法庭上的言论也是有其边界的：其言论不能损害被告人、律师、法官和其他诉讼参与人的尊严。

第三，最高人民检察院 2009 年《检察官职业道德基本准则（试行）》对于法律职业共同体的观念体现仍然不足。法律秩序是很脆弱的社会秩序，法律职业人员应当有意识地维护法律秩序而不能是法律秩序的破坏者。法律职业在很大程度上是一个自律性的职业，因此，法律职业自我规范的能力是至关重要的。该准则没有就检察官的维护法律职业适正性义务作出明确规定。

检察官的行为主要体现在程序活动中，处理的是各个行为主体之间的关系。因此，以检察官与各个行为主体的关系为平台，展开检察官职业道德规范的建设，应当是可行的、可操作的、符合检察官职业生活实际的。因此，检察官道德规范的主体分为基本原则、公诉机关内部的关系与合作、与其他机关和人员的关系与合作、业外活动四个方面的内容。基本原则涉及职业行为的合法性、公正性、勤勉、忠诚、适正性、职业尊严等静态的价值目标，这些价值目标的动态实现可以规定在其他规范中。在公诉机关内部的关系与合作中，可以就检察官上下级之间的关系、同事之间的关系作出规定。至于与其他机关和人员的关系与合作，可就检察机关与人民法院、公安机关，检察官与警察、举报者、犯罪嫌疑人、被告人、对方当事人、被害人、证人、一般公众、新闻媒体的关系作出规定；在业外活动方面可以就一些可能与检察官职业身份相关、对检察官职业尊严有所影响的业外活动作出规定。这样一种模式，既能树立检察官所要追求的崇高的道德目标，又具有可操作性，与检察官的职业活动密切联系在一起。

第二节　检察官职业行为法的主要内容

一、检察官职业道德基本准则

为加强检察官职业道德建设，正确履行宪法、法律赋予的职责，2009 年，最高人民检察院制定了《检察官职业道德基本准则（试行）》。根据该准则，检察官职业道德的基本要求是忠诚、公正、清廉、文明。

（一）忠诚

忠诚要求体现如下：

忠于党、忠于国家、忠于人民、忠于宪法和法律，牢固树立依法治国、执法为民、公平正义、服务大局、党的领导的社会主义法治理念，做中国特色社会主义事业的建设者、捍卫者和社会公平正义的守护者。

尊崇宪法和法律，严格执行宪法和法律的规定，自觉维护宪法和法律的统一、尊严和权威。

坚持立检为公、执法为民的宗旨，维护最广大人民的根本利益，保障民生，服务群众，亲民、为民、利民、便民。

热爱人民检察事业，珍惜检察官荣誉，忠实履行法律监督职责，自觉接受监督、制约，维护检察机关的形象和检察权的公信力。

坚持“强化法律监督，维护公平正义”的检察工作主题，坚持检察工作政治性、人民性、法律性的统一，努力实现执法办案法律效果、社会效果和政治效果的有机统一。

维护国家安全、荣誉和利益，维护国家统一和民族团结，严守国家秘密和检察工作秘密。①

保持高度的政治警觉，严守政治纪律，不参加危害国家安全、带有封建迷信及邪教性质等的非法组织及其活动。

初任检察官及检察官晋升，应当进行宣誓，牢记誓词，弘扬职业精神，践行从业誓言。

勤勉敬业，尽心竭力，不因个人事务及其他非公事由而影响职责的正常履行。

（二）公正

公正要求体现如下：

树立忠于职守、秉公办案的观念，坚守惩恶扬善、伸张正义的良知，保持客观公正、维护人权的立场，养成正直善良、谦抑平和的品格，培育刚正不阿、严谨细致的作风。

依法履行检察职责，不受行政机关、社会团体和个人的干涉，敢于监督，善于监督，不为金钱所诱惑，不为人情所动摇，不为权势所屈服。

自觉遵守法定回避制度，对法定回避事由以外可能引起公众对办案公正产生合理怀疑的，应当主动请求回避。

以事实为根据，以法律为准绳，不偏不倚，不滥用职权和漠视法律，正确行使检察裁量权。

树立证据意识，依法、客观、全面地收集、审查证据，不伪造、隐瞒、毁损证据，不先入为主、主观臆断，严格把好事实关、证据关。

树立程序意识，坚持程序公正与实体公正并重，严格遵循法定程序，维护程序正义。

树立人权保护意识，尊重诉讼当事人、参与人及其他有关人员的人格，保障和维护其合法权益。

尊重律师的职业尊严，支持律师履行法定职责，依法保障和维护律师参与诉讼活动的权利。

出席法庭审理活动，应当尊重庭审法官，遵守法庭规则，维护法庭审判的严肃性和权威性。

严格遵守检察纪律，不违反规定过问、干预其他检察官、其他人民检察院或者其他司法机关正在办理的案件，不私自探询其他检察官、其他人民检察院或者其他司法机关正在办理的案件情况和有关信息，不泄露案件的办理情况及案件承办人的有关信

① 最高人民法院、最高人民检察院2010年《关于人民检察院检察长列席人民法院审判委员会会议的实施意见》第9条规定：“出席、列席审判委员会会议的所有人员，对审判委员会讨论内容应当保密。”因此，列席审判委员会的检察长、副检察长对于审判委员会讨论内容也应当保密，这是检察工作秘密的一部分。

息，不违反规定会见案件当事人、诉讼代理人、辩护人及其他与案件有利害关系的人员。

努力提高案件质量和办案水平，严守法定办案时限，提高办案效率，节约司法资源。

严格执行检察人员执法过错责任追究制度，对于执法过错行为，要实事求是，敢于及时纠正，勇于承担责任。

（三）清廉

清廉要求体现如下：

以社会主义核心价值观为根本的职业价值取向，遵纪守法，严格自律，并教育近亲属或者其他关系密切的人员模范执行有关廉政规定，秉持清正廉洁的情操。

不以权谋私、以案谋利、借办案插手经济纠纷。

不利用职务便利或者检察官的身份、声誉及影响，为自己、家人或者他人谋取不正当利益；不从事、参与经商办企业、违法违规营利活动，以及其他可能有损检察官廉洁形象的商业、经营活动；不参加营利性或者可能借检察官影响力营利的社团组织。

不收受案件当事人及其亲友、案件利害关系人或者单位及其所委托的人以任何名义馈赠的礼品礼金、有价证券、购物凭证以及干股等；不参加其安排的宴请、娱乐休闲、旅游度假等可能影响公正办案的活动；不接受其提供的各种费用报销，出借的钱款、交通通讯工具、贵重物品及其他利益。

不兼任律师、法律顾问等职务，不私下为所办案件的当事人介绍辩护人或者诉讼代理人。

在职务外活动中，不披露或者使用未公开的检察工作信息，以及在履职过程中获得的商业秘密、个人隐私等非公开的信息。

妥善处理个人事务，按照有关规定报告个人有关事项，如实申报收入；保持与合法收入、财产相当的生活水平和健康的生活情趣。

退休检察官应当继续保持良好操守，不再延用原检察官身份、职务，不利用原地位、身份形成的影响和便利条件，过问、干预执法办案活动，为承揽律师业务或者其他请托事宜打招呼、行便利，避免因不当言行给检察机关带来不良影响。

（四）文明

文明要求体现如下：

注重学习，精研法律，精通检察业务，培养良好的政治素质、业务素质和文化素养，增强法律监督能力和做群众工作的本领。

坚持打击与保护并重、惩罚与教育并重、惩治与预防并重，宽严相济，以人为本。

弘扬人文精神，体现人文关怀，做到执法理念文明、执法行为文明、执法作风文明、执法语言文明。

遵守各项检察礼仪规范，注重职业礼仪约束，仪表庄重、举止大方、态度公允、用语文明，保持良好的职业操守和风范，维护检察官的良好形象。

执行公务、参加政务活动时，按照检察人员着装规定穿着检察制服、佩戴检察标识徽章，严格守时，遵守活动纪律。

在公共场合及新闻媒体上，不发表有损法律严肃性、权威性，有损检察机关形象的言论。未经批准，不对正在办理的案件发表个人意见或者进行评论。

热爱集体，团结协作，相互支持、相互配合、相互监督，力戒独断专行，共同营造健康、有序、和谐的工作环境。

明礼诚信，在社会交往中尊重、理解、关心他人，讲诚实、守信用、践承诺，树立良好社会形象。

牢固树立社会主义荣辱观，恪守社会公德、家庭美德，慎独慎微，行为检点，培养高尚的道德操守。

不穿着检察正装、佩戴检察标识到营业性娱乐场所进行娱乐、休闲活动或者在公共场所饮酒，不参与赌博、色情、封建迷信活动。

不要特权、逞威风、蛮横无理。本人或者亲属与他人发生矛盾、冲突，应当通过正当、合法的途径解决，不应以检察官身份寻求特殊照顾，不要恶化事态、酿成事端。

在职务外活动中应当约束言行，避免公众对检察官公正执法和清正廉洁产生合理怀疑，避免对履行职责产生负面作用，避免对检察机关的公信力产生不良影响。

二、检察官职业行为基本规范

为规范检察官职业行为，保障和促进检察官严格、公正、文明、廉洁执法，2010年最高人民检察院制定了《检察官职业行为基本规范（试行）》，提出了六个方面的行为要求。

（一）职业信仰

坚定政治信念，坚持以马克思列宁主义、毛泽东思想、邓小平理论和“三个代表”重要思想为指导，认真学习中国特色社会主义理论体系，深入贯彻落实科学发展观，建设和捍卫中国特色社会主义事业。

热爱祖国，维护国家安全、荣誉和利益，维护国家统一和民族团结，同一切危害国家的言行作斗争。

坚持中国共产党领导，坚持党的事业至上，始终与党中央保持高度一致，自觉维护党中央权威。

坚持执法为民，坚持人民利益至上，密切联系群众，倾听群众呼声，妥善处理群众诉求，维护群众合法权益，全心全意为人民服务。

坚持依法治国基本方略，坚持宪法、法律至上，维护宪法和法律的统一、尊严和权威，致力于社会主义法治事业的发展进步。

维护公平正义，忠实履行检察官职责，促进司法公正，提高检察机关执法公信力。

坚持服务大局，围绕党和国家中心工作履行法律监督职责，为改革开放和经济社会科学发展营造良好法治环境。

恪守职业道德，铸造忠诚品格，强化公正理念，树立清廉意识，提升文明素质。

（二）履职行为

坚持依法履行职责，严格按照法定职责权限、标准和程序执法办案，不受行政机关、社会团体和个人干涉，自觉抵制权势、金钱、人情、关系等因素干扰。

坚持客观公正，忠于事实真相，严格执法，秉公办案，不偏不倚，不枉不纵，使所办案件经得起法律和历史检验。

坚持打击与保护相统一，依法追诉犯罪，尊重和保护诉讼参与人和其他公民、法人及社会组织的合法权益，使无罪的人不受刑事追究。

坚持实体与程序相统一，严格遵循法定程序，维护程序正义，以程序公正保障实体公正。

坚持惩治与预防相统一，依法惩治犯罪，立足检察职能开展犯罪预防，积极参与社会治安综合治理，预防和减少犯罪。

坚持执行法律与执行政策相统一，正确把握办案力度、质量、效率、效果的关系，实现执法办案法律效果、社会效果、政治效果的有机统一。

坚持强化审判监督与维护裁判稳定相统一，依法监督纠正裁判错误和审判活动违法，维护生效裁判既判力，保障司法公正和司法权威。

坚持重证据、重调查研究，依法全面、客观地收集、审查和使用证据，坚决杜绝非法取证，依法排除非法证据。

坚持理性执法，把握执法规律，全面分析情况，辩证解决问题，理智处理案件。

坚持平和执法，平等对待诉讼参与人，和谐处理各类法律关系，稳慎处理每一起案件。

坚持文明执法，树立文明理念，改进办案方式，把文明办案要求体现在执法全过程。

坚持规范执法，严格依法办案，遵守办案规则和业务流程。

重视群众工作，了解群众疾苦，熟悉群众工作方法，增进与群众的感情，善于用群众信服的方式执法办案。

重视化解矛盾纠纷，加强办案风险评估，妥善应对和处置突发事件，深入排查和有效调处矛盾纠纷，注重释法说理，努力做到案结、事了、人和，促进社会和谐、稳定。

重视舆情应对引导，把握正确舆论导向，遵守舆情处置要求，避免和防止恶意炒作。

自觉接受监督，接受其他政法机关的工作制约，执行检务公开规定，提高执法透明度。

精研法律政策，充实办案所需知识，保持专业水准，秉持专业操守，维护职业信誉和职业尊严。

（三）职业纪律

严守政治纪律，不发表、不散布不符合检察官身份的言论，不参加非法组织，不参加非法集会、游行、示威等活动。

严守组织纪律，执行上级决定和命令，服从领导，听从指挥，令行禁止，确保检令畅通，反对自由主义。

严守工作纪律，爱岗敬业，勤勉尽责，严谨细致，讲究工作质量和效率，不敷衍塞责。

严守廉洁从检纪律，认真执行廉洁从政准则和廉洁从检规定，不取非分之财，不做非分之事，保持清廉本色。

严守办案纪律，认真执行办案工作制度和规定，保证办案质量和办案安全，杜绝违规、违纪办案。

严守保密纪律，保守在工作中掌握的国家秘密、商业秘密和个人隐私，加强网络安全防范，妥善保管涉密文件或其他涉密载体，坚决防止失密、泄密。

严守枪支弹药和卷宗管理纪律，依照规定使用和保管枪支弹药，认真执行卷宗管理、使用、借阅、复制等规定，确保枪支弹药和卷宗安全。

严守公务和警用车辆使用纪律，不私自使用公务和警用车辆，不违规借用、占用车辆。遵守道路交通法规，安全、文明、礼貌行车，杜绝无证驾车、酒后驾车。

严格执行禁酒令，不在执法办案期间、工作时间和工作日中午饮酒，不着检察制服和佩戴检察徽标在公共场所饮酒，不酗酒。

（四）职业作风

保持和发扬良好思想作风，解放思想，实事求是，与时俱进，锐意进取，开拓创新，研究新情况，解决新问题，创造性地开展工作。

保持和发扬良好学风，坚持理论联系实际，提高理论水平和解决实际问题的能力。

保持和发扬良好工作作风，密切联系群众，遵循客观规律，注重调查研究，察实情，讲实话，办实事，求实效，不搞形式主义，不弄虚作假。

保持和发扬良好领导作风，坚持民主集中制，充分发扬民主，维护集中统一，自觉开展批评与自我批评，坚持真理，修正错误，以身作则，率先垂范。

保持和发扬良好生活作风，艰苦奋斗，勤俭节约，克己奉公，甘于奉献，反对奢侈、浪费。

保持和发扬良好执法作风，更新执法理念，注重团结协作，提高办案效率，不要特权、逞威风。

（五）职业礼仪

遵守工作礼仪，团结、关心和帮助同事，爱护工作环境，营造干事创业、宽松和谐、风清气正的工作氛围。

遵守着装礼仪，按规定着检察制服、佩戴检察徽标。着便装大方得体。

遵守接待和语言礼仪，对人热情周到，亲切和蔼，耐心细致，平等相待，一视同仁，举止庄重，精神振作，礼节规范。使用文明礼貌用语，表达准确，用语规范，不说粗话、脏话。

遵守外事礼仪，遵守国际惯例，尊重国格、人格和风俗习惯，平等交往，热情大方，不卑不亢，维护国家形象。

（六）职务外行为

慎重社会交往，约束自身行为，不参加与检察官身份不符的活动。从事教学、写作、科研或参加座谈、联谊等活动，不违反法律规定，不妨碍司法公正，不影响正常工作。

谨慎发表言论，避免因不当言论对检察机关造成负面影响。遵守检察新闻采访纪律，就检察工作接受采访应当报经主管部门批准。

遵守社会公德，明礼诚信，助人为乐，爱护公物，保护环境，见义勇为，积极参加社会公益活动。

弘扬家庭美德，增进家庭和睦，勤俭持家，尊老爱幼，团结邻里，妥善处理家庭矛盾和与他人的纠纷。

培养健康情趣，坚持终身学习，崇尚科学，反对迷信，追求高尚，抵制低俗。

第三节 检察官的纪律责任

最高人民检察院 2010 年《检察官职业行为基本规范（试行）》第 50 条规定：“检察官违反本规范，情节轻微的，予以批评教育；构成违纪的，依据检察人员纪律处分条例予以惩戒；构成犯罪的，依法追究刑事责任。”为规范检察人员行为，严肃检察纪律，保证检察人员依法履行职责，2004 年最高人民检察院制定了《检察人员纪律处分条例（试行）》。执行检察纪律处分，应坚持实事求是的原则、纪律面前人人平等的原则、宽严相济的原则、惩戒与教育相结合的原则。检察人员履行职责的权利和其他合法权益受法律保护，非因法定事由、非经法定程序，检察人员不受纪律处分。该条例也适用于检察机关中除工勤人员以外的工作人员。

（一）检察纪律处分的种类和适用

对违反检察纪律的检察人员，应根据其错误行为的事实、性质和情节，依照该条例的规定，给予纪律处分；情节显著轻微，经批评教育确已认识错误的，可以免予处分或者不予处分。

检察纪律处分分为：警告、记过、记大过、降级、撤职、开除。

有下列情形之一的，可以依照规定从轻或者减轻处分：（1）主动交代本人应当受到纪律处分的问题的；（2）主动检举他人应当受到纪律处分的问题，经查证属实的；（3）主动挽回损失或者有效阻止危害结果发生的；（4）主动退出违纪、违法所得的；（5）有其他立功表现的；（6）该条例分则中另有规定的。

有下列情形之一的，可以依照规定从重或者加重处分：（1）强迫、唆使他人违纪、违法的；（2）串供或者伪造、销毁、隐匿证据的；（3）阻止他人揭发检举、提供证据材料的；（4）包庇同案人员或者打击报复批评人、检举人、控告人、证人及其他人员的；（5）有其他干扰、妨碍组织审查行为的；（6）该条例分则中另有规定的。

从轻、从重处分，是指在该条例分则中规定的违纪行为应当受到的处分幅度以内，给予较轻或者较重的处分。

减轻、加重处分，是指在该条例分则中规定的违纪行为应当受到的处分幅度以外，减轻或者加重一档给予处分。

该条例规定的只有开除处分一个档次的违纪行为，不适用上述减轻处分的规则。

一人有该条例分则中规定的两种以上应当受到处分的违纪行为，应当合并处理，按其数种违纪行为中应当受到的最高处分加重一档给予处分；其中一种违纪行为应当受到开除处分的，给予开除处分。

基于一个违纪故意或者过失，其行为触犯该条例分则中两个以上条款，依照处分较重的条款定性处理。

一个条款规定的违纪构成要件全部包含在另一个条款规定的违纪构成要件中，特别规定与一般规定不一致的，适用特别规定。

二人以上共同故意违纪的，对为首者，除该条例分则中另有规定的外，从重处分；对其他成员，按照其在共同违纪中所起的作用和应负的责任，分别给予处分。

对于经济方面共同违纪的，按照个人所得数额及所起作用，分别处分。对违纪集团的首要分子，按照集团违纪的总数额处分；对其他共同违纪的为首者，情节严重的，按照共同违纪的总数额处分。

纪律处分决定作出后，应当在1个月内向受处分人所在单位及本人宣布，并在处分决定作出后两个月内，由干部人事管理部门按照干部管理权限将处分决定材料归入受处分人档案；对于受到降级以上处分的，还应当在1个月内办理职务、工资等相应变更手续。

纪律处分的影响期限分别为：（1）警告，6个月；（2）记过，12个月；（3）记大过，18个月；（4）降级、撤职，24个月。

受纪律处分者，在处分影响期内不得晋升职务、级别。受记过、记大过、降级、撤职处分的，在处分影响期内不得晋升工资档次。

受降级处分的，自处分的下个月起降低一个级别；级别为对应的国家公务员最低级别的，给予记大过处分。

受撤职处分的，在处分影响期内不得担任领导职务，自处分的下个月起按降低两个以上的职务等级重新确定职务、级别和工资档次。科员受撤职处分的，按降低一个职务等级处理。办事员应当给予撤职处分的，给予降级处分。受撤职处分的，可以同时撤销其行政职务和法律职务，也可以单独撤销其行政职务或者法律职务。对于担任两个以上行政职务的人员给予撤职处分的，其所担任的所有行政职务一并撤销。

受到开除处分的，自处分之日起解除其与检察机关的人事行政关系，其行政职务、级别自然撤销，其法律职务被依法罢免或者免除，不得再被录用为检察机关工作人员。

对于违纪行为所获得的经济利益，应当收缴或者责令退赔。

对于违纪行为所获得的职务、职称、学历、学位、奖励等其他利益，应当由承办单位或者由上级机关建议有关组织、部门、单位按规定予以纠正。

（二）违法、犯罪检察人员的处分

对因犯罪受到刑事处罚的，应根据司法机关的生效判决及其认定的事实、性质和情节，依照该条例规定给予纪律处分，也可根据情况先行给予纪律处分。

凡被判处3年以上有期徒刑的，给予开除处分。

故意犯罪被判处3年以下有期徒刑或者被判处管制、拘役的，给予开除处分。

过失犯罪被判处3年以下有期徒刑宣告缓刑的，视情节可以不给予开除处分，但应当给予撤职处分。

被免予刑事处罚的，给予降级或者撤职处分。

被劳动教养的，给予降级以上处分。

受到治安管理处罚的，视情节给予纪律处分。

（三）处分的变更和解除

处分影响期满，由受处分人提出申请，经所在单位或部门提出意见后报原作出处分决定的单位作出解除处分的决定。

解除处分决定应当在1个月内书面通知受处分人，并在有关范围内宣布。

解除处分决定应当在解除处分决定作出后的 2 个月内，由干部人事管理部门归入受处分人档案。

受处分人在处分影响期内获得一等功以上奖励的，可以缩短处分影响期，但缩短后的期限不得少于原处分影响期的 1/2。

在处分决定作出后发现受处分人另有应当受到纪律处分的同一性质的错误，或者受处分人在处分影响期内又犯应当受到纪律处分的同一性质的错误，应当根据新犯错误的事实、情节和应受到的处分，决定延长原处分影响期或者重新作出处分决定。

解除降级、撤职处分，不恢复原职务、级别，但以后晋升职务、级别和工资档次不受原处分的影响。

（四）应受处分的行为

1. 违反政治纪律的行为

组织、参加反对党的基本理论、基本路线、基本纲领、基本经验或者重大方针政策的集会、游行、示威等活动的，对策划者、组织者和骨干分子，给予开除处分。

对其他参加人员或者以提供信息、资料、财物、场地等方式支持上述活动者，情节较轻的，给予警告、记过或者记大过处分；情节较重的，给予降级或者撤职处分；情节严重的，给予开除处分。

对不明真相被裹挟参加，经批评教育后确有悔改表现的，可以免予处分或者不予处分。

坚持资产阶级自由化立场，公开发表反对四项基本原则或者反对改革开放的文章、演说、宣言、声明等的，给予开除处分。

公开发表违背四项基本原则、违背改革开放或者其他有严重政治问题的文章、演说、宣言、声明等的，给予批评教育；情节较重的，给予警告、记过或者记大过处分；情节严重的，给予降级、撤职或者开除处分。

组织、领导会道门或者邪教组织的，对策划者、组织者和骨干分子，给予开除处分。对其他参加人员，情节较轻的，给予警告、记过或者记大过处分；情节较重的，给予降级或者撤职处分；情节严重的，给予开除处分。对不明真相的参加人员，经批评教育后确有悔改表现的，可以免予处分或者不予处分。

在国（境）外、外国驻华使（领）馆申请政治避难，或者违纪、违法后逃往国（境）外、外国驻华使（领）馆的，给予开除处分。

在国（境）外公开发表反对党和政府的言论的，依照前述规定处理。

故意为上述行为提供方便条件的，给予撤职或者开除处分。

违反党和国家的民族、宗教政策，情节较轻的，给予警告、记过或者记大过处分；情节较重的，给予降级或者撤职处分；情节严重的，给予开除处分。

编造谣言丑化党和国家形象，情节较轻的，给予警告、记过或者记大过处分；情节较重的，给予降级或者撤职处分；情节严重的，给予开除处分。

传播谣言丑化党和国家形象，情节较重的，给予警告、记过或者记大过处分；情节严重的，给予降级或者撤职处分。

在涉外活动中，其行为在政治上造成恶劣影响，损害党和国家尊严、利益的，给予降级或者撤职处分；情节严重的，给予开除处分。

2. 违反组织、人事纪律的行为

违反民主集中制原则，拒不执行或者擅自改变组织作出的重大决定，或者违反议事规则，个人或者少数人决定重大事项的，给予警告、记过或者记大过处分；情节严重的，给予降级或者撤职处分。

在干部选拔、任用工作中，违反干部选拔、任用规定的，对负主要责任者和其他直接责任人员，给予警告、记过或者记大过处分；情节较重的，给予降级或者撤职处分；情节严重的，给予开除处分。

在选举中，进行违反有关法律、法规以及其他有关章程活动的，对主要责任者和其他直接责任人员，依照前述规定处理。

用人失察、失误造成严重后果的，对主要责任者和其他直接责任人员，依照前述规定处理。

拒不执行组织的分配、调动、交流决定的，给予警告、记过或者记大过处分；情节严重的，给予降级或者撤职处分。

在干部、职工的录用、考核、职务晋升、职称评定等工作中，隐瞒、歪曲事实真相或者利用职务上的便利违反规定为本人或者其他人谋取利益的，给予警告、记过或者记大过处分；情节严重的，给予降级或者撤职处分。

在考试、录用工作中，有泄露试题、考场舞弊、涂改考卷等违反有关规定行为的，给予警告、记过或者记大过处分；情节较重的，给予降级或者撤职处分；情节严重的，给予开除处分。

以不正当方式谋求本人或者其他人用公款出国（境），情节较轻的，给予警告处分；情节较重的，给予记过或者记大过处分；情节严重的，给予降级或者撤职处分。

临时出国（境）团（组）或者人员，擅自延长在国（境）外期限，或者擅自变更路线，造成不良影响或者经济损失的，对主要责任者，给予警告、记过或者记大过处分；情节严重的，给予降级或者撤职处分。

3. 违反办案纪律的行为

隐匿、销毁举报、控告、申诉材料，包庇被举报人、被控告人，或者滥用职权，对举报人、控告人、申诉人、批评人报复陷害的，给予记过或者记大过处分；情节较重的，给予降级或者撤职处分；情节严重的，给予开除处分。

泄露国家秘密、检察工作秘密，或者为案件当事人及其代理人和亲友打探案情、通风报信的，给予记过或者记大过处分；造成严重后果的，给予降级、撤职或者开除处分。

徇私枉法，对明知是无罪的人而使他受追诉，对明知是有罪的人而故意包庇，不使他受追诉的，给予开除处分；情节较轻的，给予降级或者撤职处分。

非法拘禁他人或者以其他方法非法剥夺他人人身自由的，给予记过或者记大过处分；情节较重的，给予降级或者撤职处分；情节严重的，给予开除处分。

非法讯问犯罪嫌疑人、被告人或者非法传讯他人的，给予记过或者记大过处分；情节较重的，给予降级或者撤职处分；情节严重的，给予开除处分。

伪造、隐瞒、涂改、调换、故意损毁证据材料、诉讼文书的，给予开除处分；情节较轻的，给予撤职处分。

非法搜查他人身体、住宅，或者非法侵入他人住宅的，给予记过或者记大过处分；情节较重的，给予降级或者撤职处分；情节严重的，给予开除处分。

刑讯逼供的，给予开除处分；情节较轻的，给予记大过、降级或者撤职处分。

私放犯罪嫌疑人、被告人的，给予开除处分。

非法扣押、冻结公私财产的，给予记过或者记大过处分；情节较重的，给予降级或者撤职处分；情节严重的，给予开除处分。

不依法返还扣押、冻结款物，或者侵吞、挪用、私分、私存、调换、外借、压价收购或者擅自处理扣押、冻结款物及其孳息的，对主要责任者和其他直接责任人员，给予记过或者记大过处分；情节较重的，给予降级或者撤职处分；情节严重的，给予开除处分。

私自办理案件或者干预办案的，给予记过或者记大过处分；情节较重的，给予降级或者撤职处分；情节严重的，给予开除处分。

私自会见案件当事人或其辩护人、代理人、申诉人、亲友，或者接受上述人员提供的宴请、财物、娱乐活动的，给予记过或者记大过处分；情节较重的，给予降级或者撤职处分；情节严重的，给予开除处分。

严重不负责任超期羁押犯罪嫌疑人的，对主要责任者和其他直接责任人员，给予记过或者记大过处分；情节较重的，给予降级或者撤职处分；情节严重的，给予开除处分。

体罚、侮辱犯罪嫌疑人、被告人及其他人员的，给予记过或者记大过处分；造成严重后果或者恶劣影响的，给予降级、撤职或者开除处分。

违法使用警械、警具的，给予记过或者记大过处分；造成严重后果的，给予降级、撤职或者开除处分。

违反规定插手经济纠纷的，对主要责任者和其他直接责任人员，给予记过或者记大过处分；造成严重后果或者恶劣影响的，给予降级、撤职或者开除处分。

违反监管法规，体罚、虐待被监管人员，私自带人会见被监管人员，或者让被监管人员给自己干私活的，给予记过或者记大过处分；情节较重的，给予降级或者撤职处分；情节严重的，给予开除处分。

在执法活动中，具有法定回避情形故意不依法回避，或者拒不服从回避决定，或者对符合回避条件的申请故意不作出回避决定的，给予记过或者记大过处分；情节较重的，给予降级或者撤职处分；情节严重的，给予开除处分。

故意作出违背案件事实的勘验、检查、鉴定结论的，给予开除处分；情节较轻的，给予降级或者撤职处分。

违法办案或者严重不负责任，造成犯罪嫌疑人、被告人脱逃、自杀、伤残或者证人、被害人自杀、伤残的，给予记过或者记大过处分；情节较重的，给予降级或者撤职处分；情节严重的，给予开除处分。

在执法活动中，有其他违纪、违法行为，情节较轻的，给予警告、记过或者记大过处分；情节较重的，给予降级或者撤职处分；情节严重的，给予开除处分。

4. 贪污、贿赂行为

利用职务上的便利，侵吞、窃取、骗取或者以其他手段非法占有公共财物，情节较轻的，给予记大过处分；情节较重的，给予降级或者撤职处分；情节严重的，给予开除处分。

以单位名义将国有资产集体私分给个人的，对主要责任者和其他直接责任人员，给予记过或者记大过处分；情节较重的，给予降级或者撤职处分；情节严重的，给予开除处分。

利用职务上的便利，索取他人财物，或者非法收受、变相非法收受他人财物，为他人谋取利益，情节较轻的，给予记大过处分；情节较重的，给予降级或者撤职处分；情节严重的，给予开除处分。

在经济往来中违反规定收受财物或者各种名义的回扣、手续费，归个人所有的，以受贿论，依照该条例第64条规定处理。

利用职务上的便利，通过其他国家工作人员职务上的行为，为请托人谋取不正当利益，索取请托人财物，或者非法收受、变相非法收受请托人财物的，依照该条例第64条规定处理。

行贿或者介绍贿赂，情节较轻的，给予记过或者记大过处分；情节较重的，给予降级或者撤职处分；情节严重的，给予开除处分。

行贿人、介绍贿赂人主动交代行贿、介绍贿赂行为的，可以减轻或者不予处分。

利用职务上的便利，挪用公款归个人使用，进行非法活动，或者进行营利活动，或者超过3个月未还，情节较轻的，给予记过或者记大过处分；情节较重的，给予降级或者撤职处分；情节严重的，给予开除处分。

5. 违反廉洁从检规定的行为

利用职务上的便利，非法占有非本人经管的国家、集体和个人财物，或者以购买物品时象征性地支付钱款等方式非法占有国家、集体和个人财物，或者无偿、象征性地支付报酬接受服务、使用劳务，情节较轻的，给予记过或者记大过处分；情节较重的，给予降级或者撤职处分；情节严重的，给予开除处分。

利用职务上的便利，将本人或者亲属应当由个人支付的费用，由下属单位或者其他单位支付、报销的，依照前述规定处理。

利用职务上的便利，将配偶、子女及其配偶应当由个人支付的出国（境）留学费用，由他人支付、报销的，依照前述规定处理。

违反规定，接受可能影响公正执法的礼品馈赠，不登记交公，情节较轻的，给予警告、记过或者记大过处分；情节较重的，给予降级或者撤职处分；情节严重的，给予开除处分。

违反规定经商办企业，或者违反规定从事营利活动，或者利用职务上的便利为其亲友的经营活动谋取利益，情节较轻的，给予警告、记过或者记大过处分；情节较重的，给予降级或者撤职处分；情节严重的，给予开除处分。

违反规定兼职或者兼职取酬的，依照前述规定处理。

挥霍、浪费公共财产，用公款旅游，或者违反规定参与用公款支付的高消费娱乐、健身活动，或者购买、更换超过规定标准的小轿车以及对所乘坐的小轿车进行豪华装修，情节较轻的，给予警告、记过或者记大过处分；情节较重的，给予降级或者撤职处分；情节严重的，给予开除处分。

利用工作上的便利，私自向发案单位或者案件当事人及其亲友借用住房、财物或者交通、通讯工具的，给予警告或者记过处分；情节较重的，给予记大过处分；情节严重的，给予降级或者撤职处分。

私设“小金库”，乱收费，乱罚款，拉赞助的，对主要责任者和其他直接责任人员，给予记过或者记大过处分；情节较重的，给予降级或者撤职处分；情节严重的，给予开除处分。

利用职务上的便利操办婚丧喜庆事宜，在社会上造成不良影响的，给予警告、记过或者记大过处分；情节严重的，给予降级或者撤职处分。

有其他违反廉洁从检规定的行为，情节较轻的，给予警告、记过或者记大过处分；情节较重的，给予降级或者撤职处分；情节严重的，给予开除处分。

6. 违反财经纪律的行为

隐瞒、截留、坐支应当上缴国家财政的赃款、赃物的，对主要责任者和其他直接责任人员，给予警告、记过或者记大过处分；情节较重的，给予降级或者撤职处分；情节严重的，给予开除处分。

违反规定将公款、公物借给他人，或者以个人名义存储公款的，给予警告处分；情节较重的，给予记过或者记大过处分；情节严重的，给予降级或者撤职处分。

在财务管理活动中违反会计法律、法规的，对主要责任者和其他直接责任人员，给予警告、记过或者记大过处分；情节较重的，给予降级或者撤职处分；情节严重的，给予开除处分。

伪造、变造会计凭证、会计账簿，或者编制虚假财务会计报告，或者隐匿、故意销毁依法应当保存的会计凭证、会计账簿、财务会计报告的，对主要责任者和其他直接责任人员，依照前述规定从重或者加重处分。

违反国有资产管理规定，造成国有资产流失的，对主要责任者和其他直接责任人员，给予警告、记过或者记大过处分；情节较重的，给予降级或者撤职处分；情节严重的，给予开除处分。

违反有关规定擅自开设银行账户的，对主要责任者和其他直接责任人员，给予记过或者记大过处分；情节较重的，给予降级或者撤职处分；情节严重的，给予开除处分。

违反政府采购和招标、投标法律、法规的，对主要责任者和其他直接责任人员，给予警告、记过或者记大过处分；情节较重的，给予降级或者撤职处分；情节严重的，给予开除处分。

在财经方面有其他违纪、违法行为，情节较轻的，给予警告、记过或者记大过处分；情节较重的，给予降级或者撤职处分；情节严重的，给予开除处分。

7. 失职、渎职行为

不正确履行职责或者严重不负责任，致使发生重大责任事故，给国家、集体资财和人民群众生命、财产造成较大损失的，对主要责任者和其他直接责任人员，给予记过或者记大过处分；造成重大损失的，给予降级、撤职或者开除处分。

不积极履行职责，拖延办案，贻误工作的，给予警告、记过或者记大过处分；情节严重的，给予降级或者撤职处分。

违反法定诉讼程序，造成错案或者给当事人造成严重损失的，给予记过或者记大过处分；情节严重的，给予降级、撤职或者开除处分。

丢失案卷、案件材料、档案或者机密文件的，给予警告、记过或者记大过处分；情节严重的，给予降级或者撤职处分。

在执法办案或者管理工作中失职、渎职，造成严重后果或者恶劣影响的，给予降级、撤职或者开除处分；情节较轻的，给予警告、记过或者记大过处分。

8. 违反警械警具和车辆管理规定的行为

违反枪支管理规定，擅自携带枪支、弹药进入公共场所的，给予警告、记过或者记大过处分。

私存枪支、弹药的，给予降级、撤职或者开除处分。

将枪支、弹药借给他人使用的，给予记过或者记大过处分；造成严重后果的，给予降级、撤职或者开除处分。

违反枪支管理规定，致使枪支丢失、被盗、被骗的，给予记过、记大过或者降级处分；造成严重后果的，给予撤职或者开除处分。

违反枪支管理规定，示枪恫吓他人或者随意鸣枪的，给予记过或者记大过处分；造成严重后果或者恶劣影响的，给予降级、撤职或者开除处分。

因管理使用不当，造成枪支走火，致人伤残、死亡的，给予记大过以上处分。

违反警车、警械、警具管理规定的，给予警告、记过或者记大过处分；造成严重后果或者恶劣影响的，给予降级、撤职或者开除处分。

违反交通管理法规，造成交通事故，情节较重的，给予警告、记过或者记大过处分；致人重伤、死亡或者造成重大经济损失的，给予降级、撤职或者开除处分。

违反车辆使用管理规定，造成车辆丢失或者严重损坏的，给予记过以上处分。

9. 严重违反社会主义道德的行为

遇到国家财产和人民群众生命、财产受到严重威胁时，能救而不救，情节较重的，给予警告、记过或者记大过处分；情节严重的，给予降级、撤职或者开除处分。

与他人通奸，造成不良影响的，给予警告、记过或者记大过处分；造成严重后果或者恶劣影响的，给予降级、撤职或者开除处分。

与案件当事人及其亲属发生两性关系的，从重处分。

重婚或者包养情妇（夫）的，给予开除处分。

拒不承担抚养、教育义务或者赡养义务，情节较重的，给予警告或者记过处分；情节严重的，给予记大过、降级或者撤职处分。

虐待家庭成员情节较重或者遗弃家庭成员的，给予降级或者撤职处分；情节严重的，给予开除处分。

诬告陷害他人的，给予警告、记过或者记大过处分；情节较重的，给予降级或者撤职处分；情节严重的，给予开除处分。

侮辱、诽谤他人的，依照前述规定处理。

有其他严重违反社会主义道德的行为，情节较重的，给予警告、记过或者记大过处分；情节严重的，给予降级、撤职或者开除处分。

10. 妨碍社会管理秩序的行为

进行色情活动的，给予记大过或者降级处分；情节严重的，给予撤职或者开除处分。

嫖娼、卖淫，或者组织、强迫、介绍、教唆、引诱、容留他人嫖娼、卖淫，或者故意为嫖娼、卖淫提供方便条件的，给予开除处分。

制作、复制、出售、出租、传播淫秽影视书画或者其他淫秽物品，情节较轻的，给予记过或者记大过处分；情节较重的，给予降级或者撤职处分；情节严重的，给予开除处分。

观看淫秽影视书画，情节较重的，给予警告、记过或者记大过处分；情节严重的，给予降级或者撤职处分。

观看淫秽表演的，给予降级或者撤职处分；情节严重的，给予开除处分。

进行淫乱活动的，给予降级或者撤职处分；情节严重的，给予开除处分。

调戏、猥亵妇女的，给予记过或者记大过处分；造成严重后果或者恶劣影响的，给予降级、撤职或者开除处分。

以营利为目的聚众赌博的，给予开除处分。

参与赌博或者为赌博提供场所的，给予警告、记过或者记大过处分；情节较重的，给予降级或者撤职处分；情节严重的，给予开除处分。

走私、贩卖、运输、制造毒品，或者违反有关规定种植毒品原植物的，给予开除处分。

违反有关规定吸食、注射毒品或者其他违禁品的，给予记大过或者降级处分；情节严重的，给予撤职或者开除处分。

寻衅滋事，打架斗殴，情节较轻的，给予警告、记过或者记大过处分；情节较重的，给予降级或者撤职处分；情节严重的，给予开除处分。

伪造、变造或者买卖、使用伪造的公文、证件、印章，情节较轻的，给予记过或者记大过处分；情节较重的，给予降级或者撤职处分；情节严重的，给予开除处分。

伪造、变造或者买卖、使用伪造的学历、文凭的，依照前述规定处理。

违反人口与计划生育法律、法规超计划生育的，给予记过或者记大过处分；情节较重的，给予降级或者撤职处分；情节严重的，给予开除处分。

有其他妨碍社会管理秩序的行为，情节较重的，给予警告、记过或者记大过处分；情节严重的，给予降级、撤职或者开除处分。

本章思考题

1. 检察官职业道德的基本要求是什么？

2. 对检察官的纪律处分有哪些形式？

第十七章
公证员职业行为法

第一节 公证员职业行为法概述

一、公证员职业行为法的概念和特征
二、公证员职业行为法的渊源

第二节 公证员职业行为法

一、依法独立行使公证职能
二、忠于事实、忠于法律
三、严格执行回避制度
四、保守职业秘密
五、注重礼仪
六、依法接受和拒绝公证申请
七、严格约束业外活动
八、与同行的关系
九、维护公证职业适正性
十、接受监督和管理

第三节 公证职业责任

第一节 公证员职业行为法概述

一、公证员职业行为法的概念和特征

公证员职业行为法，是指公证员及其辅助人员和公证机构在与其职业身份有关的活动中应当遵守的行为规范的总称。公证员职业行为法具有以下特征：

首先，公证员职业行为法的适用对象，是公证员及其辅助人员和公证机构。例如，中国公证员协会 2002 年《公证员职业道德基本准则》第 29 条规定："公证员助理和公证机构其他从业人员，参照执行本准则的有关规定。"中国公证员协会 2003 年《公证行业自律公约》第 7 条规定："本公约所称公证人员，是指在公证处内从事公证业务的公证员、助理公证员、公证辅助人员。"司法部 2006 年《公证程序规则》第 6 条规定："公证机构和公证员办理公证，不得有《公证法》第十三条、第二十三条禁止的行为。"

"公证机构的其他工作人员以及依据本规则接触到公证业务的相关人员，不得泄露在参与公证业务活动中知悉的国家秘密、商业秘密或者个人隐私。"

其次，公证员职业行为法所调整的公证员及其辅助人员与职业身份有关的活动包括业内活动和业外活动两个方面。这些人员的业内活动与法律职业活动有着直接关系，毫无疑问是公证员职业行为法所调整的主要内容。但是，他们的业外活动与其业内活动是不能截然分开的，同样可能使得人们对其履行其职务的能力和品格产生怀疑，会造成其难以履行职务的情况。因此，这些人员的业外活动也是公证员职业行为法所调整的对象。①

二、公证员职业行为法的渊源

2005 年《公证法》第 4 条第 2 款规定："公证协会是公证业的自律性组织，依据章程开展活动，对公证机构、公证员的执业活动进行监督。"第 5 条规定："司法行政部门依照本法规定对公证机构、公证员和公证协会进行监督、指导。"可见，我国在公证行业的管理上，也实行的是两结合的管理体制。因此，除了 2005 年《公证法》外，我国公证员职业行为法的渊源，主要是司法行政机关和中国公证员协会的规定。具体而言，这些渊源包括：2005 年《公证法》、司法部 2006 年《公证机构执业管理办法》，司法部 2006 年《公证员执业管理办法》，司法部 2006 年《公证程序规则》，中国公证员协会 2011 年《公证员职业道德基本准则》，中国公证员协会 2003 年《公证行业自律公约》，等等。

第二节 公证员职业行为法

一、依法独立行使公证职能

2005 年《公证法》第 6 条明确规定，公证机构是依法设立，不以营利为目的，依法独立行使公证职能、承担民事责任的证明机构。这表明公证机构是国家专门依法设立的证明机构，独立行使证明权，依法履行公证职责。公证机构依法独立行使公证职能是保证公证机构实现其公证职能的需要。公证机构依法认定民事法律行为、有法律意义的事实和文书是否具备真实性、合法性，这关系到当事人的切身利益。只有保证了公证活动具有独立性，才能避免其他机关、组织、团体和个人的非法干预，维护公证秩序，保证公证活动的公正性，维护公证机构的权威和当事人的合法权益。

公证活动依法保持独立的核心，是公证机构依法独立行使公证职能。司法部 2006 年《公证程序规则》第 3 条规定："公证机构依法独立行使公证职能，独立承担民事责任，任何单位、个人不得非法干预，其合法权益不受侵犯。"当然，公证机构独立行使公证职能并不意味着公证机构不受法律的约束。《公证法》在授权公证机构独立行使公证职能的同时，也通过一系列的制度和责任设计来约束公证机构的公证活动，确保公

① 例如，中国公证员协会 2011 年《公证员职业道德基本准则》第三部分"加强修养提高素质"主要规定的就是公证人员的业外行为。

证机构能够在法律的框架内进行公证活动，独立行使公证职能。司法部 2006 年《公证程序规则》第 2 条明确规定："公证机构办理公证，应当遵守法律，坚持客观、公正的原则，遵守公证执业规范和执业纪律。"

依法独立行使公证职能不仅是对公证机构的要求，也是对公证员的要求，公证员在执业过程中，应当独立思考，自主判断，敢于坚持正确的意见。

二、忠于事实、忠于法律

公证是公证机构根据自然人、法人或者其他组织的申请，依照法定程序对民事法律行为、有法律意义的事实和文书的真实性、合法性予以证明的活动。2005 年《公证法》第 3 条规定："公证机构办理公证，应当遵守法律，坚持客观、公正的原则。"公证员应当忠于事实和法律，是指要坚持以事实为根据、以法律为准绳，按照真实、合法的原则和法定的程序办理公证事务。公证之所以具有特殊的证明效力，就在于它在主体、程序等方面为忠于事实、忠于法律提供了特别的保障。中国公证员协会 2011 年《公证员职业道德基本准则》第 1 条规定："公证员应当忠于宪法和法律，自觉践行社会主义法治理念。"第 3 条规定："公证员应当依法办理公证事项，恪守客观、公正的原则，做到以事实为依据、法律为准绳。"第 6 条规定："公证员在履行职责时，对发现的违法、违规或违反社会公德的行为，应当按照法律规定的权限，积极采取措施予以纠正、制止。"因此，忠于事实、忠于法律是公证的重要规则之一。

三、严格执行回避制度

回避原则，是指公证员不能为本人及近亲属办理公证，或者办理与本人及近亲属有利害关系的公证。坚持和严格执行回避制度，可以防止公证员对公证事项先入为主、枉法公证，有利于保证公证事务得到公正处理；可以避免当事人以及其他人员对公证事项产生怀疑和非议，维护公证机构的公信力。2005 年《公证法》第 23 条第 3 项明确规定，公证员不得"为本人及近亲属办理公证或者办理与本人及近亲属有利害关系的公证"。第 41 条就"为本人及近亲属办理公证或者办理与本人及近亲属有利害关系的公证"的行为规定了处罚措施；司法部 2006 年《公证程序规则》第 23 条也规定，当事人要求该公证员回避，经查属于《公证法》第 23 条第 3 项规定应当回避情形的，公证机构应当改派其他公证员承办。中国公证员协会 2011 年《公证员职业道德基本准则》第 4 条也规定："公证员应当自觉遵守法定回避制度，不得为本人及近亲属办理公证或者办理与本人及近亲属有利害关系的公证。"

一些更为具体的业务规则也对回避等事项作了更为具体的规定。例如，司法部 2004 年《开奖公证细则（试行）》第 18 条规定："承办开奖公证的公证处及公证人员不得以任何方式与主办单位串通，损害社会公众利益；不得购买或者收受本次有奖活动的彩票、奖票或者设奖物品。"

四、保守职业秘密

保守职业秘密，是指公证机构及其工作人员，以及其他因公证需要而接触公证事务的人，对于其在公证活动中所接触到的国家秘密、商业秘密或者个人隐私，负有保守秘密的义务。司法部 2006 年《公证程序规则》第 6 条第 2 项规定，“公证机构的其他工作人员以及依据本规则接触到公证业务的相关人员，不得泄露在参与公证业务活动中知悉的国家秘密、商业秘密或者个人隐私。”中国公证员协会 2011 年《公证员职业道德基本准则》第 5 条规定：“公证员应当自觉履行执业保密义务，不得泄露在执业中知悉的国家秘密、商业秘密或个人隐私，更不能利用知悉的秘密为自己或他人谋取利益。”

在公证实践中，保守职业保密原则应当做到以下几个方面：（1）公证机构对参加办理公证事务的人要严格加以控制，以必须参与为原则。（2）公证员不仅要对接受委托办理的公证事项保守秘密，也要对拒绝办理公证事项的情况保守秘密。（3）公证员不仅要对公证事项本身保守秘密，而且要对当事人申请公证的动机、目的、作用、后果及实现的方式方法等保守秘密。（4）对于办理公证的有关档案材料，要按照保密要求加以保管，未经法定程序，不得查阅和复制。例如，司法部 2000 年《遗嘱公证细则》第 21 条规定：“遗嘱公证卷应当列为密卷保存。遗嘱人死亡后，转为普通卷保存。”“公证遗嘱生效前，遗嘱卷宗不得对外借阅，公证人员也不得对外透露遗嘱内容。”（5）公证员不仅应当保守公证秘密，而且不得利用知悉的秘密为自己或他人谋取利益。

五、注重礼仪

如前所述，礼仪是一个职业的文化符号之一，职业礼仪应当有助于促进职业形象和社会对该职业的尊重。中国公证员协会 2011 年《公证员职业道德基本准则》第 11 条规定：“公证员应当注重礼仪，做到着装规范、举止文明，维护职业形象。”“现场宣读公证词时，应当语言规范、吐字清晰，避免使用可能引起他人反感的语言表达方式。”司法部 2004 年《开奖公证细则（试行）》第 13 条也规定：“办理开奖公证，公证人员应当着公证制服，注重形象，举止文明。”

六、依法接受和拒绝公证申请

公证员在依法接受和拒绝公证申请方面，应当遵守以下要求。

1. 依法告知

公证机构在接受公证申请时，应当依法进行告知。2005 年《公证法》第 27 条规定：“申请办理公证的当事人应当向公证机构如实说明申请公证事项的有关情况，提供真实、合法、充分的证明材料；提供的证明材料不充分的，公证机构可以要求补充。”“公证机构受理公证申请后，应当告知当事人申请公证事项的法律意义和可能产生的法律后果，并将告知内容记录存档。”这种告知，一方面是对申请人的知情权的尊重，另一方面也有助于预防公证纠纷、避免公证责任风险。公证人员在进行告知时，应当注意方式、方法。中国公证员协会 2011 年《公证员职业道德基本准则》第 8 条规定：“公证员在履行职责时，应当告知当事人、代理人和参与人的权利与义务，并就权利和义务的真实意思和可能产生的法律后果作出明确解释，避免形式上的简单告知。”

2. 依法审查

2005年《公证法》第28条规定："公证机构办理公证，应当根据不同公证事项的办证规则，分别审查下列事项：（一）当事人的身份、申请办理该项公证的资格以及相应的权利；（二）提供的文书内容是否完备，含义是否清晰，签名、印鉴是否齐全；（三）提供的证明材料是否真实、合法、充分；（四）申请公证的事项是否真实、合法。"公证机构对于申请公证的事项以及当事人提供的证明材料，按照有关办证规则需要核实或者对其有疑义的，应当进行核实，或者委托异地公证机构代为核实，有关单位或者个人应当依法予以协助。公证机构经审查，认为申请提供的证明材料真实、合法、充分，申请公证的事项真实、合法的，应当自受理公证申请之日起15个工作日内向当事人出具公证书。但是，因不可抗力、补充证明材料或者需要核实有关情况的，所需时间不计算在期限内。

3. 不予办理公证的情形

2005年《公证法》第31条规定："有下列情形之一的，公证机构不予办理公证：（一）无民事行为能力人或者限制民事行为能力人没有监护人代理申请办理公证的；（二）当事人与申请公证的事项没有利害关系的；（三）申请公证的事项属专业技术鉴定、评估事项的；（四）当事人之间对申请公证的事项有争议的；（五）当事人虚构、隐瞒事实，或者提供虚假证明材料的；（六）当事人提供的证明材料不充分或者拒绝补充证明材料的；（七）申请公证的事项不真实、不合法的；（八）申请公证的事项违背社会公德的；（九）当事人拒绝按照规定支付公证费的。"

七、严格约束业外活动

公证员作为法律职业人员，其业外活动也受到严格的约束，以维护公证的公信力。从我国目前的规定来看，主要涉及以下要求。

1. 不得从事有报酬的其他职业

2005年《公证法》第23条规定，公证员不得"从事有报酬的其他职业"。司法部2006年《公证员执业管理办法》第23条规定，公证员应当依法履行公证职责，不得"从事有报酬的其他职业"。中国公证员协会2011年《公证员职业道德基本准则》第20条规定："公证员应当树立廉洁自律意识，遵守职业道德和执业纪律，不得从事有报酬的其他职业和与公证员职务、身份不相符的活动。"

公证员之所以不得从事有报酬的其他职责，一是为了防止因涉入其他事务而增加公证员因利益冲突而不能履行职业的可能性；二是为了保证公证员能够专注于公证事务，保证公证的质量。

2. 不得滥用公证员的身份和职务

中国公证员协会2011年《公证员职业道德基本准则》第21条规定："公证员应当妥善处理个人事务，不得利用公证员的身份和职务为自己、亲属或他人谋取利益。"公证员滥用公证员身份和职务，将损害公证员的守法形象和可信性，进而损害公证活动的公信力。

八、与同行的关系

公证员与同行的关系涉及两方面的问题。

1. 尊重同行

尊重同行是公证员对公证职业所负有的责任之一。一个同业互助、彼此尊重的行业，才能树立良好的职业形象，才能够具有可信性，才能保证公证的公信力。尊重同行的要求表现在两个方面：一是积极的要求。中国公证员协会 2011 年《公证员职业道德基本准则》第 23 条规定："公证员应当相互尊重，与同行保持良好的合作关系，公平竞争，同业互助，共谋发展。"中国公证员协会 2003 年《公证行业自律公约》第 5 条规定："公证处、公证人员应当时刻维护行业利益和行业形象，密切合作，相互尊重，同业互助，共谋发展。"二是消极的要求。中国公证员协会 2011 年《公证员职业道德基本准则》第 13 条规定："公证员不得利用媒体或采用其他方式，对正在办理或已办结的公证事项发表不当评论，更不得发表有损公证严肃性和权威性的言论。"

2. 公平竞争

2005 年《公证法》第 7 条规定："公证机构按照统筹规划、合理布局的原则，可以在县、不设区的市、设区的市、直辖市或者市辖区设立；在设区的市、直辖市可以设立一个或者若干个公证机构。公证机构不按行政区划层层设立。"这一规定的目的，是保证公证机构之间的适度竞争。过度的竞争不仅会损害公证职业形象，也会严重损害公证的质量，因此，保证有序竞争是公证职业行为法的重要内容之一。中国公证员协会 2011 年《公证员职业道德基本准则》第 25 条规定："公证员不得从事以下不正当竞争行为：（一）利用媒体或其他手段炫耀自己，贬损他人，排斥同行，为自己招揽业务；（二）以支付介绍费、给予回扣、许诺提供利益等方式承揽业务；（三）利用与行政机关、社会团体的特殊关系进行业务垄断；（四）其他不正当竞争行为。"此外，中国公证员协会 2003 年《公证行业自律公约》第 6 条规定："公证处、公证人员在办理公证时不得为下列不当行为：（一）利用媒体或者其他方式进行夸大、虚假宣传，误导当事人；（二）利用职务之便谋取不当利益；（三）在名片上印有曾经担任过的行政职务、荣誉职务、专业技术职务或者其他头衔；（四）采用不正当方式垄断公证业务；（五）故意诋毁、贬损其他公证处或者公证人员的声誉；（六）干扰其他公证处或者公证人员正常的公证业务；（七）给付或者承诺给付回扣或者其他利益；（八）公证处未经有管理权限的司法行政部门同意，擅自设立办事机构或者分支机构。"

九、维护公证职业适正性

公证职业所具有的专业性，意味着非公证职业人员对公证活动的监督存在一定的难度，因此，必须依靠公证职业本身来加强对公证活动的监督。中国公证员协会 2011 年《公证员职业道德基本准则》第 12 条规定："公证员如果发现已生效的公证文书存在问题或其他公证员有违法、违规行为，应当及时向有关部门反映。"根据该规定，这种维护公证职业适正性的职责，是一种强制性的职责。

十、接受监督和管理

2005 年《公证法》第 4 条第 2 款规定："公证协会是公证业的自律性组织，依据章程开展活动，对公证机构、公证员的执业活动进行监督。"第 5 条规定："司法行政部门依照本法规定对公证机构、公证员和公证协会进行监督、指导。"可见，我国在公证行业的管理上，也实行的是两结合的管理体制，公证机构和公证员应当依法接受司法行政部门和公证协会的监督和管理。

第三节　公证职业责任

公证职业责任，是指公证机构和公证员因职业行为而应当承担的责任。根据 2005 年《公证法》，公证机构和公证员的职业责任主要是行政责任和民事责任。

（一）公证行政责任

2005 年《公证法》第 41 条规定：公证机构及其公证员有下列行为之一的，由省、自治区、直辖市或者设区的市人民政府司法行政部门给予警告；情节严重的，对公证机构处 1 万元以上、5 万元以下罚款，对公证员处 1 000 元以上、5 000 元以下罚款，并可以给予 3 个月以上、6 个月以下停止执业的处罚；有违法所得的，没收违法所得：（1）以诋毁其他公证机构、公证员或者支付回扣、佣金等不正当手段争揽公证业务的；（2）违反规定的收费标准收取公证费的；（3）同时在两个以上公证机构执业的；（4）从事有报酬的其他职业的；（5）为本人及近亲属办理公证或者办理与本人及近亲属有利害关系的公证的；（6）依照法律、行政法规的规定，应当给予处罚的其他行为。

2005 年《公证法》第 42 条规定：公证机构及其公证员有下列行为之一的，由省、自治区、直辖市或者设区的市人民政府司法行政部门对公证机构给予警告，并处 2 万元以上、10 万元以下罚款，并可以给予 1 个月以上、3 个月以下停业整顿的处罚；对公证员给予警告，并处 2 000 元以上、1 万元以下罚款，并可以给予 3 个月以上、12 个月以下停止执业的处罚；有违法所得的，没收违法所得；情节严重的，由省、自治区、直辖市人民政府司法行政部门吊销公证员执业证书；构成犯罪的，依法追究刑事责任：（1）私自出具公证书的；（2）为不真实、不合法的事项出具公证书的；（3）侵占、挪用公证费或者侵占、盗窃公证专用物品的；（4）毁损、篡改公证文书或者公证档案的；（5）泄露在执业活动中知悉的国家秘密、商业秘密或者个人隐私的；（6）依照法律、行政法规的规定，应当给予处罚的其他行为。

因故意犯罪或者职务过失犯罪受刑事处罚的，应当吊销公证员执业证书。

（二）公证民事责任

2005 年《公证法》第 43 条规定："公证机构及其公证员因过错给当事人、公证事项的利害关系人造成损失的，由公证机构承担相应的赔偿责任；公证机构赔偿后，可以向有故意或者重大过失的公证员追偿。"公证机构依法独立承担民事责任，是法律对公证管理体制改革取得的成果的确认。根据该规定，公证民事责任的承担主体是公证机构。2005 年《公证法》第 15 条规定："公证机构应当参加公证执业责任保险。"公证机构参加公证执业责任保险，有利于保护当事人的求偿权，有利于减轻公证机构的执业风险。

本章思考题

1. 公证员职业行为法有哪些主要内容?
2. 公证职业责任有哪些?

第十八章

司法鉴定职业行为法

第一节　司法鉴定职业行为法概述

一、司法鉴定职业行为法的概念和特征

二、司法鉴定职业行为法的渊源

三、司法鉴定职业行为法的作用

第二节　司法鉴定职业行为法

一、执业前提

二、委托关系的建立与终止

三、回避

四、保密

五、鉴定材料保管

六、可复审性

七、及时性

八、出庭

九、司法鉴定人之间的关系

十、接受监督和管理

第三节　司法鉴定职业责任

第一节　司法鉴定职业行为法概述

一、司法鉴定职业行为法的概念和特征

司法鉴定职业行为法，是指司法鉴定人员及其所属机构在与其职业身份有关的活动中应当遵守的行为规范的总称。司法鉴定职业行为法具有以下特征：

首先，尽管司法鉴定是以鉴定人的专家意见的形式表达出来的，但是司法鉴定人必须在司法鉴定机构执业。司法鉴定机构要依法对司法鉴定人进行监督和管理，并且司法鉴定机构开展业务也必须达到一定的要求。因此，司法鉴定职业行为法，既包含对司法鉴定人员的要求，也包含对司法鉴定机构的要求。

其次，由于司法鉴定是科学与法律的交汇，司法鉴定职业行为法既要反映科学的要求，也要反映法律的要求。与此同时，还要对科学要求与法律要求之间的冲突加以调整。

最后，司法鉴定职业行为法既适用于司法鉴定人员的业内行为，也适用于司法鉴定人员业外与其职业身份有关的行为。司法鉴定人员的业外行为，应当有助于维护司法鉴定的形象和公信力。[①]

二、司法鉴定职业行为法的渊源

司法鉴定制度是我国司法制度的重要组成部分，是实施法律的重要保障，也是实现司法公正、提高司法效率、保证司法独立和树立司法权威的重要基础之一。1979 年《刑事诉讼法》对刑事诉讼中的鉴定工作进行了原则性的规定。[②] 此后，适应实践的需要，公、检、法司机关内部的鉴定机构得到了发展。此外，还出现了面向社会服务的司法鉴定机构。

1980 年 5 月 1 日，为了贯彻 1979 年《刑事诉讼法》有关刑事案件勘验、检查、鉴定的规定，准确、及时地进行刑事技术鉴定，以揭露犯罪，打击犯罪分子，保护公民权利，公安部制定了《刑事技术鉴定规则》。1998 年国务院"三定"方案赋予司法部"指导面向社会司法鉴定工作"的职能。为规范面向社会服务的司法鉴定活动，保证司法鉴定质量，实现司法鉴定的科学、客观、独立、公正，保障司法与仲裁活动的顺利进行，司法部于 2001 年 8 月制定了《司法鉴定程序通则（试行）》。为了规范人民法院司法鉴定工作，2001 年 11 月，最高人民法院制定了《人民法院司法鉴定工作暂行规定》。从上述规定的内容来看，对鉴定人的回避[③]、保密[④]、鉴定材料的保管与处理[⑤]等涉及司法鉴定职业行为法的事项作了初步规定。

上述分散的司法鉴定体制，在解决了大量实践问题的同时，也造成了突出矛盾和问题，与日益推进的诉讼制度、审判方式改革的要求明显不相适应。司法鉴定体制改革严重滞后，其弊端日益凸显。这些问题主要是：（1）司法鉴定机构的重复设置、分散管理，造成鉴定资源巨大浪费。（2）司法职能、行政职能与鉴定职能不分，"自侦自鉴"、"自诉自鉴"、"自审自鉴"问题突出。鉴定具有很大的依附性和从属性，导致鉴定的中立属性和鉴定机构的独立地位受到损害，鉴定意见的公信力差。（3）司法鉴定

---

① 例如，湖南省司法厅 2007 年《湖南省司法鉴定人职业道德和执业规范（试行）》第 14 条规定："司法鉴定人在处理相互之间关系方面应遵守以下规范：（一）不得利用新闻媒体或其他手段炫耀自己，贬损他人的业务能力和执业声誉；（二）不得通过非正常程序或在不适当场合，对他人正在办理的鉴定事项发表不同的意见；（三）不得采用回扣、介绍费、压价等不正当手段，争揽鉴定业务；（四）不得利用国家机关、社会团体以及经济组织的关系进行业务垄断。"

② 参见 1979 年《刑事诉讼法》第 88 条至第 90 条。

③ 参见公安部 1980 年《刑事技术鉴定规则》第 4 条，司法部 2001 年《司法鉴定程序通则（试行）》第二章，最高人民法院 2001 年《人民法院司法鉴定工作暂行规定》第 9 条。

④ 参见公安部 1980 年《刑事技术鉴定规则》第 6 条，司法部 2001 年《司法鉴定程序通则（试行）》第 11 条，最高人民法院 2001 年《人民法院司法鉴定工作暂行规定》第 8 条。

⑤ 参见公安部 1980 年《刑事技术鉴定规则》第 6 条、第 9 条、第 13 条，司法部 2001 年《司法鉴定程序通则（试行）》第 29 条，最高人民法院 2001 年《人民法院司法鉴定工作暂行规定》第 17 条。

规范化、法制化建设程度不高，管理混乱，缺乏有效的制度保障。[①] 2004年12月，中共中央转发了《中央司法体制改革领导小组关于司法体制和工作机制改革的初步意见》，明确提出了实现审判活动与鉴定管理活动相分离、鉴定管理活动与鉴定实施活动相分离的基本原则，确立了统一的司法鉴定管理体制的基础框架。2005年2月，全国人大常委会通过了《关于司法鉴定管理问题的决定》，以期加强对鉴定人和鉴定机构的管理，适应司法机关和公民、组织进行诉讼的需要，保障诉讼活动的顺利进行。该决定第5条明确规定，国务院司法行政部门主管全国鉴定人和鉴定机构的登记管理工作。省级人民政府司法行政部门依照该决定的规定，负责对鉴定人和鉴定机构的登记、名册编制和公告。但是由于各种原因，这一改革的目标并没有完全实现。

在全国人大常委会2005年《关于司法鉴定管理问题的决定》实施后，司法部于2005年制定了《司法鉴定人登记管理办法》、《司法鉴定机构登记管理办法》。为了规范人民检察院鉴定工作，最高人民检察院于2006年11月制定了《人民检察院鉴定规则（试行）》。为了规范司法鉴定机构和司法鉴定人的司法鉴定活动，保障司法鉴定质量，保障诉讼活动的顺利进行，司法部于2007年7月制定了《司法鉴定程序通则》。2009年12月司法部又印发了《司法鉴定职业道德基本规范》，其主要要求是："崇尚法治，尊重科学；服务大局，执业为民；客观公正，探真求实；严谨规范，讲求效率；廉洁自律，诚信敬业；相互尊重，持续发展。"2009年，国家发展和改革委员会、司法部印发了《司法鉴定收费管理办法》。此外，一些地方也制定了相应的司法鉴定职业行为法。例如，2007年9月29日湖南省司法厅制定了《湖南省司法鉴定人职业道德和执业规范（试行）》，在司法鉴定人员在与委托人及当事人的关系、与同事的关系、收费等方面进行了规定。这些规定是我国司法鉴定职业行为法的现行渊源。

三、司法鉴定职业行为法的作用

从司法鉴定职业行为法调整的内容来看，一般涉及司法鉴定人员和鉴定机构的执业前提，委托关系的建立、维持与终止，保密、司法鉴定实施的原则与程序、出庭、同行与上下级关系、与公众关系、与行业组织的关系等内容，涵盖司法鉴定活动的各个方面。从司法鉴定职业行为法的依据来看，既有科学的要求，也有法律的要求。司法鉴定是科学与法律的交汇，因此，司法鉴定职业行为法既要反映科学的要求，也要反映法律的要求。司法鉴定是对自然科学规律的运用，司法鉴定是经社会（规则）筛选后，对自然规则的选择性运用。从本质上来说，司法鉴定活动是鉴定人个体对案件中的专门性问题的一种认知和判断，是鉴定人先对案件中的专门性问题进行感知，并依据其所拥有的科学理论和知识进行分析，有时还会借助相关的科学仪器和设备，采取科学实验的方法进行分析，在这些专门性问题所表现出来的直接征象和通过仪器探测、实验方法解析得到的间接征象的基础上，运用科学理论和知识加以判断。必要时，鉴定人还会在此基础上进行逻辑推理，从而得出可供司法活动使用的鉴定结论（意见）。因此，以科学技术手段核实证据的活动，应当是司法鉴定的本质特征。因此，司法鉴定行为规则应当体现科学的要求。"科学方法要求科学工作者使用有效的方法进行

① 参见刘飏：《论司法鉴定制度的改革与创新》，载《中国司法鉴定》，2001（3）。

观察，并使用这些观察作为其意见的基础。科学方法的关键是，科学工作者的结论能为其他科学工作者所验证。这要求科学工作者的意见背后的方法和过程，要能受到其他科学工作者的审查。在为科学领域工作者制定职业道德守则时，有必要考虑如何反映那些被认为对其工作的科学性至关重要的特点。”而科学研究的重要方法，就是同行评议。同行评议的重要前提之一，是保证研究的可复审性。司法鉴定行为规则应当对此予以体现。“刑事技术人员的道德守则经常包括这样的要求，即刑事技术人员的工作具有可复审性。这通常也是一个法律要求。这一要求源于科学方法的概念，实际上是要求科学调查人员对假设提供实验验证。科学工作者并不仅仅是断言某事物是真的，他或者她必须提供过程和信息，以便其他观察者能够独立验证其命题的真实性。”①

司法鉴定职业行为规则也要反映法律的要求。司法鉴定是为司法活动服务的。法律制度中的纠纷解决方式的根本特征，是在有限的时间框架内获得一个权威、终局、公正和社会接受的纠纷解决方案。中立性规则、利益冲突规则、反对附条件收费规则、出庭规则等，在本质上是对司法鉴定活动的法律性要求。

然而，科学的要求和法律的要求往往存在不一致性。与科学为发现客观真实可反复无穷试错、纠错，采用各种手段无穷探究相比，法律不可能为发现客观真实而无限探究、反复纠错、不择手段地探究，纠纷和争端必须在一定时间内终局性地解决。因此，司法鉴定技术必须符合可靠性的要求。就科学的本性和精神而言，科学应是求真求实，只问是非。而法律活动则有自己的价值判断，包括个人人身自由、隐私在内的价值都是法律追求和保护的目标。因此，司法鉴定行为规则中还有一类规则，如可靠性规则，则要解决科学要求与法律要求之间的冲突。

司法鉴定职业行为法应当适应技术和法律的发展，反映时代的要求。现代科学技术的发展，为司法鉴定活动提供了更多的仪器设备和科学方法，也带来了更为复杂的操作实施问题。相应地，司法鉴定职业行为法对技术实施程序，有了越来越多的调整内容。例如，《美国法证科学道德守则范本》明确规定了程序问题，对方法和资料、取样、设备、设施和环境、验正和审查等问题都进行了规定。② 与以往的司法鉴定职业行为法相比，其对司法鉴定程序有效性的关注是空前的。

司法鉴定职业行为法作为司法鉴定程序要求的重要载体，在保证司法鉴定活动合乎科学与法律的要求方面，必然要发挥重要作用。

2010 年 5 月，最高人民法院、最高人民检察院、公安部、国家安全部、司法部联

---

① ［美］彼得·巴尼特：《法证科学职业道德：刑事技术职业标准》，王进喜译，39～40 页，北京，中国法制出版社，2013。

② 《美国法证科学道德守则范本》的中文译本，可参见http：//lawyering. fyfz. cn/art/604231. htm，访问时间：2011－05－01。美国国家科学院国家研究委员会在 2009 年发布的《美国法庭科学的加强之路》(*Strengthening Forensic Science in the United States*：*A Path Forward*）这一报告中发现，许多法证科学组织，例如，美国法证科学学会、中西部法证科学工作者协会、美国犯罪实验室主任协会和全国法医协会，已经制定了道德守则，这些现有的守则，有时是综合性的，但是它们在内容上千差万别，也没有一致的机制来执行现行道德守则，因此，他们建议“国家法证科学研究院，经与其咨询委员会磋商，应当为所有的法证科学学科建立一个全国性的道德守则，并鼓励各个协会将这一全国性守则整合为其职业道德守则的一部分。此外，国家法证科学研究院应当就那些严重违反道德的法庭科学工作者探索执行机制。这样的守则应当通过法证科学工作者认证过程加以执行”（美国国家科学院国家研究委员会：《美国法庭科学的加强之路》，王进喜等译，227 页，北京，中国人民大学出版社，2012)。《美国法证科学道德守则范本》则是对上述建议的呼应。

合宣布了《关于办理死刑案件审查判断证据若干问题的规定》，对司法鉴定程序活动的证据法含义作出了明确规定。该规定第 23 条规定："对鉴定意见应当着重审查以下内容：(一) 鉴定人是否存在应当回避而未回避的情形。(二) 鉴定机构和鉴定人是否具有合法的资质。(三) 鉴定程序是否符合法律及有关规定。(四) 检材的来源、取得、保管、送检是否符合法律及有关规定，与相关提取笔录、扣押物品清单等记载的内容是否相符，检材是否充足、可靠。(五) 鉴定的程序、方法、分析过程是否符合本专业的检验鉴定规程和技术方法要求。(六) 鉴定意见的形式要件是否完备，是否注明提起鉴定的事由、鉴定委托人、鉴定机构、鉴定要求、鉴定过程、检验方法、鉴定文书的日期等相关内容，是否由鉴定机构加盖鉴定专用章并由鉴定人签名盖章。(七) 鉴定意见是否明确。(八) 鉴定意见与案件待证事实有无关联。(九) 鉴定意见与其他证据之间是否有矛盾，鉴定意见与检验笔录及相关照片是否有矛盾。(十) 鉴定意见是否依法及时告知相关人员，当事人对鉴定意见是否有异议。"根据该规定，鉴定意见的提出者应当就上述审查内容提供证据来加以证明。第 24 条规定："鉴定意见具有下列情形之一的，不能作为定案的根据：(一) 鉴定机构不具备法定的资格和条件，或者鉴定事项超出本鉴定机构项目范围或者鉴定能力的；(二) 鉴定人不具备法定的资格和条件、鉴定人不具有相关专业技术或者职称、鉴定人违反回避规定的；(三) 鉴定程序、方法有错误的；(四) 鉴定意见与证明对象没有关联的；(五) 鉴定对象与送检材料、样本不一致的；(六) 送检材料、样本来源不明或者确实被污染且不具备鉴定条件的；(七) 违反有关鉴定特定标准的；(八) 鉴定文书缺少签名、盖章的；(九) 其他违反有关规定的情形。对鉴定意见有疑问的，人民法院应当依法通知鉴定人出庭作证或者由其出具相关说明，也可以依法补充鉴定或者重新鉴定。"

根据上述规定，导致证据不可采的不当司法鉴定程序活动主要可以分为以下几类：

第一，违反执业前提条件或者称职性要求的不当司法鉴定程序活动。这主要包括：鉴定机构不具备法定的资格和条件，或者鉴定事项超出本鉴定机构项目范围或者鉴定能力的情形；鉴定人不具备法定的资格和条件、鉴定人不具有相关专业技术或者职称的情形。

第二，违反中立性要求的不当司法鉴定程序活动。这主要是指鉴定人违反回避规定的情形。

第三，违反科学原则要求的不当司法鉴定程序活动。这主要是指：鉴定程序、方法有错误的情形；鉴定意见与证明对象没有关联的情形；鉴定对象与送检材料、样本不一致的情形；送检材料、样本来源不明或者确实被污染且不具备鉴定条件的情形；违反有关鉴定特定标准的情形。

第四，违反发表意见要求的不当司法鉴定程序活动。这主要是指鉴定文书缺少签名、盖章的情形。

这些不当司法鉴定程序活动，都是司法鉴定职业行为法所要调整的对象。详尽、科学的司法鉴定职业行为法的制定和执行，对于保证鉴定意见的可采性具有重要意义。二者的契合是相关制度构建中不得不加以考虑的问题。

第二节 司法鉴定职业行为法

一、执业前提

执业前提是指司法鉴定人员办理具体案件时在知识、能力、管理背景等方面应当具备的各项条件。司法鉴定人员的执业前提可以进一步区分为司法鉴定人员的称职性、司法鉴定机构的称职性、执业资格等要求。

1. 司法鉴定人员的称职性

(1) 基本要求

全国人大常委会 2005 年《关于司法鉴定管理问题的决定》第 4 条规定:"具备下列条件之一的人员,可以申请登记从事司法鉴定业务:(一)具有与所申请从事的司法鉴定业务相关的高级专业技术职称;(二)具有与所申请从事的司法鉴定业务相关的专业执业资格或者高等院校相关专业本科以上学历,从事相关工作五年以上;(三)具有与所申请从事的司法鉴定业务相关工作十年以上经历,具有较强的专业技能。""因故意犯罪或者职务过失犯罪受过刑事处罚的,受过开除公职处分的,以及被撤销鉴定人登记的人员,不得从事司法鉴定业务。"这些是对司法鉴定人员称职性的基本要求,是司法鉴定人员提供称职的法证科学服务的基本保证。此外,就具体案件确定纷争科学工作者能否提供称职的法律服务时,还应当考虑职业监督、与同行所可能进行的磋商等因素。

(2) 继续教育

为了维持称职性,司法鉴定人员应当掌握其所属领域的最新专业知识和法律发展情况,应当接受岗前培训和参加职业继续教育与学习,努力保持与提高其职业知识与技能。司法部 2005 年《司法鉴定人登记管理办法》第 22 条规定,"参加司法鉴定岗前培训和继续教育",是司法鉴定人应当履行的义务之一。继续教育包括司法鉴定人执业后,为进一步改善知识结构、提高执业能力而进行的学历教育和非学历教育。继续教育的目的是不断提高司法鉴定人的政治素质、业务素质和职业道德素质,实现可持续发展。继续教育的内容主要是司法鉴定的新理论、新知识、新技术、新方法。司法部 2007 年《司法鉴定教育培训规定》第 13 条规定:司法鉴定人参加继续教育,每年不得少于 40 学时。继续教育的每学时为 50 分钟。

(3) 在一个司法鉴定机构执业

全国人大常委会 2005 年《关于司法鉴定管理问题的决定》第 8 条规定:"鉴定人应当在一个鉴定机构中从事司法鉴定业务。"司法部 2005 年《司法鉴定人登记管理办法》第 3 条第 3 款规定:"司法鉴定人应当在一个司法鉴定机构中执业。"

司法鉴定机构是司法鉴定人员的执业机构,司法鉴定人员在司法鉴定机构执业,是有效管理法证科学活动的要求之一。司法鉴定人员只能在一个司法鉴定机构执业,不得同时在两个以上司法鉴定机构执业。这一规定主要是基于两个方面的考虑:1) 便于对司法鉴定人员和司法鉴定活动进行管理;2) 保证司法鉴定机构的独立性。全国人大常委会2005年《关于司法鉴定管理问题的决定》第8条规定：“各鉴定机构之间没有隶属关系；鉴定机构接受委托从事司法鉴定业务，不受地域范围的限制。”维护鉴定机构之间的独立性，重要目的之一就是保证重新鉴定的有效进行。司法部2007年《司法鉴定程序通则》第30条规定：“重新鉴定，应当委托原鉴定机构以外的列入司法鉴定机构名册的其他司法鉴定机构进行；委托人同意的，也可以委托原司法鉴定机构，由其指定原司法鉴定人以外的其他符合条件的司法鉴定人进行。”如果司法鉴定人员同时在两个以上司法鉴定机构执业，则会破坏这种重新鉴定机制。

2. 司法鉴定机构的称职性

（1）业务范围与执业类别

司法鉴定人员是专业知识领域的专家，但其专业性一般只限于其从事的领域，即专家只在此领域作为专家。因此，司法鉴定机构和司法鉴定人应当严格按照登记管理机关所核定的司法鉴定业务范围和司法鉴定执业类别开展司法鉴定活动，不得从事未经登记管理机关核定的司法鉴定业务。司法部2005年《司法鉴定人登记管理办法》第29条规定：“司法鉴定人有下列情形之一的，由省级司法行政机关依法给予警告，并责令其改正：……（二）超出登记的执业类别执业的……”司法部2005年《司法鉴定机构登记管理办法》第39条规定：“司法鉴定机构有下列情形之一的，由省级司法行政机关依法给予警告，并责令其改正：（一）超出登记的司法鉴定业务范围开展司法鉴定活动的……”

（2）认证认可

司法鉴定机构的仪器设备和检验实验室必须具备相应标准的质量控制要求，否则，将会影响鉴定意见的质量和可信性。认证认可是司法鉴定机构质量管理和质量保证的重要手段。司法鉴定机构应当根据认证认可的要求，建立并运行质量管理体系，对影响鉴定质量的所有因素进行全过程、全方位的有效控制和管理，使所有鉴定活动有章可循、有据可查，全面提升司法鉴定机构的技术能力和管理水平，从而确保司法鉴定“行为公正、程序规范、方法科学、数据准确、结论可靠”，为司法活动的顺利进行提供技术保障和专业化服务。2005年全国人大常委会《关于司法鉴定管理问题的决定》第5条明确要求，法人或者其他组织申请从事司法鉴定业务的，应当“有在业务范围内进行司法鉴定所必需的依法通过计量认证或者实验室认可的检测实验室”。2008年司法部、国家认证认可监督管理委员会发布了《关于开展司法鉴定机构认证认可试点工作的通知》，并于次年颁布了《司法鉴定机构资质认定评审准则（试行）》，开始对司法鉴定机构进行认证和认可。2013年1月1日起，《司法鉴定机构资质认定评审准则》正式实施。

3. 执业行为能力

司法鉴定人员和司法鉴定机构在执业时，应当不存在执业行为能力受到限制的情形。所谓执业行为能力未受到限制，是指司法鉴定人员和司法鉴定机构没有受到停止执业处罚或者其执业范围没有依法受到限制，从而就特定法证科学服务享有执业权利的情形。全国人大常委会2005年《关于司法鉴定管理问题的决定》、司法部2005年《司法鉴定人登记管理办法》、司法部2005年《司法鉴定机构登记管理办法》等法律、法规，就司法鉴定人员和司法鉴定机构停止执业或者停止从事司法鉴定业务等事项作了明确规定。司法鉴定机构在被司法行政机关依法给予停止从事司法鉴定业务处罚期间，不得执业。司法鉴定人员在被司法行政机关依法给予停止执业处罚期间，不得执业。

二、委托关系的建立与终止

（一）统一接受委托

全国人大常委会2005年《关于司法鉴定管理问题的决定》第9条第1款规定："鉴定人从事司法鉴定业务，由所在的鉴定机构统一接受委托。"司法部2005年《司法鉴定机构登记管理办法》第8条规定："司法鉴定机构统一接受委托，组织所属的司法鉴定人开展司法鉴定活动，遵守法律、法规和有关制度，执行统一的司法鉴定实施程序、技术标准和技术操作规范。"

由司法鉴定机构统一接受司法鉴定委托，统一收取费用，目的是加强对司法鉴定人员和司法鉴定机构的管理，有助于减少和杜绝司法鉴定人员私自接受委托，损害当事人利益等行为。

司法部2007年《司法鉴定程序通则》对司法鉴定机构接受委托人的程序作出了明确规定。该通则第12条规定："司法鉴定机构接受鉴定委托，应当要求委托人出具鉴定委托书，提供委托人的身份证明，并提供委托鉴定事项所需的鉴定材料。委托人委托他人代理的，应当要求出具委托书。""鉴定委托书应当载明委托人的名称或者姓名、拟委托的司法鉴定机构的名称、委托鉴定的事项、鉴定事项的用途以及鉴定要求等内容。""委托鉴定事项属于重新鉴定的，应当在委托书中注明。"第14条规定："司法鉴定机构收到委托，应当对委托的鉴定事项进行审查，对属于本机构司法鉴定业务范围，委托鉴定事项的用途及鉴定要求合法，提供的鉴定材料真实、完整、充分的鉴定委托，应当予以受理。""对提供的鉴定材料不完整、不充分的，司法鉴定机构可以要求委托人补充；委托人补充齐全的，可以受理。"第17条规定："司法鉴定机构决定受理鉴定委托的，应当与委托人在协商一致的基础上签订司法鉴定协议书。""司法鉴定协议书应当载明下列事项：（一）委托人和司法鉴定机构的基本情况；（二）委托鉴定的事项及用途；（三）委托鉴定的要求；（四）委托鉴定事项涉及的案件的简要情况；（五）委托人提供的鉴定材料的目录和数量；（六）鉴定过程中双方的权利、义务；（七）鉴定费用及收取方式；（八）其他需要载明的事项。""因鉴定需要耗尽或者可能损坏检材的，或者在鉴定完成后无法完整退还检材的，应当事先向委托人讲明，征得其同意或者认可，并在协议书中载明。""在进行司法鉴定过程中需要变更协议书内容的，应当由协议双方协商确定。"

（二）依法收费

司法鉴定收费是指司法鉴定机构依法接受委托，在诉讼活动中运用科学技术或者专门知识对诉讼涉及的专门性问题进行鉴别和判断并提供鉴定意见，由司法鉴定机构向委托人收取服务费用的行为。① 司法部2007年《司法鉴定程序通则》第8条规定："司法鉴定机构应当统一收取司法鉴定费用，收费的项目和标准执行国家的有关规定。"

① 国家发展和改革委员会、司法部2009年《司法鉴定收费管理办法》第2条。

为贯彻落实全国人大常委会2005年《关于司法鉴定管理问题的决定》精神，规范司法鉴定收费行为，维护委托人和司法鉴定机构的合法权益，国家发展和改革委员会、司法部于2009年制定了《司法鉴定收费管理办法》。该办法规定：司法鉴定收费应当遵循公开公平、诚实信用、平等有偿和委托人付费的原则。司法鉴定收费标准，应当按照有利于司法鉴定事业可持续发展和兼顾社会承受能力的原则制定。国务院价格主管部门会同同级司法行政部门负责制定司法鉴定收费管理办法以及法医、物证、声像资料类司法鉴定收费项目和收费标准的基准价［《司法鉴定收费项目和收费标准基准价（试行）》］。省级价格主管部门会同同级司法行政部门结合当地实际情况，参照法医、物证、声像资料类司法鉴定收费标准基准价制定具体收费标准，或者在法医、物证、声像资料类司法鉴定收费标准基准价的基础上制定浮动幅度。在《司法鉴定收费项目和收费标准基准价（试行）》以外，新增的法医、物证、声像资料类司法鉴定收费项目和收费标准，由省级价格主管部门会同同级司法行政部门制定；国务院价格主管部门会同同级司法行政部门根据各地新增收费项目和收费标准的情况，适时制定全国统一的司法鉴定收费项目和收费标准基准价。法医、物证、声像资料类以外的司法鉴定收费，由省级价格主管部门会同同级司法行政部门根据当地实际情况确定价格管理形式和管理权限。国务院价格主管部门另有规定的，从其规定。

司法鉴定机构在接受委托提供司法鉴定服务过程中，单方邀请专家参与鉴定或者出具咨询意见的，其费用由司法鉴定机构承担，但经委托人同意的除外。

司法鉴定机构在为委托人提供司法鉴定服务过程中，代委托人支付给司法鉴定人的异地鉴定差旅费，不属于司法鉴定收费范围，由委托人另行支付。

司法鉴定人在人民法院指定日期出庭作证发生的交通费、住宿费和误工补贴，不属于司法鉴定收费范围，由人民法院按照国家规定标准代为收取后交付司法鉴定机构。

司法鉴定机构向委托人收取司法鉴定费用，应当向委托人出具合法票据。司法鉴定机构向委托人结算代其支付的相关费用时，应当向委托人提供代其支付的费用清单及合法票据；不能提供合法票据的，委托人可以不予支付。

司法鉴定收费实行明码标价制度。司法鉴定机构应当在显著位置公示司法鉴定收费项目、收费标准等信息，接受社会监督。

（三）司法鉴定机构不得受理的情形

司法部2007年《司法鉴定程序通则》第14条规定："司法鉴定机构收到委托，应当对委托的鉴定事项进行审查，对属于本机构司法鉴定业务范围，委托鉴定事项的用途及鉴定要求合法，提供的鉴定材料真实、完整、充分的鉴定委托，应当予以受理。""对提供的鉴定材料不完整、不充分的，司法鉴定机构可以要求委托人补充；委托人补充齐全的，可以受理。"

司法部2007年《司法鉴定程序通则》第16条规定："具有下列情形之一的鉴定委托，司法鉴定机构不得受理：（一）委托事项超出本机构司法鉴定业务范围的；（二）鉴定材料不真实、不完整、不充分或者取得方式不合法的；（三）鉴定事项的用途不合法或者违背社会公德的；（四）鉴定要求不符合司法鉴定执业规则或者相关鉴定技术规范的；（五）鉴定要求超出本机构技术条件和鉴定能力的；（六）不符合本通则第二十九条规定的；（七）其他不符合法律、法规、规章规定情形的。""对不予受理的，应当向委托人说明理由，退还其提供的鉴定材料。”

（四）司法鉴定机构应当终止鉴定的情形

司法部 2007 年《司法鉴定程序通则》第 27 条规定：“司法鉴定机构在进行鉴定过程中，遇有下列情形之一的，可以终止鉴定：（一）发现委托鉴定事项的用途不合法或者违背社会公德的；（二）委托人提供的鉴定材料不真实或者取得方式不合法的；（三）因鉴定材料不完整、不充分或者因鉴定材料耗尽、损坏，委托人不能或者拒绝补充提供符合要求的鉴定材料的；（四）委托人的鉴定要求或者完成鉴定所需的技术要求超出本机构技术条件和鉴定能力的；（五）委托人不履行司法鉴定协议书规定的义务或者被鉴定人不予配合，致使鉴定无法继续进行的；（六）因不可抗力致使鉴定无法继续进行的；（七）委托人撤销鉴定委托或者主动要求终止鉴定的；（八）委托人拒绝支付鉴定费用的；（九）司法鉴定协议书约定的其他终止鉴定的情形。”“终止鉴定的，司法鉴定机构应当书面通知委托人，说明理由，并退还鉴定材料。”“终止鉴定的，司法鉴定机构应当根据终止的原因及责任，酌情退还有关鉴定费用。”

三、回避

司法鉴定人员的回避制度，是为了维护司法鉴定公正，保证司法鉴定人能够客观、中立、公正地从事司法鉴定活动，得出科学、可靠的鉴定意见，从而保证实现程序公正和实体公正。根据诉讼法律的规定，司法鉴定人应当回避而没有回避的，属于严重违反诉讼程序规定的行为，是二审撤销原判，并发回重审的理由之一。

全国人大常委会 2005 年《关于司法鉴定管理问题的决定》第 9 条规定：“鉴定人应当依照诉讼法律规定实行回避。”司法部 2007 年《司法鉴定程序通则》第 20 条规定：“司法鉴定人本人或者其近亲属与委托人、委托的鉴定事项或者鉴定事项涉及的案件有利害关系，可能影响其独立、客观、公正进行鉴定的，应当回避。”“司法鉴定人自行提出回避的，由其所属的司法鉴定机构决定；委托人要求司法鉴定人回避的，应当向该鉴定人所属的司法鉴定机构提出，由司法鉴定机构决定。委托人对司法鉴定机构是否实行回避的决定有异议的，可以撤销鉴定委托。”第 31 条规定：“进行重新鉴定，有下列情形之一的，司法鉴定人应当回避：（一）有本通则第二十条第一款规定情形的；（二）参加过同一鉴定事项的初次鉴定的；（三）在同一鉴定事项的初次鉴定过程中作为专家提供过咨询意见的。”最高人民检察院 2006 年《人民检察院鉴定规则（试行）》第 8 条规定：“鉴定人有下列情形之一的，应当自行回避，委托单位也有权要求鉴定人回避：（一）是本案的当事人或者是当事人的近亲属的；（二）本人或者其近亲属和本案有利害关系的；（三）担任过本案的证人或者诉讼代理人的；（四）重新鉴定时，是本案原鉴定人的；（五）其他可能影响鉴定客观、公正的情形。”“鉴定人自行提出回避的，应当说明理由，由所在鉴定机构负责人决定是否回避。”“委托单位要求鉴定人回避的，应当提出书面申请，由检察长决定是否回避。”公安部 1980 年《刑事技术鉴定规则》第 4 条规定：“刑事技术鉴定，必须由具有鉴定员以上职称的专业技术人员担任。本人或者近亲属与案件有利害关系的人，担任过本案的侦查、证人，或者与本案当事人有其他关系、可能影响公正鉴定的人，不能充当鉴定人。鉴定人的回避，由所在公安机关负责人决定。”

四、保密

司法鉴定人和司法鉴定机构展开鉴定活动，在很多情况下会知悉国家秘密或者委托人、当事人的秘密信息。比如在进行笔迹鉴定时，有关文件的内容有可能涉及国家秘密或者商业秘密；又如在对自然人进行伤残等级鉴定时，可能会涉及被鉴定人的个人隐私。这些信息往往是展开鉴定活动的必要条件。因此，司法鉴定机构和人员应当承担保密义务，否则，鉴定活动就无法有效开展。

司法部 2005 年《司法鉴定人登记管理办法》第 7 条规定：“司法鉴定人执业实行回避、保密、时限和错鉴责任追究制度。”第 22 条规定，司法鉴定人履行的义务之一是“保守在执业活动中知悉的国家秘密、商业秘密和个人隐私”。第 29 条对违法保密规定的行为规定了处罚措施。司法部 2007 年《司法鉴定程序通则》第 5 条规定：“司法鉴定机构和司法鉴定人应当保守在执业活动中知悉的国家秘密、商业秘密，不得泄露个人隐私。”“未经委托人的同意，不得向其他人或者组织提供与鉴定事项有关的信息，但法律、法规另有规定的除外。”最高人民检察院 2006 年《人民检察院鉴定规则（试行）》第 7 条规定“保守案件秘密”是鉴定人的义务之一。公安部 1980 年《刑事技术鉴定规则》第 6 条也规定“严格保守秘密”是鉴定人的鉴定纪律之一。

根据上述规定，我国司法鉴定中保密的要求体现在两个方面：

第一，保密的范围涉及国家秘密、商业秘密和个人隐私。需要指出的是，这些保密信息，包括因司法鉴定活动而从证据中获取的秘密信息，例如亲子鉴定所获得的结果；但是依照法律、法规或者约定就鉴定结果向委托方进行全面披露者除外。

第二，保密义务在委托鉴定事项完成后继续存在。司法鉴定机构及人员在职业行为之后依然对保密信息负有保密义务，是为了保证鉴定活动能够获得足够可靠的证据，为了维护相关人员的合法权益。

为了促进鉴定行业的发展，鉴定机构和人员需要从事相关科学研究和教育活动。而其所从事的鉴定事项可能是其重要的科学信息来源。若在公开陈述和科研成果中披露委托方、当事人的个性识别信息，就违反了司法鉴定人的保密义务，损害了相关人员的利益。因此，司法鉴定机构和司法鉴定人不得在公开陈述和科研成果中披露在司法鉴定活动中获得的委托方、被检查方的个性识别信息，除非：（1）已采取合理措施对上述个性识别信息进行了隐匿；或者（2）上述委托方、被检查方已经以书面形式作出了明智同意。

五、鉴定材料保管

鉴定材料包括检材和鉴定资料。检材是指与鉴定事项有关的生物检材和非生物检材；鉴定资料是指存在于各种载体上、与鉴定事项有关的记录。[①] 证据法的一项重要要求，就是证明证据的保管链条。这是证据具有可采性的前提条件。如果在证据接收、传递、检验、保存等环节出现污染、毁损、丢失等问题，必然影响鉴定结论的可采性。

① 参见司法部 2007 年《司法鉴定程序通则》第 12 条。

因此，司法部2007年《司法鉴定程序通则》第21条规定："司法鉴定机构应当严格依照有关技术规范保管和使用鉴定材料，严格监控鉴定材料的接收、传递、检验、保存和处置，建立科学、严密的管理制度。""司法鉴定机构和司法鉴定人因严重不负责任造成鉴定材料损毁、遗失的，应当依法承担责任。"

鉴定材料的保管应当有明确的期限。公安部《对〈关于鉴定淫秽物品有关问题的请示〉的批复》曾规定："对送审鉴定和收缴的淫秽物品，由县级以上公安机关治安部门统一集中，登记造册，适时组织全部销毁。"这一对涉案物证的销毁时间是模糊的，在实践中曾发生因在案件在人民法院审结前而销毁淫秽物品，导致无法质证而无法定罪的情况。公安部2012年《公安机关办理刑事案件程序规定》第230条规定："对违禁品，应当依照国家有关规定处理；对于需要作为证据使用的，应当在诉讼终结后处理。"这一规定改变了过去的做法，明确规定了对违禁品的销毁时间，是检控方履行证据保存义务的重要进步，是对辩护方质证权的重要保护。

六、可复审性

司法鉴定人员不仅仅应当就检验事项作出某个意见，还必须就得出该意见的过程和根据提供信息，以便他人能够独立验证其意见的真实性。换言之，司法鉴定人员的意见应当能够经受不同的鉴定机构、鉴定人在不同的时间、不同地点，以及在相同条件下用同样的方法进行的检验，并得出相同或者相似的意见。这是科学研究方法的可复审性要求，是同行评议的重要组成部分。这意味着司法鉴定得出结论所依据的数据、获得数据所使用的方法和用于分析的材料，要加以保留。

这种可复审性，也被称为司法鉴定的可重复性，甚至被认为是司法鉴定看得见的科学性，它使得司法鉴定客观性、科学性变为实实在在的可以衡量和评价的东西。[①]

司法部2007年《司法鉴定程序通则》第23条规定："司法鉴定人进行鉴定，应当对鉴定过程进行实时记录并签名。记录可以采取笔记、录音、录像、拍照等方式。记录的内容应当真实、客观、准确、完整、清晰，记录的文本或者音像载体应当妥善保存。"最高人民检察院2006年《人民检察院鉴定规则（试行）》第16条规定："鉴定应当严格执行技术标准和操作规程。需要进行实验的，应当记录实验时间、条件、方法、过程、结果等，并由实验人签名，存档备查。"公安部1980年《刑事技术鉴定规则》第8条规定："刑事技术鉴定，要按下列程序进行：预备检验、分别检验、比对检验、综合评断。每个程序都要作出详细、客观的记录。最后制作鉴定书。"

可复审性要求的重要方面之一，是妥善处理检材。与大多数科学领域不同的是，司法鉴定用于检验的检材一般情况下非常少，如果完全耗尽，往往意味着对司法鉴定结论不可再行复审。"刑事技术人员必须认识到在就物证采取行动时，不得阻挠同行评议过程的责任。这一义务要求刑事技术人员：（1）保存物证，以便那些有合法兴趣进行检验和检测的人可以进行相关的检验和检测；（2）在检验和检测中节省证据，以便

① 陈敏、刘鑫：《论司法鉴定的可重复性》，载《中国司法鉴定》，2013（3）。

留下足够的尽可能未加改变的材料，用于未来的检验……”① 因此，只有在为可靠分析所必需的情况下，才能耗用检材。公安部1980年《刑事技术鉴定规则》第9条规定：“对检材进行物理检验或化学检验，要标明取材部位，并作详细记录。消耗性的检材，要注意留存，以备复核检验；检材过少无法留存的，应事先征得送检单位同意，并在委托登记表中注明。”由于就司法鉴定进行复审是辩护活动的重要组成部分之一，本书认为，在检材过少而无法留存的情况下，除了应当事先征得送检单位同意之外，在可行的情况下，还应当征得相关当事人的同意。

七、及时性

法律制度中的纠纷解决方式的根本特征，是在有限的时间框架内获得一个权威、终局、公正和社会接受的纠纷解决方案。与科学为发现客观真实可反复无穷试错、纠错，采用各种手段无穷探究相比，法律不可能为发现客观真实而无限探究、反复纠错、不择手段地探究，纠纷和争端必须在一定时间内终局性地解决。因此，司法鉴定工作应当确保以一种最大化组织效率的方式提供服务，尽快完成鉴定工作。

司法部2007年《司法鉴定程序通则》第26条规定：“司法鉴定机构应当在与委托人签订司法鉴定协议书之日起三十个工作日内完成委托事项的鉴定。”“鉴定事项涉及复杂、疑难、特殊的技术问题或者检验过程需要较长时间的，经本机构负责人批准，完成鉴定的时间可以延长，延长时间一般不得超过三十个工作日。”“司法鉴定机构与委托人对完成鉴定的时限另有约定的，从其约定。”“在鉴定过程中补充或者重新提取鉴定材料所需的时间，不计入鉴定时限。”最高人民检察院2006年《人民检察院鉴定规则（试行）》第15条规定：“具备鉴定条件的，一般应当在受理后十五个工作日以内完成鉴定；特殊情况不能完成的，经检察长批准，可以适当延长，并告知委托单位。”

八、出庭

鉴定人出庭作证是一种法定义务，经人民法院依法通知，司法鉴定人应当按时出庭作证，不得无故拒绝出庭或者无正当理由不按时出庭。这是诉讼法中直接言词原则或者反对传闻规则的要求。司法鉴定人出庭陈述、接受询问和质证时，应当客观、公正、实事求是地说明司法鉴定的有关情况并回答与所出具的司法鉴定意见有关的问题。司法鉴定人出庭陈述、接受询问和质证时，不得就其司法鉴定人执业登记事项及其他资格事项进行不实陈述，并且应当采取合理措施保证其资格和称职性不为他人所误述，及时纠正因此发生的任何误述。

全国人大常委会2005年《关于司法鉴定管理问题的决定》第11条规定：“在诉讼中，当事人对鉴定意见有异议的，经人民法院依法通知，鉴定人应当出庭作证。”该决定第13条对于经人民法院依法通知，拒绝出庭作证的行为规定了处罚措施。司法部2005年《司法鉴定人登记管理办法》第30条对“经人民法院依法通知，非法定事由拒

---

① ［美］彼得·巴尼特：《法证科学职业道德：刑事技术职业标准》，王进喜译，50页，北京，中国法制出版社，2013。

绝出庭作证的”行为也规定了处罚措施。此外，最高人民检察院 2006 年《人民检察院鉴定规则（试行）》第 24 条规定：“鉴定人接到人民法院的出庭通知后，应当出庭。因特殊情况不能出庭的，应当向法庭说明原因。”第 25 条规定：“鉴定人在出庭前，应当准备出庭需要的相关材料。”“鉴定人出庭时，应当遵守法庭规则，依法接受法庭质证，回答与鉴定有关的询问。”公安部 1980 年《刑事技术鉴定规则》第 15 条规定：“接到人民法院的出庭通知后，鉴定人应出庭作证。”“本案当事人、辩护人，依照法律程序对鉴定提出的有关问题，鉴定人应予回答，并阐明鉴定结论的科学依据。对与鉴定无关的问题，鉴定人有权拒绝回答。”

九、司法鉴定人之间的关系

全国人大常委会 2005 年《关于司法鉴定管理问题的决定》第 10 条规定：“司法鉴定实行鉴定人负责制度。鉴定人应当独立进行鉴定，对鉴定意见负责并在鉴定书上签名或者盖章。多人参加的鉴定，对鉴定意见有不同意见的，应当注明。”这一规定确立了司法鉴定活动独立性原则。鉴定活动的独立性是鉴定结论（意见）客观性和公正性的保证。司法鉴定人独立鉴定与依法接受监督并不矛盾，而是相互制约与促进。鉴定机构的负责人员和监督人员为鉴定活动提供必要的条件和保障，但不能干预鉴定结论（意见），不能强迫处于其直接监督之下的司法鉴定人与自己的鉴定结论（意见）保持一致。在会检鉴定、共同鉴定、协助鉴定中，司法鉴定人之间是平等的、独立的，相互间无隶属关系，鉴定结论（意见）之间不受互相影响和制约，无服从与被服从关系。多人参加的鉴定，对鉴定结论（意见）不一致的，有权保留自己的鉴定（意见），并且应当在鉴定书上分别注明不同（意见）的人数及理由。任何机关、团体、社会组织和个人，不得非法干预鉴定人的活动。鉴定结论（意见）实行鉴定人负责制，不能以少数服从多数办法强行统一，其目的是保证鉴定活动的客观性、公正性。

我国现行各项规定对司法鉴定人之间的关系作了比较明确的规定。司法部 2007 年《司法鉴定程序通则》第 4 条规定：“司法鉴定实行鉴定人负责制度。司法鉴定人应当依法独立、客观、公正地进行鉴定，并对自己作出的鉴定意见负责。”第 25 条规定：“司法鉴定机构在进行鉴定的过程中，遇有特别复杂、疑难、特殊技术问题的，可以向本机构以外的相关专业领域的专家进行咨询，但最终的鉴定意见应当由本机构的司法鉴定人出具。”第 35 条规定：“司法鉴定文书应当由司法鉴定人签名或者盖章。多人参加司法鉴定，对鉴定意见有不同意见的，应当注明。”最高人民检察院 2006 年《人民检察院鉴定规则（试行）》第 19 条规定：“遇有重大、疑难、复杂的专门性问题时，经检察长批准，鉴定机构可以组织会检鉴定。”“会检鉴定人可以由本鉴定机构的鉴定人与聘请的其他鉴定机构的鉴定人共同组成；也可以全部由聘请的其他鉴定机构的鉴定人组成。”“会检鉴定人应当不少于三名，采取鉴定人分别独立检验，集体讨论的方式进行。”“会检鉴定应当出具鉴定意见。鉴定人意见有分歧的，应当在鉴定意见中写明分歧的内容和理由，并分别签名或者盖章。”

十、接受监督和管理

司法部 2005 年《司法鉴定机构登记管理办法》第 4 条第 1 款和司法部 2005 年《司

法鉴定人登记管理办法》第 4 条第 1 款规定："司法鉴定管理实行行政管理与行业管理相结合的管理制度。"司法部 2005 年《司法鉴定机构登记管理办法》第 4 条第 2 款规定："司法行政机关对司法鉴定机构及其司法鉴定活动依法进行指导、管理和监督、检查。司法鉴定行业协会依法进行自律管理。"司法部 2007 年《司法鉴定程序通则》第 9 条规定："司法鉴定机构和司法鉴定人进行司法鉴定活动应当依法接受监督。对于有违反有关法律规定行为的，由司法行政机关依法给予相应的行政处罚；有违反司法鉴定行业规范行为的，由司法鉴定行业组织给予相应的行业处分。"这些规定确立了我国关于司法鉴定管理的"两结合"管理体制，司法鉴定人和司法鉴定机构应当依法接受行政管理与行业管理。

第三节　司法鉴定职业责任

司法部 2007 年《司法鉴定程序通则》第 9 条规定："司法鉴定机构和司法鉴定人进行司法鉴定活动应当依法接受监督。对于有违反有关法律规定行为的，由司法行政机关依法给予相应的行政处罚；有违反司法鉴定行业规范行为的，由司法鉴定行业组织给予相应的行业处分。"因此，行政处罚和行业处分，是对司法鉴定人员和机构进行监督管理的重要方式之一。鉴于目前尚未建立全国性的司法鉴定组织来进行行业管理，这里仅就司法行政机关对司法鉴定人员和机构依法进行的行政处罚及民事责任进行简单介绍。

（一）对司法鉴定人的行政处罚

司法部 2005 年《司法鉴定人登记管理办法》第 29 条规定，司法鉴定人有下列情形之一的，由省级司法行政机关依法给予警告，并责令其改正：（1）同时在两个以上司法鉴定机构执业的；（2）超出登记的执业类别执业的；（3）私自接受司法鉴定委托的；（4）违反保密和回避规定的；（5）拒绝接受司法行政机关监督、检查或者向其提供虚假材料的；（6）法律、法规和规章规定的其他情形。

司法部 2005 年《司法鉴定人登记管理办法》第 30 条规定，司法鉴定人有下列情形之一的，由省级司法行政机关给予停止执业 3 个月以上、1 年以下的处罚；情节严重的，撤销登记；构成犯罪的，依法追究刑事责任：（1）因严重不负责任给当事人合法权益造成重大损失的；（2）具有该办法第 29 规定的情形之一并造成严重后果的；（3）提供虚假证明文件或者采取其他欺诈手段，骗取登记的；（4）经人民法院依法通知，非法定事由拒绝出庭作证的；（5）故意作虚假鉴定的；（6）法律、法规规定的其他情形。

（二）对司法鉴定机构的行政处罚

司法部 2005 年《司法鉴定机构登记管理办法》第 35 条规定，司法鉴定机构有下列情形之一的，由省级司法行政机关依法给予警告，并责令其改正：（1）超出登记的司法鉴定业务范围开展司法鉴定活动的；（2）未经依法登记擅自设立分支机构的；（3）未依法办理变更登记的；（4）出借《司法鉴定许可证》的；（5）组织未取得《司法鉴定人执业证》的人员从事司法鉴定业务的；（6）无正当理由拒绝接受司法鉴定委托的；(7) 违反司法鉴定收费管理办法的；(8) 支付回扣、介绍费，进行虚假宣传等不正当行为的；(9) 拒绝接受司法行政机关监督、检查或者向其提供虚假材料的；(10) 法律、法规和规章规定的其他情形。

司法部2005年《司法鉴定机构登记管理办法》第40条规定：司法鉴定机构有下列情形之一的，由省级司法行政机关依法给予停止从事司法鉴定业务3个月以上、1年以下的处罚；情节严重的，撤销登记：(1) 因严重不负责任给当事人合法权益造成重大损失的；(2) 具有该办法第39条规定的情形之一，并造成严重后果的；(3) 提供虚假证明文件或采取其他欺诈手段，骗取登记的；(4) 法律、法规规定的其他情形。

（三）司法鉴定人和司法鉴定机构的民事责任

司法部2005年《司法鉴定人登记管理办法》第31条规定："司法鉴定人在执业活动中，因故意或者重大过失行为给当事人造成损失的，其所在的司法鉴定机构依法承担赔偿责任后，可以向有过错行为的司法鉴定人追偿。"司法部2005年《司法鉴定机构登记管理办法》第41条规定："司法鉴定机构在开展司法鉴定活动中因违法和过错行为应当承担民事责任的，按照民事法律的有关规定执行。"根据上述规定，承担民事责任的主体，是司法鉴定机构。司法鉴定机构是接受鉴定委托的主体，因此，其也是民事责任的主体。司法鉴定机构依照民事法律的规定承担民事责任后，可以向有故意或者重大过失行为的司法鉴定人追偿。

本章思考题

1. 司法鉴定人员职业行为法有哪些内容？
2. 司法鉴定职业责任有哪些具体要求？

主要参考文献

1. 美国律师协会．美国律师协会职业行为示范规则（2004）．王进喜译．北京：中国人民公安大学出版社，2005。

2. 王进喜．美国律师职业行为规则理论与实践．北京：中国人民公安大学出版社，2005。

3. 王进喜等主编．律师职业行为规则概论．北京：国家行政学院出版社，2002。

4. 曹建明主编．法官职业道德教程．北京：法律出版社，2003。

5. 美国国家科学院国家研究委员会．美国法庭科学的加强之路．王进喜等译．北京：中国人民大学出版社，2012。

6. ［美］德博拉·L·罗德等．律师的职业责任与规制．王进喜等译．北京：中国人民大学出版社，2013。

7. ［美］彼得·巴尼特．法证科学职业道德：刑事技术职业标准．王进喜译．北京：中国法制出版社，2013。

8. ［美］罗伯特·W·希尔曼．论律师的流动管理——合伙人退伙和律师事务所解散的法律及道德问题．王进喜等译．北京：中国人民公安大学出版社，2005。

9. 王胜明，赵大程主编．中华人民共和国律师法释义．北京：法律出版社，2007。

10. 司法部律师公证工作指导司编．中华人民共和国公证法讲话．北京：中国青年出版社，2005。

《　　　　　》※任课教师调查问卷

为了能更好地为您提供优秀的教材及良好的服务，也为了进一步提高我社法学教材出版的质量，希望您能协助我们完成本次小问卷，完成后您可以在我社网站中选择与您教学相关的一本教材作为今后的备选教材，我们会及时为您邮寄送达！如果您不方便邮寄，也可以申请加入我社的**法学教师 QQ 群：83961183（申请时请注明法学教师）**，然后下载本问卷填写，并发往我们指定的邮箱（cruplaw@163. com）。

邮寄地址：北京市海淀区中关村大街 31 号中国人民大学出版社 411 室收

邮　　编：100080

再次感谢您在百忙中抽出时间为我们填写这份调查问卷，您的举手之劳，将使我们获益匪浅！

基本信息及联系方式：※

姓名：＿＿＿＿＿＿ 性别：＿＿＿＿＿＿ 课程：＿＿＿＿＿＿＿＿＿＿

任教学校：＿＿＿＿＿＿＿＿＿＿＿＿ 院系（所）：＿＿＿＿＿＿＿＿

邮寄地址：＿＿＿＿＿＿＿＿＿＿＿＿ 邮编：＿＿＿＿＿＿＿＿＿＿

电话（办公）：＿＿＿＿＿＿ 手机：＿＿＿＿＿＿ 电子邮件：＿＿＿＿＿＿

调查问卷：※

1. 您认为图书的哪类特性对您使用教材最有影响力？（　　）（可多选，按重要性排序）
   A. 各级规划教材、获奖教材　　B. 知名作者教材
   C. 完善的配套资源　　D. 自编教材
   E. 行政命令
2. 在教材配套资源中，您最需要哪些？（　　）（可多选，按重要性排序）
   A. 电子教案　　B. 教学案例
   C. 教学视频　　D. 配套习题、模拟试卷
3. 您对于本书的评价如何？（　　）
   A. 该书目前仍符合教学要求，表现不错，将继续采用。
   B. 该书的配套资源需要改进，才会继续使用。
   C. 该书需要在内容或实例更新再版后才能满足我的教学，才会继续使用。
   D. 该书与同类教材差距很大，不准备继续采用了。
4. 从您的教学出发，谈谈对本书的改进建议：＿＿＿＿＿＿＿＿＿＿＿＿

＿＿＿＿＿＿＿＿＿＿＿＿＿＿＿＿＿＿＿＿＿＿＿＿＿＿＿＿＿＿

＿＿＿＿＿＿＿＿＿＿＿＿＿＿＿＿＿＿＿＿＿＿＿＿＿＿＿＿＿＿

选题征集：如果您有好的选题或出版需求，欢迎您联系我们：

联系人：黄　强　联系电话：010-62515955

索取样书：书名：＿＿＿＿＿＿＿＿＿＿＿＿＿＿＿＿＿＿＿＿

书号：＿＿＿＿＿＿＿＿＿＿＿＿＿＿＿＿＿＿＿＿＿＿＿

备注：※ 为必填项。